“十二五”国家重点图书出版规划项目

21世纪普通高等教育法学精品教材

经济法学总论

刘少军　王一鹤　著

中国政法大学出版社

2015·北京

刘少军　辽宁朝阳人，1963 年 12 月生，经济学学士、硕士，法学博士；1994 年破格晋升为副教授，1999 年晋升为教授。现任中国政法大学教授、博士生导师，财税金融法研究所所长，金融法研究中心主任。中国银行法学研究会发起人、副会长、学术委员会主任，"全国大学生金融法知识竞赛"发起人、学术负责人，北京市高级人民法院专家咨询委员会委员。

主要著作：《法边际均衡论——经济法哲学》、《经济本体法论》、《货币财产（权）论》、《金融法审判截断标准》、《立法成本效益分析制度研究》、《金融法学》、《税法学》等二十余部。

主要论文：《法本质边际均衡论》、《经济法的目标与体系研究》、《论经济法的原则》、《论整体经济利益与经济法主体》、《论法程序的本质与经济法程序》、《论经济监管权与经济公诉权》、《法财产基本类型与本质属性》、《金融法的基本理论问题研究》、《信用货币财产权理论研究》、《货币区域化的法理思考与裁判标准》、《虚拟货币性质与监管的法学研究》、《金融控股公司立法的困境与现实选择》、《委托理财的性质分析与法理思考》、《民间金融的类型与法理分析》、《美国金融危机引起的法律思考》、《中国金融法的现状问题与完善》、《投资与通货膨胀的总量研究》等八十余篇。

王一鹤　河南省郸城县人，1981 年生，中国人民大学日语专业学士、首都经济贸易大学法学硕士，公费留学日本，博士研究生入学前曾任北京市平谷区人民法院法官。现为中国政法大学经济法学专业博士研究生，师从刘少军教授，主要研究方向为经济法学理论、金融法学。发表论文《论破产法中职工权益保护的规定》、《中日注册资本制度比较研究》等多篇，翻译外文著作和编辑案例评析与法律适用书籍多部。

出版说明

　　"十二五"国家重点图书出版规划项目是由国家新闻出版总署组织出版的国家级重点图书。列入该规划项目的各类选题，是经严格审查选定的，代表了当今中国图书出版的最高水平。

　　中国政法大学出版社作为国家良好出版社，有幸入选承担规划项目中系列法学教材的出版，这是一项光荣而艰巨的时代任务。

　　本系列教材的出版，凝结了众多知名法学家多年来的理论研究成果，全面系统地反映了现今法学教学研究的最高水准。它以法学"基本概念、基本原理、基本知识"为主要内容，既注重本学科领域的基础理论和发展动态，又注重理论联系实际满足读者对象的多层次需要；既追求教材的理论深度与学术价值，又追求教材在体系、风格、逻辑上的一致性；它以灵活多样的体例形式阐释教材内容，既加强了法学教材的多样化发展，又加强了教材对读者学习方法与兴趣的正确引导。它的出版也是中国政法大学出版社多年来对法学教材深入研究与探索的职业体现。

　　中国政法大学出版社长期以来始终以法学教材的品质建设为首任，我们坚信"十二五"国家重点图书出版规划项目的出版，定能以其独具特色的高文化含量与创新性意识成为法学教材的权威品牌。

中国政法大学出版社

序言：法学的研究规范

今年是我从教 30 周年，在这 30 年中，从事经济学教学 12 年，从事经济法教学 18 年。学术背景决定了对经济法的理解深度，也决定了对经济法学研究的成熟度。在本教材出版之际，非常想谈一谈法学的研究规范，以使读者能够对本教材有更好的理解，也想同法学界和经济法学界同仁共同分享一点自己对法学和经济法学研究的体会。

法学研究第一个需要解决的是研究对象问题，即我们研究的是法还是法律的问题。对这个问题应该说世界法学界已有定论，即我们研究的是法而不是法律。法律是法律文件中的具体规定，它是法的基本构成要素，但不等于法的全部构成要素。如果我们以法律为研究对象，那么法学研究充其量也只是进行法律规范的编辑，不可能有其他作为，甚至不能进行法律规范的解释。因为解释是有指导方向的，没有方向不可能实施除字面解释之外的行为。事实上，我们在法学研究中，都自觉不自觉地加入了非法律的因素，只是没有清楚地认识到这一点。法不同于法律，它是法官在具体的司法裁判中寻找到的答案。法学研究的目的就是为法官在具体裁决中找到现实生活中的法提供指导思想、理论依据和普遍规则。本教材将名称确定为《经济法学总论》，就是为了体现法与法律的区别。

法学研究第二个需要解决的是认识论问题，即什么是法的问题，这是进行任何法学研究的基础条件。法的认识论是几千年来法哲学一直在研究的问题，并形成了许多学派。本人认为，在认识论上，法的本质是人类社会共同的基本价值追求，它是法所要核心保护的对象。总结几千年来的法哲学思想，法的基本价值追求已经非常明确，它们分别是自然法学派的道义价值追求，功利法学派的功利价值追求和实证法学派的实证价值追求，其他学派主张的价值追求都是上述三种价值追求的某个分支或某种融合。因此，从法学认识论上讲，法的本质就是其道义价值追求、功利价值追求和实证价值追求的边际均衡。其中，均衡论是认识论，边际论是方法论。均衡论表明，人类社会的基本价值追求是多方面的，这些价值追求是我们同时需要的，我们不可能长期完全放弃某种价值追求。

　　法学研究第三个需要解决的是方法论问题，即如何找到法的问题，也就是如何找到法的道义价值、功利价值和实证价值的最佳边际均衡点的问题，这是进行法学研究的具体问题，也是技术问题。在现实生活中，它具体表现为立法边际均衡、补法边际均衡、弃法边际均衡和修法边际均衡。在立法时我们应尽量使其达到最佳的边际均衡点，充分满足社会的共同价值追求。但是，通过立法制定出来的法律难以保证其正确性、完整性和准确性，这是由我们认识能力的有限性决定的；同时，它又是静止的、抽象的和普遍的规范，不可能完全适应不断变化的、具体的和特殊的纠纷解决需要。因此，在具体的司法实践中必须进行必要的补充和放弃。其中，它的补充方法包括解释和续造。法律的解释包括文法解释、逻辑解释、历史解释、体系解释、目的解释、合宪解释等，以满足使其达到最佳边际均衡点的需要；法的续造包括法规范内的续造和法体系内的续造，以弥补法律中的漏洞或称边际均衡点的缺失。法的放弃包括隐性放弃和显性放弃，从而不再使用已经成为"恶法"的法律规范。这里需要特别强调的是，方法论是以认识论为基础的，方法论是要实现认识论。

　　法学研究第四个需要解决的是法学体系的划分标准问题，即整个法学以什么标准划分成具体的法学体系问题。在以法律或法律文件为研究对象的条件下，法学体系可以进行任意划分。任何一个法律文件甚至是法律规范都是综合的，我们没有能力对其进行科学而严谨的体系划分。并且，这种划分对法学研究也没有多少帮助。只有在以法为研究对象的条件下，法学体系的划分才有实际意义。并且，它的基本划分标准只能是法的价值追求，价值追求是法的本质。同时，必须将法的价值追求转化为价值目标，这是由于法的价值追求是人类社会自始至终的追求，法的价值目标是价值追求在当今社会的具体表现，当今社会的法只能追求当前社会条件下的具体目标。就目前人类社会而言，我们只有三个基本的价值目标，即个体利益保护目标、整体行政利益目标和整体经济利益目标，其他目标都是这三个目标的分支或融合。因此，目前社会的基本法学体系只能包括民商法学、行政法学和经济法学，其他分支性和融合性的目标不可能构成基本的法学体系，但它们可以构成一个法学学科，如宪法学、环境法学、刑法学、刑事诉讼法学和国际法学等。当然，从法学教育、法学研究和司法实践来看，法学体系的划分也应照顾到法律文件的完整性，只是必须明确这会使法学体系的划分失去纯粹性和严谨性，不应该再过分强调其绝对性。

法学研究第五个需要解决的是法学体系的构成要素问题，即一个完整的法学体系由哪些要素构成的问题。如果以法律为研究对象，法学体系由主体、客体和内容构成；如果以法为研究对象，则法学体系由价值目标、基本原则和法学规范构成，以法律为研究对象必须排除法学中的价值因素，它是不可能把价值目标和基本原则作为法学构成要素的。但是，当代社会的法律文件中，由于人们已经认识到了所谓"纯粹法学"存在的问题，都已经包含了价值目标和基本原则的内容。因此，即使从法律文件出发进行研究，也必须把价值目标和基本原则作为研究内容。既然必须承认法学体系由价值目标、基本原则和法学规范构成，就必然存在它们之间的效力等级问题。本人认为价值目标应具有最高效力，基本原则应具有第二级效力，法学规范应具有第三级效力。因为，法的本质是价值追求，价值目标是总体价值追求，基本原则是分支价值追求，法学规范是具体价值追求。同时，这里的价值目标、基本原则和法学规范并不完全等同于法律文件中的相应规定，法律文件中的规定具有其必然的缺陷，在司法实践中，必须通过专家学者和法官的智慧来弥补这些缺陷。否则，法学的存在和法官的存在就没有实际意义，我们完全可以用机械手段取代他们的工作。

法学研究第六个需要解决的是法学规范的构成要素问题，即一个完整的法学规范体系由哪些要素构成的问题。既然法的本质是价值追求，法学规范就不同于法律规范，它必须在法律规范的基础上包含内在的和外在的价值追求，它的划分也必须以是否有独立或相对独立的价值追求为基本依据。按照这一标准，法学规范体系可以进一步划分为本体法体系、责任法体系和程序法体系。这里将传统的实体法体系划分为本体法体系和责任法体系，是由于本体法和责任法各自具有不同的法学价值追求。本体法追求的是社会关系的应然状态，其核心是界定合法与非法的标准；责任法追求的是要使社会所有理性人守法必须对违法行为施加的责任（包括这些责任的性质、内容和程度），并恢复被违法行为破坏的社会关系。由于本体法与责任法的价值追求具有本质区别，所以必须进行分别研究；否则，就不能从法和法学的意义上寻找它们在具体案件中的边际均衡点，也就不可能找到具体的本体法和责任法。这是由法学的认识论决定的，不同的认识论就有不同的方法论。

　　法学研究第七个需要解决的是本体法规范的构成要素问题，即一个完整的本体法体系由哪些要素构成的问题。从本体法规范的内容上来看，一个完整的本体法体系应由主体规范、客体规范和行为规范构成。法所要研究的是主体与主体之间的关系，没有两个以上的主体就不可能构成法学，没有特殊类型的主体就不可能形成特殊类型的社会关系，也不会有特殊的法学价值追求，更不可能形成特殊的法学体系。因此，任何特定的法学体系都必须有其特殊类型的法学主体。虽然不是任何一种法学关系中都必须包括客体即财产，但是财产关系是主体与主体之间的重要关系。因此，客体规范是法学规范体系中的重要内容，也是具有相对独立性的内容。客体的客观性决定了其规范的独立性，客体权利的主观性决定了其法学价值属性。因此，客体规范既独立于主体规范，又与主体规范具有价值上的联系；客体法既可以是相对独立的法学体系，又可以从主体财产权利性质上进行划分。主体规范和客体规范都是静态的法学规范，行为规范则是动态法学规范。法学的最终目的在于规范主体的行为，行为规范是法学规范的核心。当然，有些法学体系强调意思自治，行为规范的内容较少；有些法学体系强调行为控制，行为规范的内容比较多。因此，不同的主体性质、财产权性质直接决定着其行为的性质，决定着行为在法学体系中的划分。

　　法学研究第八个需要解决的是法学规范与法的边际均衡点的问题，即法学研究中"线"与"点"的关系问题。法学规范是在法律规范的基础上，经过专家学者的总结与归纳形成的法学规则。但是，无论是法律规范还是法学规范，它们都是主体的行为规则，都是"线"性的规则，这些"线"性的规则都是抽象性和普遍性的，不可能直接应用于具体的司法实践。在具体的司法实践中，必须结合纠纷的情况具体地、特殊地进行裁判。因此，法学规范并不能解决具体的司法裁判问题，它只能为具体的司法裁判提供基础性依据。在现实的司法实践中，法官必须以法学规范为基本依据，按照法的价值目标和基本原则指引的方向，去寻找某案件处理中具体的法，即最佳的边际均衡点，这个边际均衡点才是现实中实际发挥作用的法。法不是事先存在的，它是法官在具体的案件裁判中找到的。因此，法学家研究和学生学习的只能是作为司法基础的法学规范，以及依据这些法学规范找到现实生活中的法的方法，任何一部法律文件、法律规范、法学著作都不可能告诉法官某个案件的具体裁判结果，它们能够提供的只能是法学规范和据此找到现实生活中法的方法。

以上八点是任何法学研究和法学实践都必须遵守的基本规范，如果不清楚这些法学研究规范，法学研究就会失去方向，也难以取得有价值的研究成果；如果偏离了这些研究规范，或者会导致学者之间无真正学术价值的争论，或者导致研究成果严重脱离实际，甚至直接导致司法裁判严重偏离目前社会公认的价值目标，使司法机关成为阻碍社会正常发展和人民需求得到正常满足的工具。令人担心的是，我国目前能够遵守这些法学研究规范的法学理论并不多——特别是在所谓的"部门法"理论研究中，清楚这些法学规范的"专家学者"也不多，这些法学研究规范还没有成为我国法学研究中的共识性规范。更为严重的是，在我国的多数法学教材中，占主导地位的还仅仅是实证法学思想，还仅仅是法律文件的汇编或对法律规范进行无明确价值目标的解释。按照这样的法学研究规范编写出来的法学教材，必然会导致法学教育偏离正确的轨道；在这种法学理论教育下培养的学生也难以符合司法实践的需要，所幸的是我国许多法官都能够自觉不自觉地应用这些规范。

这些法学研究规范适用于所有法学，也同样适用于经济法学的研究。在经济法学研究中，其一，我们必须明确它的本质价值追求是整体经济利益，它是研究经济法学的前提。其二，必须明确经济法学的基本原则，它是整体经济利益在其不同构成要素体系中的具体价值目标，是指导该要素构建的最高价值追求。其三，必须明确经济法的主体规范体系，作为一个基本的法学体系，经济法必须有自己特殊的主体；否则，这一法学体系是难以成立的。其四，必须明确经济法的客体规范体系，虽然财产客体不可能直接归属于某个法学体系，但不同法学体系的财产权内容应该是有本质区别的；否则，该法学体系是难以独立的。其五，必须明确经济法的行为规范体系，没有独立的行为规范体系，也不可能形成一个独立的法学体系。其六，必须明确经济法的责任规范体系，虽然责任类型不可能绝对独立，但由于本体法的价值目标不同，它们的归责原则、责任程度必然具有本质区别。其七，必须明确经济法的程序规范体系，虽然裁判程序是具有共性的，但经济法的裁判程序也必须与其他程序有本质区别；否则，经济法也同样不能成为独立或相对独立的法学体系。按照法学研究的规范，任何法学体系的独立或相对独立都不是任意的，它必须满足基本的独立条件。

　　我国的经济法学研究已经有几十年之久，之所以一直存在争议，主要是因为我国目前所谓的"部门法"研究并没有基本的规范。首先，法学体系的研究没有明确的法学研究对象。各法学体系之间都不区分法与法律，基本上进行的都是法律研究。其次，没有正确的法学认识论，当然也就不可能有正确的经济法学认识论。不清楚法的本质是其价值追求，也就不可能以法的价值目标作为划分法学体系的标准，更不可能清楚地区分民商法学、行政法学和经济法学，也就会将其他法学与这三个法学体系混为一谈。再次，没有正确的法学方法论。没有正确的认识论就不可能有正确的方法论，虽然实践中存在方法论，但由于没有明确的认识论，这些法学方法都是无目的的，或没有明确目的的。最后，没有明确的法学体系构成要素。我国法学界基本上不清楚一个完整的法学体系必须包括价值目标、基本原则和法学规范三项基本要素，法学规范必须包括主体规范、客体规范、行为规范、责任规范和程序规范。不具备这些条件就不可能构成一个基本的法学体系，如果经济法学没有这些完整的构成要素体系，它就不具备成为一个独立或相对独立的法学体系的条件，我们也就没有理由主张经济法学的独立。法学研究首先应明确研究规范，否则就没有清楚的研究方向，也就不可能构建起一个完整的法学体系，这是经济法学研究一直难以形成共识的原因所在。

　　希望能够通过本文促进我国法学研究的规范化！

2014 年 10 月 1 日于中国政法大学

前　言

　　经济法是随着社会经济关系的不断整体化，各国不断进行维护整体经济利益的立法，以及不断设立相应的经济监管机关监管这些法律的实施而发展起来的。目前，这种整体经济关系仍然处于发展之中，经济法的内容也还处在不断发展和完善的过程中。《经济法学总论》是经济法的法理学或法哲学，它既是对经济法学体系和内容的归纳与总结，也是对经济法学发展方向的理性展望，是系统化、理论化的经济法学。

　　经济法学是一个年轻的法学体系，也是一个具有广阔发展前景的法学体系，随着社会经济的整体化程度不断向广度和深度发展，经济法学的内容必然会不断得到丰富和发展。就目前来讲，虽然我们不能说经济法学现象已经发展成熟，但从各国的实践来看，基本的法学框架已经形成，经济法学体系的所有构成要素都已经非常明确，在此基础上构建经济法学的理论体系已经不存在障碍，考验的只是经济法学者们的理论水平和能力。当然，法学是解决社会矛盾的学问，即使有法律的明确规定，它事先也不是非黑即白的。法学问题是灰色问题，法官的工作就是拨云见日，找到黑与白之间的合理边际均衡点。即使有完善的经济法律规定和经济法学理论，要解决实际问题也需要付出艰苦的努力和智慧。

　　我的法学研究工作是从 1996 年调入中国政法大学后开始的，2000 年为教学和研究需要组织撰写了《经济本体法论——经济法律思想体系》一书，全书共分为"经济本体法导论"、"产业经济本体法论"、"金融经济本体法论"、"财政经济本体法论"和"市场经济本体法论"五部分，总计 118 万余字，比较系统地简述了经济法学的整体经济利益思想，初步奠定了经济本体法的理论基础。此后，开始进一步从法哲学和整个法学体系的角度研究经济法，2007 年出版了《法边际均衡论——经济法哲学》一书，全面系统地对经济法从法哲学的角度进行了论述，比较详细地分析了经济主体法、经济客体法、经济行为法、经济责任法和经济程序法，形成了比较完整比较系统的经济法学理论体系和经济法哲学思想体系。

　　同时，在财税法和金融法的教学与著作的写作过程中，也发现了许多经济法学理论，并对已经形成的经济法学理论在具体的法学研究和司法实践中进行不断的检验，形成了自己确信无疑的经济法学理论体系。在研究生的指导过程中，也进行了许多经济法具体理论的研究，我指导的许多博士论文都是研究经济法理论的，如郭向军博士的《经济监管机构的法律地位》、程南博士的《经济法理论的反思与重构》、韩露博士的《虚拟经济法理论研究》等。2012 年出版社邀请我写一本"经济法学总论"的教材时，觉得自己对这方面的理论掌握已经比较成熟，就接受了这一任务，但由于其他工作一直没有顾得上动笔。

　　2013 年在教学中发现王一鹤博士具有比较好的法学功底，入学前曾做法官多年，又特别喜欢研究学问，对我主张的法学理论和经济法学理论有比较深刻的理解，于是请他按照拟定的写作提纲帮助我整理相关资料。2014 年 5 月在他把相关资料整理完成后，我又进行了进一步加工，经过近 4 个月的闭门写作和修改终于形成本书的书稿。在本书的写作过程中，我们努力使内容简洁明确、深入浅出，使其既符合本科生的学习需要，也可以作为研究生和法律工作者的研究参考用书；努力从整个法学的角度来论述经济法学理论，而不是不顾其他法学体系，只片面地谈经济法问题；努力将经济法学理论同其他相关法学理论相衔接，使整个法学理论成为一个完整的整体；在各部分内容中，都努力阐明经济法学与相关法学的联系与区别，而不是仅谈区别不谈联系。这不仅是满足读者系统地掌握法学理论的需要，也是使读者深入理解经济法理论的需要，更体现出对经济法学的客观态度和理论自信。

　　在写作体例上，每章开始前都写明了学习目的和要求，以指导读者进行相关内容的学习。其中，重点掌握的内容应是考试中 0～75 分的标准，即成绩及格的标准；一般了解的内容应是考试中 76～90 分的标准，即成绩良好的标准；深入思考的内容应是考试中 91～100 分的标准，即成绩优秀的标准。如果经济法学专业研究生选用本教材，重点掌握和一般了解的内容应为考试及格标准，深入思考的内容应为考试优良的标准。本教材中的引导案例主要选择的是与本章内容相关的重大事件，或者重要情况介绍，这些内容可以比较好地帮助读者理解教材正文中的内容。本教材中每章之后都附有一个司法案例，这些案例都是各国相关领域的经典案例，对深入理解本章的内容有比较大的帮助。

在本教材写作过程中，我们参考了国内外能够找到的各种经济法教材，吸收了各类教材的许多有益内容，特别是参考了张守文教授、史际春教授、邓峰教授、邱本教授等编写的《经济法总论》，以及漆多俊教授编写的《经济法基础理论》等著作。同时，还参考了我们能够收集到的所有相关论著，引用的部分都在书中明确注释。当然，还有许多内容是在同行之间日常交流中获取的他人智慧，在此向所有法学和经济法学界的同仁们表示感谢！尊重他人的劳动成果是一个法学学者的基本素质，即使是一个伟大的学者也不是孤立存在的，没有学术团体和学界同仁的存在，他也是难以取得伟大的研究成果的。就此而言，任何研究成果都是集体力量的结果，任何成果发布人都应该对同仁给以足够的尊重。

虽然，我个人研究经济法的时间已有近二十年之久，也不能说不够努力。但是，一个比较清楚的事实是经济法理论还处在形成过程中，这一方面是由于经济法的现象还不够完全和充分，法学理论的进步很难突破法学实践的发展，多数情况是法学实践在先，专家学者们的理论总结在后，任何理论都必须建立在确切的依据之上。因此，经济法学理论不够完善也是可以理解的。并且，从发展的角度看所有法学都是处在发展过程中的，永远难以期望存在完善的理论。同时，我们每一个进行法学思考的人，也都在为法学理论的完善作着不同的贡献。另一方面也是由于经济法专家学者们对实践的总结不够，虽然在写作过程中，我们努力对各国经济法的实践进行了比较系统的总结，但得出的结论也还可能是欠斟酌的，甚至可能是错误的，希望读者批评指正，因为即使是教授也是在接受批评中进步的！

2014 年 10 月 2 日于中国政法大学

目 录

第一章　经济法学导论 ………………………………………………… 1

　　第一节　自然法的价值 …………………………………………… 3

　　第二节　功利法的价值 …………………………………………… 6

　　第三节　实证法的价值 …………………………………………… 8

　　第四节　法的本质属性 …………………………………………… 11

第二章　经济法学的本质 ……………………………………………… 19

　　第一节　价值目标与法学体系 …………………………………… 21

　　第二节　个体利益保护与民商法 ………………………………… 27

　　第三节　整体行政利益与行政法 ………………………………… 30

　　第四节　整体经济利益与经济法 ………………………………… 33

第三章　经济法学的原则 ……………………………………………… 46

　　第一节　原则的法学性质与沿革 ………………………………… 48

　　第二节　经济法原则确立的依据 ………………………………… 51

　　第三节　经济法基本原则的内容 ………………………………… 57

第四章　经济法学的体系 ……………………………………………… 69

　　第一节　经济法体系的形成 ……………………………………… 73

　　第二节　经济法的理论体系 ……………………………………… 78

　　第三节　经济法的学科体系 ……………………………………… 87

第五章　经济监管主体法 ·· 96

　第一节　监管主体的发展状况 ·· 99

　第二节　监管主体的法律地位 ·· 107

　第三节　监管主体的行为规范 ·· 113

第六章　货币财产客体法 ·· 121

　第一节　法定货币财产法 ·· 124

　第二节　存款货币财产法 ·· 130

　第三节　货币政策监管法 ·· 135

第七章　国有财产客体法 ·· 142

　第一节　自然资源财产法 ·· 145

　第二节　国有单位财产法 ·· 149

　第三节　国家财政收支法 ·· 155

第八章　市场准入行为法 ·· 164

　第一节　主体准入行为法 ·· 166

　第二节　客体准入行为法 ·· 170

　第三节　媒体准入行为法 ·· 174

　第四节　准入行为程序法 ·· 178

第九章　市场经营行为法 ·· 185

　第一节　市场信息行为法 ·· 188

　第二节　市场价格行为法 ·· 191

　第三节　市场交易行为法 ·· 194

　第四节　市场竞争行为法 ·· 199

　第五节　弱势主体保护法 ·· 201

第十章　国际市场行为法 ·· 207

第一节　国际贸易行为法 ·· 210

第二节　国际货币行为法 ·· 214

第三节　国际银行行为法 ·· 218

第十一章　整体经济责任法 ·· 224

第一节　经济责任法的性质 ·· 229

第二节　经济责任归责原则 ·· 238

第三节　经济责任承担程度 ·· 243

第十二章　整体经济程序法 ·· 252

第一节　经济程序法的性质 ·· 256

第二节　经济诉讼法的主体 ·· 262

第三节　经济诉讼证明责任 ·· 268

第四节　经济裁判执行责任 ·· 274

第一章
经济法学导论

【学习目的和要求】

经济法学是法学的一个重要体系，也是一个新兴的法学体系。要全面深入地理解一个法学体系，必须首先对法的本质有一个基本的了解，明确法的本质就是它的价值追求。如果没有这个法学理论前提，经济法理论的研究和总结也就失去了基础和前提，得出的任何研究和总结成果都难以在逻辑上成立。因此，在学习经济法理论之前，必须首先明确法的本质，以作为开始学习经济法学的知识储备和引导。

通过本章的学习要求学生：

● 重点掌握：自然法的价值；功利法的价值；实证法的价值；法的本质属性。

● 一般了解：自然法的沿革；功利法的沿革；实证法的沿革；当代的法哲学。

● 深入思考：价值追求在法学体系中的地位；法本质实现的具体方法。

【核心概念】

自然法　功利法　实证法　法价值　法本质　认识论　方法论

【引导案例】

有 5 名洞穴探险的人被困于洞穴之中，并得知无法在短期内获救。为了维持生命以等待救援，5 人约定以掷骰子的方式选出 1 名牺牲者，让另外 4 人杀死后吃掉他的血肉。其中，最初提出此建议的人，在掷骰子前决定撤回自己的同意。但是，另外 4 人仍然执意掷骰子，并恰好选中不再同意实施此种行为的人。他们杀死了他才最终坚持到获救。获救后，该 4 人即以杀人罪被起诉。在审判过程中，5 位法官发生了激烈的观点冲突。

法官 A 认为，应该尊重法律条文。法典的规定众所周知："任何人故意剥夺了他人的生命都必须被判处死刑。"尽管同情心会促使我们体谅这些人当时所处的悲惨境地，但法律条文不允许有任何的例外。因此，被告有罪。同时，我们应请求行政长官予以赦免。

法官 B 认为，应探究立法精神。一个人可以违反法律的表面规定而不违反法本身，这是最古老的法学智慧谚语。任何实证法的规定，不论是被包含在法令里还是在违法先例中，应该根据它显而易见的目的来合理解释。因此，被告的行为不是谋杀，他们无罪。

法官 C 认为，在法律与道德之间选择是困难的。如果饥饿不能成为盗窃食物的正当理由，那么也不能成为杀人并以之为食物的正当理由。另一方面，当我倾向于赞成有罪判决，我又显得多么荒谬，为了把他们从洞穴中救出来有 10 个人献出了生命。既然我完全不能解决困扰我的有关法律疑问，我宣布不参与本案的审理程序。

法官 D 认为，应维持法治传统。从立法至上原则引申出来的是法官有义务忠实地适用法律条文，根据法律的平实含义来解释法律，不能参考个人的意愿或个人的正义观念。我关注的不是禁止法官修正法律条文的原则是对还是错，或是可取不可取，而是这一原则已经成为支撑我宣誓执行的法律和政治秩序的显而易见的前提。因此，我的结论是被告有罪。

法官 E 认为，应以常识来判断。这是一个涉及人类智慧在现实社会中如何实践的问题，与抽象的理论无关。根据民意调查大约 9 成的人认为应该给予被告象征性惩罚后释放，公众对这个案子的态度是十分明显的，这使得我们应该做的和必须做的事情变得显而易见。我的结论是，这些被告是无辜的，被控的罪名不成立。

由于最高法院意见不一且各种观点的论证针锋相对、不相上下，初审法院最终维持了有罪判决和量刑。根据初审法院的裁定，刑罚将在 4300 年 4 月 2 日上午 6 点执行，届时死刑执行官将奉命干净利落地绞死被告人。[1]

【案例导学】

上面引用的观点并不是该书中的全部内容，我们引用的只是著名法学家富勒所写的该案例审判观点的最初部分，它被称为是法理学的经典。此后，又不断有法学家续写新的观点，如：达玛托所著的"洞穴探险者——进一步的行动"，载于《斯坦福法律评论》1980 年第 32 卷；埃斯克里奇所著的"洞穴探险者案：20 世纪法律解释精要"，载于《华盛顿法律评论》1993 年 8 月第 61 卷；以及萨伯在《洞穴奇案》中补充的 9 种新的观点。

"洞穴奇案"中法官们的观点表明，法并不等同于法律，它是一门非常复杂的学问。法学复杂性的根源在于社会价值追求的多样性，不同的价值追求会形成不同的法学理论。其中，自然法追求的是道德与正义，功利法追求的是功能与效率，实证法追求的是法律本身的确定性。但是，现实生活不是单一的而是全面的，这些价值追求中的每个方面都是有现实意义的，放弃其中的任何一种价值追求都会导致案件审理的偏差。法学研究的核心就是要在这些价值追求中找到一个最佳的边际均衡点，以实现社会综合效果的最优化。

---

[1] 摘自 [美] 萨伯著，陈福勇、张世泰译：《洞穴奇案》，生活·读书·新知三联书店 2009 年版。

第一节 自然法的价值

一、自然法的基本含义

自然法既是一种法学思想，又是一种法学研究方法，它的本质在于强调法的道德性和正义性，强调自然法（道义法）与实证法（人定法）的关系，即人定法应服从自然法，服从道德、正义等根本理念。事实上，自然法并不是一个完整的法律文件体系，也没有系统的具体法学内容，只是一些原则性的法学价值追求。在西方法学史上，它是作为与实证法相对立的法学思想而存在的，代表着法学中道德与正义的价值追求。我国从古至今也一直有明确的自然法思想，如儒家的"义"和道家的"道"等都是这一思想的体现，民间的"替天行道"更是这一思想的通俗表达。但是，由于我国基本上没有分权的历史，自然法思想并不独立于实证法，而是实证法思想的组成部分，没有形成独立的自然法理论体系。

二、自然法理论的沿革

西方的自然法思想大致可以分为四个阶段，即古代以自然秩序为核心的自然法，中世纪以上帝的意志为核心的自然法，近代以契约论和人民主权为核心的自然法，以及当代以道德和正义为核心的自然法。古代自然法的代表人物主要有亚里士多德、西塞罗等。亚里士多德认为法律就是正义的体现，法律的好坏以是否符合正义为标准。他在《政治学》中指出"法律是一种中庸"，"它存在于对所有想过幸福生活的人开放的中庸之中。同样的原则必须适用于衡量国家政体的美德或邪恶，因为国家政体本质上是一种生活的方式"。西塞罗则最早系统地论述了自然法思想，他认为正义是符合自然的，是人定法的基础，人定法应符合自然法的要求。"自然是正义的基础"，"遵循自然，根据自然法生活，就是说只要人自身按自然的要求去获取所希望的东西，这必定是最合法的和最有美德的生活方式"[1]。

中世纪的自然法学主要是神学主义的自然法，经历了从教父学到经院哲学的发展过程，它的代表人物有奥古斯丁、托马斯·阿奎那等。奥古斯丁的《上帝之城》是教父学中一部重要的著作。"在整个中世纪中，特别在教会对世俗诸侯的斗争中，这部书曾产生过巨大的影响。"[2] 阿奎那则将法具体分为永恒法、自然法、人法、神法和形式法。其中，永恒法是由统治整个宇宙共同体的神的理性形

---

[1] 张乃根：《西方法哲学史纲》，中国政法大学出版社 2008 年版，第 46~51 页。
[2] [英] 罗素著，何兆武等译：《西方哲学史》（上卷），商务印书馆 1963 年版，第 437 页。

成的法；自然法是沟通永恒法和人法的心灵渠道，是上帝赖以启迪人类的理性的法；人法是人类根据自然法对更具体的人类事务所做出的安排，它源于自然法，是统治者为国家的共同善而制定的指导人行为的法；神法是指旧约和新约全书；形式法则是在其他动物中存在的产生情欲倾向的法。

近代的自然法学主要是理性主义的自然法，它的代表人物有格劳秀斯、霍布斯、洛克、孟德斯鸠等。格劳秀斯是近代理性主义自然法的创始人，他认为自然法是正确理性的启示，是人而不是上帝的理性，且人定法应服从自然法。自然法的基本准则包括：不拿别人东西，归还属于别人的东西，遵守契约、履行诺言、赔偿损失，以及惩罚应受惩罚的人。霍布斯在其《利维坦》中，系统地阐述了以契约论、正义论为特征的自然法思想。他认为人为了和平而自保，为了自保而相互让渡权利，并严格遵守权利让渡契约。[1] 洛克认为自然状态以自由、平等、博爱为基本特征，但它缺乏明文规定的法律和相应的裁判机关，国家权力应分为立法权、执法权和对外权，并坚决主张立法权和执法权的分立，以避免滥用权力。[2] 孟德斯鸠认为人类具有双重性，即物理的存在物和理智的存在物，前者受不变的自然法则支配，后者是人类理性的产物；前者为自然法调整的自然形成的关系，后者为实证法调整的非自然的关系，并完善了立法权、司法权、行政权三权分立的理论。[3]

自然法从古代发展到近代，都是作为反对实证法的武器而存在，它强调自然法在法律效力上高于实证法，违反自然法的实证法无效。最终，使自然法成为资产阶级革命的武器，完成了法学"从身份到契约"的革命。此后，自然法也就失去了其用武之地，出现了自然法的衰落和实证法的兴起。直到人们重新感觉到实证法和功利法中的问题，才又重新拿起自然法的武器，形成当代的自然法或新自然法。但是，当代的自然法已经不同于传统的自然法。首先，它不再强调自然法的效力要高于实证法和功利法，一切不符合自然法的规定都属于非法；其次，它开始承认实证法和功利法的部分合理性，强调不同法学价值追求之间的融合。当代的自然法理论虽然是自然法理论的进步，但真正代表自然法思想的还应是传统的自然法理论，它是法学价值追求中的一极，是法学核心的价值主张之一。

三、自然法的价值追求

自然法在不同时期不同阶段有着不同的价值追求倾向，总体来讲，自然法是从人本身的精神需要出发，以人的理性为工具，研究人们应该具有的基本权利和

---

〔1〕 张乃根：《西方法哲学史纲》，中国政法大学出版社 2008 年版，第 94～95 页。
〔2〕 龚群：《当代西方道义论与功利主义研究》，中国人民大学出版社 2002 年版，第 67～73 页。
〔3〕 〔法〕孟德斯鸠著，张雁琛译：《论法的精神》（上册），商务印书馆 1982 年版，第 155 页。

基本义务，实质上是以人作为起点和归宿的主观目的论。[1]价值追求是法形成的动机，不同的价值追求决定了法的不同价值取向和行为特征。自然法学者通常认为，一个行为的正确与错误，并不是由这个行为的后果所决定的，而是由行为的动机和行为本身的特征所决定的。

自然法的价值追求在于强调法的人本属性，强调法与道德之间的联系，它坚持法必须是正义的，只有正义的法才是法，才具有法律效力，非正义的法不具有法律效力；自然法的正确性在于它坚持以人为本，坚持法律必须符合人的需要，以人作为其出发点和归宿，强调人的理性、人性，把道德看作是行为的内在本质。因此，可以将自然法的价值追求概括为：以人为目的，以道德与正义为价值追求，自然法的本质是道义法。

四、自然法存在的问题

由于自然法能够比较充分地反映人的主观需求，是法的本质的重要体现。因此，这一理论具有许多优势：它能够指出实证法在道义性上存在的问题，纠正实证法中非道义的内容；它能够针对司法过程中的具体情况弥补实证法的漏洞，因地制宜地处理具体的司法问题；它能够从道义理性出发帮助人们准确地理解法律规范的具体涵义，弥补实证法准确性的不足；它能够从社会需要出发，指出实证法中不适应社会发展要求的问题，以其抵抗权使明显阻碍社会发展的实证法不再具有法律效力，从根本上维护法律的道德与正义。

但是，自然法思想也存在明显的问题，包括它的来源、效力、执行和正确性四个方面。其一，自然法不能清楚地说明其来源，只能说其"直接来自自然、上帝或理性"，[2]"任何非历史和非社会的存在都是虚幻的、不真实的"[3]。其二，自然法不能清楚地说明其效力的依据，它只能说明自己"是从一个绝对的善、正当或正义的原则中得来的，……这种价值或规范本身就被赋予主张有绝对效力的权利"。[4]然而，这种效力主张在传统法律体系中并没有得到具体的体现。其三，自然法没有具体的规范、缺乏可操作性。即便能够实际实施，也不能保证完全按照自然法的要求司法。其四，自然法难以证明其自身的正确性，现有证明理论都只能证伪而不能证实。事实上，自然法只有体现在制定法中，并通过习惯

---

〔1〕 刘少军：《法边际均衡论——经济法哲学》，中国政法大学出版社 2007 年版，第 61 页。

〔2〕 ［奥］凯尔森著，沈宗灵译：《法与国家的一般理论》，中国大百科全书出版社 1996 年版，第 427 页。

〔3〕 龚群：《当代西方道义论与功利主义研究》，中国人民大学出版社 2002 年版，第 183 页。

〔4〕 ［奥］凯尔森著，沈宗灵译：《法与国家的一般理论》，中国大百科全书出版社 1996 年版，第 430 页。

法、判例法、理论法和法官法对其进行不断地完善，才能在司法实践中得以贯彻实施。[1]

第二节　功利法的价值

一、功利法的基本含义

功利法（或称功利主义法学），是与自然法相对立的一种法学思想和法学研究方法，它的本质在于强调法的功能性和效用性，强调功利法与自然法、实证法的关系，强调自然法（道义法）和实证法应服从功利法，服从避苦求乐、追求幸福最大化的人的本性。事实上，功利法也不是一个完整的法律文件体系，没有系统的具体法学内容，只是一些原则性的法学价值追求。在西方法学史上，它是作为与自然法和实证法相对立的法学思想而存在的，代表着法学中功能与效用的价值追求。我国从古到今也一直有明确的功利法思想，如先秦墨家、法家和道家等。尤其是先秦的墨家，主张以"利"去规定"义"，形成与儒家相对立的"义利"价值观。但是，由于我国长期处于"熟人"的农业社会，道义价值观一直处于统治地位，即使是在实证法的应用中也没有形成独立的功利法理论体系。

二、功利法理论的沿革

西方的功利主义法学思想，产生于18世纪末19世纪初的英国，是把功利主义运用到法学领域而产生的法学流派，它的代表人物主要有杰里米·边沁、詹姆斯·密尔、约翰·密尔等。功利主义认为，人的行为是受功利支配的，对于社会或政府来说，追求最大多数人的最大幸福是其基本职能。它强调功利主义原则是评判法律优劣的标准，是法律实施的基础；功利原则既是法律的出发点，又是其必然的归宿。其中，边沁奠定了功利主义法学的哲学体系和法理学原理的基础；詹姆斯·密尔补充了功利主义心理学的依据；约翰·密尔则把功利主义化简为繁，以适应资本主义经济和社会制度的发展和变化。[2]

边沁指出，"功利原理承认这一被支配地位，把它当作旨在依靠理性和法律之手段建造福乐大厦的制度的基础"。"它按照看来势必增大或减少利益有关者之幸福的倾向，亦即促进或妨碍此种幸福的倾向，来赞成或非难任何一项行动。""追求快乐和避免痛苦是立法者考虑的目的。"[3] 据此，凡能增进当事人快乐或

---

〔1〕　刘少军：《法边际均衡论——经济法哲学》，中国政法大学出版社2007年版，第62页。

〔2〕　杨思斌：《功利主义法学》，法律出版社2006年版，第1~2页。

〔3〕　[英]边沁著，时殷弘译：《道德与立法原理导论》，商务印书馆2000年版，第57、58、86页。

减轻痛苦的行为，在道德上就是善良的，在政治上就是正义的，在法律上就是权利。对在本质上追求经济富足、政治自由、道德完善和法律权利的人类而言，避苦求乐是他们一切行为的原因、目的和最高原则。[1] 因此，国家起源于功利，存在于功利，其目的也在于实现功利。功利法以消费伦理为基础，以消费的满足程度作为起点和归宿，实质上是一种客观目的理论。[2]

三、功利法的价值追求

功利法作为一个重要的法学流派，有着自己独立的价值追求。功利主义法学主要有三方面的价值追求，即法的效率性、目的性和整体利益性。功利主义的价值在于社会效率，在现实的社会生活中，除直接生活消费是最终目的外，其他任何社会活动最终都是为生活消费服务的，这些活动都必须以效率作为其基本的价值依据。在这些领域凡是不符合功利要求的都是不合理的，凡是符合功利要求的都是可取的。现实生活中的许多法律，都必须以功利主义作为基本的价值基础。功利主义的最大优点在于它从现实需要出发，以人的理性为工具，研究如何最大限度地满足人的需要。就此而言，功利法能够比较充分地反映人们的客观需要，它能够指出实证法在功利性上存在的问题，纠正实证法中不符合功利原则的内容。

功利法的目的性强调，"全部法的缔造者是目的"，在现实的司法中，"不是逻辑优先，而是生活的价值居先"。"它使法官获得了善意的良知，并使虚假的证立经常成为多余的。"[3] "法律的目的不在于其本身，而在于一定的社会经济需要。"[4] 功利法的整体利益性强调，最大多数人的最大幸福是衡量其正确与错误的唯一尺度。边沁认为社会利益是组成社会的许多人的个人利益的总和，增进个人利益也就增进了社会利益。法律和社会组织应该使每个人的幸福或利益尽可能与全体利益协调。追求个人利益与幸福虽然是人的本性，但不能无限扩张，必要时为了他人利益和社会利益应该牺牲自己的利益。社会共同体虽然是一个假设的实体，但它是由无数成员构成，共同体利益就是构成共同体成员们的利益总和。因此，功利主义虽然从个人出发，但也认识到了法的整体利益性质。

四、功利法存在的问题

功利法学作为一个法学流派，虽然反映了社会的某方面价值追求，但也有其

---

[1] 杨思斌：《功利主义法学》，法律出版社 2006 年版，第 47 页。

[2] 刘少军：《法边际均衡论——经济法哲学》，中国政法大学出版社 2000 年版，第 59 页。

[3] ［德］阿图尔·考夫曼、温弗里德·哈斯默尔主编，郑永流译：《当代法哲学和法律理论导论》，法律出版社 2002 年版，第 166、167 页。

[4] 徐国栋：《民法基本原则解释》，中国政法大学出版社 2001 年版，第 291 页。

认识的局限性，这些局限性主要表现在其对自然法的否定、过度强调法的工具价值和对个体利益的侵害三个方面。由于它绝对地坚持"当一项行动增大共同体幸福的倾向大于它减小这一幸福的倾向时，它就可以说是符合功利原理，或简言之，符合功利"[1]，因此，遭到许多人特别是道义论者的反对，他们强调不能以牺牲部分人的利益或隔代人的利益，而为增加某部分人的利益服务，正义的价值高于功利。"自由与权利的要求和对社会福利的总的增长的欲望之间是有原则区别的。……由正义所保障的权利不受制于政治的交易或社会利益的权衡"，"那些需要违反正义才能获得的利益本身毫无价值"[2] 功利和道义作为两大价值取向，应有各自独立及交互的空间，功利法对自然法的绝对否定具有片面性和绝对性。

此外，功利法过度强调法的工具性，强调法是为了满足人的需要所提供的手段。"国家的法律并不能直接给公民提供生计，它们所能做的只是创造驱动力……法律也不能指导个人寻求富裕，它们所能做的只是创造条件，以刺激和奖励人们去努力占有更多的财富。"[3] 同时，功利法还具有对个体利益的侵害性。功利主义强调法的工具性，鼓励个人为了获得幸福进行充分的自由竞争，但个体利益往往置于被他人及社会侵害的境况。功利法由于过多地强调其工具性，具有为了整体利益而侵害少数人利益的倾向，特别是为多数人利益而侵害少数人利益的倾向，这对于一个完善的法学体系是难以完全接受的。

第三节　实证法的价值

一、实证法的基本含义

实证法是继自然法和功利法之后发展起来的一种法学思想，是以实在法（或称人定法）为出发点和归宿的法学。由于它是分析实证主义所承认的法，因此被简称为实证法。它不承认在实证法之外还存在自然法和功利法，否认道义、功利等价值追求在司法实践中的作用。"法官只应适用法，却不应创造性地填补法之漏洞，补充法之不足，法官不外是'宣告及说出法律的嘴巴'……法官应受

---

〔1〕 ［英］边沁著，时殷弘译：《道德与立法原理导论》，商务印书馆 2000 年版，第 59 页。

〔2〕 ［美］约翰·罗尔斯著，何怀宏等译：《正义论》，中国社会科学出版社 2003 年版，第 27、31 页。

〔3〕 ［美］E. 博登海默著，邓正来译：《法理学——法律哲学与法律方法》，中国政法大学出版社 2001 年版，第 107 页。

'法律严格的赤裸裸的条文'约束。"[1] 实证法是一个相对完整的法学体系，它以法律文件为基础并有详细的法学内容。在西方法学史上，它是作为与自然法和功利法相对立的法学思想而存在，代表着法学中确定性和可预测性的价值追求。我国也曾经有丰富的实证法思想和理论，在春秋早期就有法律治国思想，在后来的墨家、法家思想中也存在着大量的实证法思想和法律知识理论。但是，由于我国的实证法思想不独立，再加之同当今法学理论之间的继承性不强，没有形成系统的实证法理论体系。

二、实证法理论的沿革

实证法思想早在霍布斯时就有论述，后来边沁和耶林也有明显的实证法观点。但是，他们的主要理论是目的论和价值论，不能称为真正的分析实证主义者。真正的分析实证法学代表人物主要是约翰·奥斯丁和汉斯·凯尔森。分析实证法学认为只有法律文本中规定的内容才是法，才具有法律效力。奥斯丁认为法理学所关注的乃是实在法，或严格意义上的法律，而不考虑这些法律的善或恶；实在法与理想法或正义无关。实证法最为本质的特征乃是它的强制性或命令性，只有一般性的命令才具有法律的性质。且这种命令必须是由特定主体发布的普遍性命令。由此，奥斯丁形成了一套完整的由命令、义务和制裁构成的实证主义思想体系，他认为"命令、义务和制裁是分开而又相互联系的术语，每个都具有与其他两个术语相同的含义……三个都直接并间接地说明了一个问题"[2]。

凯尔森在奥斯丁的基础上，进一步排除了其中的心理学因素，把法律规范视为具有严格效力等级的规范体系，建立起了纯粹法学理论体系。它"旨在从结构上去分析实在法，而不是从心理上或经济上去解释它的条件，或从道德上或政治上对它的目的进行评价"。他认为"只有把法的理论和正义哲学以至和社会学分开来，才有可能建立一门特定的法律科学"。他把法归结为社会组织的一个特定技术，是人的行为的一种强制秩序，是以基础规范为前提的程序规范。"不能从一个更高规范中得来自己效力的规范，我们称之为'基础规范'。可以从同一个基础规范中追溯自己效力的所有规范，组成一个规范体系或一个秩序。"[3]由此，凯尔森建立了一个完整的封闭的和纯粹的法学体系，使法律成为具有完全普遍性、确定性和可预测性的规则体系，它使法学成为一种纯粹的分析实证技术。

---

〔1〕 ［德］阿图尔·考夫曼、温弗里德·哈斯默尔主编，郑永流译：《当代法哲学和法律理论导论》，法律出版社 2002 年版，第 111 页。

〔2〕 刘星：《法律是什么》，中国政法大学出版社 1998 年版，第 20 页。

〔3〕 ［奥］凯尔森著，沈宗灵译：《法与国家的一般理论》，中国大百科全书出版社 1996 年版，第 1～6、126 页。

三、实证法的价值追求

实证法强调只有实在法或制定法才是法，它完全排除了自然法和功利法的价值评价，排除了价值判断对司法活动的影响，使法成为一个具有严格确定性的客观存在。由于我们实际制定出来的实在法或制定法通常是在长期的社会实践中，人们对确信正确的实践经验的理性总结，它的绝大部分内容都是社会需要的客观和适当反映，以这样的法律为依据来处理社会矛盾通常是能够取得良好的社会效果的。它"可能有一个没有争议的核心意义，并且在某些案件中，对于规则被违反的意义可能也很难去想象会有争议"[1]。它有一个严格的等级结构体系，能够使我们很容易地确定不同规范之间的结构关系，从而在司法实践中正确地适用这些规则。同时，也可以使法官的判断不受道义和功能价值追求的影响。

实证法坚持法官不许造法，法官不许在审判中沉默，从而使制定的法律秩序成为一个封闭的无漏洞的整体，它的价值在于防止人为因素对法律的干扰，具有以下几方面优势：其一，法律没有感情不会偏私，具有公正性和普遍性；其二，法律本身不会发生变化，具有稳定性和可预测性；其三，法律是借助规范的形式表达的，具有明确性和确定性。实证主义者认为，法律是铁面无私的、明智的、公正的，社会只有在这样的基础上运行，才能保障个体权利，才能有良好的社会秩序，才能实现真正的公平与正义，"它所需要的是像机器一样靠得住的法律"[2]。正是由于法律的这些价值特点，它是最优的统治者。[3]

四、实证法存在的问题

实证法具有公正性、普遍性和客观性，能够在广大区域内普遍适用。同时，因为它是以文字符号形式存在的，具有稳定性、可预测性、明确性和确定性，不受某些权力拥有者的主观控制。但是，实证法上述优点的发挥离不开法律本身是正义的、完整的、准确的；否则，法律可能就成为迫害人民的工具。同时，社会关系还必须是静止的，如果社会关系不断发展变化，原来正义的法律就很可能变成现实邪恶的法律。这些条件在现实生活中，是不可能得到完全满足的。因此，实证法存在着其自身难以逾越的弊端。

首先，制定法来源于权力，在正常情况下权力机关能够代表社会利益制定出正义的法律，但这一点是不可能有充分保障的。这里不仅存在体制问题，还有权力主体的认识能力问题。其次，实证法是抽象的普遍的行为规范，它所规定的只能是一般情况，不可能对任何实际情况都进行具体的规定，它肯定不是完整的。

---

〔1〕〔英〕哈特著，许家馨、李冠宜译：《法律的概念》，法律出版社 2006 年版，第 12 页。
〔2〕〔德〕马克斯·韦伯著，姚曾廙译：《世界经济通史》，上海译文出版社 1981 年版，第 291 页。
〔3〕〔古希腊〕亚里士多德著，吴寿彭译：《政治学》，商务印书馆 1983 年版，第 171 页。

再次，实证法是以文字符号表达的，文字符号与现实生活的距离是巨大的，它不可能对各种行为规范都进行准确的表达。在此条件下，如果严格按照实证法执行则正义不可能战胜邪恶，它执行的最终结果可能是法律越来越完善，人类的道德水平越来越下降。最后，社会关系是不断发展变化的，并且具有变化越来越快的趋势，完全以实证法来规范人类的行为是不可能实现法的最终目标的。[1]

第四节　法的本质属性

一、当代法学思想的变革

传统法学思想的回顾告诉我们，法的本质是一种价值追求，是不同范围内人类共同的社会需要，自然法、功利法和实证法的价值追求是这三种共同社会需要的集中代表，其他法学思想都只是这三种价值追求的某个组成部分。但是，这一时期的法学是一种绝对主义法学，它们都片面地强调法的某方面价值追求，从而形成了自然法、功利法和实证法之间的价值对立。第二次世界大战以后，法学家们开始认识到现实生活中的法不仅是这三种价值追求之间的对立，还是它们之间的某种融合，法的价值追求是综合的，从而逐渐形成了新实证法学、新自然法学和新功利法学，以及后现代法学、相对主义法学和综合法学等。法价值追求的融合性来自人类共同需要的多样性，它是法学思想的重要进步。

新实证法学虽然还坚持实证法的传统思想，却融合了功利法和自然法的内容，它的主要代表有赫伯特·哈特、约瑟夫·拉兹等。他们肯定边沁、奥斯丁倡导的实在法与应有法的划分理论，坚持法律与道德之间的划分，坚持法律与其他社会思想的界限，并从各个角度对法律本身进行分析。同时，也注意吸收功利法和自然法的合理因素，使实证法与自然法和功利法不断融合。他们选择实践理性这一新的视角，剖析法律制度的性质、结构和作用，将实证法推进到一个新的发展阶段。哈特曾经肯定"正义构成了道德的某个切面，……这使得正义在比较法律和其他公共的或社会的体制的批评时，显得特别重要。在所有的德行当中，它是和公众以及法律最有关系的"；"它们说明了为什么不参照任何特定内容或社会需要而以纯粹形式的观点做出的法律和道德的定义，会证明是不适当的"[2]。

在片面坚持实证法被证明不能满足社会需要的条件下，自然法思想也开始重新复活、形成了新自然法。新自然法不再强调自然法优于实证法，强调它与功利

---

〔1〕 刘少军：《法边际均衡论——经济法哲学》，中国政法大学出版社 2007 年版，第 60～61 页。

〔2〕 〔英〕哈特著，许家馨、李冠宜译：《法律的概念》，法律出版社 2006 年版，第 151～152、194 页。

法和实证法价值的绝对对立，而是注意法律与道义和功利之间的融合。它的主要代表有鲁道夫·施塔姆勒、朗·L. 富勒、约翰·罗尔斯、罗纳德·德沃金等。斯塔姆勒认为自然法具有内容的可变性，并非呆板的教条，虽然正义的理想是绝对的，但它在生活中必须因时因地而变，以适应不同的环境。富勒认为法律的外在道德与正义是一致的，法律是有目的的事业，它的实体目标不是单一的而是多元的，法律制度所追求的实体目标是一个具有丰富内容的综合概念。罗尔斯认为正义是道德与功利的融合，应遵守自由平等原则和机会均等原则，"社会和经济的不平等应这样安排，使他们：在与正义的储存原则一致的情况下，适合于最少受惠者的最大利益；并且，依系于在机会公平平等的条件下，职务和地位向所有人开放"[1]。德沃金则既不同意法律实证主义，也反对自然法哲学，试图走一条既不是实证主义也非自然法哲学的中间道路。无论他们的具体观点如何，都体现了不同法学价值追求的融合。

在当代社会，不仅实证法和自然法被赋予了新的内涵，传统的功利法也受现实主义法学（研究现实中实际起作用的法）和实用主义法学（研究现实生活中实际需要的法）等英美法思想的影响，并同其他法学思想相融合形成了新的功利法思想，它的集中表现就是法经济学、法社会学、法政治学等法学思想。法经济学是以"财富最大化"这一经济学原理为理论基础来研究法的本质，认为法的本质是成本与效益的权衡。它的代表理查德·A. 波斯纳认为法律经济学有两个密切相关的优势："首先，它为有政治争议的法律问题提供了一个中立的立场。……经济学者不偏向任何一方，他们只讲求效率。其次，经济学的进路常常能化解容易引起争议的自相矛盾。"[2] 法社会学则主要从整个社会的整体控制上，或者从社会学的角度研究法的本质。它的代表罗科斯·庞德认为，社会控制在"根本上必须在合作本能与利己本能之间维持均衡。……而在一个发达社会中法就是社会控制的最终有效的工具"[3]。法政治学则否认法律的中立性和客观性，认为法律问题与政治不可分离，就此而言法律就是政治，法学就是政治学。它的代表肯尼迪认为："对法律问题来说，除了伦理或政治的所谓正确解决办法以外，从来就不存在一个正确的法律解决办法。"[4]

在当代法学思想体系中，能够集中反映这些法学思想变化的应该是后现代法

---

〔1〕 ［美］约翰·罗尔斯著，何怀宏等译：《正义论》，中国社会科学出版社 2003 年版，第 302 页。

〔2〕 ［美］理查德·A. 波斯纳著，武欣、凌斌译：《法律理论的前沿》，中国政法大学出版社 2003 年版，第 37 页。

〔3〕 ［美］罗斯科·庞德著，沈宗灵、董世忠译：《通过法律的社会控制、法律的任务》，商务印书馆 1984 年版，第 35 页。

〔4〕 刘星：《法律是什么》，中国政法大学出版社 1998 年版，第 234 页。

学、相对主义法学和综合法学。后现代法学是一种解构主义法学，它的目的不再是建构某种法学理论，而是论证法学体系中存在的问题。后现代法学认为，法律概念是不准确的，不能清楚地表达法律的内容；法律主体是不自治的，主体的意志并不是自我意思的表达；法律现象是具体的、偶然的和特殊的，不是普遍性规则所能解决的。"人不是实体，人是关系，更明确地说：他是关系和关系者的统一。"[1] 相对主义法学首先承认法价值追求的多元性，承认法的道义价值追求、功利价值追求和实证价值追求都具有合理性，"正义的观念、权宜的观念和法律确定性的观念。……'他们互为要求，但同时又相互矛盾'"[2]。但是，它并没有给出在这几种法的价值追求发生冲突时，法学应如何作出明确选择的结论。综合法学是当代社会最近出现的一种法学思想，它强调价值、形式和事实的统一，强调自然法学、分析法学和社会学法学的融合，[3] 它进一步反映了实现法的不同价值追求之间融合的社会需要。

二、法的本质属性认识论

世界几千年来的法学思想史，就是不断探索法的本质属性的历史，至今已经形成了几个比较明确的结论。其一，法的本质是它的价值追求，它反映的是人类社会不同范围内的普遍性需要。尽管有些学派表面上并非在探求法的价值追求，但实质上它也反映了法价值追求的某个侧面。其二，法的本质是它的道义价值追求（自然法）、功利价值追求（功利法）和实证价值追求（实证法）的某种形式的融合。尽管有些学派的价值主张并非独立，但它都是这三种价值追求的某个方面或某种融合。其三，法不同价值追求之间的融合，必须以人类社会不同条件下综合社会效果的最优化为最终目标。因此，研究法的本质属性最终归结为，如何确定达到综合社会效果最佳时道义价值、功利价值和实证价值的分配比例。

法具有自然法、功利法和实证法三种基本价值类型，不同类型的法代表着不同的价值追求或社会需要。其中，自然法和功利法代表的是法的本源性价值追求，是从人的需要出发而产生的价值追求。自然法主要代表人的最终需要的精神方面，是满足人的基本最终需要或精神需要的保障。因此，它是最终目标，也是其他所有目标的起源。功利法主要代表人的最终需要的供给方面，是为满足人的最终需要所提供的供给手段。实证法则是在一定社会条件下，根据人们对需要和满足之间相互关系的理解，而达成的在需要与满足手段之间的一种社会合意。这

---

[1] ［德］阿图尔·考夫曼著，米健译：《后现代法哲学》，法律出版社 2003 年版，第 50 页。
[2] ［美］E. 博登海默著，邓正来译：《法理学——法律哲学与法律方法》，中国政法大学出版社 2001 年版，第 177 页。
[3] 薄振峰：《当代西方综合法学思潮》，法律出版社 2005 年版，绪论部分。

种合意一旦形成，就具有了确定性的价值。[1]

自然法与功利法之间，既具有一致性又具有矛盾性。就总体而言，他们的根本目标是一致的，功利的最终目的是为了满足道义的需要。然而，它们之间也是有矛盾的，过多地强调道义就会影响到功利，功利受到影响最终也难以从根本上实现道义；过多地强调功利就会影响到道义，道义受到影响最终也会使功利失去其根本目的。并且，它们还都要受到边际效用递减规律的决定，使道义或功利的增量与需求满足之间呈现递减性增长。因此，研究法的道义与功利价值的核心，是在不同程度的自然法和不同程度的功利法之间找到一个合理的边际均衡点。在这个均衡点上必须保证基本道义的实现，保证每个人都能满足其基本的需要。同时，还必须保证能够较大程度地实现功利，以便为不断地提高每个人的需要满足水平服务，最终使整个社会的道义水平和功利水平得到最大限度的满足。

在法律的制定过程中，应实现的是道义价值和功利价值的边际均衡。然而，法律一旦制定就存在其实证价值与道义价值和功利价值的边际均衡问题。这是由于实证法具有不正确性、不完整性、不准确性和不发展性，"法律一经制定，便已落后于时代"。但是，实证法毕竟是法治的基础，没有法治"国家便将腐化堕落"[2]。在现实司法过程中，法官必须以实证法为基本依据，以自然法和功利法为补充，在不破坏整个法治秩序的条件下，将抽象的、普遍的、可能存在问题的法律，应用到具体的、特殊的案件裁决中。其中，实证法、自然法和功利法在具体案件中的应用比例，就是法的边际均衡倾向，是法官司法活动的核心。现实生活中的法是在其有效边界内，以不同法的价值组合综合社会效果最大值作为基本目标，由得到社会承认的享有执法权力的人员做出的，以社会承认的强制力保障其实施的，能够得到社会普遍认可的裁决。法的本质属性就是其道义价值、功利价值和实证价值的最佳边际均衡，法的具体内容应该是这三种法基本价值的最佳边际均衡点。[3]"当规范使各种对社会生活利益的冲突要求之间有一恰当的平衡时，这些制度就是正义的。"[4] "子曰：过犹不及"，"君子惠而不费，劳而不怨，欲而不贪，泰而不骄，威而不猛"[5]。

三、法本质实现的方法论

法学认识论解决的是法本质属性的认识问题，法学方法论所要解决的是以何

---

〔1〕 刘少军：《法边际均衡论——经济法哲学》，中国政法大学出版社 2007 年版，第 63~64 页。

〔2〕 [法] 孟德斯鸠著，张雁琛译：《论法的精神》（上册），商务印书馆 1982 年版，第 298 页。

〔3〕 刘少军：《法边际均衡论——经济法哲学》，中国政法大学出版社 2007 年版，前言、第 70 页。

〔4〕 [美] 约翰·罗尔斯著，何怀宏等译：《正义论》，中国社会科学出版社 2003 年版，第 5 页。

〔5〕 《论语》，华语教育出版社 1996 年版，第 191、380 页。

种方法实现法学认识的问题，是将对法本质属性的认识付诸实践的问题。传统法学方法论由于没有能够解决法的本质属性的认识论的问题，虽然也提出了许多法学方法，但这些方法在逻辑上是难以成立的。事实上，它是暗含了法的目标。没有明确的认识论，不可能有正确的方法论；没有明确的目标，不可能有达到目标的正确方法。按照现实生活中可能存在的法本质属性的实现方式，以及各国普遍使用的法学实践技术，可以将法本质属性的实现方法具体概括为：立法边际均衡、补法边际均衡、弃法边际均衡和修法边际均衡。[1]

　　在以成文法为主的当代社会，立法是法活动的起点。要在现实生活中实现不同法价值的边际均衡，首先必须保证制定出来的法本身符合最佳边际均衡点的要求。立法的边际均衡包括立法权力、立法程序、立法内容三方面：其一，在立法权力方面。通常认为立法权属于立法机关，事实上享有现实立法权的不仅包括国家立法机关，还包括其所确立的规则能够得到社会普遍承认的社会组织或机构，这就需要在不同的主体之间进行立法权的边际均衡。其二，在立法程序方面。法的基本特征是要得到社会的普遍承认，它有三种不同的模式：全体成员一致同意的契约论模式；充分听取各方面意见和建议的对话论模式；在充分听取各方意见和建议基础上，以一定比例通过为条件的真理一致模式。现实的立法程序都不是某程序模式的绝对化，而是它们的一种边际均衡。其三，在立法内容方面。法既是一种肯定也是一种否定；既是一种保护也是一种限制，它在创造权利（权力）的同时也在创造着义务（职责）。因此，创制一项法律必须对它所产生的实证价值、道义价值和功利价值进行权衡，选择好它所确定的权利（权力）义务（职责）边际均衡点。

　　在现实的司法活动中，"法律只界定一般的框架，在个案中法官必须另为评价，来填补框架的空隙"[2]。补法边际均衡又分为解释补法均衡和续造补法均衡。法的解释是对法律规范的含义以及所使用的概念、术语、定义等所作的说明，以为不能实现最佳均衡的实证法重新找到最佳的边际均衡点。法的解释可以分为许多种类型，按照解释的效力可以分为权威解释和非权威解释。权威解释主要是指立法解释、司法解释和行政解释，非权威解释主要包括字义解释、关联解释、历史解释、目的解释和合宪解释。法的续造是对实证法存在的漏洞，以自然法和功利法进行弥补，以补充在此问题上欠缺的最佳边际均衡点。法律漏洞的补充方法主要包括法律内的补充和超越法律的补充。法律内的补充是在现有法律的范围内，为没有边际均衡点的规则找到一个边际均衡点；超越法律的补充是对存

〔1〕　刘少军：《法边际均衡论——经济法哲学》，中国政法大学出版社2007年版，第70~90页。
〔2〕　[德]卡尔·拉伦茨著，陈爱娥译：《法学方法论》，商务印书馆2003年版，第2页。

在于法治秩序之内但又在现有法律之外的，没有关于边际均衡点规定的漏洞补充一个边际均衡点。如果说法律解释是现有法的扩展性应用的话，那么法律续造则是现有法律的扩展性创制。

弃法是在具体的司法活动中，当某项具体法律规范出现严重不公平或不正义时，放弃这项法律规范而适用其他法律规范的行为。在现实生活中，不仅存在法律的缺失，还会存在法律规定的不合理或不正义，甚至成为危害社会生活的恶法，它不是法边际均衡点的缺少，而是法律规定的均衡点不是应有的均衡点。因此，必须赋予相应主体在司法过程中遇到不公平或不正义时抛弃现有法律的权力，实现抛弃某项法律的边际均衡。它包括隐性弃法边际均衡和显性弃法边际均衡。隐性弃法是指在司法活动过程中，并不改变现有法律规范的文字内容，而是放弃该规范的适用，不再将其作为裁判的法律依据的弃法行为。显性弃法是指通过司法或其他执法活动，明确放弃明显不公平或不正义的法律规定，从而改变原有法的综合社会效果，使法恢复原有的公平合理的边际均衡点的行为。

法律的补充和放弃是在司法过程中，重新校正和调整现有法律规范的行为。它可以使原来偏离的边际均衡点重新校正至最佳位置。但是，鉴于司法权和立法权的合理分工及制衡，法的补充和放弃同法的修改之间是具有明确界限的。修法是指法的修改，它本质上属于立法的组成部分，是通过立法修改法律文字的形式进行法的补充和放弃。因此，法的修改具体包括法的补充和法的废止两个方面。法的补充是对原来已经存在的法律在内容上进行增补，以通过修法的方式弥补法的漏洞；法的废止是对原来已经存在的法律，进行部分内容的放弃或全部内容的放弃；它们实质上是通过立法重新实现法的边际均衡。因此，法本质属性的实现方法是一个循环往复的系统，它是以实现社会综合效果最优化为目标，不断寻找和确定最佳边际均衡点，即不断确定实证法、自然法和功利法适用比例的过程。

【司法案例】

案情：1929 年美国爆发经济危机，使美国经济陷入了持续 4 年的大萧条。1933 年罗斯福就任美国总统之后，针对当时的实际情况，基于约翰·洛克的行政特权理论（对公众的利益，总统有斟酌决定的自由，即使没有法律的依据甚至有违于宪法），制定了大量的法律，史称"罗斯福新政"。最初美国最高法院认为，"推动公共福利的权力是政府固有的"，支持总统的改革。但是，后来最高法院以总统的改革违反《宪法》为由宣布一系列法律无效或部分无效。在 1935 ~ 1936 年间即先后作出 13 项判决，宣布新政立法违宪。

1935 年 1 月，宣布《全国工业复兴法》第 9 条第 3 款违宪，认为国会无权把其对工业管制的权力委托给总统；5 月 6 日宣布 1934 年的《铁路工人退休法》

无效，因为国会对商业监管的权力并不包括此项内容；5月27日，宣布总统更换联邦贸易委员会成员的命令无效，以及《农场抵押延期偿付法》无效，《全国工业复兴法》另外三项主要条款违宪，理由是国会不能委托该项权力给总统；1936年1月6日，法院否决了《农业调整法》的执行税收权，理由是这项立法不合理地使用税收权，"剥削一个群体的财富使之受益于另一个群体"。直至1936年3月29日法院支持了华盛顿州的《最低工资法》；两周后，认为《全国劳工关系法》合宪；5月24日宣布《社会保障法》有效，才改变了新政被不断判决违宪的局面。

结果："罗斯福新政"的主要内容可以概括为复兴、救济和改革，它放弃了陈旧过时的自由放任政策，以国家干预代替自由放任。"罗斯福新政"期间颁布的诸多法令缓解了危机对美国造成的打击，同时也扩大了政府的权力，使政府涉足经济的宏观调控和社会救济与福利，从而开创了福利资本主义的先河。第二次世界大战爆发后新政基本结束，但这一时期产生的许多法律和以此为基础设立的新型机构，如社会安全保障基金、美国证券交易委员会、美国联邦存款保险公司、美国联邦住房管理局等至今仍然产生着影响。随着经济的不断整体化，这些法律和机构的数量在不断增长，并逐渐形成了一个相对独立或独立于政府的国家机构体系，成为以经济监管为基本职责的国家"第四部门"。

评析："罗斯福新政"时期，总统与最高法院之间的对抗，实质上是实证法价值追求与自然法和功利法价值追求之间的对抗。从实证法的角度看，"罗斯福新政"时期制定的许多法案，如《农业调整法》、《全国劳资关系法》、《公正劳动标准法》、《社会保障法》、《证券交易法》、《工业复兴法》等，许多内容是明显违反美国《宪法》的，尤其是《公正劳动标准法》、《工业复兴法》等法案，违反《宪法》之处清晰可见。按照实证法维护法的稳定性、确定性和可预测性的价值追求，最高法院作出的违反《宪法》判决是正确的。

但是，经济危机的现实已清楚地表明，目前人们的生活条件同传统社会相比已经发生了明显变化，传统以个体经济为主、自由放任的社会，已经变成了以整体经济为主导的社会。在此条件下，如果不对现行法律进行及时地修改和完善，并根据需要制定新的法律，就难以使社会公众摆脱痛苦的生活，就难以使国家重新变得繁荣富强。这时传统的法律已经成为严重不道德、不正义和没有功能和效用的法律，甚至成为迫害民众利益的法律，对于这样的法律就必须予以放弃，以寻求新的法价值追求的边际均衡点。事实上，美国的这次"违宪"之争，最终变成了对纯粹实证法的批判运动。在此过程中，也形成了许多著名的法学家和法社会学派、新功利法学派等新的法学理论，并逐步形成了"经济法"这一新型法学体系和理论体系。同时，美国最高法院的9名法官中，有的法官也逐渐转变了看法，没有转变看法的都辞去了法官职务，最终认定"违宪"的法律"合法有效"。

　　"罗斯福新政"违宪案，是世界法治史上的一个经典案例，它再一次向人们证明：法不等于某种绝对的价值观念，法应该反映社会不断变化的客观需要。在现实的司法实践中，应以实证法为基本依据，努力实现实证法的基本价值追求；在实证法不能满足综合社会效果最优化的条件下，就必须用自然法和功利法的价值追求，采取立法边际均衡、补法边际均衡、弃法边际均衡和修法边际均衡的手段，重点找到法的最佳边际均衡点。

第二章
经济法学的本质

【学习目的和要求】

研究任何一个法学体系，必须首先研究它的本质属性。法的本质属性是它的价值追求，法学体系的本质也必然与价值追求相关。但是，法学体系不同于纯粹的法学理论，它必须将法的价值追求转化为直接的价值目标，并与法律文件发生直接的联系。经济法学是一个相对独立的法学体系，学习经济法学必须清楚它与相关法学体系的本质区别和外在联系，这是进行经济法学研究的法理基础。

通过本章的学习要求学生：

● 重点掌握：社会的价值目标；经济法学的价值目标；整体经济利益的内涵。

● 一般了解：个体利益与民商法学的关系；整体行政利益与行政法学的关系。

● 深入思考：经济法学产生与发展的必然性；经济法学的产生对传统法学的影响。

【核心概念】

法的价值目标　法学整体体系　法学分支体系　整体经济利益

【引导案例】

1640 年的英国资产阶级革命，标志着世界进入了市场经济时代。并且，这种经济模式的具体制度最早为《法国民法典》所确立。市场经济为世界经济发展带来了巨大的活力，同时也带来了"经济危机"。根据经济学家们的研究，每隔 3～5 年就会有一次小危机，每隔 10 年左右就会有一次中危机，每隔 50 年左右就会有一次大危机。经济危机与经济法的产生具有直接关系，这里仅列举几次比较大的危机，说明它与经济立法的关系。

17 世纪，英国经济兴盛。然而，人们的资金闲置、储蓄膨胀，当时股票的发行量极少，拥有股票还是一种特权。1720 年为了刺激股票发行，南海公司接受投资者分期付款购买新股的方式，投资十分踊跃，股票供不应求导致其价格狂飙到 1000 英镑以上，公司的真实业绩严重与人们的预期相背离。后来，国会通过了《反金融诈骗和投机法》，内幕人士与政府官员大举抛售股票，南海公司股价一落千丈，南海泡沫破灭。

20 世纪初期，美国的许多金融机构，特别是信托投资公司利用贷款进行证券交易，给金融市场带来了巨大的信用风险。在纽约有一半左右的银行贷款都被信托投资公司投在高风险的股市和债券上，整个金融市场陷入极度投机状态。

1907 年 10 月，美国的银行危机爆发。从 1907 至 1908 年美国破产的信贷机构超过 300 个，共负债 3.56 亿美元，还有 2.74 万家工商企业登记破产，共负债 4.2 亿美元。面对如此严重的经济危机，许多学者倡导建立中央银行制度。此后，《中央银行法》逐渐在各国出现，中央银行体系在各国逐渐诞生。

1929 年 10 月 24 日，纽约证券交易所股票价格雪崩似地跌落，29 日股价再度狂跌，一天之内 1600 多万股票被抛售，最主要的 50 种股票平均价格下跌了近 40%。"繁荣"景象化为乌有，全面的经济危机接踵而至。它导致世界工业生产下降 40%，贸易总额减少 2/3，美国、德国、法国和英国共有 29 万家企业破产，仅美国失业人口就达 1700 多万。为应对危机，美国开始实行"罗斯福新政"，共制定重要法律 15 部，如《农业调整法》、《银行法》、《证券法》、《证券交易法》、《全国劳资关系法》、《公正劳动标准法》、《社会保障法》、《国家工业复兴法》等。这些法律初步奠定了银行法、证券法、社会保障法等法律体系，依据这些法律体系建立起来的新机构，进一步完善了国家的经济监管机构体系。

2008 年 4 月，美国国民金融公司和新世纪金融公司因市场利率升高，购房人不能按期偿还贷款本息正式申请破产保护，导致"房地产抵押贷款资产证券"市场价格暴跌，成为次级抵押贷款危机的导火线。2008 年 9 月，雷曼兄弟公司因负债过多宣布申请破产保护，并最终破产，引起投资者对金融市场的担忧，股市进一步下跌，引发了整个世界的金融危机。最终导致美国前 5 大证券公司、世界第一大保险公司、美国 3 大汽车公司都发生了严重的经营危机，申请政府救助和破产保护，并进一步引发欧洲的主权债务危机。为吸取本次金融危机的教训，美国颁布了《金融监管改革法》，开始进一步加强金融监管、保护金融消费者（投资人）利益，并专门增设了"金融消费者保护署"等监管机构。

【案例导学】

经济危机是市场经济的必然产物，是市场经济由个体经济发展为整体经济的必然结果。为应对经济危机世界各国主要采取了两种基本的法律措施：一是完全放弃市场经济制度，实行计划经济制度；二是通过立法进一步规范系统性风险主体，增强其抗风险能力，并进一步规范市场准入秩序和市场行为秩序，防止出现较大的破坏性经济危机。

事实证明，以计划经济制度取代市场经济制度是不可行的，它使社会主体丧失了行为的自由和发展经济的动力，并不能最终实现最大限度提高居民物质、精神生活水平的目的。因此，只能以市场经济为基础，通过经济立法规范经济主体涉及整体经济利益的行为，并设立专门的监管机构监督主体的经济行为，以将经济波动控制在社会可以接受的范围内。然而，无论采取何种经济危机应对策略，都必然导致经济法的出现。

第一节　价值目标与法学体系

一、价值目标与法学划分

法从纯粹价值追求的角度讲，有自然法、功利法和实证法之分，它表明法是其道义价值、功利价值和实证价值的最佳边际均衡点，它所解决的是法的本质属性问题。但是，法本身是一个庞大的体系，为了方便人们学习和研究法学，按照法的要求实施社会行为，在发生纠纷时能够进行科学合理的裁判，还必须对法学的内部进行划分。对法学体系进行划分可以有许多种标准，每种划分标准都可以找到一定的理由。然而，法在现实生活中的具体价值目标是进行法学体系划分的最科学依据，这是由法的本质属性所决定的。

（一）法的价值追求与目标

法的本质是它的价值追求，判断某行为是否合法的标准是该行为满足全部法价值追求的程度。从绝对意义上讲，只有最大限度地实现全部法价值追求的行为才是纯粹的合法行为；否则，该行为就有需要纠正的余地。但是，在现实生活中，我们不可能要求每个人的行为都达到绝对正确的程度，也不可能要求法官的所有判决都达到绝对正确的水平，只需要达到社会可以接受的正确程度就可以了，只是这个最佳的边际均衡点是我们的法学追求，是法学的最终理想，是指导我们不断完善法律、不断寻求最合理裁判的目标。

同时，法的价值追求作为一种哲学理论也过于抽象，难以具体指导现实的立法、司法和法学研究活动。因此，有必要将抽象的法价值追求转化为具体的法价值目标。法的价值目标本质上也是法的价值追求，它是将抽象的、理论的、永恒的人类价值追求具体化、实践化和特定历史阶段化的结果，它是我们目前生活阶段的具体价值追求。法哲学如果离开了价值追求就失去了灵魂，现实生活中的法学如果离开了法的价值目标就失去了对行为合法与否的判断标准，它是现实法学中的最高判断标准。"'目的是全部法的创造者，每条法律规则的产生都源自一种目的，即一种实际的动机。'……法律是根据人们欲实现某些可欲的结果的意志而有意识地制定的。……法律在很大程度上是国家为了有意识地达到某个特定目的而制定的。"[1] 法学不是数学，目的的思考才是决定性的。[2]

（二）价值目标与法学分类

我国的法学体系理论又称为法的部门理论或部门法理论，是我们从苏联引进的一种法学体系理论。部门法理论认为，部门法是指同类法律规范的总称。部门法的具体概念界定主要有三种表述：一是将其界定为"根据一定的原则和标准划分的本国同类法律规范的总称"[3]；二是将其界定为"对一国现行法律规范按其所调整的社会关系及与之相适应的调整方法的不同所作的一种分类"[4]；三是将其界定为"一个国家调整同一类社会关系的现行法律规范的总和"[5]。其实质是指某一类法律文件或不同法律文件中的同一类规范。事实上，法律部门理论并不是被世界各国普遍认同的理论，世界各主要国家的法学分类，只有法学学科、案例和法律文件三种，并不存在法律部门这一概念。并且，按照这种分类标准，"有些法律文件可能同时属于几个法律部门，即使是其中的某项条款有时也可能涉及几个法律部门"[6]。这样划分的结果必然导致整个法律体系的混乱，对法学研究也没有多少现实意义。

另外，法律并不等同于法学，在法与法律之间是有明显区别的。在各国的法学理论和实践中，"区分'法'与'法律'为一般常识，用词各异"[7]。由于苏联和我国法学发展初期，都曾经对传统法学持全面否定的态度，不承认在制定法之外还存在自然法和功利法，将法武断地等同于法律，才有法律部门理论。如果考虑到"法"与"法律"是两个有本质区别的概念，法律部门理论充其量只能解决法律文件或法律规范的分类问题，却无法解决法和法学的根本问题，以前我们关于法律部门的争论显得没有实质意义，是一种法学体系理论的误解。事实上，法和法学才是研究的核心，它要解决的是司法裁判中实际使用的裁判规则问题，是处理具体案件中的价值判断问题。"以法律为研究对象的法学，……其观察和研究的切入点都是部门法。……如果按照这种对部门法学的解释，那么，所

---

〔1〕　[美] E. 博登海默著，邓正来译：《法理学——法律哲学与法律方法》，中国政法大学出版社 2001 年版，第 109 页。

〔2〕　[德] 阿图尔·考夫曼、温弗里德·哈斯默尔主编，郑永流译：《当代法哲学和法律理论导论》，法律出版社 2002 年版，第 166 页。

〔3〕　参见沈宗灵主编：《法理学》，北京大学出版社 2000 年版，第 330 页；葛洪义主编：《法理学》，中国政法大学出版社 1999 年版，第 309 页；以及相关法学著作的相关论述。

〔4〕　《中国大百科全书》（法学），中国大百科全书出版社 1984 年版，第 85 页。

〔5〕　栗劲、李放主编：《中华实用法学大辞典》，吉林大学出版社 1988 年版，第 1214 页。

〔6〕　刘少军等：《经济本体法论——经济法律思想体系研究》，中国商业出版社 2000 年版，第 8 页。

〔7〕　刘士国："'法'与'法律'的区别与民法解释"，载《法制与社会发展》2004 年第 6 期。

谓部门法学中的法哲学问题，似乎就是一个假问题、伪问题，而不是真问题。"[1]

从法学研究和司法裁判的角度来看，只应有法学体系的分类问题；而不应该存在法律文件或法律规范的分类问题，它们是可以用任何可行的标准进行类型划分的。并且，进行任何的划分都与法学体系没有直接的关系，它无法解决具体的司法裁判问题。然而，法学体系的划分却不可能是任意的，更不可能是多标准的。这是由于法学体系所追求的是法学的学理，它所要研究的是现实生活中实际发挥作用的法的问题，是法官在司法判决中具体使用的法的问题，而不是作为立法成果的法律文件或其中的法律规范问题，它划分的标准必须是人类社会的共同价值目标。同时，这些价值目标必须具有同等重要的价值，且这些价值都必须有共同的起点。只有这样才能为法官所面对的案件提供进行法学思考的基础，才能为案件的裁判提供基本的理论依据，才有必要建立学科进行专门研究。

（三）价值目标与分类原则

承认法与法律的区别，承认司法裁判中所使用的法并不是法律，也并不能否认它们之间的联系，毕竟法律是法的基本依据之一，是被社会普遍承认的法学前期研究成果。因此，确认法学体系的划分应以法的价值目标为基本依据，也不能不顾及法律规范或规范性文件的完整性。因为，没有制定法的存在，法学就会失去研究的基础，法学价值目标也就失去了依附的客体。法学体系的划分必须首先以法的基本价值目标为依据，同时也必须保持规范性文件的相对完整性，将主要体现某种法价值目标的规范性文件的有机整体作为一个相对完整的法学体系，并允许不同法学体系之间在规范性文件上有一定的交叉。我们必须承认法学体系的划分也是相对的，整体法学体系在总体上是一个完整的系统，不同的法学体系只是这个整体的一个相对独立的组成部分。问题的关键不是法学体系的划分而是对独立法学思想的尊重，在此失去其中任何一方都会导致法的失衡和司法的失败。[2]

法学是不能没有灵魂的，法的灵魂就是它的价值目标，离开了法的价值目标法学研究事实上是无法进行的。因此，进行法学体系的划分首选的原则必须是法的价值目标，它体现着不同法学研究方向的本质区别，代表着这个法学体系的价值追求，决定着对这类案件的司法判断准则。但是，法学毕竟是与法律有直接联系的，法律既是法学研究的成果又是法学研究的对象。同时，我们必须认识到，

---

[1]　谢晖："'部门法法哲学的长成逻辑——兼论'部门法学'的学理化问题"，载《文史哲》2002年第1期。

[2]　刘少军：《法边际均衡论——经济法哲学》，中国政法大学出版社2007年版，第136页。

法律也是按照一定的法学原理制定，它具有同法的价值目标相一致的一面，法律与法学研究具有一致性。另外，现实的司法工作是以法律为基本依据的。因此，应以法律规范作为法学分类的第二原则，它为法律规范的整理、解释和实施提供了方便。综上所述，法学体系的分类必须以法的不同价值目标作为第一原则，以反映这一价值目标的法律规范作为第二原则；除此之外，不应再有其他的法学体系分类原则；至于法律文件、法律规范或司法判例可以使用任何合理的原则进行划分。

二、当代社会的价值目标

法学是以价值目标为指导的科学，它是判断某行为合法与非法的根本标准，而法的价值目标又是由人的需要决定的。"一切科学对于人性总是或多或少地有些联系，任何学科不论似乎与人性离得多远，它们总是会通过这样的或那样的途径回到人性。"[1] "法律从人类本性的需要中找到了它的哲学。"[2] 因此，要研究法的价值目标，必须首先研究人的需要。需要是反映人自身的一种内在状态的概念，它是人类行为科学的重要研究对象。

（一）社会发展与需要分化

在需要理论中，最著名的是心理学家 A. H. 马斯洛的需要层次理论，他把人类基本需要按由低到高的次序分为：生理需要、安全需要、归属和爱的需要、自尊和自我实现的需要五个基本层次。[3] 其一，生理需要。它是人的最原始、最基本的需要，包括消除饥饿、消除干渴、栖身、性和其他身体需要。其二，安全需要。它是指避免外界危险或任何可能危害个体的事件的需要，如对安全、稳定、依赖、免受恐吓、焦躁和混乱的折磨的需要；对体制、秩序、法律、规范的需要；对保护者实力的需要等。其三，归属和爱的需要。它是指人需要有人陪伴、有人关心、有人交往。其四，尊重的需要。除了少数病态的人之外，社会上所有的人都有一种对于他们稳定的、牢固不变的、通常较高的评价的需要或欲望，有一种对于自尊、自重和来自他人的尊重的需要或欲望。其五，自我实现的需要。以上需要获得一定满足之后，还会产生一种最高形态的创造和追求自我理想实现的需要。

马斯洛后来还提到过审美需要，并对需要层次作过几点说明：首先，它们由低到高顺序排列，最低的需要是生物性的，最高的需要是理想性的。其次，顺序表示需要的轻重缓急，在个体能够把注意力转向较高层次的需要之前，较低层次

---

〔1〕 ［英］D. 休谟著，关文运译：《人性论》（上册），商务印书馆 1980 年版，第 6 页。

〔2〕 ［美］伯纳德·施瓦茨著，王军等译：《美国法律史》，中国政法大学出版社 1990 年版，第 173 页。

〔3〕 ［美］A. H. 马斯洛著，许金声等译：《动机与人格》，华夏出版社 1987 年版，第 40 ~ 54 页。

的需要必须得到一定程度的基本的满足。最后，虽然较高层次的需要可以晚一些考虑，紧迫性也稍微缓和一些。但是，如果生活在较高需要的层次上，将会导致较大的生物学效能，即它可以有效地调节生物性需要。D. 麦克莱兰德则提出了成就需要、权力需要和合群需要的三层次需要理论。但是，他研究的主要是部分群体的需要问题，而不是一般群体的社会需要问题。

人的需要有个体需要与社会需要之分，社会需要虽然以个体需要为基础，但又不等同于个体需要的简单相加，它是个体需要与社会现实相结合的产物。人类由个体社会发展到工业文明社会，又从工业文明社会进入到当代的整体社会和知识文明社会；整体社会和知识文明社会的需要，不同于个体社会和工业文明社会的需要。在整体社会条件下，个体需要的满足不再仅依靠其自身的努力，还必须在一定程度上依靠整个社会为特定目标作出的共同努力。这是由于个体许多需要的满足是具有公共性的，要保证个体需要能够得到充分的满足，必须首先满足这些公共性的需要，它是从个体需要中分化出来的相对独立的需要。这些需要主要包括，为个体提供一个秩序良好社会整体生活环境的需要，以及保持社会整体财富创造能力最优化的需要，它们是整体社会条件下充分满足个体需要的必要条件。

社会需要是同法学有直接联系的，我们制定法律、执行法律，建立司法机关和审判机关，由法官最终裁决某社会行为的合法性与非法性，都是为了最大限度地满足社会个体和社会整体的不同需要。充分满足人类个体和整体的需要，就是我们制定法律、执行法律、研究司法判断中最佳的合法与违法界限的最终目的，是法学研究所要最终追求的目标。如果法学研究和司法行为违反了这个目标，那就是对制定法律、执行法律和进行法学研究目的的背叛，这种行为本身就是对社会的犯罪。在不同社会条件下，法所要追求的核心价值目标，人类创造法和执行法的目的就是为了满足不同时期的需要。"简要地说，善就是理性欲望的满足。……一个合理的计划就是一个不可能再有改善机会的计划。"[1]

（二）社会需要与法的目标

法是充分满足人类需要的保障条件，在目前社会条件下，这些保障条件主要包括三个方面。其一，以法的形式规定个体的基本权利，这些权利除非因为其自身的原因不得被剥夺，以保障个体内在基本需要能够得到比较充分的满足。其二，在个体基本权利不受侵害的条件下，以法的形式为个体创造一个良好的整体社会环境，为全体社会成员的公共生活提供尽可能大的舒适与方便。其三，在个

---

[1]　［美］约翰·罗尔斯著，何怀宏等译：《正义论》，中国社会科学出版社 2003 年版，第 93 页。

体基本权利不受侵害的条件下，以法的形式为个体创造一个良好的整体社会财富创造环境，为最大限度地满足个体的财产消费提供物质基础。如果这三方面条件能够达到最佳的组合状态，需要满足的法学功能也就得到了最大限度的发挥。因此，当代社会需要和法的基本价值目标应该有三个，即个体基本利益目标、整体行政利益目标和整体经济利益目标。"满足个人的合理需要与要求，并与此同时促进生产进步和社会内聚性的程度——这是维护文明社会生活方式所必要的——就是正义的目标。"[1]

个体利益目标是法对需要满足的内在目标，同时也是法的基础性目标。它是对人的需要在法上的肯定和保护，也是立法和司法所要实现的首要目的。但是，个体利益目标并不都是需要绝对保护的，它又可以进一步分为个体基本利益目标和个体延展利益目标。[2] 个体基本利益目标是维持人的基本尊严和基本生活的需要，它是需要法予以绝对保护的目标；否则，就会丧失基本的人格。"每个人都拥有一种基于正义的不可侵犯性，这种不可侵犯性即使以社会整体利益之名也不能逾越。"[3] 个体延展利益目标是个体利益在基本利益基础上的延伸与扩展性目标，它是保障个体利益最大化所要实现的目标，这一目标则是可以被其他目标均衡的目标，是个体为了从社会整体上获取更大的利益可以适当放弃的目标。

社会不是仅存在某个孤立的个体，个体需要的满足还需要社会的合作。因此，在保障个体基本权利目标的基础上，还必须设定社会条件保障目标，它是最大限度地充分满足个体需要的基本前提。实现社会整体利益目标首先需要有一个良好的社会生活环境，这就产生了整体行政利益的维护问题。另外，个体需要的满足在很大程度上还必须依赖于财富的支持。因此，在保障个体基本利益目标的基础上，还必须设定经济条件保障目标。在整体经济条件下，要实现个体经济利益的充分满足必须首先保证社会有最大限度的财富创造能力，它是充分满足个体财富需要的前提，这就产生了整体经济利益的维护问题。因此，当代法学的基本价值目标应该有三个，即个体利益保护、整体行政利益和整体经济利益。"人的本质并不是单个人所固有的抽象物。在其现实性上，它是一切社会关系的总和。"[4]

---

〔1〕 〔美〕E. 博登海默著，邓正来译：《法理学——法律哲学与法律方法》，中国政法大学出版社 2001 年版，第 252 页。

〔2〕 刘少军等：《经济本体法论——经济法律思想体系研究》，中国商业出版社 2000 年版，第 17～19 页。

〔3〕 〔美〕约翰·罗尔斯著，何怀宏等译：《正义论》，中国社会科学出版社 2003 年版，第 3 页。

〔4〕 《马克思恩格斯选集》（第 1 卷），人民出版社 1972 年版，第 18 页。

第二节 个体利益保护与民商法

一、民商法的概念界定

民商法最早形成于罗马法中的市民法，它是在自然经济的土壤上产生的调整私人关系的法。我国古代虽然也有类似的规范，但由于我国是以农业文明为主，没有形成系统的民商法学思想。在欧洲资产阶级革命时期，它经过17、18世纪的发展，通过19世纪各国编撰民法典而获得定型，形成了一整套特有的概念、原则、制度、理论和思想体系，它实质上是对自由资本主义时期市场经济基本行为规则的总结。近代民商法以抽象的人格平等、绝对的保护私权、维护合同自由、承担过失责任和损失价值补偿为基本原则。当代民商法则是在近代民法典和商法典的基础上，经过20世纪的发展和修正形成的。当代民商法与近代民商法并无本质上的差别，但也出现了一些有别于近代民商法的特征，融入了许多整体行政利益和整体经济利益的因素。如承认主体的实质性不平等、不再绝对保护私权、对契约自由的限制、从过错责任向多元责任转化，甚至在责任程度上也不再坚持损失补偿原则。但是，这只是从法律文件的角度而言，它在本质上还是以保护个体利益为基本价值目标。

民商法是伴随着市民社会的产生、发展，而不断形成壮大的。市民社会是指伴随着西方现代化的社会变迁而出现的与国家相分离的社会自组织状态，[1] 资产阶级革命胜利后把社会严格地划分为政府和市民社会两极，以防止政府行为侵害私人利益。黑格尔曾对政府与市民社会作了明确的划分，并提出了政治国家和市民社会的分离和对立。"由于市民社会从政治国家中的分离，民法作为市民社会的基本法也相应地产生、发展。现代社会中的每个社会成员，既是市民社会的成员，也是国家的公民，当他以市民社会成员的身份为实现自己的权利而与他人发生民事法律关系时，必然要求获得民法上的保护。正是从这个意义上说，……市民社会的关系都要求通过民法的调整以实现市民社会的正常秩序。"[2]

对于民商法的概念界定，我国学者有以下几种学说。一是商品经济关系说，认为民法所反映的经济关系的核心部分是该社会的商品关系，它在本质上是为一定社会的商品经济关系服务的。[3] 二是商品经济规律说，这种观点比关系说更

---

〔1〕 邓正来：《国家与社会：中国市民社会研究》，北京大学出版社2008年版，第25页。
〔2〕 王利明等：《民法学》，法律出版社2008年版，第6页。
〔3〕 佟柔主编：《民法原理》，法律出版社1983年版，第1页。

具体一些，人们可以直接将规律的要求规定为法律。[1] 三是人们"观念和经济基础的一般要求"说，[2]这种观点比较抽象，观念的来源不清。四是"生存利益说"或"民事权利说"，这种观点对于生存利益与民事权利之间的关系没能给出令人信服的答案。五是"市场经济道德规则说"，[3]这种观点认为，当立法者调解被经济危机和社会动乱搞得混乱不堪的经济关系时，不得不更加注重道德规范的调节功能。我国《民法通则》从调整对象和任务的角度，认为民法是调整平等主体的公民之间、法人之间、公民和法人之间的财产关系和人身关系的法律规范的总和。[4]

民商法学主体理论的核心是平等主体，所有由民商法所调整的主体在身份上都是平等的。并且，这种平等指的是程序的平等，而不是实体上的平等或民事活动产生的结果的均等。"只要社会向人们提供了同等的机会，便做到了平等，换言之，平等是机会的平等。……市民社会的平等观必然是程序的平等观，我国民法中的平等原则，应根据市民社会的要求加以解释。"[5] 事实上，民商法理论中的主体平等是一个不真实的假设。在现实生活中，并不存在实际平等的法律主体。在普通的民商事主体之间，由于个体的自然能力、经济能力和"行政"能力会导致事实上的不平等。其中，自然能力至少包括生理上的、知识上的和机遇上的不平等三个方面。[6] 主体平等只是资产阶级夺取政权的口号，并不是社会现实。"在作为事实的平等和作为原则的平等之间，存在着如孟德斯鸠所说的'天壤之别'。"[7]

在民商法学内部，也有民商分立说和民商统一学说。在商法学内部也有明显的观点分歧，美国法律规定，商法是"调整商业交易的法律"[8]。我国学者亦有人认为，"商法就是规定关于商事交易的法律，它所调整的关系是资本主义经济中由于商事交易而产生的财产关系"[9]。持民商统一说的学者认为"商法不过是依附于民法的单行法规……在立法内容上，民法典规范一般的商品经济活动，商事法规规范具体的商品经济活动"[10]。这种观点与国外民商合一理念是一致的。

---

〔1〕　江平、张佩霖编著：《民法教程》，中国政法大学出版社1987年版，第12页。

〔2〕　张俊浩主编：《民法学原理》，中国政法大学出版社1991年版，第8页。

〔3〕　梁慧星主编：《民商法论丛》，法律出版社1994年版，第60页。

〔4〕　参见《民法通则》第1、2、3条等的规定。

〔5〕　徐国栋：《民法基本原则解释》，中国政法大学出版社2001年版，第61页。

〔6〕　刘少军：《法边际均衡论——经济法哲学》，中国政法大学出版社2007年版，第150～159页。

〔7〕　[法] 皮埃尔·勒鲁著，王允道译：《论平等》，商务印书馆1998年版，第20页。

〔8〕　参见《美国统一商法典》第102条，中国对外贸易出版社1990年版。

〔9〕　江平：《西方国家民商法概要》，法律出版社1984年版，第199页。

〔10〕　王利明："民商合一与我国民商法的关系"，载《西北政法学院学报》1986年第1期。

他们认为，随着商品经济的发展，商品流通已经融入社会总资本活动中，商人的特殊经济利益已经消失，单独区别商法行为已经意义不大。

民商法学内部观点的分歧，事实上是对问题本身的误解，他们并没有区分法和法律，没有区分民商法律与民商法学。这种对法与法律不加区分的争论是没有实质意义的，因为争论本身就是对问题的混淆，甚至争论的并不是同一个问题。这里所说的民商法应该指的是民商法学而不是民商法律，法律本身是一个既存的事实，没有进行争论的必要。事实上，民商法学从产生之初就带有浓厚的个体利益维护的烙印。无论是西方古代民法中罗马法关于财产权利的规定、人格平等观念的确立；还是西方现代民商法中无限制私有权原则的出现以及合同自由原则的形成，无不贯穿着个体利益维护的内在价值目标，也正是这一内在价值目标决定了民商法的使命与发展方向。目前，民商法理论中混淆了法与法律的关系，放弃了价值目标这一法学的灵魂，才使它成了"强者手中一个可怕的武器，弱者手中一个糙钝的工具"[1]。离开了价值目标这一法学分类的首要原则，仅以某种特征的法律规范进行法学分类是不可行的。因此，民商法应该是指民商法学而不是民商法律，它是以维护个体利益为基本价值目标的强制规范的总称。当然，涉及了法律规范，它的划分也就不纯粹了。

二、民商法的价值目标

从纯粹意义上讲，民商法学应该是以维护个体利益为价值目标的法学，只是考虑到当代法律已经将许多法的道义价值和功利价值规定在法律条文中，并且，现实的法学研究也应顾及法律文件的完整性，才在法学研究中将法的价值目标和法律文件融为一体。但是，必须强调民商法学研究必须将维护个体利益作为其自始至终的价值目标；否则，法律文件的规定就难以得到合理的解释，更无法在具体裁判中找到现实生活中真正起作用的法。"无论是由这个或那个部门、无论是通过成文法还是通过判决建立起来的规则，不管它多么确定，如果在公正的审判后发现它的作用与法律所服务的目的之取得不一致，那就必须予以修正。"[2]"因为规范与案件事实两者从未完全一致，经常只是在规范的意义上彼此相似。'如果不参照应受判断的生活关系之本质、意义，几乎就无法得到法律的意义'。"[3]

---

〔1〕［德］罗尔夫·克尼佩尔著，朱岩译：《法律与历史——论〈德国民法典〉的形成与变迁》，法律出版社 2003 年版，第 174 页。

〔2〕［美］本杰明·内森·卡多佐著，刘培峰、刘骁军译：《法律的生长》，贵州人民出版社 2004 年版，第 66 页。

〔3〕［德］卡尔·拉伦茨著，陈爱娥译：《法学方法论》，商务印书馆 2003 年版，第 15 页。

现代民商法理论是以假定的人格平等为基础建立起来的，对民商事主体仅做抽象的规定，而不予考虑年龄、性别、职业、背景，企业性质、规模、市场控制力等的区分，亦没有考虑个体之间的认知能力与信息获取能力的差异。因此，在现代民商法中，人是被抽象掉了各种能力的个体，并且，是以平等的自由意思的主体对待。因此，在18、19世纪，民商法在合同中十分强调形式的公正而非实质的公正，强调当事人必须依法订约并严格遵守合同，从而实现契约的形式公正。至于订约当事人事实上是否平等，一方是否利用了自己的优势或者对方的劣势等订约，或履行合同时是否因一定的情势变化而使合同的履行显失公平等均不予考虑。这种在假定的人格平等上的形式化保护，致使在现实生活中处理各种民商事务越来越有失公允，越来越受到理论与现实的双重批评与纠正。

如果说在民商法产生初期，主体平等的假设还具有一定的合理性，自20世纪以来，社会经济结构已经发生了巨大变化，社会组织空前复杂庞大，贫富差距日益突出，社会生产和消费日益规模化，公用事业飞速发展，消费者、劳动者等弱势群体的保护问题不断凸现出来。一方是愈来愈强的经济实力、谈判能力、信息获取能力等均极为雄厚的大型企业、跨国公司，另一方是实力弱小、谈判能力低下、信息极端不对称的广大消费者，尽管他们在订立合同时形式上是平等的，但在实质上也是不平等的。因此，实质上的不平等受到越来越多的重视，反映在法律上就是对实力弱小的一方给以倾斜性保护。这种倾斜性保护主要体现在对合同自由的限制，对显失公平的法律调整等方面。民商法的价值目标也越来越深刻地体现在维护个体利益之上，并且这种对个体利益的保护也由形式化转向实质化。"'正确性'意味着合理的、由好的理由所支持的可接受性。"[1] "法秩序整个臣属于正义的理念，有义务服从其所提要求，而且法秩序效力要求之最后根据也在此。"[2]

第三节　整体行政利益与行政法

一、行政法的概念界定

行政法一词最早出现在法国，它与民商法一样都是资产阶级革命思想的集中体现。我国的早期立法中虽然也有行政法方面的内容，但没有真正的市场经济制度不可能有现代意义上的行政法。在英美法系国家，通常认为行政法不是行政机

---

〔1〕　［德］哈贝马斯著，童世骏译：《在事实与规范之间》，三联书店2003年版，第278页。

〔2〕　［德］卡尔·拉伦茨著，陈爱娥译：《法学方法论》，商务印书馆2003年版，第223页。

关的权能与其执行职务的总和，而是规定私人与代表国家的行政机关之间的原则的总和。美国行政法学家古德诺认为，"行政法是公法的一部分，它规定行政机关的组织和职权，并规定公民在受到行政行为侵害时的行政救济"[1]，"行政法的要害是程序法，而非实体法。……在美国行政法要回答的问题是：①行政机关可以被赋予什么权力？②这些权力有什么限度？③用什么方法把行政机关限制在这个限度之内？"[2]随着政治经济状况的变化，尤其是行政权的扩大，行政法的内容和研究视角也发生了变化。认为"行政法是公法的一个部门，它是关于政府机构中从事管理活动的各种机构的组织、权力、职责、权利和义务的法。简言之，它是关于公共管理的法"。同时又指出"行政法的第一含义就是它是关于控制政府权力的法"[3]。

大陆法系国家的学者比较注重法学的理论性和系统性，他们对包含行政规范的法规、法令进行了系统的研究，并把行政法视为一个相对独立的法学体系。如德国法学家奥托·梅耶认为，"行政法即关于行政之法，属于行政之法"。法国法学家术·瓦林认为，"行政法不仅包括行政权及其行使的程序和原则、公民在受到行政行为侵害时的救济措施，还包括行政机关的组织形式、行政机关颁布规章的权力及程序、文官制度、政府对财产的征用和管理、公共事业、行政责任"。日本法学家美浓部达吉认为，"行政法是国内公法的一部分，是规定行政权之组织及作为行政主体的国家和公共团体同其所属人民之间关系的法"；今村成和认为，"行政法是指专门关于行政的法，这里说的行政法是指拥有广泛行政权的政府活动这个意义上使用的，因此在行政法中，除了有关行政的组织和活动的法之外，也包括关于行政行为造成损害时的补偿的法，以及解决行政纠纷的程序的法"[4]。

我国行政法学的研究受大陆法系国家的影响比较深，总的来说具有三方面特征：认为行政法属于国内法；行政法仅次于宪法；行政法是个独立的法律部门。有学者认为，"行政法是指有关国家行政管理的各种法律规范的总和，是以行政关系为调整对象的一个仅次于宪法的独立法律部门，其目的在于保障国家行政权运行的合法性和合理性"[5]。另有学者认为，"行政法是有关行政的主体、职权、行为及程序、违法及责任和救济关系等的法律规范的总称。……行政法是规范国

---

〔1〕　应松年等：《行政法学总论》，工人出版社 1985 年版，第 19 页。

〔2〕　[美] 伯纳德·施瓦茨著，徐炳译：《行政法》，群众出版社 1986 年版，第 2 页。

〔3〕　[英] 威廉·韦德著，徐炳等译：《行政法》，中国大百科全书出版社 1997 年版，第 5、6 页。

〔4〕　胡建淼：《行政法学》，法律出版社 2010 年版，第 5～7 页。

〔5〕　胡建淼：《行政法学》，法律出版社 2010 年版，第 7 页。

家行政权力以及规范国家行政组织的法规"[1]。还有学者认为，行政法是公共利益与公民利益的平衡。"一方面，为了维护公共利益，必须赋予行政机关必要的行政权力，……另一方面，又必须维护公民的合法权益，强调行政公开，重视公民的参与和权利补救，以及对行政权的监督。这两方面不能偏废。"[2]

　　行政法内部观点的分歧同民商法一样，都没有区别行政法律与行政法学。事实上，多数学者定义的是行政法律而不是行政法学，定义行政法律虽然也很重要，它可以将具有同一属性的法律规范统一起来，形成一个法律规范的整体。但是，如果一个法学体系的作用仅仅是对相同的法律规范进行整理，这个学科的存在就没有多少现实意义，它并不能为法官提供解决问题的明确价值目标，不能给其提供一个清晰的法学思路。值得肯定的是我国一些行政法学家已经注意到了这个问题，开始从公共利益和公民利益冲突的角度研究行政法，开始将法的价值目标引入到法学的研究之中，只是他们混淆了行政法与民商法的界限，在行政法中同时使用整体行政利益目标和个人利益保护目标，最终使行政法本身成为平衡法。从理论上讲，行政法的核心价值目标仅应该是维护整体行政利益，行政法与民商法的价值目标冲突不是行政法自身应解决的问题，而是法官在司法裁判中需要权衡的问题。当然，在行政立法时也应该注意行政授权和行政控权的统一，它代表的是整体行政利益与个体利益的均衡关系，并不是行政法本身追求的价值目标，这也说明了法与法律的不同和整个法学体系的统一性。

二、行政法的价值目标

　　从理论上讲，存在对社会的管理，也就存在行政行为。在现代国家中行政虽然是一种国家功能，但不是全部国家功能。国家功能包括政治功能和行政功能，政治功能由宪法规范，行政功能由行政法规范。"在所有的政府体制中都存在着两种主要的或基本的政府功能，即国家意志的表达功能和国家意志的执行功能。""政府的这两种功能可以分别称作'政治'与'行政'。"[3] 政府行政功能的核心，是为整个社会创造一个良好的整体生活环境，使社会公众都能够普遍享受到政府提供的整体性消费。因此，法律必须首先赋予政府一定的行政权力，使其有能力完成这一法定职能。"行政是完成或实现一个权力机关所宣布的政策而采取的一切运作，即对其部属所采取的指挥、协调和控制活动。"[4] 它的最高准则只能是维护整体行政利益，只有以这一准则作为其行为的目标，它才可能实现其法

〔1〕 谭继风："行政法概念新论"，载《行政与法》2004年第6期。
〔2〕 罗豪才："行政法之语义与意义分析"，载《法治与社会发展》1995年第4期。
〔3〕 〔美〕F. 古德诺著，王元译：《政治与行政》，华夏出版社1987年版，第10、12页。
〔4〕 〔美〕L. D. 怀特：《行政学导论》，麦格罗·希尔图书公司1947年版，第1页。

定的职能。

政府要实现其法定职能，就必须同相关主体建立相应的关系。首先，在各行政机关内部它会形成上级与下级，以及不同类型的行政机关之间的关系；其次，在行政机关与代理机构之间会形成行政事务的委托代理关系；最后，在实施行政行为的过程中，还会形成行政机关或其代理机构与行政相对人之间的关系等。"行政就是一些人为完成政府任务所作的协调努力"，它"是集体努力与合作的艺术"[1]。我们可以抽象地将其归结为行政内部关系和行政外部关系。就行政内部关系而言，法律在规定各方权力职责时首先考虑的应是该机构行政职能的圆满实现；如果自身职能不能实现，该行政规范就是存在问题的规范。就行政外部关系而言，也必须在保证行政职能实现的前提下，才会尽可能地考虑相对方的利益；如果相对方的利益是不可以被权衡的个体基本利益，该行政职能的存在就缺少基本的法理依据，该行政机构和行政职能也就没有存在的必要。因此，行政法必须以整体行政利益为基本价值目标，不应同等关注相对方的利益，相对方的利益是民商法应该关注的。

当然，整体行政利益的范围也是有自身约束的，只有在公共消费领域才存在整体行政利益属性的利益；只有在由政府提供公共消费优于个体自身提供私人消费的条件下，即整体行政利益大于个体利益总和的领域，才属于行政法的调整领域。"行政法是有关行政机关权力和程序的法律，特别还包括对行政活动进行私法审查的法"[2]。同时，必须区分政府行政与国家的执法监管权，政府行政行为是政府直接的管理行为，是以政府为一方当事人的行为。虽然，在行政法学界有行政权是执行权、管理权或综合权之争，但无论如何它都是主动地执行管理行政事务的权力，"是对行政事务实施主动、直接、连续、具体管理的权力"[3]。同行政权相对应，国家的执法监管权则是一种司法性权力，它本身不是某社会行为的一方主体，而是某行为合法性的监管主体，它实际执行的是国家的司法监督权。

第四节　整体经济利益与经济法

一、经济法的概念界定

"经济法"一词最早是法国空想社会主义者摩莱里于 1755 年出版的《自然

---

〔1〕 L. M. Pfiffner, *Public Administration*, Ronald, N. Y, 1955, p. 6.
〔2〕 ［美］K. C. 戴维斯著，徐炳译：《行政法教程》，商务印书馆1972年版，第1页。
〔3〕 应松年、薛刚凌："论行政权"，载《政法论坛》2001年第4期。

法典》一书中提出。此后，法国重农学派的博多在 1771 年出版的《经济哲学初步入门，或文明状态分析》一书中，更明确提出经济法是自然法，它制约着建立在社会技艺、生产技艺和非生产技艺基础上的"经济社会"。最早提出具有现代意义上经济法学说的则是法国著名经济学家和政治家蒲鲁东，他在 1865 年出版的著作《论工人阶级的政治能力》中，提出经济法是政治法和民法的必然补充。[1] 事实上，经济制度从古到今一直是一个国家的重要法律制度，只是它在传统社会中没有足够重要的地位，不可能产生系统的经济法思想。理论是现实需要的反映，没有现实的需要和充分的实践不可能产生系统的理论。随着经济法现象在当代社会中的地位不断提高，经济法理论和实践的研究已成为法学研究的重要内容。

（一）国外经济法概念的界定

当代经济法理论的研究是从大陆法系国家开始的，这是由其理论研究的传统决定的。英美法系国家信奉经验主义哲学，较少从理论出发来研究某个问题，他们认为"法的生命不在于逻辑，它在于经验"[2]。因此，基本上没有系统的经济法理论研究。大陆法系国家信奉理性主义哲学，强调从理论出发来研究某个问题。他们认为，理性可以通过论点与具有说服力的论据发现真理，通过符合逻辑的推理而非依靠表象而获得结论、意见和行动的理由。"有理性的人有可能以客观和超然的方式看待世界和判断他人。"[3] 因此，在传统大陆法系国家的德国，以及日本和苏联对经济理论的研究都比较多。

德国学者对经济法概念的界定，主要从企业者法、企业法、组织经济法、社会法、规制法、弱者保护法和经济干预法等几个方面。他们认为经济法是"私法与公法、民法与行政法、契约与法律之间的僵死划分已越来越趋于动摇，这两类法律逐渐不可分地渗透融合，从而产生了一个全新的法律领域"；"经济法是从国民经济生产率的角度观察经济关系"[4]。如卡斯凯尔和豪斯曼认为，经济法是有关"企业者"的法律，民法规制的是"人"，商法规制的是"商人"，而经济法规制的则是"企业者"。福库和克拉斯认为，经济法是企业的法律，即商法发展后的法律领域，提倡商法与经济的融合统一。基尔德斯特认为，经济法是与"被组织化的经济"相关的法律。德里斯特扬斯基认为，经济法是"社会"中共

---

〔1〕 史际春、邓峰：《经济法总论》，法律出版社 2008 年版，第 71~72 页。

〔2〕 O. W. Holmes, *The Common Law*, Harvard University Press, 1963, pp. 5, 32.

〔3〕 [美] E. 博登海默著，邓正来译：《法理学——法律哲学与法律方法》，中国政法大学出版社 2001 年版，第 455 页。

〔4〕 [德] 拉德布鲁赫著，米健、朱林译：《法学导论》，中国大百科全书出版社 2003 年版，第 77、80 页。

同经济的法。林克认为，经济法是对私人营利活动赋予界限或以规制为目的的国家手段的体系。伯鲁克玛亚认为，经济法是不仅限于市场机能不完整时的国家对经济的干涉，也是实质上保护市场支配下经济弱者以及消费者的法律。[1] 沃尔夫冈·费肯杰认为，经济法是在一般原则上和通过总体或个别干预调整经济财产的流转安排的自由和其定分归属，在被确立的经济宪法框架内，保障依据经济正义的尺度所衡量的经济公民的自我发展和供给的重要法律规范的总和。[2]

日本学者对经济法概念的界定，主要从社会法、经济统制法、后现代法、整体经济法、经济干预法、经济政策法、维持竞争法、市场机制补充法等几个方面。菊池勇夫认为，经济法是与社会相关的法。峰村光郎认为经济法是统制经济特有的法；桥本文雄也认为，统制国家经济的政府行为是经济法形成的基础。福光家庆认为，经济法是所有具备社会性质的法律，将之解释为后现代法。西原宽一和高田源清才认为，经济法是从国民经济整体立场出发约束经济之法。金泽良雄认为，经济法是为了协调社会经济的要求，国家干预经济的法。丹宗昭信与今村成和认为，经济法是指在市场机制下建立的经济政策立法体系，它的核心是维持市场竞争秩序。正田彬认为，经济法应该是以维护竞争秩序法为反垄断法的基础，并在一定范围内，例外性地认可卡特尔行为的法律制度。松下满雄认为，经济法是保全并补充市场机制的法律；经济法第一应该是与保全市场机制相关的法律（如反垄断法），第二应该是补充市场机制的法律（如产业政策法）。[3]

苏联也是世界上重要的经济法理论研究中心，专家学者们提出了许多经济法概念的界定主张。其中，最著名的就是纵横经济法理论，它是由苏联经济法专家拉普捷夫倡导的。他认为，国家对国民经济的领导管理和经济组织有计划地开展经济活动是统一的，在此过程中形成的经济关系，都是将计划组织因素和财产价值因素融为一体。纵横经济法理论在传统社会主义国家影响比较大，"以至为前民主德国和捷克斯洛伐克官方所接受，演绎成现实经济法部门和据此构造的经济法制体系"[4]。在苏联解体后，原来的苏联、东欧等社会主义国家都完全放弃了计划经济，实行比较纯粹的市场经济制度，对经济法的问题基本上不再进行系统的理论研究，也基本上没有出现更新的研究成果。

----

〔1〕 ［日］丹宗昭信、伊从宽著，吉田庆子译：《经济法总论》，中国法制出版社 2010 年版，第 40～103 页。

〔2〕 ［德］沃尔夫冈·费肯杰著，张世明等译：《经济法》（第 1 卷），中国民主法制出版社 2010 年版，第 3 页。

〔3〕 ［日］丹宗昭信、伊从宽著，吉田庆子译：《经济法总论》，中国法制出版社 2010 年版，第 50～86 页。

〔4〕 史际春、邓峰：《经济法总论》，法律出版社 2008 年版，第 109 页。

（二）我国经济法概念的界定

从历史的角度看，由于我国长期以来是一个高度集权统治的大国，经济法的现象比欧洲国家更为突出，相关法律制度的制定也曾经超过西方。但是，由于我国历史上基本上是一个农业文明的国家，市场经济非常不发达，不可能产生现代意义上的经济法。因此，我国经济法理论的研究实际上是从外国、特别是苏联引进的。我国真正意义上的经济法和经济法理论研究应从 1978 年改革开放开始，至 1986 年《民法通则》的颁布则进入了调整修正阶段，1992 年以后进入了快速发展阶段，[1] 并形成了许多具有代表性的理论。

我国传统的经济法理论是由第一代经济法学家提出的，他们对经济法的界定主要集中于国家协调论、纵横统一论、经济管理论、国家干预论和国家调节论五个方面。国家协调论认为，经济法是调整在国家协调本国经济运行过程中发生的经济关系的法律规范的总称。这个定义包括三个基本含义：一是经济法属于法的范畴；二是经济法属于国内法体系；三是经济法不同于国内法体系中的其他法的部门。[2] 纵横统一论认为，经济法是调整经济管理关系、维护公平竞争关系、组织管理性的流转和协作关系的法，是对纵向的经济管理关系和一定范围内直接体现纵向管理因素的横向流转和协作关系予以统一调整的法律部门。[3]

经济管理论认为，经济法是调整经济管理、经济协作和经济组织内部活动中产生的经济关系的法律规范的总和；它具体包括国家的经济管理关系、经济组织之间的协作关系，以及经济组织内部的管理关系和涉外经济关系。[4] 国家干预论认为，经济法是国家为了克服市场失灵而制定的，调整需要由国家干预的具有全局性和社会公共性的经济关系的法。简言之，经济法是调整需要由国家干预的经济关系的法律规范的总称。[5] 国家调节论认为，经济法是调整在国家调节社会经济过程中发生的各种社会关系，以促进社会经济实现国家意志预期目标的法律规范的总称。简言之，经济法是调整国家经济调节关系，实现国家经济调节意志的法律规范的总称。[6] 这些概念集中体现了我国对经济法本质的认识。

（三）经济法概念性质的界定

纵观中外对经济法本质的认识，以及在此基础上对经济法进行的界定，我们可以得出以下几个方面的结论。其一，经济法作为一个相对独立的法学体系，已

〔1〕 朱崇实主编：《共和国六十年法学论争实录——经济法卷》，厦门大学出版社 2009 年版，第 2～7 页。

〔2〕 杨紫烜：《国家协调论》，北京大学出版社 2009 年版，第 71 页。

〔3〕 潘静成、刘文华主编：《经济法》，中国人民大学出版社 2005 年版，第 46～97 页。

〔4〕 徐杰主编：《经济法概论》，中国政法大学出版社 1991 年版，第 9 页。

〔5〕 李昌麒主编：《经济法学》，法律出版社 2007 年版，第 53 页。

〔6〕 漆多俊：《经济法基础理论》，法律出版社 2008 年版，第 68 页。

经得到世界大多数国家法学学者的基本认同。这不仅是由传统成文法国家的理性思维的惯性决定的，也是由经济立法和经济法现象的大量出现，要求法学理论必须有一个合理的解释决定的。其二，经济法现象和经济立法的不断出现不是偶然的，它代表了社会经济发展在当代社会的特定需要。随着社会经济实践的进一步发展，新的经济法现象和经济立法还会不断出现。其三，虽然各国学者的研究结论具有一致性，由于各国的法学研究习惯不同，以及各国表现出来的经济法现象和经济立法的内容不完全相同，他们对经济法本质的认识也存在差异。

　　同时，在各国经济法本质的研究过程中，也存在着许多误区，有必要进行澄清。其一，同我国民商法和行政法的研究一样，没有对法和法律进行严格的区分，各国研究者都在努力总结经济法律文件与传统民商和行政法律文件的区别，指出经济法律文件在"调整对象"和"调整方法"上的特征，却难以达成普遍性共识。其二，不清楚"经济法"的具体含义，不清楚经济法是指法律文件、法律规范，还是指法学体系或法律部门。在具体含义不清的条件下研究经济法的本质，是不可能取得正确的研究成果、也是不可能达到普遍的共识的。其三，缺少当代法哲学思想的总体指导，当代法学已经明确离开法的价值追求片面研究实证法是不可行的，法学在当代已经不再是判断的学问而是评价的学问，社会行为的评价离开法的价值目标是没有办法进行的，"'评价法学'的正当性在今日已无人争议"[1]。其四，按照实证法理论片面强调与传统民商法和行政法的区分，没有注意到整个法学思想体系的最新变化，以已经被证明是错误的理论为基础进行经济法理论研究。

　　因此，我们在进行经济法理论研究、试图揭示经济法的本质属性之前，必须明确我们所要研究的问题。其一，经济法概念的界定是要揭示其本质属性，而不是进行法律文件或法律规范的分类。并且，已经有明确的结论，法律文件或法律规范是不可能进行系统的理论分类的。其二，经济法学中所要研究的经济法，指的是同民商法、行政法相对应的法学体系，它所要建立的是一个法学思想体系。虽然它的建立离不开具体的法律文件或法律规范，但它绝不等于是法律文件或法律规范的某种分类。其三，任何法律文件或法律规范都需要考虑保护个体利益、维护整体行政利益和整体经济利益，任何具体的法律规定都应该是这三种利益的边际均衡点，不可能在理论上对其进行科学系统的分类。其四，经济法的概念是要揭示经济法的核心价值目标，并以该价值目标为基础，以主要体现这一价值目标的法律文件或法律规范为素材，构建经济法的理论体系和法学体系，以指导具

---

〔1〕　［德］卡尔·拉伦茨著，陈爱娥译：《法学方法论》，商务印书馆2003年版，第3页。

体的法学实践。其五，经济法的概念要揭示经济性的本质属性，它必须能够作为司法裁判的评价依据。其六，经济法的概念必须能够自圆其说，能够贯穿于经济法各法学构成要素之中，如果不能对所有要素进行无矛盾的解释，则这个概念是无法接受的。其七，经济法的概念必须同民商法和行政法具有对应性，它们在整体上必须能够揭示整个法学的本质属性。

二、经济法的价值目标

法的价值目标是社会共同需要的直接反映，一个重要的法学体系必须反映社会的某种重要的共同需要；否则，该法学体系就失去了存在的基础。"法律不是人的意志的产物，而是一种共同的信念。"[1] 传统的民商法体系和行政法体系反映的是自由市场经济条件下，要求法律维护个体利益、实现私人自治，以及维护整体行政利益、对公共事务进行适当管理的价值目标。"在以前人的一切关系都是被概括在家庭关系中的，……在这种新的社会秩序中，所有这些关系都是因个人的自由合意而产生的。""进步社会的运动，到此处为止，是一个从身份到契约的运动。"[2] 它们核心反映的是自由个体经济时代的法学价值追求。

(一) 整体经济利益的形成

人类社会发展至今，大致经历过两个经济时代和三个发展阶段，即个体经济时代和整体经济时代；个体经济时代包括家庭经济阶段和企业经济阶段。"个体经济是指经济活动以个体经济利益为中心，由单个的个体独立组织完成的经济组织形式。""其中，家庭经济是经济活动以家庭为经济利益中心，由单个的家庭独立完成的经济组织形式。""企业经济是经济活动以企业经济利益为中心，具体由单个的企业独立完成的经济组织形式。"[3] 家庭经济阶段形成自然经济条件下的法学价值目标，它以土地为核心形成对主体进行严格等级划分的法学机制；企业经济阶段形成自由市场经济条件下的法学价值目标，它以资本为核心形成私法和以政府为核心形成公法，即民商法和行政法体系机制。"这种区分在典型情况下被认为是反映了客观现实，表明了它是基于事物的属性而不是偶然的区分。"[4]

然而，社会是不断向前发展的，个体经济发展的最终结果是在当代形成了整体经济。"整体经济是指经济活动以一定范围内的整体经济利益为中心，由特定

〔1〕［美］本杰明·内森·卡多佐著，刘培峰、刘骁军译：《法律的生长》，贵州人民出版社 2004 年版，第 56 页。

〔2〕［英］梅因著，沈景一译：《古代法》，商务印书馆 1959 年版，第 96～97 页。

〔3〕刘少军等：《经济本体法论——经济法律思想体系研究》，中国商业出版社 2000 年版，第 2～3 页。

〔4〕［美］约翰·梅利曼著，顾培东、禄正平译：《大陆法系》，法律出版社 2004 年版，第 103 页。

整体经济组织机构采用特定的方式，组织各独立个体共同完成的经济组织形式。"它的形成是由产业联系的密切和主体地位变化引起的，产业联系的密切是其核心原因。"这种联系主要表现在三个方面：一是产业演进过程中，三大产业部门之间按照层次循序发展的联系；二是各产业之间的投入产出联系，各产业之间相互提供生产经营资料以生产出最终产品；三是各产业部门之间及其内部，依据一定的经济增长速度建立起来的各种消费品和投资品相应经济增长速度之间的联系。这些社会经济联系的最终结果，是将整个社会经济发展成为具有密切产业相关关系的经济整体，使任何个体的经济活动都不可能脱离这个整体而独立进行。"[1] 它的直接结果是导致经济危机、产生系统性经济风险，严重影响各方利益的实现。

主体地位的变化，是形成整体经济的重要原因。传统民商法的基本前提是主体平等，它在传统法学体系的建立中具有至高无上的地位，也是资产阶级革命的核心价值主张。"如果我们探讨，应该成为一切立法体系最终目标的全体最大的幸福究竟是什么，我们便会发现它可以归结为两大目标：即自由与平等。"[2] 它被写进了《美国独立宣言》："我们认为下面这些真理是不言而喻的：造物者创造了平等的个人，并赋予他们若干不可剥夺的权利，其中包括生命权、自由权和追求幸福的权利。"虽然，这种主张在当时看来具有合理性，反映了社会需要。但是，在当今社会它已经成为一个完全不真实的假设。"机会的平等仅意味着一种使较不利者在个人对实力和社会地位的追求中落伍的平等机会。"[3] 并且，更严重的不平等还表现在企业之间，以及企业与员工和企业与客户之间；它会导致垄断、剥夺弱势主体的正当权利，以及欺诈等一系列不公正行为，这些行为对整体经济秩序造成了巨大的破坏，使所有主体都与整体经济利益相关，保护其正当利益是当代法学的应有价值目标。

（二）整体经济利益的应用

整体经济利益成为当代社会的重要利益形式，早在生产过剩的经济危机爆发和垄断组织形成时，就已经成为社会普遍承认的事实。"合成谬误"和"外部效应"理论告诉我们，个体利益目标与整体利益目标有时可以是不一致的，甚至还可能是对立的。我们不能试图简单地以个体利益取代整体利益，也不应简单地以整体利益取代个体利益。合成谬误是指"对于个人来说是对的东西，对整个社会来说并不总是对的；反之，对大家来说是对的东西，对任何个人来说可能是十分

〔1〕 刘少军等：《经济本体法论——经济法律思想体系研究》，中国商业出版社2000年版，第4~5页。
〔2〕 [法]卢梭著，何兆武译：《社会契约论》，商务印书馆1982年版，第69页。
〔3〕 [美]约翰·罗尔斯著，何怀宏等译：《正义论》，中国社会科学出版社2003年版，第107页。

错误的"[1]。外部效应是指一个人或一群人的行动和决策，使另一个人或一群人受损或受益的情况，它又可以分为正外部效应和负外部效应。在传统的民商法体系中，法学关注的是当事人之间的内部效应。但是，这一行为同时会产生外部效应，这一效应就只能从整体利益的角度予以关注，在经济领域只能通过整体经济利益予以关注。

整体经济利益是当代社会的重要价值目标之一，它虽然有时与个体利益目标和整体行政利益目标具有一致性，但同时也具有相对独立性。有助于个体利益实现的行为，并不一定同时有助于整体经济利益的实现；有助于整体行政利益实现的行为，也不一定有助于整体经济利益的实现。对于同一行为是否合法，从不同的价值目标出发可能会形成不同的结论，这正是不同的法学体系必须具有自己不同的价值目标主张的意义所在。在具体的司法裁判中，法官只有以现行法律文件的具体规定为基础依据，以不同的法学价值目标作为评价该行为的价值倾向，才能找到该案件中价值均衡的边际均衡点，才能作出比较公平合理的结论。因此，经济法的本质属性是社会行为的整体经济利益评价标准；"任何有利于整体经济利益的行为它都视为合理性行为，都是法律所应努力保护和适当鼓励与刺激的行为。任何不利于整体经济利益的行为它都视为不合理行为，都是法律所应努力限制或禁止的行为"[2]。经济法学"就是以整体经济利益为价值目标，用来调整整体经济关系的被社会普遍承认的法学规范的总和"[3]。它的直接目的是实现社会整体财富创造能力的最大化。

经济法的价值目标体现在任何法律的制定和实施过程中，任何法律和裁判如果违反了整体经济利益，经济法都可以对其作出负面的评价，甚至可以否定它的合法性，就此而言经济法具有普遍性。同时，整体经济利益也具有针对性，经济法所调整的领域主要是经济领域。按照经济领域的基本功能，可以将其分为产业经济领域、金融经济领域、财政经济领域和市场经济领域。它在这些领域的具体价值目标是，产业整体利益[4]、金融整体利益[5]、财政整体利益[6]和市场

---

〔1〕　[美] 萨缪尔森著，高鸿业译：《经济学》（上册），商务印书馆1982年版，第22页。

〔2〕　刘少军等：《经济本体法论——经济法律思想体系研究》，中国商业出版社2000年版，第9页。

〔3〕　刘少军：《法边际均衡论——经济法哲学》，中国政法大学出版社2007年版，第123页。

〔4〕　参见我国《公司法》、《合伙企业法》、《中小企业促进法》、《农村专业合作社法》、《外资企业法》、《企业破产法》、《农业法》、《畜牧法》、《渔业法》、《建筑法》、《电力法》、《邮政法》、《旅游法》、《民用航空法》，以及《土地管理法》、《种子法》、《安全生产法》、《循环经济法》等第1条的规定。

〔5〕　参见我国《中国人民银行法》、《商业银行法》、《票据法》、《反洗钱法》、《银行业监督管理法》、《信托法》、《证券法》、《证券投资基金法》、《保险法》第1条，以及相关法规的规定。

〔6〕　参见我国《矿产资源法》、《煤炭法》、《森林法》、《草原法》、《国家预算法》、《社会保险法》、《企业国有资产管理法》、《税收征收管理法》、《政府采购法》，各税收种类的单行"税法"第1条的规定。

整体利益[1]。其中，产业经济领域是指以营利为目的，以从事生产经营活动为前提，向社会提供各种商品和服务的各种经济行业；金融经济领域是指以营利为目的，从事货币流通和货币融通业务，向社会提供各种金融服务的各种行业；财政经济领域是指以国家收入和支出为基本业务，为国家机构提供资金收支管理的部门；市场经济领域是指以市场主体之间的供给与需求为基础，以市场客体流通转让为核心而形成的场所。

经济法的价值目标不仅体现在不同的经济领域，还体现在不同的法学构成要素上。按照法学基本理论，法的构成要素包括：价值目标、基本原则和法学规范；其中，法学规范包括本体规范、责任规范和程序规范；本体规范包括主体规范、客体规范和行为规范。任何规定在这些要素上的权利（权力）义务（职责）都必须接受整体经济利益的评价，甚至可以否定它的合法性，或为其补充某些缺失的内容。其中，整体经济利益在主体规范上的核心体现是经济监管主体，它是为了实现整体经济利益而专门设立的主体。整体经济利益在客体规范上的核心体现是国家的特殊财产权利（权力）和义务，它们是为维护整体经济利益而专门规定的权利（权力）义务。整体经济利益在行为规范上的核心体现是经济监管行为，它是由经济监管主体代表整体经济利益来具体评价某经济行为的合法性。整体经济利益在责任规范上的核心体现是整体经济责任的归责原则和责任程度，它不以过错为前提、不以赔偿为标准。整体经济利益在程序规范上的核心体现是监管主体的经济公诉权，以及检察机关和社会公众的补充经济公诉权，依据它们的经济监管权向被监管对象提起经济公诉。

三、法学体系分类标准

按照社会需要所决定的基本价值目标，可以将法学的基本体系分为民商法、行政法和经济法，它们是相对独立的法学思想体系和内容体系。一个相对完整的法学思想体系、内容体系和系统的法学学科体系，应完整地具备法的价值目标、基本原则、主体规范、客体规范、行为规范、责任规范和程序规范七项基本要素，缺少其中任何一项都不能称其为基本的法学体系。并且，这七项基本构成要素之间必须能够形成一个完整的法学逻辑思维体系，至少不能出现在理论上难以自圆其说的现象。同时，这些基本构成要素还必须是在共同的逻辑起点上，如果不在共同的逻辑起点之上说明它们的划分标准并不统一，非统一标准的法学体系划分是没有分类意义的。此外，这些基本构成要素的内容必须是独立或相对独立

---

[1]　参见我国《产品质量法》、《拍卖法》、《招标投标法》、《计量法》、《商品检验法》、《对外贸易法》，以及《反垄断法》、《反不正当竞争法》、《广告法》、《价格法》、《消费者权益保护法》等第1条的规定。

的，如果各法学基本构成要素之间不独立或不能相对独立，存在着共同拥有一个相同或基本相同的构成要素的情况，这种基本体系分类也是难以成立的。

当然，虽然法的基本价值目标可以是独立或相对独立的；但是，法律文件却是综合的，没有任何一个法律文件、甚至是任何一项法律规范是绝对体现某个法学价值目标的；也没有某个案件是绝对体现某个法学价值目标的。因此，从法学教学、法学研究和司法裁判的角度来看，民商法、行政法和经济法应该是一个基础理论体系，它们应该是法理学或法哲学的三个分支体系，以明确法学的三个基本思想体系和内容体系。并且，在实际的法学教学、法学研究和司法裁判中，法学思想还应同主要体现这一思想的法律文件相结合，以实现理论指导与司法实践的有机融合。按照这一标准民商法学体系应该在"民商法学总论"的理论指导下具体分为婚姻法学、继承法学、企业法学、财产法学、合同法学、侵权责任法学和民事诉讼法学；行政法学体系应该在"行政法学总论"的理论指导下具体分为政府组织法学、政府财产法学、行政许可法学、政府赔偿法学和行政诉讼法学；经济法学体系应该在"经济法学总论"的理论指导下具体分为监管组织法学、国有财产法学、产业法学、金融法学、财税法学、市场法学、经济责任法学和经济诉讼法学。

在整个法学体系中，除价值目标有本质区别的民商法学、行政法学和经济法学这三个基本的法学体系外，还有一些与这三个法学价值目标相互融合比较紧密，在此基础上又形成一种新的法学价值综合目标或子目标的法学内容；并且，它的法律文件又相对完整，难以将其划分入某个基本的法学体系，它们可以构成一个相对独立的法学学科或研究领域；如宪法学、环境法学、刑法学、刑事诉讼法学和国际法学等。但是，必须明确它们不是完整的法学思想体系和内容体系，只可能以学科或研究领域的形式存在。法学价值目标是一个庞大的体系，在个体利益、整体行政利益和整体经济利益三个基本价值目标的基础上，还可以交叉形成许多子目标。并且，法学体系不可能不同具体的法律文件相结合，而法律文件在法学价值目标上都是综合的。因此，法学体系的分类既具有绝对性又具有相对性，既应该坚持原则性又同时需要有一定的灵活性，只有相对独立的、没有绝对完善的法学体系分类。法学体系的分类就如同法本身一样，是一个无限追求的过程，虽然我们知道目标却永远都难以最终实现。"作为人类的杰作，它既带有尘世的重负，也具有天堂的引力。"[1]

---

〔1〕　〔德〕拉德布鲁赫著，米健、朱林译：《法学导论》，中国大百科全书出版社2003年版，第3页。

【司法案例】

案情：2008 年美国次贷危机爆发后，一个月内股票市场价值损失超过 4 万亿美元。此后，就出现了一个诉讼的高峰，金融危机引发的诉讼案数量超过了 20 年前储蓄贷款危机之后 6 年内的诉讼总和。其中，影响比较大的主要是美国证券交易委员会起诉高盛集团等投资银行欺诈投资人的案件，美国司法部起诉标准普尔公司等评级机构案件、瑞士信贷银行等外国银行协助美国公司逃税案件，以及麦道夫欺诈投资人案件等。

2010 年 4 月 16 日，美国证券交易委员会向纽约曼哈顿联邦法院提起诉讼，指控高盛集团涉嫌欺诈投资者，导致投资者近 10 亿美元的损失，高盛集团则从中获利超过 1500 万美元。其中，英国苏格兰皇家银行集团亏损 8.41 亿美元，德国产业投资银行亏损 1.5 亿美元，英国和德国随后也都对高盛集团涉嫌欺诈展开调查。美国证券交易委员会起诉高盛集团案只是对相关案件起诉的开始，此后其对许多有类似行为的投资银行都进行了起诉。

2013 年 2 月，美国司法部连同多名州检察官对国际三大评级公司之一的标准普尔提起诉讼，指控其在金融危机前为一些抵押贷款债券所做的评级涉嫌欺诈。称其为了商业目的故意低估了这些债券产品的风险，上调抵押贷款债券的评级从而提高了从这些证券发行方获取的费用，令银行、保险公司等参考其评级结果进行该投资的投资者蒙受损失。依据 1989 年的《金融机构改革、恢复和执行法》，要求其支付 50 亿美元的赔偿金。

2008 年金融危机对美国的财政收入发生了较大的影响，再加之一直以来实行高福利政策、财政赤字巨大，必须采取措施增加财政收入。为此，美国司法部起诉瑞士银行集团工作人员帮助美国公民设立数千个秘密账户，藏匿 30 多亿美元资产逃税。2014 年美国司法部再次起诉瑞士信贷银行，指控瑞士信贷银行的员工秘密前往美国招揽客户，该银行为 2.2 万名美国客户开设了银行账号，资产总计高达 120 亿美元，助长了美国的逃税行为。

2008 年 12 月 11 日早晨，"伯纳德·L. 麦道夫投资证券公司"创始人，美国纳斯达克股票市场公司前董事会主席麦道夫因涉嫌证券欺诈遭警方逮捕。检察官指控他通过操纵一支对冲基金给投资者造成大约 500 亿美元损失。麦道夫 1938 年出生于纽约的一个犹太人家庭，1960 年以 5000 美元投资成立"麦道夫投资证券公司"。经过几十年的努力，他终于成为具有世界影响力的金融界领袖人物，也曾经对美国金融市场的发展作出过重要贡献，被《金融世界》杂志评为华尔街最高收入的人物之一。但从 2005 年开始，为扩大业务量开始进行"庞氏骗局"操作，美国金融危机后因无法应对客户的资金赎回，被他的两个儿子告发。

结果：美国证券交易委员会起诉高盛集团案以和解结束，高盛集团基本上承认了证券交易委员会指控的欺诈行为，承认其在销售某债券时提供的信息公开材料"信息不完整"，并没有向投资者提示其已知的交易风险。同意支付 5.5 亿美元的罚款，3 亿美元支付给美国证券交易委员会，1.5 亿美元和 1 亿美元赔偿德国工业银行和苏格兰皇家银行。截至 2013 年初，美国银行业已为次级贷款业务支付了 400 多亿美元的罚款和赔偿。

美国司法部起诉标准普尔公司案，是美国首次对一家评级机构提出联邦级别的诉讼，也使案件有望成为与金融危机相关的、最高调和最广泛的一次执法行动。标准普尔公司称该诉讼"毫无公道"，美国司法部则认为评级活动"受商业考虑推动"的做法是违法的。最终，以支付 10 亿美元罚款达成和解，并要求其进行相应的工作改进。

美国司法部诉瑞士银行案，实质是瑞士《联邦银行法》中的保密条款与美国税法之间的较量。按照瑞士《联邦银行法》规定，银行秘密受法律保护，一切因职业关系涉及银行秘密者必须严守秘密，只要存款人未触犯刑法，即使国家司法机关也无权过问其银行秘密。但是，这种保密条款却经常被违法者利用，成为逃避法律制裁的保护伞。本案中，最终瑞士银行集团向美方支付了 7.8 亿美元赔款，瑞士政府向美方提交了 4000 个账户资料；瑞士借贷银行向美国司法部缴纳 18 亿美元的罚款，向美国纽约州金融监管局缴纳了 7.15 亿美元罚款，向美国联邦储备委员会缴纳了 1 亿美元罚款；并同意与各国互换公民账户信息。

在麦道夫"庞氏骗局"案中，法院认定麦道夫以欺诈手段共导致投资人财产损失 650 亿美元。2009 年 3 月 12 日，以证券欺诈罪、洗钱罪、伪证罪等 11 项罪名，判处其 150 年监禁，没收财产 1700 亿美元。在这一案件中，直接或间接投资麦道夫名下基金的受害者多达数千人，包括美国、欧洲和亚洲众多银行和机构投资者、对冲基金、学校、慈善基金等。其中，格林尼治集团经营的对冲基金损失高达 75 亿美元，桑坦德银行、英国汇丰银行、法国巴黎银行和日本野村证券等众多知名国际金融机构也有上亿甚至数十亿美元的损失。2010 年 12 月 11 日，在麦道夫被捕两周年之际，他 46 岁的长子马克·麦道夫在纽约公寓中用狗链上吊自杀，当时马克两岁的儿子还在卧室熟睡。

评析：美国次贷危机的根源在于金融市场上的过度投机，各金融机构及其管理人员违反法律进行业务经营。美国法律监督机构和经济监管机构以国家的名义对这些违法、犯罪行为进行了起诉，这种对经济违法行为直接进行起诉是新型的诉讼程序。事实上，美国所有的经济监管机构都享有对违法行为的直接起诉权。这种诉讼应该称之为是经济公诉，它们享有的诉讼权力应该称之为经济公诉权。采取这种诉讼方式比进行直接的处罚更具有公正性，它可以有效地限制监管机构的权力滥用，也有利于充分保护被监管人的利益。

　　美国金融危机后，虽然对有关金融机构和个人的金融欺诈行为按照民商法、金融法和刑法都进行了处罚。但是，这种处罚是不彻底的，他并没有从整体经济利益的角度追究危机实际制造人的法律责任。当代社会是整体经济社会，各大企业高级管理人员和实际控制人的行为会对整体经济利益构成直接的影响。事实上，本次金融危机的制造人就是那些不顾整体经济利益，在明知其行为可能导致严重经济危机的条件下，为了公司和个人的个体利益仍然放任危机发生的金融机构高级管理人员和实际控制人。如果不能从经济法的角度，追究这些人放任金融危机发生的责任，则无法从根本上预防金融危机。虽然，在金融危机后也针对性地颁布了《金融监管改革法案》，但它并不能从根本上杜绝危机的再次发生。

　　按照经济法理论，任何人的行为都不仅应该尊重相对关系人的利益，还必须尊重整体经济利益，不得违反整体经济利益实施个人行为或集体行为。否则，就应该视这种行为是违反经济法的行为，应追究其违反经济法的法律责任。但是，由于美国没有、也不可能有这种法律，它再次爆发大规模的经济危机就是难以避免的。也正是由于这一原因，才在 2011 年 9 月 17 日爆发了"占领华尔街"运动，以反抗大公司的贪婪不公和社会的不平等，反对大公司影响美国政治，以及金钱和公司对美国民主、法律的负面影响。从经济法的角度讲，那些大公司和管理人员应对破坏整体经济利益承担法律责任，不仅应承担财产上的责任，达到一定标准后还应该承担刑事责任，以维护整体经济利益。

第 三 章
经济法学的原则

【学习目的和要求】

价值目标是法学价值追求的具体化，是社会需要对某法学体系的基本要求。法的基本原则是价值目标在其各构成要素中的进一步具体化，是某法学体系的第二层次的价值目标。它规定的是某法学体系中各构成要素的具体价值目标，是某法学体系构成要素所反映的法学思想的集中体现。它的主要作用是概括某部分法学内容所体现的核心价值，从总体上指导该部分的立法与司法实践，修正立法中存在的不当之处，弥补具体法律规范的空白，帮助执法者正确地理解和解释法律规范的含义。

通过本章的学习要求学生：

● 重点掌握：原则的法学性质；原则与规范的关系；经济法的基本原则。

● 一般了解：原则的基本类型；原则与目标的关系；原则与解释的关系。

● 深入思考：目标、原则产生的原因；目标、原则与自然法、功利法的关系。

【核心概念】

原则的性质　原则的类型　经济法原则　原则的内容

【引导案例】

经济法维护整体经济利益、但并不禁止个体利益，它所要限制的是不符合整体经济利益的个体利益。从市场的角度来看，经济法既反对垄断也反对过度竞争，由此形成了"反垄断法"和"反不正当竞争法"。"反垄断法"早在欧洲的古代罗马时期就有其萌芽，在罗马法律中就有禁止商人阴谋提高价格的规定；我国的《唐律》中也明确规定，价格不公将要受到惩罚。但是，当时的反垄断和反不正当竞争只是关于市场的一种原则性的规定，还没有形成当代意义上的"竞争法"，当代意义上的竞争法是整体经济社会形成的反映。

1865 年美国南北战争结束后，随着全国铁路网的建立和扩大，原来地方性和区域性的市场迅速融为全国统一的大市场。统一大市场的建立一方面推动了美国经济的迅速发展，另一方面也推动了垄断组织，如托拉斯、卡特尔等的产生和发展。过度的经济集中不仅使社会中下层人士饱受垄断组织滥用市场势力之苦，也使市场普遍失去了活力。在这种背景下，美国在 19 世纪 80 年代爆发了抵制托拉斯的大规模群众运动，这种反垄断思潮导致 1890 年美国颁布了世界第一部反垄断法《谢尔曼法》。该法奠定了美国"反垄断法"的基础，至今仍然是美国反垄断执法的基本准则，维护了市场的整体经济利益。

在《谢尔曼法》颁布后的几十年里，各国相继颁布了自己的"反垄断法"。日本 1947 年通过了《禁止私人垄断和维护公平贸易法》，它对于卡特尔的课税制度以及对违法行为的劝告制度充分体现了日本的本土特色。德国于 1957 年颁布了《反限制竞争法》，它对中小企业的保护和特殊卡特尔的豁免是一大特色。在实施机制方面德国联邦经济部长、卡特尔局和垄断委员会各自对该法的实施发挥着不可替代的作用。法国于 1986 年颁布了《价格和竞争自由法》，这部法律的主要特色在于其与价格监管紧紧地联系在一起，这是因为法国长期以来一直依赖国家进行价格的监管而不完全是通过市场来形成价格。

我国 1992 年确定市场经济为基本经济制度，为了保障市场经济的健康发展，鼓励和保护公平竞争，制止不正当竞争行为，保护经营者和消费者的合法权益，于 1993 年颁布了《反不正当竞争法》。随着我国国有企业体制改革的基本完成，反垄断又成为市场经济中比较突出的问题。为了预防和制止垄断行为，保护公平的市场竞争环境，提高经济运行效率，维护消费者利益和社会公共利益，2007年颁布了《反垄断法》，并专门设立了"反垄断委员会"负责该法的实施，依法监督管理我国的垄断行为。

【案例导学】

垄断和不正当竞争是市场经济的必然产物，是市场经济由个体经济发展为整体经济的必然结果。虽然，在个体经济条件下也存在垄断和不正当竞争行为，但在当时的经济条件下它只是偶然的个别的行为。在市场经济由个体经济发展为整体经济后，垄断和不正当竞争行为就成了社会的经常性和普遍性行为。因此，必须专门立法进行具体规范，并在传统的政府体制之外，设立专门的机构对该行为进行监督管理。

垄断和不正当竞争行为在市场经济条件下，是一种非正当性行为，它违背了市场经济的有效竞争原则，是必须予以禁止的。否则，该市场就是一种没有效率的、不公正的市场。作为一种原则性的规定，自从存在市场就有这种要求。可见，法的原则不是一种具体的法律规范，而是一种特定范围内的道义性或功利性需要的反映，是一种具有高度抽象性和指导性的总体要求。同时，法的原则往往具有相对稳定性，只要社会的需要结构和状况不变，这种要求就基本上不会发生变化。并且，法的原则也是具有层级的，不同法的范围内具有不同的价值目标，这也就决定了其有不同的原则。因此，研究法学必须研究法的原则。

第一节　原则的法学性质与沿革

一、原则的法学性质

原则在现代汉语中的含义，是指"说话或行事所依据的法则或标准"[1]，是"观察问题、处理问题的准绳"[2]，即对待一个问题的总体性和抽象的基本行为准则。在英文中原则（Principle）的相关含义是指："普遍的或基本的真理：普遍的或基本的规律、学说或论断；行为的主导规律：对生活和行为发生指导性影响的意见，用以指导生活或行动的行为规则或规范；靠人工器械而用以达到一个目的或取得一个成果的一条或一些自然规律，在人工器械的作用中潜在的或得到证实的自然规律或真相"[3]。总结上述解释，原则在社会科学中的基本含义，应该是反映某个领域人类共同需要的、普遍的、基本的、主导性的行为准则，它是判断某个领域人类行为好与坏、善与恶、对与错的基本准则。

法学是社会科学的一个特殊领域，法的原则应该有更加明确、具体的含义。事实上，相关文献中的含义并不完全一致。在《布莱克法律辞典》中，它有三层意思："法律的基础性真理或原理；作为其他法律规则之基础、本源的综合性规则或原理；法律行为、法律程序和法律裁决的决定性规则。"[4]"在法律英语中，原则具有如下含义：法律的诸多规则或学说的根本的真理或学说，是法律的其他规则或学说的基础或来源；确定的行为规则、秩序或法律判决、明晰的原理或前提，除非有更明晰的前提，不能对之证明或反驳，它们构成一个整体或整体的构成部分的实质，从属于一门科学的理论部分。"[5]

学者们对法的原则也有不同看法。有学者认为，法的原则是其在"法律职业和公众当中不受时间限制地产生的适当性的思想意识"[6]；"原则就是法官处理疑难案件时所适用的标准"[7]。有学者认为，法的原则"是可以作为众多法律规则之基础或本源的综合性、稳定性的原理和准则"[8]。"法的原则就是指反映法

---

〔1〕　中国社会科学院语言研究所编辑室编：《现代汉语词典》，商务印书馆 1983 年版，第 1422 页。

〔2〕　辞海编辑委员会编：《辞海》，上海辞书出版社 1989 年版，第 169 页。

〔3〕　王同亿主编译：《英汉辞海》，国防工业出版社 1988 年版，第 4155 页。

〔4〕　朱景文主编：《法理学》，中国人民大学出版社 2007 年版，第 148 页。

〔5〕　徐国栋：《民法基本原则解释》，中国政法大学出版社 2001 年版，第 8 页。

〔6〕　［美］罗纳德·德沃金著，潘汉典译："论规则的模式"，载《法学译丛》1982 年第 2 期。

〔7〕　信春鹰："罗纳德·德沃金与美国当代法理学"，载《法学研究》1988 年第 6 期。

〔8〕　张文显主编：《法理学》，法律出版社 1997 年版，第 62 页。

律制度的根本性质，促进法律体系的协调统一，为其他法律要素提供指导，保障法律运作的动态平衡并证成其法治理念的基础性原理和价值准则。"[1] 综上所述，可以看出法的原则就是在某个法学领域内，能够综合性地反映该法学本质属性的普遍的、基本的、主导性的行为准则。它是某法学体系本质属性在某相对独立内容中的具体体现，是法的本质属性的进一步具体化。

二、原则的基本类型

法的原则是法的本质属性或价值目标的具体化，它应该是人类社会某种共同需要在这个方面的本质的反映，它必须能够满足人类的某些共同需要；否则，即使规定出来也可能是邪恶的原则，也不应该具有法的原则效力。"原则不是研究的出发点，而是它的最终结果，这些原则不是被应用于自然界和人类历史，而是从它们中抽象出来的；不是自然界和人类去适应原则，而是原则只有在适合于自然界和历史的情况下才是正确的。"[2] 法的原则可以分为许多种类型，不同类型的原则应有不同的法学地位和效力权衡。从法的性质上可以将其分为法学原则与法律原则；从它产生的思想基础上可以将其分为公理性原则和政策性原则；从它在法学体系中的地位上可以将其分为基本原则和具体原则。

法学原则与法律原则，在法学性质上是明显不同的。法学原则是指依据某法学体系的本质属性或价值目标应有的，实现该法学体系价值目标应遵循的各项原则。法学是按照法的价值目标结合相关的法律文件规定整理出来的理论体系，法学原则是这一法学体系整体中具体某分支体系的价值目标，它反映的是某种特殊的法学价值追求。法律原则是指某法律文件中明确规定的或隐含规定的，对全部法律规范起指导性作用的各项原则。法学原则与法律原则是有明显区别的，它们一个是理论上的原则，一个是法律文件规定的原则。

公理性原则是指人们在长期的社会生活中形成的，具有公认的合理性的法的原则；政策性原则是指国家为了实现一定时期的特定法律目标而确定的，针对某方面社会现象而提出的指导性的法的原则。由于法学原则与公理性原则都是某种社会价值追求的反映，它们之间在产生的基础上具有一致性。因此，法学原则多为公理性原则。由于政策性原则通常会通过国家立法加以规定，因此，政策性原则多表现为法律原则。但是，有时政策性原则也可以不表现为法律文件中的具体规定，而仅体现在国家的某些政策决定中；有时一些明确的公理性原则也会直接规定在法律文件中，而不仅是体现在法学理论中。因此，它们之间也具有差异性，优先以什么原则进行司法裁判取决于法官的效力权衡。

---

[1] 朱景文主编：《法理学》，中国人民大学出版社 2007 年版，第 148 页。
[2] 《马克思恩格斯选集》（第 3 卷），人民出版社 1972 年版，第 74 页。

法学是一个复杂的体系，到目前为止，还没有学者能够对其进行完善的体系划分。但是，法学的价值追求和价值目标是明确的，在法学基本价值目标体系下，可以形成基本的法学思想体系，如民商法学、行政法学和经济法学。除此之外，也可以有相对独立于这三个学科体系的法学学科，如宪法学、环境法学、刑法学、刑事诉讼法学和国际法学等。在民商法学、行政法学和经济法学的内部，按照其某些法学特征，还可以进一步将其分为第二或更低层级的法学体系。法的基本原则应该是指整体法学体系的各项原则，也可以是指基本法学体系的各项原则，它们都有相对完整的法学要素体系，每个相对独立的要素体系都可以总结出代表其核心价值目标的原则。法的具体原则应该是指基本法学体系中第二或更低层级的法学体系的原则，或者相对独立的法学体系的原则。这些具体原则虽然在总体上是与基本原则相一致的，但在具体领域内也有其价值目标的特殊性。

三、原则的历史沿革

从法学理论的角度讲，法的原则应该是从来就有的，它是构建法学体系的重要技术，没有法的原则就难以构建起一个完整的法学体系，就难以指导法学规范的具体实施。但是，从法律文件规定的角度来看，法的原则并不是从来就有的，而是随着社会生活的日益复杂，法律规范数量的不断增加，以及法学理论的不断发展而不断发展完善起来的。世界各国的古代法律最初都是具体化的规定、抽象性很低，由此构建的规范体系具有较大的具体性和特殊性，这是由当时的社会生活相对简单和具体决定的。在此条件下，法律概念尚不完善，既不需要也没有可能考虑到在法律中规定原则的问题。

随着社会的不断发展、各种社会关系的日益复杂，如果再都是简单的、具体的规定，法律的规模必然无限扩大。并且，简单的、具体的规定也难以满足规范不断变化的社会现象的需要，必须将其抽象化、概括化和理论化。在此条件下，法律开始超越具体案例汇编式的古代水平，成为立法者和法学家深思熟虑的产物，开始将单独的概念转化为普遍的概念，将普遍的概念进一步转化为抽象的概念，这是立法技术的伟大进步。但是，无论立法者如何对概念进行抽象，也不能保证能够完全清楚地表达立法者的真实想法。并且，立法者表达得越准确，法律的适用范围和适用情况就越狭窄。再加之，社会是不断发展变化的，即使当时的规定是完全正确的，随着社会的发展法律也会变得落后。因此，实证法不断受到自然法和功利法的挑战，最终证明不将自然法和功利法融入实证法中，就难以保证对法律文件的恰当理解，就不能保证法律漏洞能够得到及时的弥补，最终难以保证法律的合理实施。

事实上，任何立法都不可能离开法的原则性指导，"无论是价值导向的法学，或体系性操作的法学都企图阐明'内部体系'，该体系中心的基准点则在于'开放的原则'以及原则中显现的评价基础。而只有在考虑其不同程度的具体化形式，并且使这些形式彼此间具有一定的关系，如是才能由之建构出'体系'来"[1]。当法学家们认识到，仅依靠法律自身无法构建起科学合理的体系，即使构建起来也难以适应不断变化的社会需要时，就不再坚持绝对的实证主义观点，开始将自然法和功利法思想引入法律，在法律文件中明确或隐含地规定原则，使其成为法律体系的重要组成部分。"古代法典中不乏法律概念和法律规范。近代法典中法律概念、法条、法律规范一应俱全，但无基本原则。只是在《瑞士民法典》之后才出现了基本原则的立法技术成分，……使法律成为由人操作、调适的一套规则体系。"[2]

自从法律文件中明确或隐含地规定了法的原则之后，在法律体系中规定法的原则的优越性便得到了立法者和司法者的充分肯定。此后，比较复杂的法律文件都会专门设总则部分，专门规定该法的原则，使法律原则成为法律体系中不可缺少的组成部分。目前，我国比较重要的法律都在总则部分明确规定该法律的原则，法律原则也是我国法律体系中的重要组成部分。重要法律文件中法律原则的引进，引起了法学理论的进一步变革，它使法律失去了传统的确定性，同时带来了法律实施的灵活性；法的原则理论成为法学理论研究的重要内容，法的原则也成为一个法学体系的重要组成部分。"在制定法律规则，进行司法推理或选择法律行为时，原则是不可缺少的，特别是遇到新奇案件或疑难案件，需要平衡互相重叠或冲突的利益，为案件寻找合法的解决办法时，原则是十分重要的。"[3]

第二节　经济法原则确立的依据

一、经济法原则的性质依据

经济法是当代社会三大基本法学体系之一，作为基本的法学体系它必然存在法的基本原则，这是当代法学体系构建的基本要求。但是，经济法不像民商法和行政法体系，许多国家都编纂了比较完善的法典，在法典中规定有明确或隐含的法律原则。由于经济法体系目前还只是一个法学理论体系，它具体由许多单行的法律文件构成，还没有统一的以法律文件形式明确或隐含规定的基本原则。因此，依据法学基本理论和已经存在的经济法律文件，构建经济法学的基本原则体

---

〔1〕　［德］卡尔·拉伦茨著，陈爱娥译：《法学方法论》，商务印书馆2003年版，第355页。
〔2〕　徐国栋：《民法基本原则解释》，中国政法大学出版社2001年版，第8页。
〔3〕　张文显：《法哲学范畴研究》，中国政法大学出版社2001年版，第54页。

系，就成为经济法学者的重要任务。

（一）经济法原则的现状

从世界范围内来看，国外学者对经济法的基本原则基本上没有系统性的研究，这与经济法学在这些国家的研究状况是具有一致性的。我国的经济法学者对经济法原则进行了大量的研究，形成了许多种对经济法基本原则的概括。有学者认为，经济法的原则包括：经济法主体利益协调原则，国家协调本国经济运行法定原则。[1] 有学者认为，经济法的原则包括：平衡协调原则，维护公平竞争原则，责权利效相统一原则。[2] 有学者认为，经济法的原则包括：保障经济总量的平衡，优化经济结构，维护竞争秩序和协调社会再分配的原则。[3] 有学者认为，经济法的原则包括：资源优化配置原则，国家适度干预原则，社会本体原则，经济民主原则，经济公平原则，经济效益原则和可持续发展原则。[4] 有学者认为，经济法的原则包括：维护社会经济总体效益原则，兼顾各方经济利益原则。[5] 这些是我国经济法学家们的基本观点，它们代表了我国前期对经济法原则问题的理解和概括。

随着我国对经济法理论研究的不断深入和经济法律文件的不断颁布，一些经济法专家在前人研究成果的基础上又提出了一些新的观点。有学者认为，经济法的原则包括：平衡协调原则，维护公平竞争原则，责权利相统一原则。[6] 有学者认为，经济法的原则包括：调制法定原则，调制适度原则，调制绩效原则。[7] 有学者认为，经济法的原则包括：市场竞争原则，宏观调控原则。[8] 还有学者将经济法的价值、理念和基本原则等统一进行论述，认为"经济法的价值表现为实质正义、社会效率、经济自由和经济秩序的和谐"；"经济法的理念应为经济社会化条件下的实质公平正义，其核心内容是社会整体经济利益的实现，表现为经济法是公私交融、社会本位法，是平衡协调、综合调整法"。[9]

（二）经济法原则的性质

这些关于经济法原则的理论，是我国经济法学界长期的研究成果，它们为经

〔1〕　杨紫烜主编：《经济法》，北京大学出版社 2012 年版，第 68 页。

〔2〕　潘静成、刘文华主编：《经济法》，中国人民大学出版社 2005 年版，第 78～90 页。

〔3〕　徐杰主编：《经济法概论》，中国政法大学出版社 1991 年版，第 25～30 页。

〔4〕　李昌麒主编：《经济法学》，中国政法大学出版社 2002 年版，第 59～65 页。

〔5〕　漆多俊：《经济法基础理论》，武汉大学出版社 1996 年版，第 169 页。

〔6〕　史际春、邓峰：《经济法总论》，法律出版社 2008 年版，第 157～164 页。

〔7〕　张守文：《经济法总论》，中国人民大学出版社 2009 年版，第 76～78 页。

〔8〕　邱本：《经济法总论》，法律出版社 2007 年版，第 109～129 页。

〔9〕　史际春、邓峰：《经济法总论》，法律出版社 2008 年版，第 138、153 页。

济法理论体系的构建作出了较大贡献。但是，这些理论对经济法原则性质的认识还不够清楚。

第一，没有区分法律和法学，没有区分经济法的法律原则与法学原则。法在总体上分为自然法、功利法和实证法，只有实证法指的是现实的法律文件，自然法和功利法都是一种特定的法学价值追求，而不是现实的法律文件。虽然，在当代社会的某些法律文件中也融入了自然法和功利法的法学内容，在法律文件中明确规定了法律原则。但是，经济法毕竟还不是一个系统的法律文件，还没有从总体上规定法律原则。因此，经济法的原则只能是法学原则。虽然这些原则在某些法律文件中也有所体现，但它们并不是综合的、完整的体现。因此，经济法的基本原则只能是理论上的原则。并且，即使法律文件中明确规定了法律原则，也还可能存在隐含的法律原则，它的基本原则也需要进行法学理论上的提炼和总结，实际的基本原则也不可能与法律原则完全一致。"事物的法的本质不应去迁就法律，恰恰相反，法律倒是应该去适应事物的法的本质。"[1]

第二，没有明确法学规范体系的构成要素，没有区分经济法的基本原则与具体原则。在一个完整的法学体系中，不仅应有价值目标和基本原则还应该有法学规范。事实上，法学规范体系才是一个法学体系的核心内容。同时，一个完整的法学规范体系，又是由其主体规范、客体规范、行为规范、责任规范和程序规范体系构成的。一个基础性法学体系的基本原则，应该是其不同规范体系核心价值追求的反映，它应该是法学规范体系各构成要素的价值目标。因此，经济法学的基本原则应该是经济法各法学规范体系的价值追求。此外，一个法学规范体系也是一个相对独立的整体，它也有其相对独立的价值追求，这些价值追求就构成了法学的具体原则。因此，经济法的具体原则就是经济法学规范体系的价值追求。事实上，法的原则体系就是它更低层次的价值和目的体系。"毕竟法与社会目的相连，从社会目的中法获得其内容；这意指，所有法的规定具有'维护社会的生活条件之目的'。"[2]

第三，法的基本原则是对其不同规范体系的本质认识而不是现象总结，它必须符合法学的内在逻辑，必须能够作为立法和司法的依据。对任何事物的认识都需要经过从现象到本质的阶段，对经济法理论的研究也不例外。纵观我国目前经济法理论研究的成果，基本上还处于现象的归纳阶段。无论是对经济法本质属性的认识，还是对经济法基本原则的认识，许多内容还都只是对经济法现象的总

---

[1]《马克思恩格斯选集》（第 1 卷），人民出版社 1972 年版，第 139 页。

[2]［德］阿图尔·考夫曼、温弗里德·哈斯默尔主编，郑永流译：《当代法哲学和法律理论导论》，法律出版社 2002 年版，第 166 页。

结，特别是从经济学视角进行的经济现象总结，还没有深入到经济法学的本质。有些理论虽然已经见到了本质的曙光，却难以在此基础上发扬光大。并且，我国目前经济法理论的许多内容存在法学逻辑上的问题，有许多基本的法学逻辑谬误。这些问题不解决，要建立相对完善的经济法学理论体系和基本原则体系是难以实现的。当然，总的来讲，整个法学体系还不是一个完善的体系，整个法学都需要在不断进步中完善，经济法学原则理论也同样需要完善。"法律的观念是建设性的：它以阐释的精神，旨在使原则高于实践，以指明通往更美好的未来的最佳道路。"[1]

二、经济法原则的关系依据

事物的属性是指它的性质与关系，某事物与另一事物相同或不同，是指它们在性质和关系上相同或不同。经济法原则的属性也体现在它的性质或内在规定性，以及它与相关法学范畴之间的相互关系上。经济法原则在法学性质上是法学原则而非法律原则，是基本原则而非具体原则，是经济法某规范体系本质属性的集中表现，是指导具体立法与司法活动的法学价值依据。要完整地认识经济法的原则，还必须在此基础上进一步说明它与相关法学范畴之间的相互关系，说明经济法的原则与目标、规范及其各构成要素的关系。

（一）原则与目标的关系

经济法的价值目标与基本原则，既具有共性也具有个性。它们的共性主要表现在，法学性质、法学作用和法学渊源上。首先，目标与原则具有共同的法学性质，它们都是法的某种价值追求，反映的是人类社会某种被普遍认同的共同需要。其次，目标与原则具有共同的法学作用，它们都是对法律规范的制定、解释和实施提供基础性和方向性的指导，是法学规范制定、解释和实施的基础性依据。最后，目标与原则具有共同的法学渊源，它们最初都不是来自法律文件的规定，而是专家学者们的理性经验总结。虽然，在当代社会许多价值目标和基本原则已经写入法律文件，但写入法律文件的目标和原则还是可以进一步为自然法和功利法修改的。因此，法的目标与原则在本质意义上并不是来自法律文件。"这些原则起初是无意识的，在一个'长期于潜意识中发展的过程里逐渐形成……直到终于恍然大悟，终于发展迄今尚未成型的思想，……并且具有说服力的表达形式'。"[2]

价值目标与基本原则的个性主要表现在，法学地位、调整范围、内容数量和制约关系上。首先，法的价值目标在一个法学体系中处于最高的效力地位，任何

---

〔1〕 ［美］德沃金著，李常青译：《法律帝国》，中国大百科全书出版社1996年版，第367页。

〔2〕 ［德］卡尔·拉伦茨著，陈爱娥译：《法学方法论》，商务印书馆2003年版，第19页。

法学内容都处于在它的指导和规范之下，任何违反价值目标的法学内容在本法学体系内都应该是无效的。"法律是根据人们欲实现某些可欲结果的意志而有意识地制定的。"[1] 其次，在调整范围上，价值目标调整的是一个独立的法学体系，基本原则调整的是该法学体系内部的一个相对独立的体系。再次，在内容的数量上，价值目标通常只能有一个，目标过多往往会导致思想的混乱；基本原则必须有许多个，一个完整的法学体系要由几个基本的要素体系构成，每个要素体系都应该有一项原则。最后，在制约关系上，价值目标制约基本原则。当价值目标与基本原则出现矛盾时，基本原则应服从于价值目标。"法规范始终在追寻特定目的，……目的性思考是由目标出发的思考；它同时也是一种由较高位阶的总体出发所作的思考。"[2]

（二）原则与规范的关系

经济法的基本原则与法学规范，既具有共性也具有个性。它们的共性主要表现在，价值目标、法学解释和裁判依据上。首先，原则与规范具有共同的价值目标，它们都是以本法学体系的价值目标为最终目标，它们都不得违反基本的价值目标；否则，就会导致整个法学体系基本指导思想的混乱。其次，在对基本原则和法学规范的解释上，应按照价值目标进行一致性解释；否则，解释的冲突必然导致司法的混乱。最后，在司法裁判中，价值目标、基本原则和法学规范都应是裁判的依据，不能仅以价值目标或仅以基本原则或仅以法学规范为依据；否则，也不能保证价值目标的最终实现。有学者认为："法律原则是规则和价值观念的会合点。"[3] 原则是"'在从事法律规范时指示方向的标准，依凭其固有的信服力，其可以正当化法律性的决定'作为'实质的法律思想'，其系法理念在该历史发展阶段中的特殊表现，并借助立法及司法（特别是司法）而不断具体化"[4]。

基本原则与法学规范的个性主要表现在法学渊源、法学地位和制约关系上。首先，在法学渊源上，基本原则是法的某种抽象性的价值追求，它主要来自于法学家们的归纳与总结；法学规范则来自于法律文件的具体规定，具有明确的法律确定性。其次，在法学地位上，基本原则应高于法学规范，规范应是在原则的指导下制定出来，并按照原则的要求具体实施的。"最好的预见就是规定一个大前

〔1〕　[美] E. 博登海默著，邓正来译：《法理学——法律哲学与法律方法》，中国政法大学出版社 2001年版，第 109 页。

〔2〕　[德] 卡尔·拉伦茨著，陈爱娥译：《法学方法论》，商务印书馆 2003 年版，第 12 页。

〔3〕　张文显：《法哲学范畴研究》，中国政法大学出版社 2001 年版，第 54 页。

〔4〕　[德] 卡尔·拉伦茨著，陈爱娥译：《法学方法论》，商务印书馆 2003 年版，第 348 页。

提或一个指导性原则，而适用细节交由司法实践或司法经验来处理。"〔1〕 最后，在制约关系上，基本原则应该制约法学规范，违背原则的法学规范应属于无效的规范，至少应对其效力进行认真评价。"从长远来看，法理学从来没有能够抵御强大而正当的社会或经济需求。"〔2〕 但是，也有观点认为原则是抽象的、规范是具体的，当有明确规范时应首先遵守规范，在没有规范时才适用原则或政策。"特别是在疑难案件中，当与这些概念有关的问题看起来极其尖锐时，他们使用的不是作为规则发挥作用的标准，而是作为原则、政策和其他各种准则而发挥作用的标准。"〔3〕 这时，法官最需要的是在法的道义价值、功利价值和实证价值之间作出选择，找到它们最佳的边际均衡点。

（三）原则与要素的关系

经济法从不同角度理解，有不同的构成要素。从纵向上看它应由价值目标、基本原则和法学规范构成；从横向上看法学规范的内容由主体、客体、行为、责任和程序规范构成。这里，法的构成要素是指法学规范的具体内容。在完整的法学体系中，主体规范、客体规范、行为规范、责任规范和程序规范也都是自成体系的，有些规范本身就是一个法律文件、甚至包括多个法律文件。这些规范体系也具有相对独立性，这个相对独立的体系也需要有明确的价值目标来统一其指导思想。这个价值目标从一个完整的法学体系来讲，就应该是其基本原则，它们是一个完整法学体系的第二级价值目标。"如果法律思想在一项法律中被清除，那它就不是暂时地告终"〔4〕，"而是法灵魂的丧失，留下的只有法的尸体"〔5〕。

基本原则与法的构成要素之间存在相互对应关系，每个要素体系都应该有一个基本的指导思想或价值目标，以作为这部分法学内容的价值追求。因此，一个完整的法学体系由多少种要素构成，就应该至少有多少项法的基本原则，这是法学价值与法学规范相结合的客观要求，是保证法学规范内容完整性和正当性的必要条件。"以便当缺乏在严格意义上可以适用的法规时，可以借助于原则，以便从中推导出判决的根据。"〔6〕 就此而言，经济法的基本原则至少应该包括五项，即经济主体法的原则、经济客体法的原则、经济行为法的原则、经济责任法的原

---

〔1〕 〔美〕罗斯科·庞德著，唐前宏等译：《普通法的精神》，法律出版社2001年版，第126页。

〔2〕 〔美〕本杰明·内森·卡多佐著，刘培峰、刘骁军译：《法律的生长》，贵州人民出版社2004年版，第65～66页。

〔3〕 〔美〕德沃金著，信春鹰等译：《认真对待权利》，中国大百科全书出版社2002年版，第40页。

〔4〕 〔德〕拉德布鲁赫著，米健、朱林译：《法学导论》，中国大百科全书出版社2003年版，第170～171页。

〔5〕 刘少军：《法边际均衡论——经济法哲学》，中国政法大学出版社2007年版，第102页。

〔6〕 〔美〕罗斯科·庞德著，沈宗灵译：《通过法律的社会控制》，商务印书馆1984年版，第99页。

则和经济程序法的原则。当然，法的基本原则数量也不一定与其构成要素完全一致，不同法学价值目标之间的交叉也可能形成某些被社会普遍认同的均衡价值思想，它们也可以成为法的基本原则。如"诚实信用原则"、"公序良俗原则"、"权利不得滥用"、"保护弱者原则"等，就是各法学体系共用的基本原则。"法律原则允许我们把法律思想和道德思想联系起来，它允许我们保证我们的法律发展和道德发展携手共进。"[1]

第三节　经济法基本原则的内容

一、监管主体相对独立原则

经济主体法，是经济法的首要构成要素。法最终是主体与主体之间的关系，它所要解决的是主体与主体之间的矛盾。它所调整的"各个法律关系，就是由法律规定的人与人之间的关系"[2]。因此，任何一个独立或相对独立的法学体系，必须有其独立或相对独立的主体法。主体在历史上并不是完全独立的，个体往往依其身份而成为整体的一部分，只是在经历了"从身份到契约"的变革后，才成为基本上独立的存在。世界上首次出现独立或相对独立的主体法是在民商法中，民商法第一次以"民商主体资格平等"作为其主体法的基本原则。《法国民法典》规定"一切法国人均享有民事权利"，《瑞士民法典》规定"在法律范围内，人都有平等的权利能力及义务能力"[3]。并且，又按照这一原则制定了各种类型的"企业法"或"商法"，使其成为民商法统一的主体法原则，成为市场经济发展的前提。当然，任何主体都会从事民商行为。但是，民商法的核心主体还应该是个人和企业。

民商主体资格平等权利的获得，同时也使行政主体取得了独立的资格，成为独立于民商主体的法学主体。行政主体最初基本上等同于警察。在16世纪以后，警察一词在欧洲被用来表示一切国家行政，只是随着行政职能的发展它才成为行政的一部分。"每一个国家有三种权力：一是立法权力；二是有关国际法事项的行政权力；三是有关民政法规事项的行政权力。依据第一种权力，国王或执政官制定临时的或永久的法律，并修正或废止已制定的法律。依据第二种权力，他们撮合或宣战，派遣或接受使节，维护公共安全，防御侵略。依据第三种权力，他

---

〔1〕［美］德沃金著，信春鹰等译：《认真对待权利》，中国大百科全书出版社2002年版，第20页。
〔2〕［德］萨维尼著，小桥一郎译：《现代罗马法的体系》（第1卷），成文堂1993年版，第298页。
〔3〕参见1804年《法国民法典》第8条，1907年《瑞士民法典》第11条的规定。

们惩罚犯罪或裁决私人争讼。我们将称后者为司法权力，而第二种权力则简称为国家的行政权力。"[1] 当代社会的行政主体是进行社会行政事务综合管理的政府，行政权力是政府"对行政事务实施主动、直接、连续、具体管理的权力"[2]。因此，行政主体法的原则就是行政机关的组织原则，可以将其概括为"政府机关行政管理"原则。

传统的行政主体理论产生于"个体经济"时代，随着经济整体化倾向的不断加强和经济活动主体实际地位的越来越不平等，维护整体经济利益和保护经济活动相对方利益逐渐成为一种重要的价值追求，为满足整体经济利益和客户利益的需要，保障整体经济效率、秩序和安全，逐渐形成了"三权"之外的"第四权力"。从整个世界的角度来看，独立于传统"三权"之外的"第四权力"机构首先是中央银行，各国法律通常都赋予中央银行独立或相对于政府的法律地位。[3] 随着整体经济利益范围的不断扩大，各国又建立了许多金融监督管理机构，如证券交易委员会、金融监督管理委员会、金融投资人（消费者）保护委员会；以及贸易与竞争等的监督管理机构，如国际贸易委员会、国内贸易委员会、反垄断委员会、消费者保护委员会等。这些监管组织并不是国家任意设立的，它们都是随着整体经济利益的不断扩展和相关法律的制定而设立的，具体负责监督管理这些法律的实施。

据不完全统计，仅美国目前就有独立于政府的监管委员会 16 家，此外还包括许多相对独立的类似机构。[4] 并且，这种现象不仅在美国存在，在世界各主要国家如英国、法国、德国、日本、韩国等普遍存在，[5] 我国也设立了许多这样的"独立"机构。[6] 这说明当代社会国家职能和国家权力结构已经发生了变化，传统"三权分立"的国家结构已经不能适应当代社会发展的需要，必须在传统的国家结构中生长出"第四权力"机构。"第四权力"机构作为新兴的国家机构，是随着经济法的出现而出现的，是专门负责监督管理经济法律实施的机构，是经济法特有的主体。经济法是以维护整体经济利益为价值目标的法，它的

---

〔1〕 [法] 孟德斯鸠著，张雁琛译：《论法的精神》（上册），商务印书馆 1982 年版，第 155 页。

〔2〕 应松年、薛刚凌："论行政权"，载《政法论坛》2001 年第 4 期。

〔3〕 参见美国《联邦储备法案》第 10 条，《欧共体条约》第 108 条，《德意志联邦银行法》第 12 条，以及我国《中国人民银行法》第 6、7、10、12 条等的规定。

〔4〕 参见郭向军：《经济监管机构的法律地位》，中国金融出版社 2013 年版，第 40~43 页。

〔5〕 如法国《货币金融法典》第 L62-1 条，称金融市场监管局为"一个具有法人资格的独立公共机关"。

〔6〕 我国的这些机构是相对独立、而不是绝对独立于政府，这是由我国目前处于经济转型时期，必须加强集中统一领导的现实状况所决定的，并不代表它是正常条件下的国家合理结构。

实施不能仅依靠企业、个人等民商主体的自觉行为，而必须设立专门的机构进行监督管理。同时，行政机关也是可能违反经济法的，也是经济监管主体执法监督的对象。因此，经济主体法的核心原则应该是"监管主体相对独立"原则，以明确它是独立于政府机关的独立或相对独立的主体。当然，经济行为主要是由企业、个人，甚至是政府机关进行的，它们都是经济行为主体。但是，它们是民商法和行政法的核心主体，经济法的价值目标是维护整体经济利益，它的核心主体只能是独立或相对独立于政府和企业、个人的经济监管主体。

二、经济财产权益维护原则

法虽然是人与人之间的关系，但也与财产相关，财产是法学的客体。当然，作为客体的财产是静态的财产，而不是处于行为之中的财产，财产和财产行为在法学属性上是有明显区别的。同时，作为客体它也不可能专属于某个法学体系，我们不可能对一个客观存在进行法学划分。但是，法学中的财产并不仅指财产客体，它更主要的是指财产权利。在法学上，"构成财产必须同时满足两个基本条件：一是财产的客体条件，它必须是独立于主体之外的客体；二是财产的主体条件，它必须是主体享有财产权的客体"[1]。财产客体虽然没有价值追求，财产权利却是不同价值目标的反映。因此，每个独立的法学体系都必须有它的财产法或称财产权利法。传统民商法曾经以"私权神圣"来宣誓民商主体对财产权的要求，[2] 这种宣誓虽然感情色彩较浓，但民商法不能没有自己的客体法原则；否则，它的财产权利目标就失去了指导。从世界各国来看，采用"民商财产权利保护"原则比较适当。

保护民商主体的财产权利，并不意味着所有的财产权利都归属于民商主体，财产法的核心不是财产客体的归属，而是财产权利（力）的享有，财产权利（力）是可以依法进行设定的。"从法律的观点来看，财产是一组权力。这些权力描述一个人对其所有的资源可以做些什么，不可以做些什么；……因而，财产的法律概念就是一组所有者自由行使其不受他人干涉的关于资源的权力。"[3] 从财产权的角度讲，财产就是一个权利（力）束，既包括民商财产权利也可以包括行政财产权力。行政财产权利（力）包括两个方面：一是政府机关占有其客体的财产，二是依法规定了行政权力的财产。前者是政府机关得以运行的条件，后者是对财产进行行政管理的需要；前者是政府机关享有的民商财产权利，后者

---

〔1〕　刘少军、王一轲：《货币财产（权）论》，中国政法大学出版社 2009 年版，第 2 页。
〔2〕　"私权神圣"是法国《人权宣言》第 17 条首次提出的，此后被作为一种民商法的财产原则。
〔3〕　[美] 罗伯特·考特、托马斯·尤伦著，张军等译：《法和经济学》，上海三联书店、上海人民出版社 1999 年版，第 125 页。

是政府机关特有的行政财产权力，行政客体法是特指这种行政财产权力。行政法中既然存在财产权，就必须有权力设定和行使的基本原则，世界各国普遍采用"行政财产权力法定"原则。

　　财产权利（力）的设定和享有取决于社会需要，在个体经济条件下，它的设定和享有主要是为了满足个体的需要和行政管理的需要。在整体经济条件下，许多个体需要仅凭自身的努力是难以得到充分满足的，必须通过最大限度地提高社会整体财富创造能力，才能得到更好的满足。因此，个体为了自身的利益不得不让渡一部分财产权益给整体经济利益主体，从而形成经济法意义上的财产权益。在人类历史上，经济财产权益的首次形成是国有自然资源财产权，"财税法"规定的"税权"、"国债权"和"财政支出管理权"。[1]此后，是"货币法"规定的货币发行权益，[2]它们是经济财产法形成的基础。同时，国家为了维护整体经济利益还大量举办和参与企业和事业单位的经营管理，形成了规模不断扩大的国有资产。[3]这些财产除受普通财产法调整外，都有经济财产法方面的特殊规定，有些还主要是经济财产法的规定，它的核心目的是为了维护整体经济财产权利（力）和利益。因此，经济客体法也必须有一个明确的价值目标，必须为其确立基本的指导性原则。

　　经济客体法的原则不同于行政客体法，行政客体法是在原有财产客体的基础上设定新的行政财产权力，以限制民商财产权利的行使。因此，必须对这一权力扩张的行为进行适当的限制，将其控制在实现行政职能必要的范围之内；否则，行政权力的自我扩张惯性就会不必要地侵害民商财产权。在经济客体法中，国有自然资源财产权是许多民商法财产权的来源，至少是《物权法》的前提和依据；企业国有资产权益本身并不影响民商财产权，它是国家享有的民商财产权；货币财产权益是中央银行自身创制的财产权益，也同民商主体的财产权没有直接关系。虽然，财税收支对民商主体的财产有影响，但并没有改变其财产权的内容。经济客体法的核心不是限制经济监管机构的财产权力，而是要维护其财产权益不受到非法侵害。因此，经济客体法应以"经济财产权益维护"为其基本原则。"实际上，不只是公法渗入经济，同时私人经济也以合法或非法途径渗透政治

---

〔1〕　参见我国《土地管理法》、《海域使用管理法》、《专属经济区和大陆架法》、《矿产资源法》、《煤炭法》、《森林法》、《草原法》、《水法》、各单行"税法"、《税收征收管理法》、《国家预算法》等法律的规定。

〔2〕　世界上第一部完整的货币法是我国秦朝的《金布律》，它规定货币发行权属于国家，货币发行收益归国家所有，非国家发行的法定货币不得流通；否则，将承担严重的刑事责任。

〔3〕　参见我国《企业国有资产管理法》，以及其他国家的相关法律。

生活。"[1]

三、经济行为监管评价原则

在法学理论中，主体法和客体法都是静态的规范，行为法才是动态的规范，它才是法学内容的核心。"在任何法律系统中，决定性的因素是行为，即人们实际上做些什么。……除非我们将注意力放在被称之为'法律行为'的问题上，否则就无法理解任何法律系统。"[2] 在人类众多行为中，同法学和市场经济联系最密切的是契约行为，它是市场经济运行和繁荣的基础。因此，"契约自由"才会成为资产阶级革命最响亮的口号，并被《法国民法典》首次写入法律。[3] 此后，《德国民法典》创造了"法律行为"的概念，以"私人自治"或"意思自治"取代了契约自由，自此以后民商法确立了"意思自治"的原则。"意思自治的必要性，在于民法以维护个人利益为目标，呈现利益个体化的要求。因此，最好的实现方法应是由利益个体自作安排，此外无更恰当的方法。"[4] 我国民商法学界也比较认同这一理论，将"民商行为意思自治"作为民商行为法的基本原则。

民商行为与行政行为不同，民商法充分保护民商主体的行为自由，以最大限度地满足个体的自主愿望；行政主体本身不是一个有生命的主体，它的存在本身不是为了自身的自由，而是为了利用有限的资源来最大限度地满足个体的公共生活需要。行政行为不是越多越好，也不是越少越好，而是程度恰当为好。行政机关实施行政行为的依据是行政权力，是行政法授予其进行社会管理的权力。因此，必须在行政权力授予和行政权力限制之间寻找一个最佳的边际均衡点，使行政行为实施得恰到好处。"一方面，为了维护公共利益，必须赋予行政机关必要的权力，并维护这些权力有效地行使，以达到行政目的；另一方面，又必须维护公民的合法权益。""在行政机关与相对一方的权利义务关系中，权利与义务在总体上应当平衡。"[5] 在行政主体法和行政财产法中，都是授予行政机关权力的，这些权力最终要用于行政行为。因此，行政行为法的核心应该是"行政行为权力控制"原则，要求行政法在规范政府各种行政行为时，以控制行政权力的扩张为基本指导思想。

行政行为与经济行为不同，经济行为的核心不是利用行政权力直接管理社会

〔1〕 ［德］拉德布鲁赫著，米健、朱林译：《法学导论》，中国大百科全书出版社 2003 年版，第 79 页。
〔2〕 L. Friedmann, *An Introduction to American Law*, Stanford University Press, 1984, p. 46.
〔3〕 参见《法国民法典》第 1101 条，它通过将契约界定为一种合意，实际上宣示了契约自由。
〔4〕 龙卫球：《民法总论》，中国法制出版社 2002 年版，第 53 页。
〔5〕 罗豪才主编：《现代行政法的平衡理论》，北京大学出版社 1998 年版，第 12、13 页。

公共事务，而是由经济监管主体对社会经济行为实施监督管理，并在此同时评价这些行为是否符合社会整体经济利益需要和经济法的规范，对于不符合整体经济利益需要或违反经济法的行为依法采取措施，以最终实现维护整体经济利益的目标。因此，经济行为法主要包括两种行为：一是经济监管行为，二是监管评价行为。在经济监管行为中，各监管机关必须严格按照法律授予的监管权力、法律规定的监管程序和可以采取的监管措施，依法对所有社会主体的经济行为实施监督管理，不得超越法定权力、程序和措施实施监管行为。在这一点上，经济行为法与行政行为法具有一定的相似之处，但也有本质的区别。行政是一种主动改变现行权利义务关系的行为，监管本身并不改变现行的权利义务关系。

监管行为的核心并不在于监管行为本身，而在于对被监管对象的行为评价，需要接受监管机关评价的包括所有的经济行为。因此，在监管评价过程中，无论是民商法主体还是行政法主体，只要他们实施的是经济行为，就必须接受监管机关的整体经济评价。如果被评价的行为与整体经济利益无关，那就属于纯粹的民商法行为或行政法行为；如果被评价的行为与整体经济利益相关，那就属于经济法行为。"某主体的行为既可能产生民商法方面，也可能产生行政法方面，还可能产生经济法方面的权利（力）义务（职责），主体的行为是民商法、行政法和经济法上权利（力）义务（职责）的综合。"[1] 评价主体的行为是否违反经济法就是审查其行为与整体经济利益之间的关系，如果侵害了整体经济利益或违反了经济法，就应认为它是违反经济法的行为，必须依法承担相应的经济法责任。因此，经济行为法的基本指导思想可以概括为"经济行为监管评价"原则。

四、经济损害严格预防原则

存在违法行为，就必须为其设定责任。甚至奥斯丁认为责任是法的本质，"当一个人对另一个人发出以威胁为后盾的命令，强制它服从时，我们就发现了法律的本质，或者至少可以说是发现了'法律科学的关键'"[2]。虽然，责任并不是法的本质或关键，但它也是法的重要构成要素，没有责任的规定，法学将失去其决定性意义。责任主要由归责原则和责任程度构成，它们是不同法学思想在责任法中的体现，是主体原则、客体原则和行为原则的发展。由于民商法强调主体平等、私权保护、意思自治，它的归责原则必然强调主观过失或客观错误，无过错不承担行为责任。[3] 并且，行为人的责任程度应仅限于对受害人的损害补

---

〔1〕　刘少军：《法边际均衡论——经济法哲学》，中国政法大学出版社 2007 年版，第 251 页。

〔2〕　[英] 哈特著，张文显等译：《法律的概念》，中国大百科全书出版社 2003 年版，第 7 页。

〔3〕　1804 年《法国民法典》第 1384 条规定，"任何行为使他人受损害时，因自己的过失而致行为发生之人，对该他人负赔偿责任"。由此，确立了民商法归责的过错责任原则。

偿，以便通过一种同等数量的补偿恢复被侵权或违约扰乱的秩序。民商法的主体、客体和行为原则决定了民商责任法的基本原则应该是"民商损害过错补偿"原则。

违法行为不仅民商主体会实施，行政主体也会实施，行政主体违法行为主要表现为政府机关直接或间接侵害民商主体或其他社会主体利益的行为；前者是具体的行政行为对其他社会主体的侵害，后者是抽象行政行为对其他社会主体的侵害；前者的侵害应该直接对受害人给以补偿，后者的侵害则必须对整个社会的损失给以赔偿。但是，行政财产本身就来自于社会其他主体的财产，以社会的财产赔偿社会不可能收到控制违法行为的作用。因此，对间接行政行为给社会造成的损失，只能对具体的行为人给以人身性质的处罚，不可能要求整体财产损失性质的赔偿。就此而言，行政责任法的责任程度应主要是补偿性的，是对直接受侵害主体的补偿。行政责任的性质决定了它的归责原则，由于行政行为对其他主体造成的损害不一定出于过错，正当的行政行为也可能造成其他主体的损失，只要有损害就应该给以补偿。因此，行政责任法的基本原则应该是"行政损害严格补偿"原则。

经济法中的违法行为，既不同于民商违法行为，也不同于行政违法行为。首先，经济违法行为不是由核心的经济法主体（经济监管主体）实施的，而是由民商主体或其他社会主体实施的，经济法主体只是经济违法行为的监管主体，它的核心职责是监督经济法的实施，并在必要时给予适当的管理。虽然，经济监管主体的行为也可能违法，但经济违法的核心不是监管主体的行为违法问题，而是经济活动主体是否违法的问题。在现实经济生活中，主要的经济违法行为就是普通的民商行为，或者是行政主体的违反经济法的行政行为。民商主体或行政主体的行为从个体利益或整体行政利益的角度看是民商行为或行政行为，从整体经济利益的角度看它同时也是经济法行为。这些行为是否合法主要取决于法学评价的角度，民商法、行政法角度的合法行为，很可能就是经济法角度的非法行为。"在不同的法律规则中做出选择经常取决于认为哪条规则最符合某些基本目的；我们在讨论解释时已看到这一点。……当对目的达成一致并且清楚两种不同规则、解释或适用之中哪一个对达到目标更适当时，我所说的政策分析或道德分析就有助于产生确定的选择。"[1]

既然经济法是从整体经济利益目标来判断某行为合法与非法的；既然违反经济法侵害的是整体经济利益；既然经济法的违法主体主要是民商主体，实际上主

---

[1]　[美] 理查德·A. 波斯纳著，苏力译：《法理学问题》，中国政法大学出版社 1994 年版，第 135 页。

要是对整体经济运行有控制能力的民商主体；既然该主体违反经济法不是仅侵害某主体的利益，而是全部受侵害主体的利益；那么，对它最基本的惩罚也应该是补偿整体经济损失，以恢复被其破坏的整体经济秩序。同时，经济责任不仅在于补偿，更重要的是预防，能够通过经济责任防止在正常情况下当事人出于经济利益而选择违法。"惩罚之值在任何情况下，皆须不小于足以超过罪过收益之值。"[1] 但是，也必须注意经济责任的程度不得超过正常预防的需要；否则，惩罚就变成了另外一种加害。"一种正确的刑罚，它的强度只要足以阻止犯罪就够了。"[2] 经济责任的性质决定了其归责原则，经济活动主体对整体经济利益造成侵害难以判断是否是出于过错，过错从不同的角度可以作出不同的判断，经济法关心的是实际的损害是否已经发生，已经发生了损害就必须承担责任。因此，应将经济责任法的基本原则总结为"经济损害严格预防"原则。并且，在责任顺序上应先承担个体责任再承担整体责任。"在细分化的社会中，众多的角色累加在一起，并且使其承担者在许多关系中是人格体。"[3]

五、经济公诉自诉结合原则

程序法在法学中是一个具有独立价值追求的体系，但它同时又与主体法、客体法、行为法和责任法有必然的联系，它是解决法律纠纷和法学冲突的最终规则，也是法的基本原则最终关注的焦点。在发生纠纷时，有权提请裁决机构进行裁决是任何主体的基本权利，如果主体不享有裁决请求权，他的任何权利都会失去效力。除非在现实生活中，它只能是加害主体而不可能成为被害主体。"规范并非借解释由原则中发现的，毋宁是借裁判的统合过程被创造出来的。只有判例法才能告诉我们，什么是真正的法。"[4] 同时，解决纠纷也需要考虑主体的自由选择和社会成本，只要个体能够依靠自身的力量自愿地解决问题，社会就不应该过多地干涉，以节约社会成本和充分尊重主体的选择；这种选择既包括自身向法院提起诉讼的选择，也包括向其他主体提起裁决的选择。"在一个正义的法律制度所必须予以充分考虑的人的需要中，自由占有一个显要的位置。要求自由的欲望乃是人类根深蒂固的一种欲望。"[5] 因此，民商程序法的基本原则应是"民商自诉裁决结合"原则。

按照行政法的基本逻辑，行政矛盾主要包括两种：一是法律监督机关与行政

〔1〕 [英] 边沁著，时殷弘译：《道德与立法原理导论》，商务印书馆 2000 年版，第 225 页。

〔2〕 [意] 贝卡利亚著，黄风译：《论犯罪与刑罚》，中国大百科全书出版社 2003 年版，第 47 页。

〔3〕 [德] 京特·雅克布斯著，冯军译：《规范·人格体·社会》，法律出版社 2001 年版，第 51 页。

〔4〕 [德] 卡尔·拉伦茨著，陈爱娥译：《法学方法论》，商务印书馆 2003 年版，第 19 页。

〔5〕 [美] E. 博登海默著，邓正来译：《法理学——法律哲学与法律方法》，中国政法大学出版社 2001 年版，第 278 页。

主体之间的矛盾，以监督行政主体是否尽到了应尽的职责；二是民商主体与行政机关之间的矛盾，某行政行为侵害了民商主体的权益。在这两种矛盾中，前者主要属于行政机关的内部问题或政治问题，主要应通过政治手段来解决；后者属于实际的行政法问题，应通过纠纷解决机制来解决。在这种法学关系中，行政主体是主动实施侵害民商主体权益行为的主体，行政侵害是首先产生的行为。如果民商主体侵害了行政主体的利益，行政主体会依靠行政权力主动解决。因此，行政纠纷主要是民商主体的侵害纠纷，它只能由民商主体提出裁决要求，行政机关作为主动加害主体没必要赋予其裁决请求权。裁决请求权是必须赋予弱势主体的权利，它是其实体权利得到社会承认的最终保障。"把法律和完善联系在一起，法律乃是权利在法庭上得到承认的问题。"[1] 同时，行政侵害也应有可选择的裁决机构，但它不能是社会性质的裁决机构，社会整体利益不可能依据当事人的协商确定其结果，它只能向上级机关申请行政复议，或者向法院提起以行政主体为被告的行政诉讼。在复议与诉讼之间可以先选择复议也可以直接进行诉讼。因此，行政程序法的基本原则可以概括为"行政复议自诉结合"原则。

按照经济法的基本逻辑，经济矛盾主要包括三种：一是法律监督机关与经济监管主体之间的矛盾，监督经济监管主体是否尽到了依法监管的职责；二是监管主体与被监管主体的矛盾，某被监管主体侵害了整体经济利益或监管行为侵害了被监管主体的利益；三是民商主体与被监管主体的矛盾，某被监管主体既侵害了整体经济利益，同时该行为也侵害民商主体的利益。通常，监管主体与被监管主体之间的矛盾才是经济法的主要矛盾，它应通过监管主体起诉被监管主体，或者监管主体直接惩罚被监管主体来解决；在此过程中，也可能存在被监管主体权益受到侵害的情况，这时被监管主体也应有权起诉监管主体，这种诉讼应视为是监管诉讼的组成部分；民商主体与被监管主体之间的矛盾，是个体利益与整体经济利益具有统一性的矛盾，这时私主体之间的诉讼同时也能起到维护整体经济利益的效果，也应视为是维护整体经济利益的一种补充形式，同时也是对监管机关经济监管行为的一种补充。此外，在监管机关和民商主体都怠于对被监管对象的违法行为提起诉讼的条件下，法律监督机关也应有权就被监管对象违反整体经济利益的行为提起补充诉讼。实践证明，"实体法和形式法（程序法）如同一辆车的两个轮子，对诉讼都起作用"[2]。

整体经济利益在程序法上的维护，是以监管机关提起监管诉讼的方式，还是借用行政程序法首先由监管机关直接处罚，在被监管对象认为处罚不合法时再提

---

〔1〕〔美〕德沃金著，李常青译：《法律帝国》，中国大百科全书出版社1996年版，第356页。

〔2〕〔日〕兼子一、竹下守夫著，白绿铉译：《民事诉讼法》，法律出版社1995年版，第8页。

起对监管机关的诉讼，代表着不同的法学思考。借用行政程序法的处理方式虽然会提高监管效率，却会由于被监管主体的弱势地位而导致其正当权益难以得到保护。同时，以监管机关自身的判断代替法院作为第三方的裁判，会导致监管权力的滥用和监管腐败。并且，要求被监管对象首先服从监管机关的决定也缺少法理依据，经济监管过程中很少有紧急事态，不需要按照行政程序进行处理。从各国的实践来看，也主要是采取监管诉讼的方式。[1] 因此，由监管机关对违反经济法的主体提起监管公诉，应该是依法确认经济法责任的合理程序。当然，监管公诉并不排斥民商主体为了自身的利益提起公益诉讼，它应该是经济程序法的补充形式。因此，可以将经济程序法的基本原则总结为"经济公诉自诉结合"原则。形成法学体系的"关键在于理论上和实践上是否有必要对这一法律领域的基本结构系统化并将之划分出来"[2]。

【司法案例】

案情：第二次世界大战结束后，美国波音公司以原有的 B-52 型轰炸机的生产设备和厂房为基础，大量生产波音 707 大型民用客机，奠定了其在世界大型民用客机生产领域的垄断地位。1996 年该公司赢得了 346 架飞机的订货，是 6 年内订货最多的一年。而它和空中客车公司的竞争对手麦道公司的竞争实力则正在不断下降，麦道在世界民用客机市场的份额，已从原有的 22% 下降到不足 10%。从军工产品来看，尽管麦道公司曾经是世界上最大的军用飞机制造商，生产了著名的 F-15、FA-18 等战斗机。但是，在 1994 年美国的洛克希德与马丁·玛瑞塔公司合并，组成了洛克希德·马丁公司，并与麦道公司展开了激烈的市场竞争。1996 年洛克希德·马丁公司投资 91 亿美元，兼并了另一家军工大企业劳若公司。三家公司联合之后的年销售额达到 300 亿美元，是麦道公司年销售额的两倍，极大地削弱了麦道公司的竞争实力。现实表明，陷入困境的麦道公司需要通过被兼并来寻找生机，波音公司也希望通过兼并麦道公司扩大生产能力，增加生产技术人员。

1996 年 12 月 15 日，世界航空制造业第一巨头美国波音公司宣布，收购世界

---

〔1〕 世界许多国家的经济监管机构都享有经济公诉权，英国的金融监管机构对某些金融犯罪甚至享有刑事公诉权；美国的经济监管机构，如联邦贸易委员会（FTC）、证券交易委员会（SEC）、联邦通讯委员会（FCC）、核能规制委员会（NRC）、联邦矿山委员会（FMC）、平等就业机会委员会（EE-OC）、联邦能源规制委员会（FERC）、消费品安全委员会（CPSC）等，都有权向法院直接提起经济诉讼。

〔2〕 ［德］罗尔夫·斯特博著，苏颖霞、陈少庚译：《德国经济行政法》，中国政法大学出版社 1999 年版，第 7 页。

航空制造业排行第三的美国麦道公司，在全球飞机制造业引起了轩然大波。按照 1996 年 12 月 13 日的收盘价，波音公司完成这项收购共需出资 133 亿美元。在波音公司和麦道公司合并之后，新波音公司的资产总额达 500 亿美元，净负债为 10 亿美元，员工总数 20 万人。1997 年新公司的总收入达 480 亿美元，成为世界最大的民用和军用飞机制造企业。

结果：根据美国的有关法律，如此大规模的合并必须经过美国反垄断当局的批准。按照法律规定，如果两家公司合并以后市场份额大于规定数额，公平交易局的反垄断处或联邦贸易委员会就有权立案调查。按照这一规定计算，波音公司所占的市场份额为 60%，麦道公司所占的市场份额为 15%，两家市场份额是立案调查标准的两倍多。但是，考虑到自己国家的利益，美国政府最终还是许可了这一兼并行为。

波音公司兼并麦道公司事件对欧洲飞机制造业构成了极大的威胁，它使世界航空制造业由原来波音、麦道和空中客车三家公司共同垄断的局面被打破，变为了波音公司和空中客车公司两家之间进行竞争。因此，在政府和企业各界引起了强烈反响。1997 年 1 月，欧洲委员会开始对波音兼并麦道公司案进行调查。同年 5 月，欧洲委员会正式发表不同意这起兼并的照会；7 月 16 日，来自欧盟 15 个国家的专家强烈要求欧洲委员会对这项兼并予以否决。美国和欧洲各主要国家的政府首脑纷纷卷入这场兼并和反兼并的冲突之中，美国与欧洲出口企业之间也酝酿着引发贸易大战的危机。

最后，经 15 个欧盟国家外长磋商之后，1997 年 7 月 24 日，欧洲委员会正式同意波音兼并麦道公司。7 月 25 日，代表麦道公司 75.8% 股份的股东投票通过被波音公司兼并的决议。当然，为了完成兼并，波音公司也向欧盟做出了三个方面的让步：一是波音公司同意放弃三家美国航空公司今后 20 年内只购买波音飞机的合同；二是麦道公司军用项目开发出的技术许可证和专利，可以出售给竞争者（空中客车公司）；三是同意麦道公司的民用部分成为波音公司的一个独立核算单位，分别公布财务报表。1997 年 8 月 4 日，新的波音公司开始正式运行，世界航空制造业三足鼎立被两霸相争的新格局取代。

评析：有效的自由竞争是市场经济优势的重要基础，它要求市场竞争既不过于激烈导致不正当竞争，也不能过度垄断导致没有竞争。因此，反垄断和反不正当竞争就成为限制对市场有控制能力的民商主体市场行为的重要手段。为此，各主要国家都成立了专门的反垄断和反不正当竞争监管机构，或者对原有机构进行改组使其具有相应的监管职能。

在第二次世界大战以前，反垄断和反不正当竞争主要在同一国家内进行，民商主体发生垄断或不正当竞争行为时，由国内经济监管机构从整体经济利益出发予以制止，或者直接向法院起诉这种违法行为。但是，第二次世界大战以后，随着世界经济不断整体化，垄断开始不断走出国门，成为一种国际性限制竞争行为。在此条件下，各国或国际组织都进行相关立法，强调反垄断法的域外效力，使反垄断成为一种国际行为。

第 四 章
经济法学的体系

【学习目的和要求】

经济法是一个相对独立的基本法学体系，而不仅仅是一个法学学科。任何一个相对独立的基本法学体系，都必须具备完整的法学体系构成要素。全面地了解和认识它的体系和构成要素，是进行具体学习和研究的基础与前提。经济法的体系主要解决三个方面的问题：一是经济法体系的形成，以清楚经济法体系的形成基础和过程；二是经济法的理论体系，以从理论上清楚经济法内容的逻辑思维；三是经济法的法学学科体系，以全面了解经济法的具体学科构成，指出进一步学习和研究的方向。

通过本章的学习要求学生：

● 重点掌握：法学体系的基本结构；经济法的理论体系；经济法的学科体系。

● 一般了解：经济法体系的形成过程；经济法的主要法律文件。

● 深入思考：经济法形成的原因；经济法体系的主观性与客观性。

【核心概念】

构成要素 体系形成 理论体系 学科体系 法律文件

【引导案例】

任何法学体系的形成都是从立法开始的，我国虽然是世界最早形成法学体系的国家之一，但经济立法的时间却是比较晚的，主要是从改革开放以后开始。我国的经济立法主要可以分为产业经济立法、金融经济立法、财税经济立法、市场经济立法四个方面。

产业经济立法

1993 年 7 月 2 日第八届全国人民代表大会常务委员会第二次会议通过《农业法》，2002 年 12 月 28 日、2009 年 8 月 27 日、2012 年 12 月 28 日进行了修订。2000 年 7 月 8 日第九届全国人民代表大会常务委员会第十六次会议通过《种子法》，2004 年 8 月 28 日进行了修订。1986 年 6 月 25 日第六届全国人民代表大会常务委员会第十六次会议通过《土地管理法》，1988 年 12 月 29 日、1998 年 8 月 29 日、2004 年 8 月 28 日进行了修订。2005 年 12 月 29 日第十届全国人民代表大会常务委员会第十九次会议通过《畜牧法》；1986 年 1 月 20 日第六届全国人民代表大会常务委员会第十四次会议通过《渔业法》，2000 年 10 月 31 日、2004 年

8月28日进行了修订。1993年7月2日第八届全国人民代表大会常务委员会第二次会议通过《农业技术推广法》，2012年8月31日进行了修订。2004年6月25日第十届全国人民代表大会常务委员会第十次会议通过《农业机械化促进法》。

1996年8月29日第八届全国人民代表大会常务委员会第二十一次会议通过《煤炭法》，2009年8月27日、2011年4月22日进行了修订。1995年12月28日第八届全国人民代表大会常务委员会第十七次会议通过《电力法》，2009年8月27日进行了修订。2005年2月28日第十届全国人民代表大会常务委员会第十四次会议通过《可再生能源法》，2009年12月26日进行了修订。1997年11月1日第八届全国人民代表大会常务委员会第二十八次会议通过《建筑法》，2011年4月22日修订。1994年7月5日第八届全国人民代表大会常务委员会第八次会议通过《城市房地产管理法》，2007年8月30日进行了修订。1986年12月2日第六届全国人民代表大会常务委员会第十八次会议通过《邮政法》，2009年4月24、2012年10月26日进行了修订。1995年10月30日第八届全国人民代表大会常务委员会第十六次会议通过《民用航空法》。2002年6月29日第九届全国人民代表大会常务委员会第二十八次会议通过《安全生产法》。2013年6月29日第十二届全国人民代表大会常务委员会第三次会议通过《特种设备安全法》。1993年7月2日第八届全国人民代表大会常务委员会第二次会议通过《科学技术进步法》，2007年12月29日进行了修订。2007年8月30日第十届全国人民代表大会常务委员会第二十九次会议通过《就业促进法》。2008年8月29日第十一届全国人民代表大会常务委员会第四次会议通过《循环经济促进法》。2002年6月29日第九届全国人民代表大会常务委员会第二十八次会议通过《清洁生产促进法》，2012年2月29日进行了修订。

1993年12月29日第八届全国人民代表大会常务委员会第五次会议通过《公司法》，1999年12月25日、2004年8月28日、2005年10月27日、2013年12月28日进行了修订。1997年2月23日第八届全国人民代表大会常务委员会第二十四次会议通过《合伙企业法》，2006年8月27日进行了修订。1999年8月30日第九届全国人民代表大会常务委员会第十一次会议通过《个人独资企业法》。1996年10月29日第八届全国人民代表大会常务委员会第二十二次会议通过《乡镇企业法》。1979年7月1日第五届全国人民代表大会第二次会议通过《中外合资经营企业法》，2001年3月15日进行了修订。1988年4月13日第七届全国人民代表大会第一次会议通过《中外合作经营企业法》，2000年10月31日进行了修订。1986年4月12日第六届全国人民代表大会第四次会议通过《外资企业法》，2000年10月31日进行了修订。2002年6月29日第九届全国人民代表大会常务委员会第二十八次会议通过《中小企业促进法》。2006 年 8 月 27 日第十届全国人民代表大会常务委员会第二十三次会议通过《企业破产法》。

金融经济立法

1995 年 3 月 18 日第八届全国人民代表大会第三次会议通过《人民银行法》，2003 年 12 月 27 日进行了修订。2003 年 12 月 27 日第十届全国人民代表大会常务委员会第六次会议通过《银行业监督管理法》，2006 年 10 月 31 日进行了修订。1995 年 5 月 10 日第八届全国人民代表大会常务委员会第十三次会议通过《商业银行法》，2003 年 12 月 27 日进行了修订。2004 年 8 月 28 日第十届全国人民代表大会常务委员会第十一次会议通过《票据法》。2001 年 4 月 28 日第九届全国人民代表大会常务委员会第二十一次会议通过《信托法》。1998 年 12 月 29 日第九届全国人民代表大会常务委员会第六次会议通过《证券法》。2004 年 8 月 28 日、2005 年 10 月 27 日、2013 年 6 月 29 日、2014 年 8 月 31 日进行了修订。2003 年 10 月 28 日第十届全国人民代表大会常务委员会第五次会议通过《证券投资基金法》，2012 年 12 月 28 日进行了修订。1995 年 6 月 30 日第八届全国人民代表大会常务委员会第十四次会议通过《保险法》，2002 年 10 月 28 日、2009 年 2 月 28 日、2014 年 8 月 31 日进行了修订。2006 年 10 月 31 日第十届全国人民代表大会常务委员会第二十四次会议通过《反洗钱法》。

财税经济立法

1999 年 3 月 22 日第八届全国人民代表大会第二次会议通过《预算法》，2014 年 8 月 31 日进行了修订。2010 年 10 月 28 日第十一届全国人民代表大会常务委员会第十七次会议通过《社会保险法》。2002 年 6 月 29 日日第九届全国人民代表大会常务委员会第二十八次会议通过《政府采购法》，2014 年 8 月 31 日进行了修订。1985 年 1 月 21 日第六届全国人民代表大会常务委员会第九次会议通过《会计法》，1993 年 12 月 29 日、1999 年 10 月 31 日进行了修订。1994 年 8 月 31 日第八届全国人民代表大会常务委员会第九次会议通过《审计法》，2006 年 2 月 28 日进行了修订。2008 年 10 月 28 日第十一届全国人民代表大会常务委员会第五次会议通过《企业国有资产法》。1992 年 9 月 4 日第七届全国人民代表大会常务委员会第二十七次会议通过《税收征收管理法》，1995 年 2 月 28 日、2001 年 4 月 28 日、2013 年 6 月 29 日进行了修订。2011 年 2 月 25 日第十一届全国人民代表大会常务委员会第十九次会议通过《车船税法》。2007 年 3 月 16 日第十届全国人民代表大会第五次会议通过《企业所得税法》。1980 年 9 月 10 日第五届全国人民代表大会第三次会议通过《个人所得税法》，1993 年 10 月 31 日、1999 年 8 月 30 日、2005 年 10 月 27 日、2007 年 6 月 29 日、2007 年 12 月 29 日、2011 年 6 月 30 日进行了修订。

市场经济立法

2007 年 8 月 30 日第十届全国人民代表大会常务委员会第二十九次会议通过《反垄断法》，1993 年 9 月 2 日第八届全国人民代表大会常务委员会第三次会议通过《反不正当竞争法》。1991 年 6 月 29 日第七届全国人民代表大会常务委员会第二十次会议通过《烟草专卖法》，2009 年 8 月 27 日、2013 年 12 月 28 日进行了修订。1985 年 9 月 6 日第六届全国人民代表大会常务委员会第十二次会议通过《计量法》，1989 年 2 月 21 日、1991 年 10 月 30 日、1994 年 5 月 12 日、2002 年 4 月 28 日、2004 年 4 月 6 日、2009 年 8 月 27 日、2013 年 12 月 28 日进行了修订。1993 年 2 月 22 日第七届全国人民代表大会常务委员会第三十次会议通过《产品质量法》，2000 年 7 月 8 日进行了修订。1994 年 10 月 27 日第八届全国人民代表大会常务委员会第十次会议通过《广告法》，1997 年 12 月 29 日第八届全国人民代表大会常务委员会第二十九次会议通过《价格法》。2004 年 8 月 28 日第十届全国人民代表大会常务委员会第十一次会议通过《拍卖法》，1999 年 8 月 30 日第九届全国人民代表大会常务委员会第十一次会议通过《招标投标法》。1994 年 5 月 12 日第八届全国人民代表大会常务委员会第七次会议通过《对外贸易法》，2004 年 4 月 6 日进行了修订。第七届全国人民代表大会常务委员会第六次会议通过《进出口商品检验法》，2013 年 6 月 29 日进行了修订。1991 年 10 月 30 日第七届全国人民代表大会常务委员会第二十二次会议通过《进出口动植物检疫法》。1994 年 7 月 5 日第八届全国人民代表大会常务委员会第八次会议通过《劳动法》，2007 年 12 月 29 日第十届全国人民代表大会常务委员会第三十一次会议通过《劳动争议调解仲裁法》。1993 年 10 月 31 日第八届全国人民代表大会常务委员会第四次会议通过《消费者权益保护法》，2009 年 8 月 27 日、2013 年 10 月 25 日进行了修订。

【案例导学】

法学体系的形成虽然是由立法开始的，没有现实的法律文件就难以存在法学体系。但是，法学体系并不等于是法律文件的分类，它是在对法律文件进行充分理解和分析的基础上，从中抽象出其内在逻辑关系；通过相应的法学理论总结出其规定或隐含的价值目标和基本原则，并使之成为一个具有严密思想体系和逻辑体系的过程。以为法学学习者、研究者和司法实践者提供一个比较清晰的法学思维，使其最终能够找到最佳的裁判结论。

经济法体系的形成首先依靠的也是法律文件，没有上述法律文件难以形成完整系统的经济法体系。但是，法律文件是综合的，一个法律文件可能同时体现几种法学价值目标和法学思维。因此，经济法体系绝不等于是上述法律文件体系，上述法律文件也不是都能够完全体现经济法的价值目标。在构建一个比较系统的法学体系时，法律文件之间有交叉是正常现象，不存在只体现一种法学价值目标的法律文件。并且，现实的经济法律文件不仅限于上述法律，还包括更大量的"条例"、"规章"和"司法解释"等。

第一节　经济法体系的形成

一、经济行为管制法

法是主观愿望与客观现实相结合的结果，人类主观愿望的基本内容是不会发生本质变化的，变化的是不同愿望之间的迫切程度。最迫切的愿望并不是最重要的愿望，而是目前最难以实现的愿望。经济法的形成是最大限度满足主体的财富需要，同整体经济财富创造能力之间矛盾运动的结果。它要求法不仅要保护个体利益和整体行政利益，还必须维护整体经济利益。因此，经济法的形成过程就是经济的不断整体化，国家不断以法律的形式维护整体经济利益的过程。从世界范围内来看，它是在国家不断进行经济行为管制、经济危机治理、市场缺陷矫正和弱势主体保护等的过程中不断形成的。

在世界经济史上，国家对整体经济的管制主要有两个目标：一是为了迅速增强国家的经济实力；二是为了进行经济扩张和满足战争的特殊需要。如日本明治维新时期，推行"殖产兴业"政策，通过国家特许经营某产业、委派经营某产业、建立公营的模范工厂、待经营正常后再出售给私人等手段，促进了本国工商产业的迅速发展。同时，通过立法设立特殊的金融机构，如日本银行、日本兴业银行、日本劝业银行、横滨正金银行、北海道拓殖银行等，借助国家的力量为私人发展经济积累资本。并通过发动战争、获取战争赔款的方式，为本国经济发展积累资金，如中日甲午战争的赔款，绝大部分日本都投入了军事工业、航运业、造船业、通信业和铁路运输业。有日本学者将其称为"准经济法时代"。[1] 并且，在第一次世界大战期间专门制定了《战时工业原料出口规制法》、《钢铁行业奖励法》、《黄金交易禁止令》、《战时船舶管理令》、《军需工业动员法》。在第二次世界大战期间专门制定了《国家总动员法》、《军需公司法》等经济行为管制方面的法律。

德国是两次世界大战的发动国，为战争需要也对经济行为实行严格管制。早

---

[1] 史际春、邓峰：《经济法总论》，法律出版社2008年版，第77页。

在第一次世界大战前，德国即拥有全部的邮电事业和93.6%的铁路、44个大型矿山、12个大型钢铁厂和其他重要产业的产权。战争期间又设立了战时工业委员会、原料管理处、粮食局、服装局、采购公司等。战时工业委员会负责分配政府订货和管理军需生产，并主持设立了许多国有信贷银行，以借贷、公债等形式筹集资金向军事工业发放贷款。战时原料管理处则负责监督原材料的分配，它统一管理的工业原材料在最多时达到300多种。粮食局、服装局、采购公司等国有企业，则负责食品、服装、燃料等生活必需品的供应与分配。同时，还颁布了许多相关的法律，如《关于限制契约最高价格的通知》、《确保战时国民粮食措施令》等。并在战后根据《魏玛宪法》的社会化条款（第156条）颁布了《碳酸钾经济法》和《煤炭经济法》，对碳酸钾和煤炭工业实行社会化经营，并在法律中第一次使用"经济法"一词。这些现象引起了学者们的注意，它直接导致20世纪初经济法学在德国的诞生。

国家对经济行为的另一类管制现象，是计划经济对经济行为的管制。早在苏联苏维埃政权建立初期，列宁就非常重视运用法律形式调整社会经济关系。斯大林在领导苏联社会主义建设的过程中，创立了广泛的经济立法，如经济计划、财政金融、土地管理、经济核算、经济组织、产品质量、商品价格、劳动工资等。随着经济立法的大量出现，从20世纪20年代开始，苏联法学界就对这一现象进行了比较深入的研究，形成了民法学派和经济法学派两种不同的观点。经济法学派主张用经济法的形式，统一调整现实生活中存在的经济权力因素及与经济权力因素相关的社会关系；民法学派主张用民法的形式，调整现实生活中出现的与经济计划和经济权力相联系的社会关系。前捷克斯洛伐克甚至还颁布了《经济法典》，调整国民经济管理和组织经济活动中的社会关系。前南斯拉夫则分别颁布了《银行法》、《信贷金融法》、《外汇法》、《收入分配法》、《海运河运法》、《外贸法》等多种法律。我国在这一时期也颁布了许多相关的经济法规，对经济行为进行严格管制。[1]

经济行为管制法，虽然是特殊历史时期的一种特殊现象。并且，各国颁布和实施经济管制法的目的和效果也各不相同。甚至在某种程度上是一种制造罪恶的法，它的价值目标许多最终是与人类社会的普遍价值追求相矛盾的，并已经事实上被社会实践所否定。但是，我们也必须从另一方面肯定它的价值。首先，从直接价值目标上来看，它是以整体经济利益作为价值目标的，这一点与当代社会的价值目标是具有一致性的。其次，即使在当代社会也有许多需要进行经济行为管

---

〔1〕　李昌麒主编：《经济法学》，中国政法大学出版社2002年版，第24～27页。

制的领域，经济行为管制并不都是与人类社会的最终价值追求相矛盾的，它应该是特殊情况下维护整体经济利益的一种必要手段。只是经济行为管制不能超越其合法性的边界，使它对整体经济利益的贡献不高于侵害正当民商权利的损失。最后，对经济行为管制法的研究开创了经济法学，使法学理论和实践进入了一个新的时代。

二、经济危机防治法

经济行为管制法产生的最初目的，是人为强制地维护整体经济利益，并不是产生于人类进入整体经济社会，以及对维护整体经济利益客观需要的理性认识。人类真正对整体经济利益产生理性认识，提出维护整体经济利益的系统思想，还是由于对经济危机的研究。世界第一次生产过剩的经济危机发生于英国，是资产阶级革命胜利后的第 185 年，是《法国民法典》颁布后的第 21 年。1825 年 7 月，英国从货币危机开始引起全面的生产过剩危机，到 1826 年初股票跌价造成的损失约达 1400 万英镑、70 多家银行破产。第一次世界性生产过剩的经济危机于 1857 年爆发于美国，当时纽约 63 家银行中有 62 家停止支付，一年内美国就有近 5000 家企业破产，此后危机蔓延至英国和欧洲大陆，引起世界性经济危机。

经济危机对整体经济和社会生活的破坏，首先引起了经济学家们的关注，马克思、恩格斯对经济危机现象进行了深入研究后认为，产业分工已经使整个社会成为一个有机的整体，它要求社会各部门都必须按照比例进行生产；否则，必然导致生产过剩出现经济危机，市场经济中生产的社会化与生产资料私人占有又无法解决这一矛盾。因此，"资产阶级的灭亡和无产阶级的胜利是同样不可避免的"[1]。列宁、斯大林等社会主义国家领导人在此基础上创立了计划经济制度，以避免剥削和经济危机。但是，计划经济也有三个解决不了的问题：一是没有那么高的计划能力，以满足社会千变万化的需要；二是有计划按比例生产使公众成为计划的附属物，无法满足个人实现自我愿望的需要；三是计划经济不可能提供社会发展的原始动力，使经济生活难以具有市场经济的活力。因此，比较合理的选择是以市场经济为基础，采取有效的危机治理措施，将危机控制在可以接受的范围。

1929～1933 年经济危机后，世界各国开始颁布各种经济危机防治法，以法律的形式防止和治理经济危机。在罗斯福新政时期，美国颁布了《紧急银行法》、《国家工业复兴法》、《农业调整法》、《公平劳动标准法》、《新政机构改组法》、《证券法》、《证券交易法》等一系列维护整体经济利益的法律。同时，为

---

〔1〕 〔德〕马克思、恩格斯著，中共中央编译局译：《共产党宣言》，中央编译出版社 2005 年版，第 3 页。

了保障这些法律的实施又设立了许多独立或相对独立于政府的监管机关，如美国证券交易委员会、美国联邦存款保险公司、美国联邦住房管理局等。日本也颁布了《重要产业统制法》、《工业组合法》、《商业组合法》、《贸易组合法》、《汽车制造业法》、《外汇管理法》、《日本银行法》等。此后，各国又不断地颁布了许多相关法律，如美国的《充分就业与平衡增长法》、《金融机构改革、复兴与实施法》、《金融服务现代化法》、《紧急经济稳定法》、《金融监管改革法》等，英国的《英格兰银行法》、《金融服务法》、《财政稳定法》、《金融服务与市场法》等，德国的《德意志联邦银行法》、《统一金融服务法》、《联邦金融监管局法》、《经济稳定增长促进法》等。

经济危机防治法，对经济法思想体系、法律制度体系、法律主体体系的建立与完善发挥了重要作用。首先，它使我们对当代社会的经济性质有了充分的理论认识。目前，几乎不再有人崇尚完全自由民主的纯粹市场经济，社会普遍承认当代经济应是整体经济与个体经济相结合的混合经济，普遍承认整体经济利益存在的客观事实。其次，经济危机防治法在传统民商法和行政法体系之外形成了一个新的法律制度体系，尽管世界各国的具体情况不完全相同，这个法律制度体系都是客观存在的，它为经济法理论提供了现实的法律制度依据。再次，为了监督实施经济危机防治法，各国都在传统的行政主体之外逐渐形成了独立或相对独立的经济法实施监管主体体系，它不仅改变了当代社会的国家结构，也形成了无可争议的经济法主体体系，为经济法理论提供了现实的法律主体依据。最后，这些监管主体提起的对被监管对象的诉讼，形成了经济诉讼法的现实程序法模式和依据。

三、市场缺陷矫正法

传统民商法和行政法构筑起来的法学体系，有两个基本的假设：一是经济活动中的人都是理性人；二是交易市场是个完美的市场。理性人的假设是指"消费者和企业家均各追求最大可能利益的假设"[1]，即假设每个经济主体都以理性的态度追求经济利益的最大化。完美市场是指"所有企业生产的同种产品都具有相同的质量，产品价格完全由市场调节，没有外来干预；企业可以按照现行价格出售其全部产品，不存在垄断；资源和生产技术对所有生产者都具有均等的机会，资金可在不同行业之间自由转移，不存在外部效果和集体物品。这时，企业的生产目标与社会目标是一致的，社会资源也能在生产中得到最优配置"[2]。在此条件下，市场活动是不需要外在管理的，只需要民商法和行政法的调整就可以了。

---

〔1〕　胡寄窗编译：《当代西方基本经济理论》，辽宁人民出版社 1986 年版，第 3 页。
〔2〕　刘少军：《投资管理学》，中国财政经济出版社 1992 年版，第 149～150 页。

但是，在现实经济生活中，完全理性的人是不存在的，完美市场也从来没有存在过。我们必须制定相关法律矫正市场中的严重不完美现象，使其最大限度地恢复市场功能。

市场不完美的最主要表现就是垄断和不正当竞争，这些行为使市场功能难以正常发展，市场经济的运行受到了极大的挑战，必须依法予以禁止。1890 年美国颁布《谢尔曼法》，这是世界第一部反垄断法，此后又颁布了《克莱顿法》、《联邦贸易委员会法》，并通过《罗宾逊—帕特曼法》、《谢列尔—克弗维尔法》和《哈特—斯哥特—拉蒂诺法》对它们进行修订。德国颁布了《滥用经济力防止法》、《反不正当竞争法》、《反对限制竞争法》，日本颁布了《禁止私人垄断及确保公正交易法》、《经济力过度集中排除法》，英国颁布了《垄断与限制竞争法》、《垄断与合并法》、《公平交易法》、《限制性贸易行为法》、《竞争法》等。此外，为矫正市场的其他缺陷各国又制定了许多相关法律，如美国的《药品法》、《正确包装与标志法》，德国的《附赠法》、《回扣法》，英国的《价格法》、《交易说明法》等。

市场缺陷矫正法对传统法思想体系的修正，以及经济法思想体系、法律体系、主体体系的建立与完善发挥了重要作用。首先，传统的民商法和行政法认为，市场是不需要进行特殊法律规范的，只需要"合同法"就可以由"看不见的手"进行调节了。但是，事实上市场是非常不完美的，这些缺陷必须有专门的法律体系进行矫正。其次，市场缺陷矫正法为经济法思想体系的建立和完善提供了现实依据，不从整体经济利益的角度进行矫正，市场功能就难以正常发挥。再次，市场缺陷矫正法在传统法律体系之外，形成了一个新的法律制度体系，它使经济法理论可以建立在具体法律制度的基础之上。最后，为了保证市场缺陷矫正法的实施，各国都在传统的行政主体之外设立了独立或相对独立的监管机关，市场缺陷矫正监管机关是经济监管机关的组成部分，是当代社会新型的法律主体。

四、弱势主体保护法

传统民商法强调主体的形式平等或程序平等，由于不同主体在个人自然状况、财产状况、家庭状况等的不同，不可能做到事实上的平等。此外，即使形式上或程序上能够平等，各主体都能够有相同的起点，也还存在过程或机遇上的不平等，这往往是不以个人的意志为转移的，在许多情况下仅凭个人的努力难以改变生活的机遇。因此，仅保护形式上或程序上的平等当代法学是难以接受的。"机会平等仅意味着一种使较不利者在个人对实力和社会地位的追求中落伍的平等机会。"当代法学理论认为，由于事实上每个人起点的不平等、过程或机遇的不平等，就不能仅按照机会平等的原则来决定社会最终的分配；否则，这种分配就是不公正的，必须予以调整。"社会和经济的不平等应这样安排，使它们在与正义的储存原则一致的条件下，适合于最少受惠者的最大利益。"[1]

保护弱者是人类的共识，早在公元前 6 世纪，孔子就提出"使老有所终，壮有所用，幼有所长，鳏寡孤独废疾者皆有所养"的思想，柏拉图在其《理想国》中也作了类似的设想。英国在 1601 年就颁布了《济贫法》，德国在 1883 年以后分别颁布了《疾病社会保险法》、《工伤事故保险法》和《老年和残障社会保险法》，美国在 1935 年颁布了《社会保障法》。但是，真正将保护弱者作为一个社会分配的原则，还是在社会主义国家的建立和第二次世界大战以后英国宣布建立"福利国家"后确立起来的，英国为此颁布了《国民保险法》、《国民健康服务法》、《家属津贴法》、《国民工业伤害法》和《国民救济法》等法律，1952 年国际劳工组织通过了《社会保障最低标准公约》。此后，各国又颁布了《消费者安全法》、《消费者保护法》、《金融消费者保护法》、《劳动法》、《劳动合同法》等相关法律。为保障这些法律的实施，各国都相应修改了其《预算法》和相关"税法"，使弱势主体保护法成为一个法律体系。

弱势主体保护法，对传统法思想体系的修正，以及经济法思想体系、法律体系、主体体系的建立与完善发挥了重要作用。首先，传统民商法强调主体是形式平等的，以机会平等作为其构建主体法的基本原则，这种思想在当代不得不向经济法作出让步。其次，弱势主体保护法为经济法思想体系的建立和完善提供了现实依据，传统的民商法主体不仅是民商法的调整对象，也是经济法的调整对象，各法学体系在内容上是存在交叉的；有些弱势主体保护问题可以从个体利益保护的角度规范，绝大部分内容只能从经济法的角度、特别是"财税法"和"金融法"的角度进行规范。再次，弱势主体保护法在传统民商法律和行政法律之外，形成了一个新的法律制度体系，为经济法理论提供了具体制度依据。最后，为了保证弱势主体保护法的实施，各国都在传统的行政主体之外设立了独立或相对独立的监管机关，这些监管机关是经济监管机关的组成部分，是经济法的重要主体。

第二节 经济法的理论体系

一、经济法的目标

任何一个独立或相对独立的法学体系，都必须有自己独立或相对独立的系统

---

[1] [美] 约翰·罗尔斯著，何怀宏等译：《正义论》，中国社会科学出版社 2003 年版，第 107、302 页。

性理论，以对这一法学体系的内容进行系统性总结和论述，形成一个独立或相对独立的统一的法学思想体系，并以此指导法学的学习、研究和司法实践。同时，一个法学思想体系，必然存在一个确定的内在结构，并且各相关法学体系的内在结构必须具有一致性。经济法作为一个法学思想体系，在对其进行理论研究时，也必须首先明确其内在结构。目前，关于法的内在结构体系有几种理论：一是法的规则、原则、概念理论，二是法的原则、规则、政策理论，三是法的规则、技术、理想理论，四是法的目标、原则、规范理论。

当代法学理论是一个开放性的理论体系，承认在规则之外存在法的构成要素。"规则、原则、概念"理论认为，"规则、原则和概念共同构成现代社会的法律体系"[1]，这种理论通常认为规则的效力优于原则，原则只是在不能直接适用规则或存在法律漏洞时使用。"原则、规则、政策"理论，虽然没有明确它们之间的效力等级，却加入了"政策"的要素。"我把这样的准则称为'政策'，它们规定一个必须实现的目标，……我把这样的一个准则称为一个'原则'，它应该得到遵守，……因为它是公正、正义的要求，或者是其他道德层面的要求。"[2]"规则、技术、理想"理论，则将法看作是"按照权威性的传统理想由一种权威性的技术加以发展和适用的一批权威性法令"[3]。其中，法学技术主要是指法的推理技术和效力技术，它虽然对司法裁判有逻辑上的帮助却难以成为法的构成要素。综合上述理论，排除各自用词上的差异，应普遍认同法由"目标、原则和规范"构成。

在我国的法学体系中，法由价值目标、基本原则和法学规范构成已经成为法律事实。我国任何法律的第一条都规定有明确的价值目标，以法律的形式充分肯定了价值目标在法学体系中的定位。在有关经济方面的立法中也规定有明确的价值目标，价值目标是我国法学的构成要素之一是不可置疑的。同时，价值目标在经济法中的最高效力地位也应该是可以肯定的，如果法的原则和规范违反了目标，它的实施就是对该法律的背叛。"毕竟法与社会目的相连，从社会目的中法获得其内容。"[4]当然，这并不意味着法学规范都必须符合某一价值目标，它是多种价值目标的综合，而不单纯是某单一价值目标的具体化。另外，价值目标本身也是有层级的，经济法的统一价值目标是维护整体经济利益，具体某法律文件

---

〔1〕 张文显："规则·原则·概念——论法的模式"，载《现代法学》1989年第3期。

〔2〕 ［美］德沃金著，信春鹰等译：《认真对待权利》，中国大百科全书出版社2002年版，第41页。

〔3〕 ［美］罗斯科·庞德著，沈宗灵译：《通过法律的社会控制》，商务印书馆1984年版，第25页。

〔4〕 ［德］阿图尔·考夫曼、温弗里德·哈斯默尔主编，郑永流译：《当代法哲学和法律理论导论》，法律出版社2002年版，第166页。

体系或分支体系，也还应有其具体的价值目标，它们通常构成经济法的基本原则。[1]

二、经济法的原则

经济法的原则是在其价值目标指导下，某法律文件体系或学科分支体系的具体价值目标。它既与总体价值目标具有共性，同时也应具有其具体指导某法学体系的个性。就其共性来讲，经济法原则必须在总体指导思想上与价值目标保持一致，至少不能违反价值目标；就其个性来讲，经济法原则也是一个具体法学体系的价值目标，它必须能够反映这个具体法学体系的特殊性；否则，它就没有独立存在的必要。在经济法目标与原则的效力层级上，总的来讲原则应服从于目标，必须保持目标与原则之间指导思想的一致性；否则，经济法就不可能是一个完整的法学体系。当然，它们之间又不可能是绝对一致的，经济法的各具体法学体系在价值目标上都有其特殊性，甚至可能融入一些相关价值追求。法学不是数学，它不可能是绝对严密的逻辑体系；法学也不是文学，它必须有比较严格的逻辑。"整体性位于公平和正义这两个更为人们熟悉的美德的旁边，有时还会与它们发生冲突。"[2]

按照法的价值目标层级构建一个法的价值理论体系，也是有比较大的整体性风险的，一旦在现实生活中发现这个价值目标是存在问题的，那就会影响到整个法学体系。并且，在社会科学领域，最终判断正确与错误的标准不是客观的，而是主观的，它最终取决于全体社会成员的共同愿望。事实上，任何问题要取得社会成员的一致认可是困难的，甚至即使是一致认可的价值目标也会被实践证明是难以接受的。"合意并不确保真理"[3]，任何合意都可能存在缺陷，甚至我们经常无法达成合意。因为，法学不是自然科学，它不能证实、只能证伪。在此条件下，我们唯一能够依靠的只有经验和理性。经验可以让我们确信某种价值目标是值得追求的，从经验中我们可以推理按照这一价值目标我们的未来可能会怎样。因此，赋予低层次规则在法学秩序中一定的独立性，也是可以接受的。当然，"如果长期不能证伪一个陈述，一种假定及此类东西。那么，接受其真实性也许是合理的"[4]。因此，经济法的目标与原则不是任意确定的，它必须能够让社会

---

[1] 在法律文件的第 1 条中明确规定法的目标，是中国法律对世界法学的贡献。同时，也使中国的法学理论开始明显区别于其他国家的法学理论，我国的法学以"目标、原则、规范"作为基本结构，并以"目标、原则、规范"的顺序确定它们之间的效力关系和制约关系。

[2] ［美］德沃金著，李常青译：《法律帝国》，中国大百科全书出版社 1996 年版，第 265 页。

[3] ［德］阿图尔·考夫曼著，米健译：《后现代法哲学》，法律出版社 2003 年版，第 58 页。

[4] ［德］阿图尔·考夫曼、温弗里德·哈斯默尔主编，郑永流译：《当代法哲学和法律理论导论》，法律出版社 2002 年版，第 195 页。

绝大多数人对此保持信心。

经济法的原则还可以分为，理论体系的原则和学科体系的原则。经济法理论体系的原则，是指将其内容作为一个完整统一的理论体系，而不考虑法律文件完整性时的原则；经济法学科体系的原则，是指将其内容分为几个相对完整的分支学科，并尽量考虑法律文件完整性时的原则。经济法理论体系的原则，由于处于同一法学体系之内，应该按照法学规范的内在结构体系进行归纳、总结和确定。经济法学科体系的原则，由于已经将其分为几个相对独立的学科，应以各分支学科为依据进行归纳、总结和确定。按照这种分类方法，经济法理论体系的原则包括：主体原则、客体原则、行为原则、责任原则和程序原则。"法律不可能由任何原则或规则体系阐述得淋漓尽致，每种这样的体系都有自己控制的具体行为领域。……法律的帝国并非由疆界、权力或程序界定，而是由态度界定。"[1]

三、经济本体法

在传统法学理论中，边沁按照是否存在权利与义务将法律分为实体法和程序法。[2] 这是从实证法的角度对法律规范进行的划分，它对于理解法律规范的类型、并在此基础上进行分类研究具有重要意义。但是，这种划分难以研究法的价值目标，特别是不能将具有独立价值目标的责任法分离出来，使法学研究仅能停留在法律文本的层面上。因此，应该按照法的价值目标，将法学分为本体法、责任法和程序法。其中，本体是指事物本身，经济本体是指现实社会经济的整体；经济本体法是指社会经济整体本身要求存在的规范，"是以整体经济利益为中心，调整社会经济运行中整体经济关系的本源性规范的总称"[3]。传统法学理论以法律文本为对象，将法律关系分为主体、客体、内容，它同样不能反映法的价值目标，不能对社会行为进行法学评价。因此，应该按照当代社会的法学理念，将其分为"经济法的主体、客体和行为"[4]，将经济本体法具体分为主体法、客体法和行为法。[5]

---

〔1〕　［美］德沃金著，李常青译：《法律帝国》，中国大百科全书出版社1996年版，第366~367页。

〔2〕　［英］戴维·M. 沃克著，北京社会与发展研究所译：《牛津法律大辞典》，光明日报出版社1988年版，第17、865页。

〔3〕　刘少军等：《经济本体法论——经济法律思想体系研究》，中国商业出版社2000年版，第7页。

〔4〕　刘少军：《法边际均衡论——经济法哲学》，中国政法大学出版社2007年版，前言第4页。

〔5〕　这种划分与传统划分的主要区别是"法"与"法律"区别在法学体系中的应用，传统法学实质上等同于实证法学，是以法律文件为研究对象的法学。我们这里研究的法学是实证法、自然法和功利法综合的法学，是以"法"而非仅仅是"法律"作为研究对象的法学，是以价值追求作为法的本质的法学。

（一）经济主体法

法学是解决社会矛盾的科学，社会矛盾最终只能是人与人之间的矛盾。因此，研究法的规范体系必须从主体开始。经济主体法是全部经济法主体规范的总称，它主要包括三个方面的内容：一是经济法主体的范围，二是经济法主体的组织规范，三是经济法主体的权力与职责。经济法主体的范围是其首要问题，对此我国法学界有许多种理论。有学者认为：经济法主体既可以包括政府和市场主体，也可以包括政府、中间层和市场主体。[1] 有学者认为："经济法律关系的主体大致可以分为经济管理主体和经济活动主体两类。"[2] 有学者认为："经济法的主体主要就是竞争维护者和宏观调控者。"[3] 也有学者认为："经济法所涉及的主体主要有两类：一类是传统的公法主体，而另一类则是传统的私法主体。"[4] 如果将这些理论进行概括则它们分别是指行政机关、社团组织和社会个体。

行政机关是行政法的核心主体，不可能同时又是经济法的核心主体；否则，经济法就只能是行政经济法。社会个体是民商法的核心主体，也不可以同时是经济法的核心主体；否则，经济法就只能是民商经济法。社会中间层主要是指各种社团组织、行业协会等，这些机构确有一定的社会管理功能，其中的经济组织也确有一定的经济管理功能。但是，在本质上它是为其社员服务的，不是维护整体经济利益的；否则，经济法就只能是社会经济法。事实上，这些主体虽然与经济法有一定联系，但都不是经济法的核心主体。经济法的核心主体应该是随着经济法律体系的产生而新产生的主体，或者是对传统主体的功能进行依据经济法改造后的主体，这类主体只能是经济监管主体，其他主体都是被监管对象，是经济法的相关主体。经济监管机关是随着经济法的颁布和实施各国新设立或改造后的特殊主体，它是在传统法学主体之外新出现的主体，有些国家称之为"第四权力"主体。

经济监管主体的组织规范，是规定其性质、地位，以及外部和内部管理体制等组织关系的规范。经济监管主体在性质上应属于国家机构，是当代社会国家机构的基本构成要素。经济监管主体在地位上应同立法机构、行政机构、检察机构和司法机构具有共同属性，并独立或相对独立于这些机构；否则，它就难以实现经济法执行的监管职能。在外部管理体制上，它应该根据经济监管的业务特征和

〔1〕 杨紫烜主编：《经济法》，北京大学出版社 2012 年版，第 96 ~ 98 页。
〔2〕 史际春、邓峰：《经济法总论》，法律出版社 2008 年版，第 175 页。
〔3〕 邱本：《经济法总论》，法律出版社 2007 年版，第 236 页。
〔4〕 张守文主编：《经济法学》，北京大学出版社 2012 年版，第 53 页。

技术特征，以及被监管对象的特征等分别设立，形成整个国家的经济监管机关体系。在某特定社会条件下，经济监管机关的总体职能是确定的，具体机构设置则应根据具体情况比较灵活地确定。在内部管理体系上，通常应分为中央机关和地方机关，中央与地方机关之间、中央各内部机构之间、地方各内部机构之间的关系，应根据国家结构、权力制约和更好地实施经济监管的需要等具体确定。

经济监管主体的权力与职责，是对其实际监管能力的规定。其中，经济监管权力的内容包括对经济活动主体、客体和行为的执法监督权以及特殊事项的直接管理权。这里的经济活动主体即被监管主体，包括民商法主体、行政法主体和其他从事经济活动的主体；这里的客体即被监管客体，包括商品、服务和其他经济活动手段；这里的行为即被监管行为，包括所有经济活动主体实施的关系客体的行为。经济监管职责的内容包括：依据授权监督被监管对象执行整体经济利益规范的情况，发现有损于整体经济利益的违法行为，依法追究行为主体的责任。经济监管主体的具体职责包括：依法监管各市场主体、客体和媒体的准入行为；依法监督市场主体的信息行为、价格行为、交易行为和竞争行为。通过这些监管行为，保证各经济活动主体的行为符合整体经济利益的需要。

（二）经济客体法

在传统法律关系结构中，客体"从一个视角看，它是法律关系的主体发生权利和义务联系的中介。……从另一个视角看，它是法律关系的主体的权利、义务所指向、影响、作用的对象"[1]。通常认为它主要包括财产和行为。这里所说的客体法不是指法律关系的客体，而是指关于客体的法学体系。因此，客体法指的是财产法、不包括行为。经济客体法是指体现整体经济利益的财产法，它的本质是整体经济利益财产权。从绝对意义上讲，财产是财产客体和财产权的统一，财产客体不具有价值目标属性，不可能专属于任何一个法学体系；财产权则是价值目标属性的体现，具有不同价值目标的法学体系会从各自的角度为客体设定财产权。但是，法学体系不仅要考虑价值目标，还要尽量保持法律文件的完整。因此，综合考虑这两方面因素，经济客体法具体应指主要体现整体经济利益的财产法。

在当代社会，体现整体经济利益的财产法主要是货币财产法和国有财产法。从欧美国家的角度看，货币财产法并不是在任何时期都属于经济客体法，在金属货币本位制度时期它基本上属于民商客体法。只是随着信用货币本位制度的确立，随着国家垄断货币发行与调控，货币法才主要属于经济客体法。从我国的角

---

〔1〕 张文显：《法哲学范畴研究》，中国政法大学出版社 2001 年版，第 106 页。

度看，货币财产法从古到今都基本上属于经济客体法，我国从法定货币产生时开始国家就垄断发行货币，货币权中主要体现的就是整体经济利益财产权。此外，当代社会国家都掌握着巨额的享有最终归属权的财产，这些财产主要表现为国家财政实际控制的财产，国有资产监管机关实际监管的企业国有资产以及国家拥有的资源性国有财产。国家掌握这些财产的目的是为了整体经济利益，在这些财产上主要的财产权是整体经济利益财产权。因此，这些财产法也就属于经济财产法。

（三）经济行为法

在传统法律关系结构中，行为是法律关系的客体，甚至认为"除了行为之外，法律别无客体"[1]。至少也认为，"法律关系的主体的行为在许多情况下是法律关系的客体"[2]。从分析法律规范内部结构的角度来讲，这种划分并不存在理论上的问题。但是，法律关系这种理论工具，除使人了解法律规范的内部结构外，对主体行为的分析与评价不具有帮助，而对主体行为的价值评价才是我们判断合法与非法的准则。"法律行为的本质，在于旨在引起法律效果之意思的实现，在于法律制度以承认该意思方式而于法律世界中实现行为人欲然的法律判断。"[3] 因此，这里所称的行为法指的是主体的行为规范，是关于主体行为规范的法学体系。经济行为法是指体现整体经济利益的行为规范，它的本质是整体经济利益行为权，它具体是指经济监管机关的监管行为规范体系和被监管主体的行为限制规范体系。

经济监管机关的行为规范体系包括：监管的依据规范、方式规范、处置规范、程序规范和责任规范。其中，监管依据规范是规定实施监管行为，必须具有明确的法的依据，不得无权、越权或怠于实施监管。监管方式规范是规定实施监管行为，必须按照法定的方式进行，不得采取没有授权或禁止的监管方式。监管处罚规范是规定对违法的被监管对象，监管机关有权采取的处置措施，不得无权或越权处置被监管对象。监管责任规范是规定监管机关和被监管对象，发生违法行为必须承担相应的法定责任。被监管主体的行为限制规范体系包括：准入限制规范、信息限制规范、交易限制规范、价格限制规范、竞争限制规范等。它们是为维护整体经济利益而对民商法主体、行政法主体和其他经济主体相应行为的约束规范，是对民商法主体、行政法主体权利（力）的剥夺，是民商法、行政法和经济法之间价值目标的交叉边界，是不同法学价值目标之间的边际均衡点，是

〔1〕《马克思恩格斯全集》（第1卷），人民出版社1972年版，第16页。

〔2〕张文显：《法哲学范畴研究》，中国政法大学出版社2001年版，第108页。

〔3〕［德］迪特尔·梅迪库斯著，邵建东译：《德国民法总论》，法律出版社2000年版，第143页。

民商法主体、行政法主体和经济法主体的行为界限。"在实践中，我们经常必须在几种不正义的或不是最好的安排中进行选择，……可靠的最佳安排可能包括对一些不完善部分的平衡。"[1]

四、经济责任法

在传统法律理论中，责任法被包括在实体法中，并不是一个独立的法学思想体系。虽然，民商法中有《侵权责任法》，行政法中有行政法责任，甚至还有相对独立的《刑法》，但责任法从来不是一个相对独立的法学思想体系，世界各国都缺少系统的研究。事实上，同本体法相比责任法有其相对独立的价值追求，它"是规定法律主体应承担的本体法违法责任的法律体系"[2]。民商责任法的价值追求是要求侵权主体补偿因过错侵权而造成的损失，以从道义上恢复被侵权破坏的个体之间的行为秩序，"这就是报复的权利"[3]。行政责任法的价值追求虽然是整体上的，但由于侵权人主要是行政主体，且行政主体的财产来源也是社会公众。因此，行政责任法对行政机关也是以损失赔偿为基本原则。但是，对负有责任的个人，则应进行功利法意义上的惩罚，不能使侵权人从中获益，以防止行政责任人再次重复同样的错误。"处罚之值在任何情况下皆须不小于足以超过罪过收益之值。"[4]

经济责任法的价值追求包括两个方面：一是要求违法者必须补偿因此造成的整体经济利益损失；二是必须防止违法者再次重复同样的错误。它在责任目标、归责原则和责任程度上有其自身的特殊性。在责任目标上，它是为保障经济本体法的实施而确立的责任规范，责任必须能够保障本体法的实施。在归责原则上，由于整体经济利益具有外部性，破坏整体经济利益很难区分故意和过失。并且，任何这种性质的行为都必须予以限制或禁止。因此，它的基本归责原则只能是整体利益损害原则和收益成本比较原则。在责任程度上，经济法的价值目标是保护整体经济利益，它所要达到的责任效果是如何预防此类行为的再次发生。因此，责任程度必然是预防不再出现此类行为。它首先关注的是责任程度的预防效果，其次才考虑责任主体的实际负担能力和对同时受侵害的民商主体的补偿。"社会控制的任务，就在于控制这种为了满足个人欲望的个人扩张性自我主张的趋向。"[5]

---

[1]　[美]约翰·罗尔斯著，何怀宏等译：《正义论》，中国社会科学出版社 2003 年版，第 280 页。

[2]　刘少军等：《经济本体法论——经济法律思想体系研究》，中国商业出版社 2000 年版，第 7 页。

[3]　[德]康德著，沈叔平译：《法的形而上学原理》，商务印书馆 1991 年版，第 165 页。

[4]　[英]边沁著，时殷弘译：《道德与立法原理导论》，商务印书馆 2000 年版，第 225 页。

[5]　[美]罗斯科·庞德著，沈宗灵、董世忠译：《通过法律的社会控制、法律的任务》，商务印书馆 1984 年版，第 81 页。

五、经济程序法

按照传统法学理论，程序法是与实体法相对应的"用来表示不同于实体法的原则和规则的体系。程序法的对象不是人们的权利和义务，而是用来证明、证实或强制实现这些权利和义务的手段，或保证在它们遭到侵害时能够得到补偿"[1]，即是指诉讼程序法。按照主体法、客体法和程序法的划分思路，"程序法是规定主体违法责任确认程序的法律体系，它与责任法共同保障本体法的贯彻实施"[2]。并且，程序法也有相对独立的价值追求，"在纯粹程序正义中，不存在对正当结果的独立标准，而是存在一种正确的或公平的程序，这种程序若被人们恰当地遵守，其结果也会是正确的或公平的，无论它们可能会是一些什么样的结果"[3]。此外，程序法并不仅仅指诉讼程序法，还包括行政、监管以及其他程序法。

"经济程序法首先是指经济监管程序法，它规定经济监管机关在实施监管行为时，必须遵守的法定工作程序，它是保证监管质量和维护被监管对象权益的必要手段。经济程序法其次是指经济公诉程序法，它是以整体经济利益为中心，确认整体与个体利益主体之间非身体责任的程序法规范"[4]，是经济监管主体对被监管对象提起的公权诉讼。虽然，目前还没有独立的经济诉讼法，但这种诉讼形式在各国是普遍存在的。在经济诉讼中，监管机关需要承担证明责任，被监管对象仅需要承担反证责任。在此同时，经济法也鼓励个体为了自身的利益，而以整体经济利益的名义提起经济公益诉讼。它同样能够起到维护整体经济利益的作用，是经济公诉的重要补充。目前，世界许多国家都已经单独立法，规定这类公益诉讼的具体程序，这是整体经济发展的必然趋势。此外，整体经济利益与其他利益之间的纠纷还可以采取其他解决方式，如监管协商、监管和解、监管裁决等。总之，经济程序法是一个具有独立价值追求的法学体系，应该作为一个学科进行专门研究。

---

〔1〕　[英] 戴维·M.沃克著，北京社会与发展研究所译：《牛津法律大辞典》，光明日报出版社1988年版，第17页。

〔2〕　刘少军等：《经济本体法论——经济法律思想体系研究》，中国商业出版社2000年版，第7页。

〔3〕　[美] 约翰·罗尔斯著，何怀宏等译：《正义论》，中国社会科学出版社2003年版，第86页。

〔4〕　刘少军：《法边际均衡论——经济法哲学》，中国政法大学出版社2007年版，第331页。

第三节　经济法的学科体系

一、经济法总论

经济法是在传统民商法和行政法产生近百年后才开始出现的一个法学体系，经过近百年的发展已经相对比较成熟。但是，它"是法学思想和法学理论进入新时代的重要标志，……它不是某种原有法学思想的延伸或扩展，也不是某种法学思想的发展阶段，而是为调整社会整体经济关系产生的新的法学思想，这种法学思想在本质上同任何原有法学思想都是不相容的。因此，必须建立新的法律制度体系和相应的法学理论体系"[1]。经济法总论是对经济法理论的抽象与总结，是体系化系统化的经济法理论。法学学科是价值追求与法学规范的统一，法的价值追求是价值目标与基本原则的统一；价值追求是自然法与功利法在法学学科中的存在，法学规则是实证法在法学中的存在；法学规范具体包括主体法、客体法、行为法、责任法和程序法，它们共同构成一个法学学科的理论体系。"法律实质上不仅是欲然和应然，而且还是人民生活中的一种实际有效的力量。"[2]

经济法总论是比较纯粹的经济法理论，它必须遵守法学理论的基本结构。因此，经济法总论的核心体系是不可能任意确定的，它是法学理论结构在经济法学上的具体化，它只能由经济法的目标、经济法的原则、经济主体法、经济客体法、经济行为法、经济责任法和经济程序法构成。当然，法学规范是纯粹的法学理论与现实的法律规范的统一，经济主体法的核心具体表现为经济监管主体法；经济客体法的核心具体表现为货币财产客体法和国有财产客体法；经济行为法的核心具体表现为市场准入行为法和市场经营行为法，考虑到经济法具有明显的国际性，还应包括国际市场行为法；经济责任法的核心具体表现为整体经济责任法，经济程序法的核心具体表现为整体经济程序法；它们共同构成经济法的理论体系，是经济法总论的实际内容。"只要一个法律规范决定着创造另一个规范的方式，而且在某种范围内，还决定着后者的内容，那么，法律就调整着它自己的创造。"[3]

---

〔1〕　刘少军等：《经济本体法论——经济法律思想体系研究》，中国商业出版社 2000 年版，前言第 1~2 页。

〔2〕　［德］拉德布鲁赫著，米健、朱林译：《法学导论》，中国大百科全书出版社 2003 年版，第 2 页。

〔3〕　［奥］凯尔森著，沈宗灵译：《法与国家的一般理论》，中国大百科全书出版社 1996 年版，第 141 页。

一个完整的基本法学体系，应由法学总论与法学分论构成。虽然，法学分论是法学总论的延伸和扩展，但它也不是简单地等同于是总论的具体化，它们之间既有联系又有区别。首先，总论与分论在法学价值目标上必须具有一致性，经济法分论在总体上必须能够体现整体经济利益。其次，总论是法学目标、原则与法学规范的统一，分论是法学目标与法律文件的统一，它必须相对保持现实法律文件的完整性。因此，分论中必然存在许多内容与经济法的价值目标不完全一致。再次，经济法律文件主要是按照经济活动领域划分的，每个经济活动领域都有其自身的特殊性。因此，经济法分论中的每个部分还有其领域的共同特征和价值追求，这些特征和价值追求可以构成分论的法学原则。最后，各分论之间必须具有共同的划分标准，如果标准不统一就会导致整个经济法结构的混乱。按照总论与分论的关系，经济法分论应包括：产业法学、金融法学、财税法学和市场法学。

二、产业法学

产业是个含义广泛的概念，通常认为它是"指各种制造或供应货物、劳务或收入来源的生产性企业或组织"[1]。如果从产业活动的目的角度看，"产业是以营利为目的以从事生产经营活动为前提，向社会提供各种商品和劳务的各种经济行业的统称"[2]。按照经典的产业划分理论，社会共分为三次产业。第一次产业是指从自然中取得产品的产业，主要指广义的农业；第二次产业是指加工从自然中取得产品的产业，主要指广义的工业；第三次产业是指利用第二次产业的产品为社会提供服务的产业，主要指广义的服务业。在产业经济发展初期，并没有明确的法律进行规范，只有从个体利益角度进行规范的民商法，特别是商法。这一时期基本上不存在从整体经济利益角度制定的产业法，也没有产业法学这一学科。

随着社会经济由个体经济逐渐发展成为整体经济和混合经济，产业中的整体经济利益问题不断出现，为维护整体经济利益，各国于20世纪初开始不断制定各种产业法，如《国家工业复兴法》、《农业调整法》、《重要产业统制法》、《工业组合法》、《商业组合法》、《贸易组合法》、《汽车制造业法》、《紧急经济稳定法》、《经济稳定增长促进法》、《充分就业与平衡增长法》等。最初，这些法律往往具有应对整体经济中的某种特殊事件的性质，往往是被动地应对性立法。随着社会对整体经济利益的认识不断深化，国家开始主动制定各产业的经济活动规范，由此逐渐形成了比较科学系统的产业法体系。产业立法的不断增加和不断实施，引起了法学家们的注意，为了满足法律实践的需要开始进行产业法学的研

---

[1]　《简明不列颠百科全书》（第2卷），中国大百科全书出版社1985年版，第228页。
[2]　刘少军等：《经济本体法论——经济法律思想体系研究》，中国商业出版社2000年版，第311页。

究，逐渐形成了产业法学体系。"面对法律，法学家的任务有三：解释、构造、体系。"[1]

　　产业法学与产业立法既有联系也有区别，它是以经济法理论为指导，以各种产业立法为基础形成的一个法学体系。产业立法既是对经济法理论的贯彻执行，同时也是经济法理论的来源，它们之间是相互推动的。"产业经济法是规范所有产业机构及其各种相关产业行为的法律制度体系，是法律化、系统化的产业经济关系。"[2] 产业法学既可以按照不同的行业法体系进行构建，也可以按照法学的基本构成要素体系进行构建；前者可以保持与法律文件较好的一致性，但由于不同行业之间的法律结构相同、重复的内容会比较多；后者可以将共同要素进行系统性整理，具有比较好的理论性和系统性，也可以对不同行业之间的相关规定进行对比分析，但它与法律文件之间的直接对应性比较差。按照法学的基本构成要素产业法学主要包括：产业组织法、产业单位法、[3] 生产经营法、安全生产法、产业促进法、产业责任法和监管程序法，它们共同构成一个完整的产业法学体系。"在所有的法文化中均一再重复'发现问题、形成原则及巩固体系三者间的循环'。"[4]

三、金融法学

　　"金融是货币、货币流通、货币融通、金融调控和金融监管的统称。"[5] 就总体而言，金融产业是第三次产业的组成部分，应受产业法调整。但是，由于在世界各国的金融立法中都严格区分工商产业和金融产业。作为行业区分的基本原则，工商企业不得经营金融业务，金融企业也不得经营工商业务；否则，即为非法经营。[6] 再加之金融产业以货币为基本经营对象，具有不同于其他产业的独立客体规范、特殊主体规范和行为规范，具有相对独立的法律文件体系。因此，使金融法学成为一个相对独立于产业法学的经济法学分支体系。金融法学最初起源于商法学，早在19世纪初民商法体系形成的初期，在商法中就有了"商业票据法"、"海上保险法"等规范。但是，这时的法学规范是以保护个体利益为核心的，在法律内容上也只是"商业票据"和"海上保险"，同目前的金融法有本

---

〔1〕　[德] 拉德布鲁赫著，米健、朱林译：《法学导论》，中国大百科全书出版社2003年版，第169页。

〔2〕　刘少军等：《经济本体法论——经济法律思想体系研究》，中国商业出版社2000年版，第313页。

〔3〕　这里产业单位是指从事生产经营活动的单位，包括各种类型的企业单位、事业单位和家庭等，详见刘少军等：《经济本体法论——经济法律思想体系研究》第二篇"产业经济本体法论"，第309～520页。

〔4〕　[德] 卡尔·拉伦茨著，陈爱娥译：《法学方法论》，商务印书馆2003年版，第44页。

〔5〕　刘少军编著：《金融法学》，清华大学出版社2014年版，第1页。

〔6〕　参见世界各主要国家的金融法律规定，我国在这方面有严格的界限要求。

质区别。"商法是基于个人主义的私法本质，为那些精于识别自己的利益并且毫无顾忌地追求自身利益的极端自私和聪明的人而设计的。……贸易的需要产生了个人主义的私法。"[1]

金融法体系主要形成于危机防治法，在 20 世纪以后信用货币取代金属货币的过程中，为防止货币危机、银行业破产和办理商业银行间的清算，各国都相继制定了《中央银行法》和《商业银行法》。在 20 世纪 30 年代的大危机中，开始颁布《证券法》和《证券交易法》。虽然，当代《票据法》、《信托法》和《保险法》的发展与危机防治并没有直接的关系，但它们与 19 世纪这些法律的内容已经发生的本质的变化，它们的主要功能是进行融资，而不仅仅是为了企业之间的结算、私人之间托管财产和特定危险的补偿。因此，在当代社会各国都相继制定了《统一票据法》、《信托业法》、《保险业法》等法律，使传统商法中的内容逐渐融入金融法中。同时，当代相关立法都开始使用"金融法"的名称，而不再使用"商法"的名称。金融法已经成为当代社会新的法学体系，这已经是各国立法的现实，我国法律更是以法律原则的形式明确规定银行业、信托业、证券业、保险业属于金融业。[2] 这些法律主要体现的是整体经济利益的经济法思想，而不是个体利益的民商法思想。

按照传统民商法的思想是不可能产生金融法的，如果主体是完全平等的，按照意思自治的原则进行交易，有过错者承担责任，只需要合同法就足够了，不需要建立庞杂的金融法律规范体系。金融法的产生有四个基本原因：一是为了稳定秩序和提高金融效率，把合同都变成法律，虽然牺牲了交易主体之间的自由，却可以严格交易秩序、极大地提高经济效率，"制度的关键功能是增进秩序"[3]。二是为了保护客户的利益，当代金融活动中，客户往往处于弱势地位、需要专门的立法保护。三是按照金融业务和操作的客观需要设计交易规则，以使产业能够得到更好的发展。四是维护整体金融利益，保障金融的整体效率、整体秩序和整体安全。从法学价值追求的角度看，"金融法不仅具有同经济法、民商法价值目标相一致的一面，也有其自己独立的一面"。但其整体思路主要是经济法的思路，将其作为经济法的分支学科更具有合理性。按照法学的基本构成要素，如果不将金融责任法和金融程序法独立出来，按照法学规范的构成要求，金融法学的体系应主要包括，"金融组织法、货币财产法、货币流通法、货币融通法、金融调控

---

〔1〕 ［德］拉德布鲁赫著，米健、朱林译：《法学导论》，中国大百科全书出版社 2003 年版，第 72 页。

〔2〕 参见我国《保险法》总则第 8 条、《证券法》总则第 6 条，以及相关法规的规定。

〔3〕 ［德］柯武刚、史漫飞著，韩朝华译：《制度经济学》，商务印书馆 2002 年版，第 33 页。

法和金融监管法"〔1〕。

四、财税法学

财税是财政和税收的统称，财政是"公共财务"或国家财政的简称，〔2〕是国家"为满足社会一定范围内的公共需要，而建立起来的一种财产分配关系，它是在劳动分配、债权分配和资本分配制度的基础上，建立起来的一种更高层次的财产分配关系"〔3〕。它具体是由政府财政部门主导的一种财产分配关系，以满足国家的公共管理性支出、资产经营性支出、社会保险支出和其他基金支出的需要。税收是财政为满足支出需要而取得收入的主要手段，"是人们为了从国家获取公共产品而支付的对价"〔4〕。在当代社会国家还需要建立社会保险体系和其他公共基金体系，无论各国的具体社会保险体系和保险基金，以及其他基金体系的资金来源如何，国家财政都是这些基金的最终资金来源，它们也应属于财税体系的附属体系。为保证这些财税活动能够正常合理地进行，就必须制定相关法律，这些法律主要包括：《预算法》、《政府采购法》、各项"税法"、《税收征收管理法》、《社会保险法》、《会计法》、《审计法》、《企业国有资产法》等，它们共同构成一个国家的财税法体系。

财税法具有非常悠久的历史，它的历史几乎等同于国家的历史。在长期的历史进程中，在诸法合一的体系下，虽然它调整的是整体经济行为却并不独立。在民商法、行政法体系建立后，它才取得了相对独立的地位，但并没有明确它属于哪个法学体系。在财税法产生的初期，它的主要功能是解决国家和政府的收入支出问题，虽然也对整体经济利益具有较大影响，却不是其基本的价值目标。并且，这时整体经济利益问题并不突出，经济法体系还没有形成。因此，有人将其归入宪法体系或行政法体系。"财政法学在宪政和公法学上的特征尤为明显，而税法学则在公法学基础上兼具有一定的私法性。"在整体经济利益成为社会主要问题的当代社会，财税法维护整体经济利益的功能得到了较大的强化，财政收入中的很大部分来自于国有资产收入，财政支出中也有很大部分用于国有资产；甚至还需要为社会公众提供社会保险的最终财产保障，维护整体经济利益已经成为财税法的基本目标之一。并且，所有的财税法问题涉及的都是经济问题。因此，将财税法作为经济法的一个组成部分，具有比较高的合理性。当然，我们并不否认它与其他法学体系的联系。并且，"从逻辑上讲，基于财税法是综合法律部门，

---

〔1〕　刘少军：《金融法学》，中国政法大学出版社 2008 年版，第 16、21 页。
〔2〕　许毅、沈经农主编：《经济大辞典》（财政卷），上海辞书出版社 1987 年版，第 1 页。
〔3〕　刘少军等：《经济本体法论——经济法律思想体系研究》，中国商业出版社 2000 年版，第 52 页。
〔4〕　刘少军、翟继光：《税法学》，中国政法大学出版社 2008 年版，第 2 页。

亦可提炼出财税法学是相对独立的学科"[1]。

　　财税法作为经济法体系中一个相对独立的法学学科，也应有其相对独立的学科体系。它不仅具有自己相对独立的价值目标，也具有相对独立的法学规范体系。"在成本和获益不能被全部内部化的地方（存在外部性的地方），公共决策是必需的。……由于公共选择不涉及双向的付出和获益，只涉及非相互性的好处，它就很容易导致搭便车、败德危害、公地灾难和代理人机会主义。因此，在任何情况下，公共选择都需要有强制。"[2] 从立法的角度来看，财税法应包括：国家预算法、各项税法、国债管理法、政府采购法、国有资产法、社会保险法、公共基金法和会计审计法等。从财产关系的角度来看，"最基本的财政关系包括财政收入关系、财政支出关系和财政管理关系。其中，财政收入关系主要包括税收征收关系、资产收益关系、国债发行关系、费用征收关系等；财政支出关系主要包括财政采购关系、财政贷款关系、财政投资关系和财政转移支付关系等；财政管理关系主要包括财政预算关系、国库经理关系和审计监督关系等关系"[3]。从财税法的法学构成要素的角度来看，财税法的理论体系应包括：财税组织法、税收征收法、费用征收法、资产收益法、公债管理法、政府采购法、政府投资法、财政管理法、会计审计法和社会保险法。

　　五、市场法学

　　市场是财产买卖的场所，是买卖主体直接或通过媒介主体实现财产交易的地方，它"是以市场主体之间的供给与需求为基础，以市场客体流通转让为核心而形成的各种经济关系的总和"[4]。"西方经济学者认为，市场是买卖双方可以自由交易的地区。"[5] 从市场关系的角度看，工商产业创造的主要是市场供给，金融产业创造的主要是市场需求，财税机关分配的是社会需求的结构，最终它们都要在市场相遇，形成市场经济关系。从民商法的角度看，市场是不需要法律专门调整的，它是平等的民商主体按照意思自治的原则，依据合同法对自己享有私权的商品或劳务进行交易的场所，市场行为就是纯粹的民商法行为。这种认识在个体经济条件下无疑是正确的。但是，在整体经济条件下，这种认识就远远不能满足整体经济利益的需要。其一，它要求市场供给主体和媒介主体必须达到一定的标准；其二，它要求市场客体必须达到特定的质量要求；其三，它要求市场交易

---

〔1〕 刘剑文："作为综合性法律学科的财税法学"，载《暨南学报（哲学社会科学版）》2013 年第 5 期。

〔2〕 ［德］柯武刚、史漫飞著，韩朝华译：《制度经济学》，商务印书馆 2002 年版，第 356 页。

〔3〕 刘剑文、熊伟：《财政税收法》，法律出版社 2009 年版，第 9 页。

〔4〕 刘少军等：《经济本体法论——经济法律思想体系研究》，中国商业出版社 2000 年版，第 1003 页。

〔5〕 《简明不列颠百科全书》（第 7 卷），中国大百科全书出版社 1985 年版，第 321 页。

必须按照特定的程序和方式进行；其四，它要求主体的市场行为不得侵害整体市场利益；其五，它要求对市场弱势主体必须给以特殊保护，以使其能够具有同强势主体比较均衡的市场行为能力。

整体经济利益对当代市场的这些特殊要求，是传统民商法所不能提供的。因此，必须进行相应立法，以满足整体经济条件下形成相对"完美市场"的基本要求。其中，市场主体法主要是产业法和金融法中的主体法，市场客体法主要是《产品质量法》、《进出口动植物检疫法》和《商品检验法》，市场交易法主要是《计量法》、《拍卖法》、《招标投标法》和《对外贸易法》，市场行为法主要是《烟草专卖法》、《广告法》、《价格法》、《反垄断法》和《反不正当竞争法》，市场弱势主体保护法主要是《劳动法》和《消费者权益保护法》。这些市场法律完全超越了民商法的传统思想，它实质是在传统民商法的基础上，对市场缺陷进行的从整体经济利益出发的一种矫正，以使当代社会的市场真正能够成为一个相对完美的市场。"如果竞争性经济中的基本制度享有高度的法律保护，就能在自控制和自组织的经济系统中建立起信任。在这种系统中，政治干预很少被用到，普通公民能安居乐业。"[1]

市场法律的出现，必然引起对市场法学的研究。在这些研究中，出现了许多新的法学名称，如社会法。"由于对'社会法'的追求，私法与公法、民法与行政法、契约与法律之间的僵死划分已经越来越趋于动摇，这两类法律逐渐不可分地渗透融合，从而产生了一个全新的法律领域，它既不是私法，也不是公法，而是崭新的第三类：经济法与劳动法。"[2] 我们并不认为存在一个同民商法、行政法具有同等地位的"社会法"体系，也不认为经济法是社会法的组成部分。这是由于社会法或劳动法缺少法学体系的基本构成要素，难以成为基本法学体系。事实上，《社会保险法》应属于财税法的组成部分，劳动法只是劳动力市场中弱势主体保护法的一部分。按照市场法中的现行法律文件和法学的基本构成要素，市场法学主要包括：市场组织法、市场准入法、市场交易法、市场行为法、弱者保护法和市场监管法。其中，市场行为法具体包括：信息行为法、价格行为法、交易行为法和竞争行为法；[3] 弱者保护法主要包括：消费者保护法和劳动者保护法。法学体系的构建既具有绝对性又具有相关性，绝对性不意味着强制性，相对性也不意味着任意性；应该既坚持法学价值目标的绝对性，又要考虑保持法律

〔1〕　〔德〕柯武刚、史漫飞著，韩朝华译：《制度经济学》，商务印书馆 2002 年版，第 309 页。
〔2〕　〔德〕拉德布鲁赫著，米健、朱林译：《法学导论》，中国大百科全书出版社 2003 年版，第 77 页。
〔3〕　刘少军等：《经济本体法论——经济法律思想体系研究》，中国商业出版社 2000 年版，第 1001～1185 页。

文件相对完整而需要的灵活性。"仅仅要再一次指出，我们肯定根本无法以形式的或元伦理学把握当今的那些意义非常重大的问题。"[1]

【司法案例】

案情：社会保险基金是单位和个人通过缴纳社会保险费或社会保险税，以及财政拨款的形式筹集起来，在公民年老、疾病、工伤、失业、生育等情况下，对受保障的个体给予帮助的基金。我国的社会保险基金必须存入财政专用账户，由国家社会保险基金管理部门负责管理。社会保险基金在保证安全的前提下，可以按照国家规定的项目进行投资运营，以实现基金的保值增值，但不得非法挪用，侵害国家和社会公众利益。

2006年，"劳动和社会保障部"公布了上半年查处的5起社会保险基金被挪用的案件。河南省濮阳市劳动保障局以减免企业应缴870多万元养老保险费为代价，换取了6辆轿车的使用权；黑龙江省阿城区社会保障局，将918万元社会保障基金借给企业用作流动资金和对贷款利息的担保；浙江省温州市劳动保障局计财处，用社会保险基金购买了国信公司600万元的优先股股票；四川省眉山市青神县政府，挪用社会保险基金1245万元用于其他开支；湖南省益阳市大通湖区北州子镇党委政府，采取弄虚作假的手段套取社会保险基金69万元，用于其他开支。最为引人注目的是，2006年7月，上海市劳动和社会保障局原局长祝某因挪用社会保险基金30亿元，被长春市检察院异地提起公诉。

祝某，1951年出生，1985年担任集体企业上海多灵电子工业公司经理，后被破格提拔为上海卢湾区集体企业管理局副局长。此后，历任上海市集体事业办公室副主任、上海市经委副秘书长、副主任等职。1996年兼任上海市劳动局局长，上海市所有的社会保障、再就业安置、退休人员安排等举措几乎都是在祝某的组织下完成的。在此同时，他也掌控了当时上海市超过300亿元的社会保险基金。2004年以后，随着房地产行业宏观调控、银行贷款收紧，上海市社会保险基金成为某些房地产公司的重要融资来源之一，多家房地产企业从上海市劳动与社会保障局获得数额不等的贷款支持，总计金额超过70亿元。

2002年3月，张某控制的上海福禧投资控股有限公司，以32.07亿元的价格受让上海路桥发展有限公司99.35%的股权。聘用祝某妻子黄某为该公司工会主席和监事长等职，任职期间总计获得120万元薪金，并赠送祝某金条一根。作为回报，张某分三次从上海市劳动与社会保障局获得33亿元贷款支持。其中，两

---

[1]　[德]阿图尔·考夫曼著，米健译：《后现代法哲学》，法律出版社2003年版，第66页。

次共 20 亿元是经过会议集体讨论通过的，另一次 13 亿元因张某紧急需要，祝某直接指派下属为其办理手续没有经过开会讨论。此外，祝某还有其他受贿行为，经检察院认定共受贿 160 万元。

判决：此案在长春市中级人民法院进行了异地审理，2006 年 9 月 23 日公开宣判。法院认为祝某存在受贿行为、挪用公款行为、滥用职权行为，事实清楚、证据确实充分，认定祝某受贿罪、挪用公款罪、滥用职权罪成立。鉴于案发后祝某坦白了部分受贿事实，并依据其提供的线索侦破了其他重大案件，构成重大立功，且赃款、赃物已退缴，故从轻处罚。数罪并罚，决定执行有期徒刑 18 年，没收个人财产人民币 30 万元。

评析：社会保险基金是为公民提供社会保障的主要资金来源，在资金监管和使用性质上等同于国家财政资金，必须严格按照法律、法规的规定使用和投资。否则，基金不足以支付公民应领取金额的部分，需要由国家财政资金补贴。祝某作为上海市社会保险基金监管的主要负责人，收受他人贿赂、滥用职权、擅自挪用基金，数额特别巨大，是严重的犯罪行为。该行为违反社会保险基金投资和使用的规定，严重威胁基金的安全，威胁国家财政和社会公众的整体经济利益，必须进行严厉的惩罚。

社会保险基金虽然不是生产经营性资金，不直接影响社会的整体财富创造能力。但是，它是社会整体资金总额的一部分，是国家以剥夺企业、单位和个人财产权的方式筹集的，用以保障社会公众基本生活水平的资金。并且，在社会保险基金不足以支付公民当期的社会保险金时，必须由国家财产补贴。就此意义上讲，它也具有国家财政资金的性质。因此，挪用社会保险基金就是挪用公款，违反基金投资和使用规定就是滥用职权，无论该行为是否实际给基金造成损失，都侵害了社会整体经济利益，都必须承担相应的法律责任。

第五章

经济监管主体法

【学习目的和要求】

一个完整的法学规范体系,由主体法、客体法、行为法、责任法和程序法构成。既然存在经济法,就必然存在独立或相对独立的经济法主体,存在独立或相对独立的经济主体法。整体经济利益不同于个体利益和整体行政利益,个体利益可以依靠个体的自我权利主张来保护,整体行政利益可以通过行政机关主动的行政行为来实现。在传统社会结构中,整体经济利益既没有主动的行为主体,也难以完全通过个体利益的维护来得以实现。因此,必须设立经济监管机关监督管理其他主体的行为,禁止其侵害整体经济利益。经济监管主体法就是调整经济监管机关的组织和行为的法学规范。

通过本章的学习要求学生:

●重点掌握:监管主体的类型;监管的性质;监管的边界;监管的救济。

●一般了解:监管的外部组织关系;监管的内部组织关系;监管的方式与内容。

●深入思考:监管主体的法学性质和地位;监管主体与国家结构的变化。

【核心概念】

形成过程　形成方式　组织关系　行为边界　救济方式

【引导案例】

经济监管主体是为维护整体经济利益,在传统的国家机构体系之外新设立的国家机构。目前,尽管世界各国的具体设置情况不完全一致,但都明确存在这个国家机构体系。我国虽然实行市场经济的时间并不长,历史上又没有分权治国的文化传统,特别是政治体制改革还在进行中,但为适应整体经济利益和整体经济执法监管的需要,也设立了一系列的经济监管机关。按照这些机关的监管内容可以将其分为,产业监管机关、金融监管机关、财税监管机关和市场监管机关。此外,考虑到国际整体经济利益也涉及国际监管机关。

产业监管机关

1. 国家工商行政管理局。主要职责是:负责各类企业、农民专业合作社和从事经营活动的单位、个人以及外国(地区)企业常驻代表机构等市场主体的登记注册并监督管理,依法查处取缔无照经营行为;负责市场监督管理和行政执法的有关工作;承担依法规范和维护各类市场经营行为秩序的责任;负责垄断协议、滥用市场支配地位、滥用行政权力排除限制竞争方面的反垄断执法工作，依法查处不正当竞争、商业贿赂、走私贩私等经济违法行为；指导广告业发展，负责广告活动的监督管理工作。

2. 国家安全生产监督管理局。主要职责是：综合管理全国安全生产工作，依法行使国家安全生产综合监督管理职权，监督检查、指导、协调全国的安全生产工作；组织安全生产检查和专项督查；负责组织安全事故调查处理和办理结案工作；组织协调特别重大事故应急救援工作；指导协调全国安全生产执法工作；研究、协调和解决安全生产中的重大问题；组织起草安全生产方面的综合性法律和法规、并组织实施。

3. 国家特殊性产业监管局。具体包括国家能源局、中国民用航空局、国家粮食局、国家铁路局、国家邮政局、国家煤矿安全监察局、国家中医药管理局等。这些专业性产业监管局的主要负责：起草全国相关特殊产业的法律法规，经立法机关通过后监督执行；制定国家特殊产业的发展规划，并监督管理这些法规和规划的实施。

金融监管机关

1. 中国人民银行。主要职责包括：发行人民币，管理人民币流通；依法制定和执行货币政策；监督管理银行间同业拆借市场和银行间债券市场；实施外汇管理，监督管理银行间外汇市场；维护支付、清算系统的正常运行；监督管理黄金市场；持有、管理、经营国家外汇储备、黄金储备；指导、部署金融业反洗钱工作，负责反洗钱的资金监测；经理国库。

2. 中国银行业监督管理委员会。主要职责包括：依法对全国银行业金融机构及其业务活动实施监督管理，它的监管对象包括：各类银行、信用合作社、各类金融公司、外资金融机构，以及经批准设立的其他银行业金融机构。监管的内容主要包括：银行业金融机构的准入监管、业务经营监管、经营风险控制监管、机构危机处置监管。依法查处和取缔擅自设立的银行业金融机构与非法从事银行业金融机构业务的活动。依法查处和取缔擅自设立的银行业金融机构与非法从事银行业务的活动等。

3. 中国证券监督管理委员会。主要职责包括：依法对全国证券业金融机构及证券业务活动实施监督管理；对证券的发行、上市、交易及相关业务进行监管；对证券交易所、期货交易所，证券和期货机构及其高级经营管理人员、从业人员准入进行审查或审批；对证券投资基金的设立、发行、交易进行监管；对向社会公开发行股票的公司实施监管；对境内企业直接或间接向境外发行股票等有价证券，以及在境外上市进行监管；依法查处和取缔擅自设立的证券业金融机构与非法从事证券业务的活动等。

4. 中国保险监督管理委员会。主要职责包括：依法对全国保险业金融机构及其业务活动实施监督管理；对保险业务经营机构的准入、业务经营、经营风险控制、机构危机处置进行监管；审查、认定各类保险机构高级管理人员的任职资格；审批关系社会公众利益的保险险种、依法实行强制保险的险种和新开发的人寿保险险种等的保险条款和保险费率；依法查处和取缔擅自设立的保险业金融机构与非法从事保险业务的活动等。

财税监管机关

1. 国家财政部。主要职责包括：起草财政、财务、会计管理的法律、行政法规草案，制定部门规章，组织涉外财政、债务等的国际谈判并草签有关协议、协定；承担中央各项财政收支管理的责任；负责政府非税收入管理，负责政府性基金管理，按规定管理行政事业性收费。管理财政票据；负责行政事业单位国有资产管理，管理国有企业国有资产预算收支，负责办理和监督中央财政的经济发展支出，管理财政社会保障和就业及医疗卫生支出；负责管理全国的会计工作，监督和规范会计行为，以及其他国家财政收支行为。

2. 国家税务局。主要职责包括：拟定税收法律法规草案，制定实施细则；监督执行税收业务的规章制度，指导地方税收征管业务；组织实施中央税、共享税及国家指定的基金（费）的征收管理，对税收法律法规执行过程中的征管和一般性税政问题进行解释，组织办理工商税收减免等具体事项；开展税收领域的国际交流与合作，参加涉外税收的国际谈判，草签和执行有关的协议、协定，办理进出口商品的税收及出口退税业务。

3. 国有资产监督管理委员会。主要职责包括：依照《公司法》等法律、法规履行出资人职责，监管中央所属企业的国有资产；监督所监管企业国有资产保值增值，考核、统计、稽核所监管企业国有资产的保值增值情况；通过法定程序对所监管企业负责人进行任免、考核并根据其经营业绩进行奖惩，向所监管企业派出监事会、负责监事会的日常管理工作；组织企业上交国有资本收益，负责国有资本经营预决算编制和执行等工作。

4. 全国社会保障基金理事会。主要职责包括：负责管理运营全国社会保障基金，管理中央财政拨入的资金、减持或转持国有股所获资金、划入的股权资产及其他方式筹集的资金；制定全国基金的投资经营策略并组织实施；选择并委托全国基金投资管理人、托管人，对投资运作和托管情况进行检查；负责全国基金的财务管理与会计核算。

市场监管机关

1. 国务院反垄断委员会。它是依据我国《反垄断法》设立，由各工商产业、金融产业和市场监管机构的主要领导人任委员的《反垄断法》综合监管机构。

它的主要职责包括：制定《反垄断法》的配套规章，研究拟定有关竞争政策，制定、发布反垄断指南；组织调查、评估市场总体竞争状况，发布评估报告；协调反垄断执法工作；中国商务部、国家发展和改革委员会、国家工商行政管理总局依法履行反垄断执法的具体职责。

2. 国家市场客体质量监管局。它主要包括，国家质量监督检验检疫局和国家食品药品监督管理局。其中，国家质量监督检验检疫局是监管全国质量、计量、出入境商品检验、出入境卫生检疫、出入境动植物检疫、进出口食品安全和认证认可、标准化等工作，行使监管执法职能的国家机构；并对国家认证认可监督管理委员会、国家标准化管理委员会实施管理。国家食品药品监督管理局，是综合监督食品、保健品、化妆品安全，监管药品的研究、生产、流通、使用，并对相关违法案件进行查处的综合监管机构。

【案例导学】

经济监管主体是经济法的执法监督管理主体，它与民商法主体和行政法主体具有本质的区别，民商法和行政法主体本身都是相应社会活动的当事人，是具体实施了相应社会活动的行为人。经济监管主体本身不是经济活动的当事人，而是对当事人实施的经济行为进行整体经济利益监督管理的主体。经济监管主体行为的基本方式，是对被监管对象的行为进行整体经济利益评价，当认为某行为违反了整体经济利益时，对其依法采取处置措施。

经济监管主体作为法律监管主体，是与经济法同时诞生的，制定某项经济法律就必须有相应的监管主体。经济监管主体是经济法的核心主体，作为被监管主体的民商主体和行政主体虽然也同经济法相关，但它们不是经济法实施的核心，它们只是同经济法相关，属于经济法的相关主体。并且，它们本身就是民商法和行政法的核心主体，不可能再成为经济法的核心主体。认识经济监管主体的性质，是理解经济法的关键。

第一节　监管主体的发展状况

一、监管主体的形成

任何非自然人主体都不是从来就有的，它们是在社会发展产生了特定的需要后逐渐产生的。任何非自然人主体都具有一定的整体性，当代社会最具有代表性的整体性主体是行政机关和监管机关，它们分别代表的是整体行政利益和整体经济利益。由于整体经济利益的形成晚于整体行政利益，经济监管主体的形成也晚于行政机关。经济监管主体是指国家设立的，代表社会整体经济利益对经济法的实施进行监督管理的机构，它是当代社会国家机构的重要组成部分，是一种新型的国家机构。它是伴随着经济行为管制法、经济危机防治法、市场缺陷矫正法和弱势主体保护法的制定而诞生的。维护整体经济利益的法是难以依靠行为人的自觉遵守实施的，必须设立监管机关监督管理这些法律的执行。

（一）监管主体的形成过程

资产阶级革命以后，世界各国适应市场经济的需要建立起了现代国家体系。这时的国家结构基本上都是"三权分立"型的，强调立法权、行政权和司法权的分立。随着社会经济由个体经济逐渐发展为整体经济，以及整体经济立法的不断出现，为监督管理这些法律的实施，在传统"三权分立"的国家结构之外又逐渐形成了一些新的国家机构，这些新的国家机构在欧美国家通常被称为"第四权力"。"第四权力"最早是指国家立法机构、行政机构和司法机构之外的新闻媒体，1828 年英国国会举行会议时，政治家爱德蒙特·巴克在会上称记者为"第四阶级"，此后新闻界便自称为是监督"三权"的"第四权力"。这种"第四权力"只是一种形象的说法，它事实上不是国家结构的组成部分，不具有法学和国家结构意义。真正具有法学和国家结构意义的"第四权力"是指独立于政府的各种经济监管机关，如中央银行和各种经济监管组织等，1937 年美国行政管理委员会将其称为"无头的第四部门"[1]。国外一些学者将其称为"第四权力"[2]，我国一些学者将其称为"经济调控权"[3]。

"三权分立"理论产生于"个体经济"时代，当时社会强调的是主体平等、自由竞争。但是，随着经济整体化倾向的不断加强，整体经济利益逐渐成为一种核心的价值追求，为满足整体经济利益的需要，保障整体经济效率、秩序和安全，就逐渐形成了"三权"之外的"第四权力"。从整个世界的角度来看，独立于传统"三权"之外的首先是中央银行，中央银行从其产生开始就独立于政府。按照美国《联邦储备法案》的规定，美国联邦储备系统独立于政府、直接对议会负责，它的总裁理事会成员必须经参议院同意后才能由总统任命，以保持与政府的独立性；按照《欧共体条约》的规定，欧洲中央银行独立于欧共体、成员国和成员国政府，在行使权力和职责时，不得向欧共体机构、成员国政府或任何

---

[1]　王名扬：《美国行政法》，中国法制出版社 1995 年版，第 182 页。

[2]　Friedman, Milton, *Should There be an Independent Monetary Authority?*, In Search of a Monetary Constitution, Oxford University Press, 1962.

[3]　参见张守文："宏观调控权的法律解析"，载《北京大学学报》2001 年第 3 期；陈云良："国家调节权：第四种权力形态"，载《现代法学》2007 年第 6 期。

其他机构寻求或接受指示。按照《德意志联邦银行法》等"中央银行法"的规定：德意志联邦银行享有最高联邦政府职能机关地位，在行使本法授予的权力时，不受政府指令的干涉。[1]

在当代社会，这种独立于立法权、行政权和司法权之外的"第四权力"机构不仅包括中央银行，还包括各种类型的金融监督管理机关，如证券交易委员会、金融监督管理委员会、金融投资人（消费者）保护委员会；贸易与竞争监督管理机关，如国际贸易委员会、国内贸易委员会、反垄断委员会、消费者保护委员会等。这些监管组织并不是国家任意设立的，它们通常都是依据国家的某项专门立法设立的，具体负责监督管理该法律实施的机关。同时，随着社会上这类问题的不断增加，法律往往还赋予其同行政机关一样的准立法权和准执法权。"议会授予了这些（管制）委员会的工作人员极大的准立法和准司法的权力，他们被授权在必要的时候制定规章和命令来管制某些特定的企业。他们也被授予有限的权力决定被管制的单位是否遵守了规章和命令并对违法者实施处罚，常常是罚款、吊销许可证、禁止再次许可等。"[2] 据不完全统计，仅美国目前就有这类独立监管委员会 16 家，此外，还包括许多相对独立的类似机关。[3] 并且，这种现象不仅在美国存在，在世界各主要国家如英国、法国、德国、日本、韩国等普遍存在，[4] 我国也设立了许多这样的"独立"机关。这种现象说明，当代社会国家的职能已经发生了很大变化，传统"三权分立"的国家结构已经不能适应当代社会发展的需要，必须在传统的国家结构中生长出"第四权力"机关。

（二）监管主体的形成方式

整体经济利益的形成与市场经济体系的建立不同，市场经济体系的建立是革命式的，整体经济利益的形成是浪潮式和事件式的。随着经济危机的不断爆发、各种垄断组织的不断出现、产品质量事件的不断影响，各国开始不断制定相应的经济法律，并不断通过某些方式产生经济监管机关。但是，由于各国所处的经济发展水平不一致，政治体制千差万别，以及各国对整体经济利益的认识不同，经济监管主体的形成方式也不同。虽然，经济监管主体的性质决定了其必须具有独立性，各国的独立性状况也不完全一致。总体而言，经济监管主体的形成方式包括，民商主体转化、国家立法设立、行政主体分化三种情况。

---

[1] 参见《美国联邦储备法案》第 10 条，《欧共体条约》第 108 条，《德意志联邦银行法》第 12 条等的规定。

[2] [美] F. 沃伦著，王丛虎等译：《政治体制中的行政法》，中国人民大学出版社 2005 年版，第 30 页。

[3] 参见郭向军：《经济监管机构的法律地位》，中国金融出版社 2013 年版，第 40~43 页。

[4] 如法国《货币金融法典》第 L62-1 条，称金融市场监管局为"一个具有法人资格的独立公共机关"。

　　民商主体转化是经济监管主体形成的重要方式，各国早期的中央银行、某些国家的金融监管机关等都是由传统的民商主体转化形成的。如英格兰银行，它是1694年由1268家商人成立的股份公司。1844年颁布《银行特许条例》开始向中央银行转化，1928年颁布《通货与钞票法》英格兰银行垄断了英格兰和威尔士的货币发行权，1946年颁布《英格兰银行法》将其收归国有使其成为独立于政府的国家机关。德意志联邦银行的前身，是1772年设立的皇家海外公司。它于1809年改组为国家银行，1876年颁布《德意志帝国银行法》将其改组为具有中央银行功能的德意志帝国银行，1924年颁布《银行法》使其成为真正独立于政府的中央银行，1957年颁布《德意志联邦银行法》才使其真正成为统一的中央银行。在20世纪80年代以前，英国证券业的监管基本上是由行业协会自律完成的，1986年颁布《金融服务法》成立了证券与投资委员会，2001年颁布《金融服务与市场法》将其改组为"英国金融服务监管局"，才成为基本上独立于政府的金融监管主体。

　　经济监管主体的形成，通常是与国家经济立法联系在一起的。因此，多数国家是在颁布相关法律的同时设立相应的监管机关。如在美国独立于政府的监管机关中，州际商务委员会是1887年颁布《州际商务法》时设立的，联邦储备委员会是1913年颁布《联邦储备法》时设立的，联邦贸易委员会是1914年颁布《联邦贸易委员会法》后设立的，联邦储蓄保险公司是1933年颁布《银行法》时设立的，证券交易委员会是1934年颁布《证券法》后设立的，商品期货交易委员会是1936年颁布《商品交易法》时设立的，消费者产品安全委员会是1972年颁布《消费者产品安全法》后设立的，国际贸易委员会是1974年颁布《贸易法》时设立的。我国和其他国家经济监管机关的设立也多属于这种情况，当某个领域出现明显的整体经济利益问题时，颁布规范这一领域相关经济行为的法律，为监督管理这些法律的实施就必须设立相应的监管机关，形成一系列经济监管主体。

　　传统行政主体分化，是形成经济监管主体的另一种形式。政府职能是随着社会发展而不断发展的，最初的政府行政基本上等同于维持社会治安。在16世纪以后，警察一词在欧洲被用来表示一切国家行政，只是随着政府职能的发展它才成为行政的一部分。随着政府职能的不断增加，许多国家的政府中都设有许多从事经济行政管理的部门，如财政部、农业部、工业部、商务部等。当出现某些整体经济利益的立法，政府又存在相应的行政部门时，为节约社会资源就在相应的政府部门中设立一个相对独立的机关，作为该法律实施的监督管理机构，甚至直接赋予某些行政机关经济监管职能。如世界许多国家的金融监管机关都是财政部下的相对独立机构，我国许多相对独立的特殊产业监管局都设在相关的行政部门。这是经济监管独立过程中的表现，也是监管行为与行政行为区别的要求。

二、监管主体的类型

经济法是随着经济的不断整体化而不断产生的，经济监管主体是随着经济法的产生而不断形成的。因此，经济监管主体的类型主要取决于经济法的基本分类。从各国经济立法和经济监管机关的设立情况，以及经济活动领域的客观分类来看，经济领域主要分为产业经济领域、金融经济领域、财税经济领域、市场经济领域和国际经济领域。同经济领域的这种划分相适应，经济监管主体也可以进行类似的分类，将经济监管主体分为产业监管主体、金融监管主体、财税监管主体、市场监管主体和国际监管主体。

（一）产业监管主体

在市场经济发展的初期，产业经济领域基本上不存在整体经济利益，也基本上没有相应的整体经济立法，各产业单位主要依据传统的企业法、家庭法和企业破产法进行自主经营。在产业单位的生产经营过程中，任何生产经营技术的采用、任何设备的安装使用、任何生产经营行为，甚至是劳动力的招聘与使用，只要不侵犯其他主体的权利或违反同其他主体的约定，只要没有直接造成劳动者的伤害或残疾，都由单位内部管理人员按照决策机构的决策独立地进行，充分体现了产业单位生产经营活动的自由。

随着个体经济不断转化为整体经济，产业经济中的整体经济利益不断增强，为保证产业经济的健康稳定发展，防止出现违反整体经济利益的行为，促进产业标准化、科学化生产经营，各国开始不断制定各种产业经济法律。这类法律主要包括各产业基本法、产业生产经营法和产业经济促进法。同时，在传统的企业法和企业破产法中，也加入了许多维护整体产业经济利益的内容。[1] 在此条件下，必须设立产业监管机关以监督管理这些法律的实施。从目前各国产业监管主体的设置来看，它们多是从传统的行政主体中分化独立出来的，我国的产业监管主体多表现为设立在行政主体内的独立监管局。[2]

（二）金融监管主体

金融业既是一个古老的产业，又是一个在工业文明过程中不占主导地位的产业。因此，它在工业文明时期并没有取得较大的发展。但是，随着社会进入后工业文明时期，金融业获得了巨大的发展。并且，被迅速整体经济化，成为当代社

---

[1] 参见我国《公司法》、《合伙企业法》、《个人独资企业法》、《企业破产法》、《农业法》、《牧业业》、《渔业法》、《煤炭法》、《电力法》、《建筑法》、《旅游法》、《民用航空法》、《安全生产法》、《设备安全法》、《科学技术进步法》、《清洁生产促进法》、《可再生能源法》、《循环经济促进法》、《农业技术推广法》、《农业机械化促进法》、《就业促进法》、《中小企业促进法》、《劳动法》等的规定。

[2] 参见我国《宪法》、《国务院组织法》、《国务院行政机构设置和编制管理条例》、《国务院机构改革和职能转变方案》，以及各种相关产业经济法律、法规的具体规定。

会经济的主导。它从创办企业的第一推动力，变成了产业经济的决定性力量，从"简单的中介人变成了万能的垄断者"。"资本主义的商品生产——无论是社会地考察还是个别地考察——要求货币形式的资本或货币资本作为每一个新开办企业的第一推动力和持续的动力。"[1] 在当代社会，金融业更以"虚拟经济"的形式，成为与传统工商业"实体经济"相对应的独立产业体系。并且，金融财产的数量已经远超过实体财产的数量，成为当代社会占主导地位的产业部门。

金融经济的迅速整体化，对整体经济带来了越来越大的影响，甚至使经济危机都转化为金融危机。在此条件下，国家不得不进行相关立法，以维护整体的金融效率、金融秩序和金融安全，即维护整体金融利益。这些金融法律主要包括：中央银行法、商业银行法、支付结算法、信托法、证券法、保险法和金融监督管理法等[2] 同时，在传统的企业法和企业破产法中也加入了许多维护整体金融利益的内容。在此条件下，必须设立金融监管机关，以监督管理这些法律的实施。从目前各国金融监管主体的设立情况来看，主要有两种基本模式：一是分业监管模式，二是综合监管模式。无论采取哪种监管模式，它们通常都具有比较强的独立性，特别是综合监管主体通常完全独立于政府。我国的金融监管主体在机构设置上都是独立的分业监管机构，在隶属关系上也基本独立于政府。[3]

（三）财税监管主体

产业和金融监管主体监管的是工商和金融主体的生产经营行为，财税监管主体监管的是国家财政收入与支出过程中的行为，是国家的资金来源和资金运用行为，这一行为自开始就属于整体经济行为。财税监管主体是最早出现的经济监管主体，财政税收具有非常悠久的历史，是人类最早出现的整体经济行为。最初，财政收入主要来源于国王土地收入和少量捐税，财政支出主要是满足战争、祭祀、行政，以及国王个人开支的需要。资产阶级革命后，财政收支开始与国家元首的个人收支明确分离，税收成为财政收入的基本来源。这一时期财政解决的主要是公共消费问题，财政收支监管也主要是公共消费的监管。[4]

随着社会经济不断整体化，国家的整体经济功能不断加强，财政收支中用于维护整体经济利益的内容不断增加，财政收支逐渐分为公共消费收支和公共资本收支两部分。并且，逐步颁布和完善了相关的法律，如预算法、公债法、各项税

〔1〕《马克思恩格斯全集》（第24卷），人民出版社1972年版，第393页。

〔2〕参见我国《人民银行法》、《商业银行法》、《票据法》、《反洗钱法》、《银行业监督管理法》、《信托法》、《证券法》、《证券投资基金法》、《保险法》，以及相关条例、规章等的规定。

〔3〕参见我国《宪法》、《国务院组织法》、《国务院行政机构设置和编制管理条例》、《国务院机构改革和职能转变方案》，以及各种相关金融经济法律、法规的具体规定。

〔4〕许毅、沈经农主编：《经济大辞典》（财政卷），上海辞书出版社1987年版，第3~5页。

法、税收征收管理法、政府采购法、社会保险法、企业国有资产法、会计法、审计法等[1] 这些法律的颁布和实施，使财政、税务机构经济监管主体的属性得到了极大增强，为了专门监管国有资产和社会保险基金的投资、经营和收益等行为，有些国家还专门设立了专业监管委员会，形成了当代社会较完善的财税监管主体体系。从目前各国财税监管主体的设立情况来看，它们多是对传统财税监管主体的改造，并在此之外设立独立的专业监管委员会。我国的财税监管主体既包括传统的财政监管主体和税收监管主体，也包括国有资产和社会保险基金监管委员会[2]

（四）市场监管主体

按照传统民商法和行政法的理论，市场是不需要监管的，各市场主体可以完全凭借一只"看不见的手"的指引，依据合同法和自治的意思实现社会财富的最大化。"他们所以会如此指导产业，使其生产物价值达到最大程度，亦只是为了他们自己的利益。在这场合，像在其他许多场合一样，他们受着一只看不见的手的指导，促进了他们全不放在心上的目的。"[3] 然而，完美市场的神话终于被无情的事实粉碎。随着市场经济的不断发展，随着经济的日益整体化、规范化和人性化，完全自由化的市场缺陷终于使人们再也无法接受，于是各国开始颁布相关法律，规范市场的运行，从而形成了市场法律体系。

当代社会的市场法律体系主要包括：交易主体法、媒介主体法、客体质量法、客体标准法、信息行为法、价格行为法、交易行为法、竞争行为法，以及市场监管法[4] 这些法律的颁布必然要求对其实施进行监管，以维护整体市场经济利益。因此，目前各国都设有相应的市场监管主体。由于各国的行政管理职能不完全相同，有些国家政府内部并不设有市场行政管理机关，有些国家则设有市场行政管理机关，它们的市场监管主体设置也不完全一致。前者主要采取设立独立的市场监管委员会，后者主要在市场行政管理机关设立相对独立的监管局的形式设立监管机构，或者设立几个由行政管理机关共同管理的相对独立的监管机构。我国的金融市场监管主体主要是独立的委员会；商品和服务市场则主要是在

---

[1] 参见我国《预算法》、《企业所得税法》、《个人所得税法》、《车船税法》、《税收征收管理法》、《政府采购法》、《企业国有资产管理法》、《社会保险法》、《会计法》、《审计法》等的规定。

[2] 参见我国《宪法》、《国务院组织法》、《国务院行政机构设置和编制管理条例》、《国务院机构改革和职能转变方案》，以及各种相关财政、税收、国有资产、社会保险等法律、法规的具体规定。

[3] ［英］亚当·斯密著，郭大力、王亚南译：《国富论》（下），三联出版社2009年版，第23页。

[4] 参见我国《产品质量法》、《进出口动植物检疫法》、《商品检验法》、《计量法》、《拍卖法》、《招标投标法》、《期货交易管理条例》、《对外贸易法》、《烟草专卖法》、《广告法》、《价格法》、《反垄断法》、《反不正当竞争法》、《消费者权益保护法》等的规定。

行政管理机关内部设置相对独立的监管局，或者设立几个行政管理机关共同管理的委员会。[1]

（五）国际监管主体

经济活动是以利益为导向的，当运输成本和运输能力使商品输出国外具有利益优势时，就必然产生国际经济往来。国际经济贸易通常遵守两项基本原则：一是静态的比较成本原则，二是动态的比较成本原则。按照静态比较成本原则，只要目前输出国的成本低于输入国，就会引起国际贸易；按照动态比较成本原则，只要将来输出国的成本低于输入国的成本，也会导致国际贸易。无论它的原因如何，各国都要维护其整体经济利益，它们或通过关税法、补贴法等限制进口、鼓励出口，或者通过调整汇率使本国货币贬值达到相同的目的，这会严重影响世界的整体经济利益。因此，各国都有维护国际整体经济利益的愿望。

维护国际整体经济利益的目标，是使国际市场成为一个自由竞争的相对完美市场。因此，必须制定相应的国际经济法，规范国际贸易中的整体经济利益。[2] 1944 年 7 月第二次世界大战即将结束前，世界 45 个主要国家的代表在美国布雷顿森林市的华盛顿山大旅社举行会议，并通过了《国际货币基金协定》。按照该协定 1945 年 12 月在华盛顿成立了"国际货币基金组织（IMF）"，它的主要职责是监管货币汇率和各国贸易情况，提供技术和资金协助，确保全球金融制度运作正常。同时，会议还提出应建立一个国际性贸易组织，并于 1947 年签署了《哈瓦那宪章》订立关税与贸易总协定。1994 年在摩洛哥举行的关贸总协定会议上，正式决定于次年成立"世界贸易组织（WTO）"。它以开放、平等、互惠的原则，通过逐步调降各成员国关税与非关税贸易障碍、消除歧视待遇，形成一个合理的国际贸易环境。国际货币基金组织和世界贸易组织，是目前世界最主要的两个国际经济监管主体。此外，1974 年成立的巴塞尔银行监管委员会（BCBS），也是重要的国际经济监管主体。

---

〔1〕 参见我国《宪法》、《国务院组织法》、《国务院行政机构设置和编制管理条例》、《国务院机构改革和职能转变方案》，以及各种金融市场、商品和服务市场法律、法规的具体规定。

〔2〕 参见《国际货币基金协定》、《牙买加协定》、《建立世界贸易组织的马拉喀什协议》、《货物贸易多边协定》、《服务贸易总协定》、《与贸易有关的知识产权协定》、《关于争端解决规则与程序的谅解》、《贸易政策审议机制》，以及《巴塞尔委员会关于统一国际银行资本衡量和资本标准的协议》等。

第二节　监管主体的法律地位

一、监管主体的外部关系

社会主体是存在于关系之中的，一个主体的地位取决于其外部和内部关系状况。经济监管主体的法律地位也取决于其外部关系状况和内部关系状况。在外部关系上，同经济监管主体具有直接关系的主要包括立法机关、行政机关、检察机关和司法机关。因此，它的外部关系具体表现为监管权与立法权、行政权、检察权和司法权的关系。

（一）监管权与立法权

立法权是立法机关享有的权力，它通常由各种形式的议会享有；监管权是经济监管主体享有的权力，它通常表现为各种经济执法监管机关。按照传统的"三权分立"理论，立法权是与行政权和司法权并列的国家权力机关。随着国家职能的变化和结构的发展，"三权分立"已经变成了立法权、行政权、监管权、检察权和司法权"五权分立"。我国的立法权由国家最高权力机关享有，行政权、监管权、检察权和司法权都需要对立法权负责，接受立法机关的监督。但是，无论是立法权与监管权并列，还是监管权对立法权负责，从监管权的性质上来讲，它都是立法的执行机关、必须严格执行国家的经济立法。目前，各国的监管机关都不享有司法审查权，无权宣布违反《宪法》的经济法律无效。

当代社会的经济活动是非常复杂的、具有较强的专业性，同时也是变化非常迅速的、具有较强的灵活性。立法机关不是专业经济管理机关、专业人员缺乏，再加之立法程序复杂、法律的灵活性不足等，通常难以满足经济监管的需要。在此条件下，为了保证经济监管的质量，立法机关除在立法中授予监管机关较大的自由裁量权外，还需要授予其一定的准立法权，允许其在现行法律框架内，根据具体情况制定经济条例和规章，以弥补立法权专业性和灵活的不足。但是，立法机关必须严格控制经济监管机关准立法权的范围、加强立法监督，防止监管机关利用准立法权为自己设定不必要的权力，或者为被监管对象设定不必要的义务，导致立法和执法的腐败。"自古以来的经验表明，一切被授予权力的人都容易滥用权力。"[1]

---

〔1〕　〔法〕孟德斯鸠著，张雁琛译：《论法的精神》（上册），商务印书馆1982年版，第150页。

（二）监管权与行政权

行政权是政府行政机关及其工作人员执行行政事务的权力，是"对国家和公共事务实施行政管理活动的权力"[1]。从法律性质上讲，行政权与监管权是具有本质区别的，行政权是行政机关作为当事人直接管理社会公共事务；监管权是作为当事人之外的执法监督主体，监督当事人不得违反整体经济利益。但是，监管权与行政权也有必然的联系。首先，监管权本身具有管理成分，法律不仅授予其执法监督权，还授予其特定条件下的直接管理权，这种直接管理权与行政权具有共同属性。其次，行政权存在的理由是存在社会突发事件，要管理突发事件就必须进行授权；经济监管中也存在突发事件，法律也授予其一定的突发事件管理权。最后，许多监管机关并不完全独立于行政机关，有些还存在一定的隶属关系。它表明经济监管权正处于独立过程中，目前还不是绝对独立的国家权力。按照监管机关与行政机关的独立关系，可以将其分为独立型、准独立型和非独立型监管主体。

独立型监管主体是指与行政机关不存在隶属和交叉关系，在机构性质上是独立的国家机构的监管机关。美国是独立型监管主体较多的国家，按照监管权与行政权的相互关系和独立程度，可以将其分为部内的独立机关、隶属于总统的独立机关和独立的控制委员会。[2] 其中，独立控制委员会完全独立于行政权，这些"机构做政府三个分支所做的一切。它们制定法律，它们调查对这些规则的违反，它们举行审讯以裁决对这些规则的违反"[3]。监管权只有完全独立于行政权，并将行政权也作为自己的监管对象，才是纯粹的经济监管权。按照布坎南的理论："政府分配不管在多大程度上介入经济活动都会导致寻租，就会有一部分社会资源用于追逐政府活动所产生的租金，从而导致非生产性浪费。"[4]

准独立型监管主体是指设置于行政机关内部，但其经济监管职能基本不受行政机关约束或限制的监管主体。英国是准独立型监管主体比较多的国家，如英国"金融服务监管局"就是比较典型的准独立型监管主体，它虽然在法律上独立于政府机关，却要向财政部负责，并通过财政部向议会负责。英国的其他经济监管机关也具有很强的独立性，以避免政府出于政治目的而任意对监管机关的活动施加影响，同时明确监管机关的职责权限、监管目标、监管内容、监管程序，增强

〔1〕　罗豪才、湛中乐：《行政法学》，北京大学出版社 2006 年版，第 3 页。

〔2〕　王名扬：《美国行政法》，中国法制出版社 1995 年版，第 172～174 页。

〔3〕　[美] 史蒂文·J. 卡恩著，张梦中等译：《行政法原理与案例》，中山大学出版社 2004 年版，第 16 页。

〔4〕　翟桔红、徐水安："政府职能厘析"，载《中南财经政法大学学报》2007 年第 2 期。

监管机关监管的透明度，也便于被监管对象接受监管。日本的部分监管机关也属于准独立型监管主体，如日本的公平交易委员会，它的主要职责是"审理违法反垄断法案件，下达排除措施命令，对一些特定行为罚处课征金等"〔1〕公平交易委员会由内阁总理大臣管辖，但可独立行使职权，不受内阁总理大臣的指挥和监督〔2〕。

非独立型监管主体是指监管机关设置于行政机关体系内，并受行政机关领导，不能独立行使监管职权的监管主体。较为典型的有德国、韩国、中国等。德国的经济监管机关一般属于联邦政府各部及其下设的联邦机关，只是在具体的监管事务上具有独立性。韩国的经济监管机关一般也设置于行政机关内部，如韩国的公平交易委员会隶属于国务总理，属于中央行政机关〔3〕。我国的经济监管机关只有财政部和人民银行属于国务院组成部门，并且它们在法律上也具有相对独立性。我国的其他金融监管机关基本上属于独立型监管主体，它们在性质上属于国务院直属的事业单位，明确不属于国家行政机关。我国的其他经济监管机关属于国务院直属或管理的机构，也不属于国务院组成部门，是准独立型经济监管机关〔4〕。监管权是否独立于行政权，既是各国政治经济传统的反映，也受其经济和社会发展状况的影响。同时，也反映出这个国家经济法的成熟程度，以及法治与人治的关系〔5〕。

（三）监管权与检察权

按照传统的"三权分立"理论，法律的执行是依靠权利受侵害方的诉讼，最终通过司法权来实现的，不需要设立专门的机构进行法律执行的监督。按照这种理论，即使维权者胜诉他也不可能从中获益，选择以司法方式维护个体权益肯定得不偿失。如果权利受侵害人没有足够的能力，也没有相关国家机关监督或协助法律的实施，法治社会事实上是难以实现的。因此，"你们必须指派一个官员，他要有极锐利的目光去监督规则的遵守情况，这样，各种各样的犯法行为都会引起他的注意，而使犯法者受到法律及神的惩罚"〔6〕。它要求必须在传统行政权或

〔1〕　［日］丹宗昭信、伊从宽著，吉田庆子译：《经济法总论》，中国法制出版社 2010 年版，第 318 页。

〔2〕　参见日本《禁止私人垄断及确保公正交易法》第 27、28 条，以及相关法规的规定。

〔3〕　参见韩国《反垄断规制法》第 35、36 条，以及相关法规的规定。

〔4〕　参见我国《宪法》、《国务院组织法》、《国务院行政机构设置和编制管理条例》、《国务院机构改革和职能转变方案》，以及各种经济法律、法规的具体规定。

〔5〕　事实上我国理论界对于经济监管机关独立于国家行政机关的呼声从来就没有停止，要求将经济监管机关设立于全国人民代表大会之下，这些呼声在理论上是合理的，只是我国目前的条件还不够成熟。

〔6〕　［古希腊］柏拉图著，张智仁、何勤华译：《法律篇》，上海人民出版社 2001 年版，第 152 页。

司法权之外，设置法律执行监督权或称检察权。目前，各国虽然都存在检察权，[1] 但只有传统的社会主义国家才设立有独立行使检察权的检察机关。[2]

经济监管权与检察权，既具有联系也有区别。其一，监管权和检察权都是整体性权力，维护的都是整个社会的法律秩序。其二，监管权和检察权都是法律执行的监督权，只是监管权监督的是经济执法情况，检察权监督的是其他执法情况。其三，监管权和检察权都存在公诉权问题，发现违法行为它们都有权提起公诉。其四，监管权和检察权存在公诉权的划分问题，通常非刑事公诉由经济监管机关负责，刑事公诉由检察机关负责。其五，监管权和检察权存在侦查权划分问题，监管机关和检察机关都享有侦查权，在对经济案件的侦查过程中，监管机关应配合检察机关进行侦查。[3] 其六，监管权和检察权存在顺序问题，监管权是直接的法律执行监督权，检察权是最终的法律执行监督权。监管机关因疏漏或怠于检查的经济违法行为，检察机关享有补充检察权，以弥补监管权的不足。

（四）监管权与司法权

在"三权分立"理论的"三权"中，并不存在独立的检察权，在检察权独立的情况下，司法权就应该是指法院的审判权。"从性质上讲，司法权自身不是主动的。要想使它行动，就得推动它。向它告发一个犯罪案件，它就惩罚犯罪的人；请它纠正一个非法行为，它就加以纠正；让它审查一项法案，它就予以解释。但是，它不能自己去追捕罪犯、调查非法行为和纠察事实。如果它主动出面以法律的检察者自居，那它就有越权之嫌。"[4] 由于刑事案件通常由检察机关提起刑事公诉，监管机关发现被监管对象犯罪必须向检察机关移送案件。因此，监管权与司法权或审判权的关系，就是监管机关与法院的关系，即监管机关发现被监管对象违反整体经济利益时如何处置，是直接处罚、和解，还是向法院提起诉讼。

---

[1] 1808 年《法国刑事诉讼法》全面规定了检察官在刑事诉讼中的地位和职权，规定了公诉活动的基本原则和具体程序，奠定了检察官公诉制度的基础。在英国，根据《1985 年刑事起诉法》，从 1986 年 1 月 1 日起在英格兰和威尔士普遍建立了独立的刑事检察机关、统一行使公诉权，改变了过去侦查和起诉均由警察掌握而不分离的局面，从而实现了与大陆法系相同的检察官公诉制度。

[2] 最终的法律监督权理论首先是由列宁提出来的，他认为应该"使法律监督权从一般的国家权力中分离出来，成为继立法权、行政权和司法权之外的第四种相对独立的国家权力"。（参见王桂五："列宁法律监督思想研究"，载《检察理论研究》1993 年第 4 期。）我国接受了列宁的理论，在行政和司法权之外设立了独立的法律监督权或称检察权，这种国家权力结构的设计是符合当代社会国家结构发展趋势的。

[3] 在司法实践中，享有侦查权的主体包括监管机关、检察机关和公安机关。它们的主要区别是监管机关只负责对被监管对象的违法检查，发现犯罪事实时才需要配合公安机关和检察机关进行侦查。

[4] ［法］托克维尔著，董果良译：《论美国的民主》（上卷），商务印书馆 1991 年版，第 111 页。

按照法学的基本原理，监管机关作为行使监管权的监督主体，如果发现违法行为直接进行处罚，就是将执法权与司法权统一，它必然导致被监管主体的权益丧失和监管主体的监管腐败。"当立法权和行政权集中在同一个人或者同一个机关之手，自由便不复存在了；……如果司法权和行政权合而为一的话，法官将握有压迫者的力量。如果同一个人或……同一个机关行使这三种权力，……则一切都完了。"[1] 因此，从理论上讲，为保障被监管主体的权益，防止监管主体腐败，监管主体只能对被监管主体提起整体经济公诉，由法院作出中立和公正的裁判，实现监管权与司法权的分立。当然，在保证监管权与司法权分立，以及检察权能够对监管权实施最终监督的条件下，为了节约社会成本、尽快地使被破坏的整体经济利益得到修复，也可以采取监管和解的处理方式。甚至对于比较小的侵害整体经济利益的行为，也可能直接给予处罚。但是，监管权与司法权的基本关系应是经济公诉关系。

二、监管主体的内部关系

经济监管主体的地位不仅取决于其外部关系，还取决于其内部关系。外部关系状况确定的是它与其他国家机关之间的关系，内部关系状况确定的是它与内部组成机构之间的关系。不同的外部关系状况决定着监管权的独立性，决定着它维护整体经济利益的法治环境；不同的内部关系状况决定着监管权普遍性、统一性和有效性。监管主体的内部关系取决于许多因素，国家的政治体制、经济体制和文化传统都对其有重要影响。按照各国经济监管机关的内部关系状况，可以将其分为集中型、复合型和跨国型三种基本模式。

（一）集中型监管主体

集中型监管主体，是指监管权力集中于中央机构的监管主体。在集中型监管机构中，中央机构负责对全国范围内相关事项的全面监管，它可以根据履行职责的需要在地方设立分支机构。但是，各分支机构在性质上属于中央机构的派出机构，它的监管权力和监管职责完全由中央机构授予，不具有独立或相对独立的监管权，由中央机构实行高度集中统一领导和管理。通常，单一制和需要对整体经济实行集中统一监管的国家多采取这种模式。

我国的经济监管主体以集中型监管模式为主，这不仅是由于我国在政治体制上是单一制国家，采取集中型监管模式没有政治制度上的障碍；也是由于我国有长期进行集中统一管理的文化传统，以及增强整个国家整体经济实力的客观需要。特别是对于国家整体经济利益影响比较大的领域，更应该坚持采取集中型监

---

[1] ［法］孟德斯鸠著，张雁琛译：《论法的精神》（上册），商务印书馆1982年版，第156页。

管模式。如我国的重要产业领域基本上都实行集中统一监管，我国金融领域中的大型金融机构也实行集中统一监管，我国重要的市场行为也实行集中统一监管。但对于财税领域和非重点产业领域、小型金融机构、分散性市场行为等则不采取统一型监管，地方监管机关也享有相对独立的监管权。[1]

（二）复合型监管主体

复合型监管主体，是指监管权力分散于中央和地方及各级机构的监管主体。在复合型监管机构中，中央机构仅负责其职权范围内的经济监管，其他监管职能分别由各级地方监管机构享有，中央和地方监管机构分别监管中央和各级地方的经济事务。地方监管机构除受中央监管机构的业务指导向中央负责外，它本身还是地方的经济监管机构需要向地方负责。采取这种监管模式可以根据不同的监管对象，由不同的监管机构进行有针对性的监管；也可以在一个国家之内形成较严密的监管网络，把工作做得更加细致。但是，由于地方监管机构在隶属关系上属于地方机构，也存在监管信息和协调问题，造成一定的监管真空。

复合型监管主体主要适用于联邦制国家，这种国家政治体制只能采取复合制监管模式，如美国、德国等联邦制国家，它们的经济监管基本上采取的都是复合型模式。对于单一制国家，则既可以采取集中型监管模式，也可以采取复合型监管模式；既可以集中得多一些，也可以分散得多一些。我国目前的经济监管主体有些采取集中型监管模式，有些则采取复合型监管模式；有些集中得多一些，有些则分散得多一些。监管模式的选择除受政治因素和文化因素的影响外，还要考虑到进行普遍、有效监管的实际需要。

（三）跨国型监管主体

跨国型监管主体，是指监管权力超出国家范围的监管主体。整体经济利益是分层次的，既有一个国家内部的整体经济利益，也有走出国家范围的国际整体经济利益。当某种国际整体经济利益达到某种强烈的程度，需要从整体上维护许多国家之间的经济利益时，就会产生设立跨国型经济监管主体，对国际整体经济利益进行维护的需要。在跨国型监管主体中，按照监管主体的性质，可以将其分为国际型监管主体和国内型监管主体。国际型监管主体是一种国际经济组织，单个国家只是该组织的成员国，各国的国内监管主体只是国际监管主体的一个分支机构，必须服从国际监管组织的集中统一领导或指导，不再享有独立的经济监管权，它主要采取复合型组织形式。国内型监管主体是指一个国家的经济法律规定了域外效力，依法有权对其他国家侵害其整体经济利益的行为享有监管权的监管

---

〔1〕　参见我国《宪法》、《国务院组织法》、《国务院行政机构设置和编制管理条例》、《国务院机构改革和职能转变方案》，以及各种产业法律、金融法律、财税法律和市场法律的具体规定。

主体。

目前，国际型监管主体有许多，如世界贸易组织（WTO）、国际货币基金组织（IMF）、巴塞尔银行监管委员会（BCBS）、欧洲中央银行（ECB）等，都是国际经济监管组织。由于许多国家的国内行为往往都具有国际影响，特别是对其影响比较大的国家，往往在其国内立法中都规定有域外条款，如反垄断法、货币法、反洗钱法、税法等，要求相关国家的经济行为需要接受该国相应监管主体的跨国监管。当然，这种跨国监管往往需要取得相关国家的许可，或者双方之间有相应的双方协议；否则，这种监管难以取得良好的效果。目前世界已经是经济一体化的世界，各国之间的经济活动往往都会对相关国家有比较大的影响，它不仅要求进行跨国监管，也要求各国监管主体之间进行监管合作，共同维护母国和东道国的整体经济利益。各国之间即使没有实施跨国监管的主体，也需要进行经济监管的国际合作。[1]

第三节　监管主体的行为规范

一、监管的本质与边界

经济监管主体的行为主要包括两个方面：一是以自身作为经济主体的行为，这主要是维持主体运行的行为，这时它的主体性质是民商法主体；二是其执行经济监管职能的行为，这是其作为经济主体监管者的监管行为，我们讨论的是其监管行为。监管是监督管理的简称，包括监督权和管理权两个方面。作为监督权的实施主体，它与检察机关具有共同属性，都担负着保障整体性法律实施的职责；作为管理权的实施主体，它与行政机关具有共同属性，都担负着处理整体性突发事件的职责。因此，经济监管行为的本质与边界，应该分为经济监督行为的本质与边界和经济管理行为的本质与边界两个方面。

（一）监督的本质与边界

经济监督是执法监督行为，是经济监管主体为维护整体经济利益，依法对被监督主体侵害整体经济利益的行为予以执法处置的行为。从经济法的本质角度来讲，经济监管机关只应享有执法监督权。这是由于作为一个经济行为的非当事人，它只能监督各当事人在从事经济活动的过程中，是否侵害了整体经济利益。在当事人没有侵害整体经济利益的条件下，它们的行为仅受民商法和行政法调

---

〔1〕　参见各国反垄断法、中央银行法、反洗钱法、税法、监管法等的规定。

整，经济监管主体无权干涉其行为；否则，就是监管侵权行为，侵害了其他主体正当的经济行为权益。这时，被监管主体应有权提起诉讼，要求监管主体赔偿因此造成的损失。同时，上级机关和检察机关也应有权对这种侵权行为追究责任，应对直接责任人给以荣誉、身份，甚至财产和身体上的惩罚。

现实的经济活动，是民商权益、行政权力和整体经济权力交叉的场所。民商法应该从个体利益的角度，保护行为主体依法享有的权益；行政法应该从维护整体行政利益的角度，防止民商行为对整体社会生活环境造成不应有的破坏，从而构成民商主体的行政行为边界；经济法应该从维护整体经济利益的角度，防止民商主体和行政主体的行为对社会的整体财富创造能力造成不应有的破坏，从而构成民商主体和行政主体的经济行为边界。但是，只要民商主体或行政主体的行为不超越民商法、行政法、经济法为它们各自设置的有效边界，该行为就是受法律保护的行为；如果民商主体、行政机关和监管主体超越了这个边界，它们的经济行为、行政行为或监管行为就是非法行为，就应该受到法律的惩罚。

（二）管理的本质与界限

现实的经济生活是非常复杂的，理论上成立的现实中并不一定成立，理论上不成立的现实中往往难以成立。虽然，从理论上将监管主体的权力界定为监督权，将行政机关的权力界定为管理权。但是，如果完全按照逻辑推理来管理国家，不仅会带来许多不便也会造成监督和管理成本的提高。因此，在现实生活中，可以在保持监管主体经济监督权的基础上，适当赋予其一些合理的经济管理权，以代替行政机关进行一部分行政管理；同时，在保持行政机关经济管理权的基础上，也可以适当赋予其一些合理的经济监督权，以代替监管主体进行一部分经济监督。这样，既保持了行政机关和监管主体的本质属性，又节约了行政管理和经济监管成本，是目前各国普遍采取的行政和监管职能配置方式。

同时必须明确，监管主体与行政机关是有本质区别的，监管主体与行政机关的这种职能融合必须在不改变其根本性质，同时又在合理的范围之内进行。如果行政机关超越了行政管理的界限，实质上变成了集监管权和行政权于一体的机构，它实际享有的就是一种没有控制的权力，市场经济就会变成行政经济，民商主体的合法权益就会受到实质性侵害。如果监管主体超越了经济监督的界限，实质上变成了集监管权和行政权于一体的机构，也会给经济法和行政法的实施带来混乱，实质上侵害民商主体的正当权益。因此，监管主体能够享有的经济管理权只能是与经济监督权直接相关的，不会影响其监管主体本质属性的，不会对民商主体构成损害的经济管理法。如果超越了这一界限，混淆了经济法与行政法、经济监管与行政管理的本质区别，必然会给民商主体和整体经济利益带来灾难。虽然，理论是纯粹的、实践是融合的，但任何事物都有不可逾越的界限。"假使立法者忽视事物的本质……不久他就会体会到霍拉日的处世之道，逾界者还是会回返自然。"[1]

二、监管的内容与方式

经济监管是经济法区别于民商法和行政法的行为标志，是监督管理被监管对象是否存在违反整体经济利益的行为。被监管对象违反整体经济利益的行为可以表现在许多方面，必须具体确定监管主体实施监管的内容；同时，在具体监管这些内容时，还必须明确可能采取的监管方式。监管内容和监管方式是监管实施的具体规范，对监管主体和被监管主体的权益都有比较大的影响，必须在相关法律中明确规定。监管主体必须依据法定的内容和方式实施监管；否则，如果监管失当被监管主体就有权获得法律的救济。

（一）经济监管的内容

经济监管的内容是指监管的具体事项，它是经济监管的法定范围界限。法学中的内容既应具有概括性，以给执法主体保留合理的自由裁量空间；又应具有范围的确定性，以明确监管的职责，防止超越监管界限侵害被监管对象的权益。就概括性来讲，监管的内容包括所有违反整体经济利益的现象，是对所有经济活动主体、客体和行为的监管；就确定性来讲，它具体包括准入监管、经营监管、行为监管、危机监管和执行监管。[2]

准入监管是经济监管的起点，它是对经济活动主体、客体进入经济领域资格的监管。在整体经济社会中，法律对进入经济活动领域的特定要素有适当的要求，以防止不合格的主体、客体进入这一领域影响整体经济利益。准入监管具体包括：生产经营主体的准入、经济媒介主体的准入和经济活动客体的准入。准入监管的前提是法律必须明确主体、客体的准入标准，准入监管的具体内容是按照法定的准入标准，审查有愿望进入经济领域的主体、客体是否达到法定的准入标准。达到标准的许可进入，达不到标准的禁止进入。[3]

经营监管是对进入经济活动领域主体生产经营活动的监管，是对经济活动主体经营行为的监管。经营监管的主要目的在于保证产业单位的生产经营安全，保护劳动者的合法权益，防止产业单位出现系统性经营风险，破坏整体经济利益。在民商法看来，产业单位的生产经营活动属于主体内部的事务，属于主体内部自

---

〔1〕　[德] 卡尔·拉伦茨著，陈爱娥译：《法学方法论》，商务印书馆2003年版，第292页。

〔2〕　参见我国产业法律、金融法律、财税法律、市场法律中关于监管内容的规定。

〔3〕　参见我国《公司法》、《合伙企业法》、《个人独资企业法》、《外资企业法》、《产品质量法》、《商品检验法》、《进出口动植物检疫法》、《商业银行法》、《证券法》、《保险法》，以及其他相关法规的规定。

治权的范围，法律不应该干预。但是，企业的内部事务很可能对整体经济利益构成影响，出现生产伤亡事故、破坏生态环境、侵害劳动者权益、产生重大系统性经营风险等问题。这些问题都直接关系到国家的产业发展，关系到整个社会的财富创造能力，从经济法的角度必须进行监督管理。[1]

行为监管是对经济活动主体外部行为的监管，外部行为主要表现为市场行为，是对市场交易主体、市场媒介主体行为的监管。行为监管的主要目的在于规范市场主体行为的边界，阻止其实施破坏整体经济利益的市场行为。市场行为监管的主要内容包括：信息行为监管、价格行为监管、交易行为监管和竞争行为监管。从民商法的角度看，实施市场行为是主体的正当权利，只要不直接侵犯其他主体的权利、不违反已经生效的约定，该行为就是合法行为或正当行为。但是，市场主体的行为很可能导致市场信息虚假、市场价格强制、市场交易混乱，出现市场垄断和不正当竞争，这些行为都会使市场功能难以正常发挥，严重影响整体经济利益。因此，从经济法的角度来看，必须进行规范和监管。[2]

危机监管是对经济领域各种危机事态的监管，它具体包括两个方面：一是被监管主体的经营危机监管，以及发现危机后有权采取的紧急处置措施；二是社会经济领域的整体经济危机监管，以及发现危机后有权采取的紧急处置措施。经营危机监管是要对被监管主体进行日常经营监控，防止其出现经营危机；一旦出现发生或可能发生危机的现象，有权采取经营权接管、监管救助等措施进行处置。经济危机监管是要对整个社会的经济运行情况进行日常监控，一旦出现发生或可能发生引起整体社会经济危机的现象时，有权采取相应的处置措施进行危机处置。经营危机监管是具体监管，经济危机监管是宏观监管，它们都是经济监管的重要内容，是维护整体经济利益的重要措施。[3]

执行监管是对被监管对象依法采取的监管措施执行情况的监管，是监管主体对其监管效果的监督检查。虽然，从纯粹的经济法理论上讲，监管主体不应具有立法权和司法权；否则，很可能导致监管腐败、侵害被监管对象的合法权益。监管主体正当的监管处置是应该提起经济公诉，由司法机关确定被监管对象的行为是否合法，并监督处罚的执行。但是，考虑到监管的成本和效率，法律对比较小

---

〔1〕 参见我国《安全生产法》、《设备安全法》、《食品安全法》、《就业促进法》、《科学技术进步法》、《清洁生产促进法》、《循环经济促进法》、《可再生能源法》、《中国人民银行法》、《商业银行法》、《证券法》、《证券投资基金法》、《保险法》、《银行业监督管理法》、《反洗钱法》等的相关规定。
〔2〕 参见我国《计量法》、《广告法》、《价格法》、《拍卖法》、《招标投标法》、《反垄断法》、《反不正当竞争法》，以及《商业银行法》、《信托法》、《证券法》、《证券投资基金法》、《保险法》等的规定。
〔3〕 参见我国《中国人民银行法》、《银行业监督管理法》、《商业银行法》、《证券法》、《保险法》等的规定。

的违法行为往往赋予监管主体直接的执法权，这就要求监管主体必须监督其裁决的执行情况。并且，即使通过法院裁判，监管主体也有职责监管法院裁判的执行情况，以最终维护整体经济利益。[1]

（二）经济监管的方式

经济监管方式是指监管主体实施监管行为依法可以采取的监管手段和方法，它是经济监管的法定手段界限。经济监管方式也应该有概括性手段和具体手段之分，既赋予监管主体一定的手段使用自由裁量权，又要防止监管主体的监管侵权。概括性手段可以包括监管边界内的所有手段，具体手段则只能是对某行为监管的法定性手段。在现行法律体系中，具体监管手段主要包括备案审核、现场检查、强制措施和提起诉讼。[2]

备案审核是业务备案和业务审核的统称，业务备案和业务审核都是要求被监管主体在从事某业务前，应向监管主体报送业务方案，以便了解其业务行为状况的监管手段。但是，它们之间也有明显的区别，业务备案不需要监管许可就可以实施该业务行为，业务审核则必须经监管主体核准或批准后才可以实施该业务行为。通常，明显影响整体经济利益的业务行为都需要依法进行审核，对于基本不影响整体经济利益的业务行为只需要进行备案。备案审核是非现场监管手段，它是监管主体实施经济监管的首要手段。

现场检查是监管主体采取亲临被监管对象现场，对监管相对人的行为实施监督检查的监管方式。现场检查包括两种基本情况：一是日常性现场检查，它是一种常规性的现场检查，以便从检查中发现违反整体经济利益的问题；二是问题性现场检查，它是一种非常规性现场检查，是在已经发现或可能发现某被监管对象存在违法问题时进行的检查。如果检查发现存在违法行为，可依法予以相应的处置，包括查封、扣押，调取相应资料，进行处罚等。现场检查必须依法进行，必须符合法定的检查条件和程序，监管主体不得无理由影响被监管主体正常的生产经营活动，不得非法实施强制性监管措施。

强制措施是在监管主体发现相对人有比较严重的违法行为，不采取强制性措施不能很好地维护整体经济利益时采取的监管方式。强制措施是保障经济监管权实现的有力工具，如果监管主体没有权力采取强制措施，许多违法行为就难以制止，许多重要的犯罪证据就难以掌握。但是，强制措施的内容必须与相对人的经济行为所造成的损害相匹配，不得非法采取强制监管措施。强制措施主要包括：限制业务活动，停止核批新增业务或新设机构，限制转让财产或设定权利，责令

---

〔1〕　参见我国产业法规、金融法规、财税法规、市场法规对执行监管的具体规定。
〔2〕　参见我国产业监管法规、金融监管法规、财税监管法规、市场监管法规的具体规定。

更换高级管理人员或限制其权利行使，责令转让财产权利或限制行使财产权利，撤销业务经营许可，查封、扣押资料或财产，罚款、限制出境等。

提起诉讼是经济监管主体在发现违反整体经济利益的行为时向法院提起诉讼，要求违法行为主体承担法律责任的行为。监管主体与行政机关具有本质的区别，行政机关是行政行为的主体，为保障行政行为的及时有效性，发现问题应立即采取处置措施；监管主体不是经济行为的主体，它不能直接参与主体的经济活动。因此，监管主体发现违法行为的基本处置方式应该是提起经济公诉，通过法院的裁判最终确定被监管主体是否违法及应承担的法律责任。它是保护监管与被监管双方主体，最终实现整体经济利益的重要手段。

三、监管行为失范的救济

任何主体的行为都可能违反法学规范，监管行为失范是指监管主体的行为违反了监管规范的要求，出现了监管失职、监管越权、监管失误等情况。监管行为失范在不同的条件下有不同的救济措施：在监管主体直接处罚的条件下，可以请求上级监管主体进行复议，也可以提起对监管处罚行为的诉讼；在监管经济公诉的条件下，则不再有其他救济手段，法院是权利救济的最终手段；这些监管行为失范都有法定的救济程序，应按照相关的救济程序处理。监管行为失范救济的核心问题是监管失职，即监管主体怠于履行、拒不履行、不积极履行和不实质履行职责的情况。监管行为失范首先可以请求其上级机关督促，在督促无效的情况下，还可以进行私人公诉救济、检察机关救济和立法机关救济。

私人公诉救济是指社会个体，直接为个体利益、间接为整体经济利益，或者直接为维护整体经济利益而提起的公诉。私人公诉具有悠久的历史，早在罗马法中就有公益诉讼的规定：除法律有特定规定外，市民均可提出旨在保护社会公共利益的诉讼。[1] 通过私人实施的公诉可以弥补监管主体失范所造成的监管真空，客观上起到经济监管救济的作用。此外，检察机关也可以凭借其检察权提起补充性的经济公诉，在监管主体监管失职的情况下，为保证经济法的实施以法律监督主体的身份对被监管主体提起诉讼。并且，在立法机关是国家最高权力机关的条件下，它也有权监督法律的实施情况，发现监管主体监管失职的问题，也可以向监管主体发出监管督促令，要求监管主体纠正监管失职行为。

【司法案例】

案情：马某、经济学硕士，2006 年应聘到博时基金管理有限公司，历任研

---

〔1〕　周枏：《罗马法原论》（下册），商务印书馆 1996 年版，第 886 页。

究员、研究部公用事业与金融地产研究组主管兼研究员、特定资产投资经理等职。2011 年 3 月 9 日～2013 年 5 月 30 日，马某在担任该公司某基金投资经理期间，以金某、严某 A、严某 B 的名义开设了三个证券账户，利用掌握的该基金具体投资信息，进行与该基金投资信息相关的证券交易（俗称"老鼠仓"交易），先后买入与基金账户相同的股票 76 只，累计成交金额人民币 10.5 亿余元，从中获利人民币 1883 万元。在深圳证券交易所对基金交易与其他账户交易的关联度统计过程中，发现了马某管理的基金与这三个账户的交易具有相当高的关联度，于是上报中国证监会，证监会对此进行了立案调查。经调查马某确实存在内幕交易行为，并已经涉嫌构成内幕交易犯罪，于是向深圳市检察院移送了本案。深圳市检察院随即向深圳市中级人民法院提起公诉，请求法院追究马某的内幕交易责任。

2008 年以后，我国证监会查处了许多基金业内幕交易案件。2008 年 4 月，处理了上投摩根基金管理公司原基金经理唐某、南方基金管理公司原基金经理王某的"老鼠仓"内幕交易案，依法取消了他们的基金从业资格，并没收违法所得、各处罚款 50 万元；处唐某终身禁止进入证券业，王某 7 年禁止进入证券业。2009 年 6 月，处理了融通基金管理公司原基金经理张某的"老鼠仓"内幕交易案，没收违法所得 229.5 万元，并处 400 万元罚款，终身禁止进入证券业。2010 年 9 月，处理了景顺长城基金管理公司原基金经理涂某、长城基金管理公司原基金经理刘某的"老鼠仓"内幕交易案，处涂某没收违法所得 37.95 万元，罚款 200 万元，终身禁止进入证券业；处刘某没收违法所得 13.47 万元，罚款 50 万元，3 年禁止进入证券业。2011 年 5 月，移送了长城基金管理公司原基金经理韩某的"老鼠仓"内幕交易案，法院判处其有期徒刑 1 年，没收违法所得、并处罚金 31 万元。2011 年 10 月，移送了光大保德信基金管理公司原投资总监许某的"老鼠仓"内幕交易案，法院判处其有期徒刑 3 年，缓刑 3 年，并处罚金人民币 210 万元。2013 年 3 月，移送了交银施罗德基金管理公司原基金经理郑某的"老鼠仓"内幕交易案，交易金额 4638 万余元，获利金额 1242 万余元，法院判处其有期徒刑 3 年，并处罚金 600 万元。

判决：深圳市中级法院审理后认为，马某在任职期间利用掌控的内幕信息，从事与该信息相关的证券交易活动，累计成交金额人民币 10.5 亿余元，从中非法获利人民币 1883 万元。事实清楚、证据确实充分。鉴于马某主动到深圳市公安局投案，且到案之后能如实供述所犯罪行，符合自首的法律规定，依法可以从轻处罚。判处马某有期徒刑 3 年，缓刑 5 年，没收违法所得 1883 万元，并处罚金 1884 万元。

评析：内幕交易行为是行为人利用未公开的、对证券市场价格有明显影响的信息，实施证券交易的行为。内幕交易行为既侵害了相关投资人的利益，也破坏了整个证券市场的秩序，严重影响证券市场的公平交易，破坏证券市场的健康发展。既直接侵害了相关投资人的个体利益，也侵害了证券市场的整体金融利益，是一种既违反民商法又违反经济法的行为。因此，相关投资人可以从民商法的角度提起诉讼，要求侵害人赔偿因此造成的投资损失。证券监管机关应从经济法的角度，负有代表整体金融利益查处内幕交易违法行为的责任。构成内幕交易犯罪的，需要移送检察机关提起刑事公诉。由此可见，民商法与经济法既具有本质的区别也具有一定的联系，市场主体的某种行为既可能违反民商法也可能同时违反经济法，既可以从民商法的角度提起诉讼，也可以同时从经济法的角度进行处罚或诉讼。

第六章

货币财产客体法

【学习目的和要求】

客体法是指财产法，财产是财产客体与财产权的统一。财产客体是不具有法学属性的，具有法学属性的只能是财产权。就此而言，无论民商法、行政法还是经济法，都不会有自己完全独立的客体法，能够独立的只有财产权。当代货币财产的客体是主观的国家信用，货币财产权中虽然也存在私权，但其核心还是国家财产权。因此，货币财产法基本上是属于经济法的客体法或财产法。

通过本章的学习要求学生：

● 重点掌握：法定货币的性质；法定货币财产权；货币政策的法定目标。

● 一般了解：现钞流通监管法；存款流通监管法；货币政策中介目标。

● 深入思考：财产法的学科属性；整体经济利益财产权。

【核心概念】

经济客体法　货币财产权　货币监管权　货币政策权

【引导案例】

就世界范围内来看，货币财产法经历过从私人货币法到国家货币法的发展过程，目前世界各国的货币基本上都是主权货币。我国的货币法一直是国家货币法，我国自秦朝的《金布律》开始就明确规定货币发行权属于国家，货币流通监管权也属于国家。当然，我们并不否认货币财产权中一直存在私权，但其财产权的核心是国家财产权。因此，当代社会的货币法基本上属于经济客体法。目前世界的主要货币有四种，即美元、英镑、欧元和人民币，在此向读者简要介绍这四种货币的基本情况。

美元（United States Dollar）

美元是美利坚合众国的国家货币，主要由联邦储备银行（U.S Federal Reserve Bank）发行，目前流通的美元纸币是自 1929 年以来发行的各版钞票。美元经历过金属货币和信用货币本位制度，以及私人货币和国家货币两个阶段。美国的货币史最早可上溯到 1690 年，马萨诸塞殖民地发行了第一张货币以弥补军事远征的费用，后来在独立战争时期又发行过一种可兑换西班牙银元的纸币（称为大陆币），该券于 1781 年被国家特许银行发行的银行券取代，这一时期美元还没有真正诞生。

1792 年美国颁布了《1792 铸币法案》，该法案规定美元为美国货币单位，美国实行金银复本位制度，一美元包含纯银 24.1 克，金银的比价 1：15，并成立国家铸币局，它标志着美元的正式诞生。1873 年颁布的《1873 年铸币法案》将金银复本位制改为金本位制，美元只能兑换黄金。1913 年美国颁布了《联邦储备法》，建立了联邦储备制度。它将全国划分为 12 个联邦储备区，每区设立一家联邦储备银行，在首都华盛顿设立联邦储备委员会，作为最高领导机构。联邦储备银行于 1914 年开始发行作为法定货币的联邦储备银行券，以代替其他银行券。目前美元中 99% 为联邦储备券，还有少量的政府券和银币券。

1944 年 7 月，美国邀请参加筹建联合国的 44 个国家的代表在布雷顿森林市举行会议，经过激烈的争论，22 国代表在《布雷顿森林协定》上签字。各国确认美元实行金汇兑本位制度，一盎司黄金等于 35 美元或 1 美元等于 0.888 671 克黄金。其他国家政府或中央银行可按该价格用美元兑换黄金，美元与其他国家货币实行可调整的固定汇率，它实质上使美元成为世界货币。1971 年尼克松总统宣布美元贬值并停止兑换黄金，各国纷纷退出固定汇率制度，布雷顿森林体系崩溃，世界各国货币进入信用货币本位制度时代。

英镑（Great Britain Pound）

英镑是大不列颠及北爱尔兰联合王国的国家货币，主要由英格兰银行（Bank of England）发行。英镑也是英国的货币单位，"镑"一词起源于公元 760 年，当时英国将 1 镑白银分铸成 240 个便士，在 11 世纪英国征服者威廉时期，开始使用镑作为货币单位。1344 年爱德华三世铸造金币，仍然沿用银本位制度时期的货币单位"镑"。1821 年英国正式实行金本位制度，英镑成为英国的标准货币单位。英国的纸币起源于"金店券"，17 世纪英国的金匠店铺代客保存黄金和其他珍贵物品时，需要出具类似于收据的"金店券"，此后它演化成为银行以黄金、白银等为储备发行的银行券。

英格兰银行成立于 1694 年，成立之初即取得不超过资本总额的银行券发行权，主要目的是为政府垫款，1833 年其银行券取得无限法偿的资格。1844 年英国颁布《银行特许条例》（即比尔条例），结束了有 279 家银行发行银行券的历史。1928 年颁布《通货与钞票法》，英格兰银行垄断了英格兰和威尔士的银行券发行权，正式成为英国的中央银行；1946 年颁布《英格兰银行法》将其收归国有。1931 年英国放弃金本位制度，英镑成为不能兑换黄金的信用货币，但因外汇管制的需要仍规定了英镑的含金量。1944 年加入《布雷顿森林协定》后，英镑实行与美元之间的固定汇率制度。布雷顿森林体系破产后，英镑成为汇率独立浮动的信用货币，不再与其他国家的货币具有法律上的关系。

欧元 (Euro)

欧元是欧元货币区的法定货币，欧元货币区由德国、法国、意大利、葡萄牙、西班牙等 18 个欧洲国家组成，欧元由欧洲中央银行 (European Central Bank) 发行。早在 1969 年欧洲经济共同体海牙会议上，就提出了建立欧洲货币联盟的构想，并委托时任卢森堡首相的皮埃尔·维尔纳就此提出具体建议。1971 年"维尔纳计划"通过，欧洲单一货币体系建设迈出了第一步。1979 年在法国、德国的倡导和努力下，欧洲货币体系宣告建立。1986 年欧共体签署《单一欧洲文件》，确定以单一货币取代成员国货币。1991 年欧共体首脑会议通过了《欧洲联盟条约》(通称马斯特里赫特条约)，决定将欧共体改称为欧洲联盟，如果达到"趋同标准"的成员国超过 7 个，即可开始实施单一货币。1999 年欧元正式启动，2002 年欧元正式进入市场成为流通货币，成员国本国货币全部退出流通。

欧洲中央银行是欧元区的中央银行，1998 年在欧洲货币局的基础上成立，总部位于德国金融中心法兰克福。它的基本职能是维护货币的稳定，管理主导利率、货币储备，发行欧元、制定欧洲货币政策。欧洲中央银行具有法人资格，可以在各成员国以独立的法人资格处理其动产和不动产，并参与有关的法律事务活动。它的决策机构是管理委员会和执行委员会，管理委员会由执行委员会所有成员和参加欧元区的成员国中央银行行长组成。欧元的发行与流通能够起到增加欧元区的经济实力和国际竞争能力，减少内部矛盾、防范和化解金融风险，简化流通手续、降低流通成本，增加社会消费、鼓励企业投资的作用。

人民币 (China Yuan)

人民币是中华人民共和国的法定货币，由中国人民银行 (The People's Bank of China) 发行。"元"是人民币的货币单位，这一货币单位确定于清朝宣统二年颁布的《币制条例》，"中国国币单位，著即定名曰圆，暂就银本位"，目前使用的元则是圆的简写。我国是世界上最早颁布完整的货币法和使用法定货币的国家，早在秦朝我国就颁布了《金布律》，目前世界上的货币法原理都源于这部法律，秦朝的"半两钱"是世界最早的法定货币。早在北宋时期就出现了银行券"商交子"，南宋时期则成为法定信用货币"官交子"。由于没有发达的市场经济，最终没有形成适应当代社会的货币制度。

中国人民银行于 1948 年在石家庄成立，并发行了第一版人民币。它的历史可以追溯到 1931 年成立的"中华苏维埃共和国国家银行"和当时发行的国币，按照当时《苏维埃国家银行暂行章程》的规定，货币是以银元为本位，纸币为银币券。1949 年《中央人民政府组织法》将人民银行列入政务院直属单位。1955 年以 1 万元旧币兑换 1 元新币的比例发行新版人民币，并维持这一标准至今。统一发行人民币对于建立我国统一市场，节约流通费用、发展整体经济具有重要意义。1995 年颁布《中国人民银行法》，人民银行同其他商业银行相分离，专门行使中央银行的职能。目前，人民币正在不断实现国际化，逐渐使其成为国际结算货币、国际储备货币和国际货币基金组织"特别提款权"的定值货币，这直接关系到我国的国际经济地位和利益，关系到我国对世界的影响力。

【案例导学】

货币财产是当代社会的特殊财产，从民商法的角度讲，它对个体利益具有重要影响，是个人计量财富、获取财富和储存财富的重要载体，每个持有货币的人都享有一定的货币财产权。从经济法的角度讲，当代社会的货币是主权货币，它是国家主权的组成部分，是本国财产权的一般性代表，是国家信誉的重要标志，是调节国内经济甚至国际经济的重要手段，是整体经济利益的集中体现，货币法中的核心财产权是国家财产权。

国家的货币财产权不是从来就有的，不同国家的货币发展史对其有较大影响。在欧美等国家，货币财产权最初是私人财产权，具体表现为黄金和白银的财产权，只是到了近代、产生了中央银行之后才主要变成国家的财产权。我国的货币财产权中，虽然也存在私人财产权的内容，但它自从产生之日起就主要是国家的财产权。因此，理解货币财产的性质必须历史地来看待，不同历史时期货币财产权的内容，以及其享有主体是有很大变化的。

第一节　法定货币财产法

一、法定货币的性质

货币是市场经济的核心要素，当代社会使用的货币都是国家法律明确确定的货币，即法定货币。[1] 通常认为，货币是"固定充当一般等价物的特殊商品"[2]。有学者认为，"货币本身是交割后可以清付债务契约和价目契约的东西，而且也是储藏一般购买力的形式"[3]。有学者将其解释为"人们普遍接受的无论在何处都可用以交换商品和服务的东西"[4]。也有学者将其定义为"任何一种能

[1]　我国《人民银行法》第 16 条明确规定，"中华人民共和国的法定货币是人民币"。
[2]　这个概念是我国学者在对马克思关于货币性质的论述进行总结的基础上形成的。
[3]　[英] 约翰·梅纳德·凯恩斯著，蔡谦、范定九、王祖廉译：《货币论》，商务印书馆 1987 年版，第 1 页。
[4]　[美] 米尔顿·弗里德曼著，安佳译：《货币的祸害——货币史片断》，商务印书馆 2006 年版，第 20 页。

执行交换媒介、价值尺度、延期支付标准或完全流动的财富储藏手段等功能的物品"[1]。也有学者称"货币是流动性最高的资产"[2]。还有学者从法学的角度将其定义为,"货币是固定充当交易媒介的通用财产"[3]。这些概念都反映了货币性质的某个侧面,货币的性质取决于货币本位制度,不同的货币本位制度它有不同的性质。

（一）金属货币的性质

金属货币是"以金属作为货币材料并铸成一定形状的货币"[4],它是人类最早使用的法定货币,[5] 金属货币的性质取决于它的本位制度。金属货币本位制度是规定货币单位同某种特定的货币金属保持固定关系,以该货币金属作为衡量货币价值标准的货币制度。在货币法的发展历史上,各国先后采取过铜本位、银本位、金银复本位和金本位制度。[6]

铜本位制度是以铜作为本位货币的本位制度,它是我国自秦统一中国后至清朝末年一直采用的基本货币制度。按照《金布律》的规定,秦朝以半两钱为全国统一的铜铸币,由国家铸造在全国范围内统一流通。汉朝初年仍然沿用,但改为由民间铸造,至汉武帝时期（公元112年）将国家铸币权统一于中央的上林三官,禁止郡国及民间私铸货币。两汉以后,民间私铸一直受到国家法律的禁止。虽然在宋朝以后,中国开始出现银行券和信用货币,但都没有能够成为一种稳定的货币制度。在铜本位制度下,货币财产权首先是国家的财产权,国家享有货币发行权、收益权、流通监管权,私人只享有使用过程中的财产权。

银本位制度是以白银作为本位货币的本位制度,它具体包括银两本位和银币本位制度。银两本位制度是以银块作为流通货币,以"两"或其他重量单位如"镑"作为价格标准的货币制度。银币本位制度是以白银铸成的银币作为流通货币,以银币的重量单位或外形单位作为价值标准的货币制度。在银本位制度下,银块或银币可以自由铸造或熔化,具有无限的法定偿付能力,[7] 白银或银币可以自由出入国境。在银本位制度下,货币财产权主要是私人财产权利,国家只享

---

〔1〕 ［美］托马斯·梅耶等著,林宝清等译:《货币、银行与经济》,上海人民出版社2007年版,第6页。

〔2〕 ［英］冯·哈耶克著,姚中秋译:《货币的非国家化》,新星出版社2007年版,第60页。

〔3〕 刘少军:《金融法学》,中国政法大学出版社2008年版,第99页。

〔4〕 黄达、刘鸿儒、张肖主编:《中国金融百科全书》（上）,经济管理出版社1991年版,第1页。

〔5〕 人类最早使用的货币是实物货币,但实物货币是约定货币或习惯货币,不是法定货币。

〔6〕 这里"本位"的含义是"标准",本位制度就是以何种金属作为货币价值衡量标准的制度。

〔7〕 无限的法定偿付能力是与有限的法定偿付能力相对应的,前者是指货币的偿付能力是无限的,可以用于偿付任何数量的债务或结算任何数量的交易;后者是指货币的支付能力是有限的,仅能偿付或结算有限数量的债务或交易。

有立法权，对货币不享有直接的法定财产权。

金银复本位制度，是以黄金、白银两种金属同时作为本位货币的本位制度，它具体包括平行本位和双本位制度。平行本位制度是金银两种货币各自按实际价值流通，法律对二者之间的比价不加限制的货币制度。双本位制度，是法律具体规定金银两种金属货币之间价值比率的货币制度。在金银复本位制度下，金银两种金属货币均可以自由流通和铸造，黄金、白银可以自由出入国境；并且，都具有无限的法定偿付效力。金银复本位制度，并没有改变货币财产权在国家与私人之间的分配，改变的只是本位货币的货币金属。

金本位制度是以黄金作为本位货币的本位制度，它具体包括金币本位、金块本位和金汇兑本位制度。金币本位制度，是规定金铸币为本位货币的货币制度。金块本位制度是规定不再铸造和流通黄金铸币，只发行代表规定重量黄金的银行券，银行券可以兑换黄金的货币制度。金汇兑本位制度是规定不再铸造和流通金铸币而只发行银行券，银行券在国内不能兑换黄金或金币，只能按照固定比率兑换外汇的货币制度。1944 年，根据《国际货币基金协定》各国货币同美元保持固定汇率，各国中央银行可用固定比例以美元兑换黄金。1971 年，美国宣布美元停止兑换黄金，金属货币本位制度时代结束。在金汇兑本位制度下，国家重新掌握了货币发行权、收益权和流通监管权，私人只享有使用过程中的财产权。

（二）信用货币的性质

金属货币本位制度是个体经济条件下的基本货币制度，它对社会经济的发展发挥过重要的作用。但是，随着个体经济逐渐发展为整体经济，以及货币需求量的不断增大和货币金属拥有量与供应量的限制，世界各国都相继放弃了各种形式的金属货币本位制度，实行信用货币本位制度。信用货币最初是指"在流通界充当支付手段和流通手段，以银行券、汇票、期票、支票等形式存在"的金属货币替代工具。[1] 信用货币本位制度，是规定只有法定货币发行机关发行的银行券才是本位货币，且该银行券不再兑换货币金属的货币制度。在信用货币本位制度下，货币与货币金属不再有直接的联系，变成了纯粹的价值符号。

信用货币是以法定货币发行机关和社会整体信用为客体，以法律保证其发行和流通的，固定充当价值尺度、流通手段和支付手段的价值符号。[2] 信用货币是货币性质的重大变革，这主要表现在它与金属货币和信用票据的区别上。信用货币与金属货币的区别表现在，它们的信用基础、价值基础和数量基础三个方面。就信用基础来看，金属货币是货币金属的信用，信用货币是发行机关和社会

---

〔1〕 黄达、刘鸿儒、张肖主编：《中国金融百科全书》（上），经济管理出版社 1991 年版，第 2 页。

〔2〕 刘少军、王一轲：《货币财产（权）论》，中国政法大学出版社 2009 年版，第 76 页。

整体的信用。[1] 就价值基础来看，金属货币是货币金属的商品价值量，信用货币是法律的规定和信用货币量与商品量的对比关系。就数量基础来看，金属货币取决于流通需要和货币金属的数量，信用货币取决于社会整体的货币政策。

信用票据在金属货币本位制度时是信用货币的组成部分，在国家法律将中央银行发行的银行券确定为不兑换的法定货币后，信用货币特指国家法定货币，它与信用票据的性质有了明显的区别。在信用基础上，信用货币的信用基础是货币发行机关和社会整体的信用，信用票据的信用基础是票据付款人的信用。在货币职能上，信用票据不具有价值尺度的职能，价值尺度是货币的基本职能，是产生其他货币职能的基础。在制约关系上，信用票据是以信用货币的存在为前提的，它的信用规模也是由信用货币的规模决定的。在法律适用上，信用票据适用信用票据法，信用货币则适用中央银行法和货币法。[2] 在信用货币本位制度条件下，货币财产权主要是国家的财产权，私人财产权仅限于使用财产权。

二、法定货币财产权

当代社会的法定货币都是信用货币，法定货币财产权就是法定信用货币的财产权。在金属货币本位制度条件下，除我国以国家货币财产权为主外，其他国家基本上以私人货币财产权为主。并且，在表现形式上基本表现为是黄金、白银等有体物。因此，欧洲国家在习惯上将货币财产权作为一种特殊的物权或私权。这实质上是对货币财产的误解，货币的客体不是物而是信用，[3] 直到进入信用货币时代这一本质才逐渐被西方人所认识。"直至在最新版本的法学学术著作中，货币仍旧被视为有体物，并且毫无保留地被归入到可消费的和可替代的所有权客体范围中。然而，货币早已不再属于此种范围。"[4] 在当代法定信用货币财产权中，主要体现的是整体经济财产权，次要体现的是财产私人财产权。

（一）法定货币的公权

法定货币的公权，是指国家和中央银行享有的货币财产权。按照各国相关法律的规定，法定货币的公权力主要包括货币发行权、货币收益权、流通监管权、货币调控权和域外监管权。其中，货币发行权是指国家和中央银行享有的，依法制作和发行法定信用货币权利证券的权力。当代社会的货币是价值符号，它的客

---

[1] 我国的法定货币是人民币，人民币是信用货币，它以中国人民银行和中华人民共和国的信用为基础。

[2] 就我国目前来讲，信用货币适用《人民银行法》和《人民币管理条例》，信用票据适用《票据法》和《支付结算办法》。它们在金块本位制度时代具有共同的法律属性，在信用货币制度下则发生了明显的区别。

[3] 刘少军：《金融法学》，中国政法大学出版社 2008 年版，第 99 页。

[4] ［德］罗尔夫·克尼佩尔著，朱岩译：《法律与历史——论〈德国民法典〉的形成与变迁》，法律出版社 2003 年版，第 281 页。

体只是国家和中央银行的信用，它不像有体财产那样具有自我存在的能力，必须将其制作成货币证券，以证明某主体享有该货币的财产权。因此，货币发行权的本质是货币证券的制作权和向流通中的发行权。目前，各国法律都明确规定货币发行权属于国家和中央银行。[1]

货币收益权是指国家和中央银行享有的，直接取得货币发行收入的权力。货币发行可能会取得发行收入，在货币按照其客体的价值发行与流通的条件下，货币发行并没有发行收入，如金币的发行、银币的发行等。在货币不按照其客体的价值发行与流通的条件下，就存在发行收入，如不足值金属货币的发行、纸币的发行等。在发行法定信用货币的条件下，扣除制作成本和管理成本外，对外发行的全部券面金额都是发行收入。这是一笔巨额的收入，这些收入都依法归属于国家和中央银行，它们依法享有货币发行收益权。[2]

流通监管权是指国家和中央银行享有的，对法定信用货币流通进行监督管理的权力。它具体包括强制流通权、价值标准权、价格标注权和使用监管权。其中，强制流通权是依法强制法定信用货币流通的权力，拒绝接受该货币的行为属于非法行为。价值标准权是指法定信用货币是国家的价值标准，任何价值都必须以其作为衡量标准。价格标注权是指任何商品或服务的价格，都必须以其货币单位进行标注，不得使用其他货币或货币单位。使用监管权是指使用人必须依法使用合法的货币证券，不得伪造、变造、毁损、非法使用其图样，以及对外发行代币票券，中央银行享有真伪货币证券的鉴定权。[3]

货币调控权是指中央银行享有的调节控制货币供应量，进而调节控制货币币值和社会总需求的权力。信用货币不同于金属货币，金属货币的供应量是由货币金属的数量决定的，货币的币值取决于流通中货币金属的生产成本和数量。信用货币是可以几乎没有成本地无限量发行的，法律必须对其发行量和币值的调节控制进行严格规范。货币的币值包括两个方面：一是对国内商品和服务之间的比率，二是对外国货币的兑换比率，它们之间既有一定的联系也有明显的区别，应该分别进行调节控制。信用货币客体的性质决定了，这些权力只能属于代表国家

---

[1]　我国法定货币的制作和发行权完全属于中央银行，按照我国《人民银行法》第18条的规定，"人民币由中国人民银行统一印制、发行"。有些国家法定货币的纸币制作与发行权属于中央银行，硬币的制作和发行权属于国家财政部或专门成立的货币局，这是由货币发行的历史传统形成的。

[2]　货币发行收益直接属于发行主体，我国的货币发行收益直接属于中央银行，间接属于国家。按照我国《中国人民银行法》第39条的规定，"中国人民银行每一会计年度的收入减除该年度支出，并按照国务院财政部门核定的比例提取总准备金后的净利润，全部上缴中央财政"。

[3]　参见我国《人民银行法》第16条、第19~21条，以及《假币收缴、鉴定管理办法》的规定。

的中央银行，不能归属于任何私人主体。[1]

域外监管权是指中央银行和相关国家机关享有的，对法定信用货币进出国境及进出国境后的监管权力。它具体包括三个方面的权力：一是对本国和外国货币进出本国国境的监管权力，主要是限制法定货币进出国境的数量，以维护本国的整体经济利益；二是对本国法定货币流出国境后享有的监管权力；三是对外国法定货币流入国境后享有的监管权力。从法理上讲，法定货币是由国家法律直接规定的财产，它只能被本国法律承认。"信用货币只是某个货币区域内的财产权，超出这个货币区域它就不再是直接的财产权。"[2] 我国严格禁止外国法定货币在境内流通。[3] 但是，事实上各国都存在本国货币在国外流通的现象，在此条件下，必须加强国家之间的货币监管协作，适当承认他国对其货币的域外监管权。

（二）法定货币的私权

当代的法定信用货币不仅是国家监管整体经济的手段，也是市场经济条件下各主体从事交易和投资活动的工具，这是货币的基础性职能。因此，法律除规定国家和中央银行享有的公权力之外，还必须进行个体私权的规定，私权是市场经济运行的基础。同国家和中央银行享有的公权力相比，法定货币的私权虽然是基础性的却也是从属性的。它主要包括货币的使用财产权、毁损兑换权和价值储存权。货币使用财产权是指普通主体享有的占有法定货币证券，并将其作为通用的财产用于流通和支付的权利。从法学的角度看，普通主体的核心货币财产权是使用权，他们并不享有完全的占有权，当中央银行决定更换货币证券时，占有主体有义务接受更换命令；否则，就会丧失其货币财产权利。

货币的毁损兑换权是指普通主体享有的，在法定货币证券非故意毁损的情况下，请求中央银行或其委托的商业银行，按照规定比例兑换成新的货币证券的权利。法定信用货币只是国家法律规定的一种价值符号，享有货币财产权需要以持有货币证券作为权利凭证，货币证券的毁损并不代表货币财产权的毁损，有权请求兑换成新的权利凭证。但是，为了方便监管和促使持有人尽量保护货币证券，只能按照保留的证券面积进行兑换。[4] 当然，作为货币财产权的现实享有主体，还享有货币价值的储存权。货币价值的储存权包括两个方面：一是货币证券的储存权，它的前提是必须遵守中央银行的货币证券更换命令；二是货币价值的投资储存权，将货币证券转化成为存款货币或其他投资性财产权。

---

〔1〕　参见我国《人民银行法》第1～7条对中国人民银行的货币调控权作了明确的规定。
〔2〕　刘少军：《金融法学》，中国政法大学出版社2008年版，第113页。
〔3〕　我国《外汇管理条例》第8条规定，中国境内禁止外币流通，并不得以外币计价结算。
〔4〕　我国《残缺人民币兑换办法》对受理主体、兑换条件、兑换程序、兑换比例有明确规定。

第二节　存款货币财产法

一、存款货币的属性

存款货币是法定货币持有人将其存入银行业金融机构，转化为可用于转账支付结算的账户存款形式的货币。存款货币是法定货币的转化形式，它既是对原有货币财产权的继承，也是对货币财产权的转化。从货币财产权的继承来看，存款货币仍然是货币、具有货币的基本功能，可以用于交易支付和债务的清结。从货币财产权的转化来看，它不再是法定货币，不再具有法定的偿付效力，对方有权拒绝接受存款货币；它代表的不再是国家和中央银行的信用，而是银行业金融机构的信用，如果该机构破产，存款货币即为破产财产。

（一）存款货币的性质

对存款货币的性质有许多种认识，有人认为"存款是货币资金的使用权以特定的方式，在一定期限内出让给银行或非银行金融机构"[1]；我国许多法律、法规将其规定为所有权。[2] 从国际上来看，"大陆法系认为，存款属于消费寄托，即以金融机构为受寄人，以存款人为寄托人，以金钱为标的物的消费寄托；……英美法系则认为，存款与银行贷款并无本质的区别，只不过在存款，出借人是存款人，借款人是金融机构；在贷款，出借人是金融机构，借款人是客户。……我们赞成这样一种观点，即存款合同是混合合同，包括两种或两种以上有名合同的构成要素。具体而言，在结算账户基础上形成的存款合同是委托代理合同（存款人委托接受存款的金融机构代其收付款项）、消费寄托合同（体现存款人保管金钱价值的目的）、消费借贷合同（体现接受存款金融机构的消费目的）的混合合同"[3]。

这些看法都有一定道理，但这些认识也是不全面的，没有能够真正反映出存款的根本性质。首先，从存款行为的角度看，它是一种合同关系，但这种合同关系不同于普通合同，它的合同内容除存款数额和期限外，其他都是由法规明确规定或由习惯确定的，存款人和金融机构基本上都没有选择的余地。因此，存款是一种基本内容法定的合同。其次，从存款客体的角度看，它是一种特殊的财产关

---

〔1〕　于新年、曹守晔、孔祥俊主编：《金融理论与实务·金融合同卷》，人民法院出版社 1997 年版，第143 页。

〔2〕　参见《宪法》第 13 条，《民法通则》第 75 条，以及《储蓄管理条例》第 5 条等的规定。

〔3〕　汪鑫主编：《金融法学》，中国政法大学出版社 2002 年版，第 128～129 页。

系，银行账户中的存款货币是一种由法定货币衍化而来的特殊货币资产，在法律性质上不同于传统的有形或无形财产，它在不同相关主体之间形成的是货币财产关系。最后，从存款流通的角度看它是一种监督管理关系，货币流通法律体系是当代社会一种独立的法律体系，为保证这个体系的高效、稳定、安全运行，各国都对其实施严格的监督管理。因此，存款货币是一种综合的法律关系。

（二）存款货币的关系

存款货币是一种综合的法律关系，从各国的实践来看它是由行为关系、财产关系和监管关系共同构成的混合关系。从行为关系的角度看，它是一种实践性合同。作为实践性合同，仅有要约和承诺的意思表示，存款合同还是不能生效的；存款人必须实际实施了存款行为将法定货币交付给金融机构，或将存款货币转移到自己在金融机构的存款账户上，并经金融机构签章确认后才能生效。如果存款人没有实际向金融机构交付货币财产，存款合同就不能生效，金融机构也不因此承担存款责任。同时，存款合同又是一种主要条款都由法律、法规直接规定的合同，存款人通常只能选择合同的种类，不能改变合同的内容。并且，存款人一旦作出存款的表示，也就表明其接受了这些规定的存款条款[1]

作为财产关系，存款是货币财产关系、货币保管关系、货币投资关系、委托代理关系的统一。[2] 首先，存款货币是法定货币的衍化，它的基本功能和特性并不因存款而丧失。其次，存款是货币的保管，金融机构必须尽自己合理的可能保护存款人的存款货币。同时，存款人也必须支付相应的保管费用[3] 再次，存款是货币投资，存款人不仅享有随时取回其存款，将存款货币转化为法定货币的权利，金融机构还必须对其存款支付利息；既然支付了利息存款人就不能不承担风险，它会因此丧失破产时的取回权[4] 最后，存款是委托代理，在转账支付结算的过程中，存款人是委托人，金融机构是转账代理人[5]

存款关系不仅包括合同关系和财产关系，还包括存款货币流通的监督管理关系。作为监管关系，它是货币监管关系和货币流通监管关系的统一。存款流通监管关系具体包括：伪造、变造法定货币监管关系，存款保护措施监管关系，存款货币使用监管关系，支付结算工具监管关系，支付结算程序监管关系，洗钱行为监管关系，存款支付保障监管关系，利息与费用标准监管关系，银行业金融机构

---

[1]　存款合同的具体内容主要表现为法律规定、金融机构的公示和行业惯例。

[2]　刘少军：《金融法学》，中国政法大学出版社 2008 年版，第 213 页。

[3]　参见《商业银行法》第 6、29～33、50 条，《支付结算办法》第 16、19 条等的具体规定。

[4]　参见《商业银行法》第 32、33、71 条，以及《企业破产法》的具体规定。

[5]　参见《商业银行法》第 3、44 条，以及《票据法》和《支付结算办法》的相关规定。

的经营安全监管关系等。当存款人或银行业金融机构违反相关法律、法规的规定时，监管机构有权对其进行相应的处置。[1]

二、存款货币监管权

存款货币流通要受到两方面的监管，审慎性监管机构主要从银行业经营的角度，监管金融机构的经营风险；中央银行则是从维护整个社会货币流通效率、货币流通秩序和货币流通安全的角度，对整个货币流通体系进行监管。并且，中央银行的监管既包括法规执行情况的监督，也包括社会整体货币流通利益的管理。这些监管权力主要包括：经营主体监管权、存款账户监管权、流通方式监管权和洗钱调查监管权。

（一）经营主体监管权

经营主体监管权是指中央银行享有的监管存款货币流通经营主体的权力，它具体包括经营许可监管权、经营范围监管权和经营方法监管权。[2] 经营许可监管权是金融机构要经营存款货币流通业务，必须达到相关法律、法规规定的各项准入标准，并取得中央银行颁发的经营存款货币流通业务经营许可证；否则，即为非法经营存款货币流通业务。经营存款货币流通业务必然需要保存客户存款，客户存款虽然带有一定的投资属性，但它的基础还是货币保管属性，必须保证客户存款的相对安全，在正常情况下不会导致客户存款的损失。因此，中央银行必须严格审核存款货币流通业务经营机构的经营情况，不达到法定的安全标准不得颁发经营许可证，不得经营存款货币流通业务，以保护客户的存款安全。

经营范围监管权是指中央银行，确定经营机构经营何种方式的存款货币流通的权力。存款货币流通可以采取许多种方式，不同的流通方式会面临不同的经营风险。因此，必须根据经营机构的经营状况以及不同流通方式的法定准入标准，确定经营机构可以经营的存款货币流通业务种类，不达到规定标准不得经营，经许可后不再符合标准的应取消其经营权。经营方法监管权是指中央银行，确定经营机构经营存款货币流通的具体方法的权力。每种存款货币流通都可以有许多种具体的经营方法，如它们的备付金存管方法等，不同的经营方法直接决定着存款货币的风险状况，中央银行应根据不同经营机构的状况确定其经营方法。

（二）存款账户监管权

存款货币流通事实上是从付款人的存款账户向收款人的存款账户上划转存

---

〔1〕 参见《人民银行法》第3、23、32、34条，《银行业监督管理法》第21、23～24条，以及相关法律、法规等的规定。

〔2〕 参见《人民银行法》第4、27、31～34条，以及《票据法》、《支付结算办法》、《银行卡业务管理办法》、《非金融机构支付服务管理办法》、《支付机构客户备付金存管办法》等的规定。

款，要进行存款货币流通必须有存款账户。存款账户监管权是指中央银行享有的监管存款账户的权力，它主要包括账户类型监管权、账户开立监管权和账户撤销监管权。按照存款货币流通的不同层次，可以将账户分为金融机构账户和中央银行账户。中央银行账户是金融机构在中央银行开立的账户，它主要包括存款准备金账户和中央银行往来账户。金融机构账户是社会公众在金融机构开立的账户，它是社会公众之间或社会公众与金融机构之间货币流通的工具。金融机构的存款账户可以分为基本存款账户、普通存款账户、临时存款账户和专用存款账户四种，每种账户都有明确的开户要求，达不到要求不得设立账户。[1]

开立存款账户是一种法律行为，必须符合有关法律的规定。通常，必须是实行独立核算的国家机关、社会团体、经济组织才能开立基本账户。开立其他账户也必须符合相应条件要求，否则不能开立账户。存款人申请开立账户，应填制开户申请书，提供法律规定的证件，送交盖有存款人印章的印鉴卡片。需要经有关部门审核的，经审核同意后才能开立账户。存款人撤销存款账户，必须与开户金融机构核对账户余额，经审查核准同意后才能办理销户手续。在存款人销户时，应交回各种重要的空白凭证和其他重要凭证。存款账户是存款货币流通的工具，要维护社会货币流通秩序，必须对其进行适当的监督管理。

（三）流通方式监管权

流通方式监管权是指中央银行享有的，监管存款货币流通具体方法的权力。存款货币流通是一种技术性要求很强的业务，为提高整体货币流通效率，尊重货币流通业务的技术和业务特征，保护流通各方当事人的利益，中央银行必须明确规定存款货币的流通方式，并对其进行比较严格的日常监管，除法定流通方式外一般不得擅自采取其他流通方式。按照我国现行法规的规定，存款货币流通的法定方式包括，存款汇兑、托收承付、委托收款、信用证、货币票据（包括支票、汇票、本票）和电子货币八种。在每种方式中，还都规定了严格的支付结算程序、各方当事人的权利义务，以及违法行为应承担的责任。同时，为了保护客户利益，各种结算方式的收费主要都是采取法定价格。[2]

存款汇兑是汇款人委托金融机构将其款项支付给收款人的结算方式，单位和个人各种款项的结算，都可以使用这种结算方式。[3] 托收承付是收款人根据购销合同发货后，委托金融机构向异地付款人收取款项（托收），由付款人向金融

---

〔1〕　参见《中国人民银行法》第4、23、26、27条，《人民币结算账户管理办法》第3～6、11～15条，《支付结算办法》第20条等的规定。

〔2〕　参见我国《商业银行服务价格管理办法》第3、6、8、9条等的规定。

〔3〕　参见《支付结算办法》第168～172条，以及《电子银行业务管理办法》的相关规定。

机构承认付款（承付）的结算方式。由于这种结算方式使收款人处于非常不利的地位，要求收款单位和付款单位必须是经营管理状况较好经开户机构审查同意的企业。[1] 委托收款是收款人委托金融机构，向付款人收取款项的结算方式，单位和个人都可以使用委托收款结算方式。[2]

信用证结算是开证申请人向开证行提出申请，由开证行向受益人开出信用证，由通知行负责通知受益人（如果是远期信用证受益人可以办理议付），并最终由付款行付款的一种结算方式。它是异地交易双方为预防对方违约而设计的一种结算方式，通常主要应用于国际结算。[3] 票据结算方式是收款人或付款人凭借票据实现存款货币流通的结算方式，票据是出票人依法签发的由自己承诺无条件支付，或委托他人无条件支付确定金额的货币流通证券，它在各种收付款主体之间都可以使用。[4] 电子货币结算是收款人与付款人之间通过经营电子货币的金融机构，直接以电子汇兑的形式实现存款货币的流通。[5]

（四）洗钱调查监管权

洗钱是一种严重危害社会整体利益和个体利益的行为，它具有以下几方面特征：洗钱的对象是非法所得，只有非法所得才需要将其在形式上合法化；金融机构是洗钱的主要渠道，虽然洗钱可以采取多种方法，但无论哪种方法，最终都要将其转化为形式上合法的存款货币或其他财产，这一过程通常只有通过金融机构才能实现；洗钱的目的是将"黑钱"洗白，将非法所得转化为形式上合法的财产，而不是为了获取利益。因此，必须加强利用金融机构进行洗钱行为的监管，即反洗钱，中央银行是反洗钱的核心主体。

反洗钱主要包括反洗钱监管机关、反洗钱实施主体和反洗钱监管内容三个方面。其中，反洗钱监管机关主要是中央银行的反洗钱监管部门及其反洗钱信息中心，反洗钱信息中心主要负责大额交易和可疑交易报告的接收、分析，并按照规定向反洗钱监管部门报告分析结果；反洗钱实施主体主要是各类金融机构，按要求它们必须设立专门的机构、配备必要的监管和技术人员，明确专人负责大额交易和可疑交易的报告工作；反洗钱监管的内容主要包括客户信息的识别保存制度、大额交易和可疑交易的报告制度几方面。[6]

---

〔1〕 参见《支付结算办法》第 181~184、186~188 条，以及相关法律、法规的规定。
〔2〕 参见《支付结算办法》第 198~205 条，以及相关法律、法规的规定。
〔3〕 参见《国内信用证结算办法》第 2 条，《跟单信用证统一惯例（UCP600）》第 2 条等的规定。我国的国内信用证受《国内信用证结算办法》调整，国际信用证受《跟单信用证统一惯例（UCP600）》调整。
〔4〕 参见《票据法》、《支付结算办法》、《票据管理实施办法》，以及相关法律、法规的具体规定。
〔5〕 参见《电子银行业务管理办法》、《银行卡业务管理办法》等的规定。
〔6〕 参见《反洗钱法》第 2、3 条，《金融机构反洗钱规定》第 6~9 条。

第三节　货币政策监管法

一、货币政策目标的确定

货币在当代社会的另一个重要作用就是实施货币政策，货币政策是"中央银行或货币当局运用各种工具通过货币存量调整总需求，进而对宏观经济进行调节的一种手段"[1]。社会的需求状况主要取决于社会的货币数量，当货币数量增加时社会需求就会增加，从而就会推动经济的快速增长；当货币数量减少时社会需求就会减少，从而就能抑制经济的过快增长。因此，货币政策是调节控制经济增长速度和状态的重要手段，是维护整体经济利益的重要措施。货币政策由货币政策基本目标、中介目标和货币政策工具构成，实施货币政策首先必须确定货币政策的基本目标和中介目标，它们是货币客体法的重要内容。

（一）货币政策基本目标

货币政策的基本目标是实施货币政策所要达到的最终目的，确定货币政策的基本目标是实施货币政策的首要条件，不能确定货币政策的基本目标，它的实施也就失去了目的。货币政策的基本目标主要包括稳定币值、经济增长、充分就业和保持国际收支平衡四个方面。[2] 稳定币值是使社会商品和劳务价格总体水平在短期内没有显著的或急剧的波动，既没有较明显的通货膨胀，也没有明显的价格下跌。货币政策的基本任务，是为经济正常运行提供稳定的货币环境，货币环境稳定的基本标准就是币值的稳定，它是经济正常运行的前提。如果币值不稳定、价格发生剧烈波动，必然引起市场秩序的混乱，进而引起生产经营和分配秩序的混乱，并最终引起整个社会经济秩序的混乱。此外，货币超量发行引起的通货膨胀还是对社会公众财产的一种无形剥夺，是一种整体性侵犯主体财产权的行为。

经济增长是货币政策的主导型目标，它是指社会物质财富增多、生产经营规模扩大、产品和劳务数量增加，以及技术进步、质量和效率提高等经济运行质与量的全面增长。经济的增长状况主要取决于社会的劳动投入量、资产投入量，以及劳动或资产产出效率，它们都是实物量，同货币政策没有直接的联系。但是，

---

〔1〕 黄达、刘鸿儒、张肖主编：《中国金融百科全书》（上），经济管理出版社 1991 年版，第 65 页。

〔2〕 按照我国《人民银行法》的规定，我国的货币政策目标是："保持货币币值稳定，并以此促进经济增长。"（参见《人民银行法》第 3 条）；美国 1977 年修订的《联邦储备法案》将货币政策的基本目标规定为：①促进产出和就业的最大化；②保持价格稳定。

货币政策能够决定总需求，总需求能够通过市场机制和产业联系决定社会总供给，决定社会的实际劳动投入量、资产投入量以及劳动或资产的产出效率，最终决定经济的增长状况。以经济增长作为货币政策目标，必须保持币值的基本稳定，币值稳定是保证经济增长的基础，没有稳定的货币环境和良好的市场与经济秩序，要实现经济的持续、稳定、协调增长是不可能的。

充分就业是指具有工作能力并自愿工作的居民，都能够从事较合理的工作，它是附属性货币政策目标。造成居民不能充分就业的原因主要有三个：一是劳动力质量原因；二是劳动力结构原因；三是劳动力需求数量原因。其中，劳动力的需求数量是与经济有直接联系的原因，劳动力需求不足主要是由于经济运行不正常，出现剧烈的波动或衰退。它同经济增长有着直接的联系，是货币政策可以调控的原因。通常，只要货币政策能够使经济持续、稳定、协调增长，劳动力的需求量也会是不断增长的，不会出现大量失业的现象。因此，只要经济增长目标实现了，充分就业的目标也就能够实现，至少有助于这个目标实现。

国际收支是国家或地区之间，各种往来所引起的全部货币收支。货币政策的国际收支目标，就是要实现国际收支平衡，它也是附属性货币政策目标。国际收支是否平衡，以及其顺差和逆差的规模，反映的是国家对外的债权债务关系，是国家经济实力和货币地位在国际收支上的表现。国际收支出现顺差表明其对外债权大于债务，是经济实力较强的表现；国际收支出现逆差表明其对外债务大于债权，是经济实力较弱的表现。对国际收支状况的评价，不能简单地看短期内是否平衡，短期内的收支顺差或收支平衡并不都有利于经济发展和生活水平的提高；短期的收支逆差也不意味着经济的运行和增长状况欠佳。长期的国际收支必须保持基本平衡，长期的顺差或逆差都不利于经济的运行和增长。

（二）货币政策中介目标

货币政策基本目标是它的最终目的，它本身是不能自我实现的。要实现这些目标还必须借助于对货币政策工具敏感的重要经济指标，即货币政策的中介目标。货币政策中介目标"是指货币当局为实现政策目标运用政策工具所欲达到的直接调节目的"[1]。确定货币政策目标，就是选择能够直接影响基本目标的经济指标。选择的基本原则是看它与基本目标之间的相关性，以及其自身的可测性、结果的独立性、调控的敏感性和经济环境的适应性。在现实经济生活中，可供选择的主要经济指标主要包括：备付金比率、股权收益率、市场利息率、信用货币总规模和货币供应量。其中，最符合上述原则的是货币供应量。

---

〔1〕 黄达、刘鸿儒、张肖主编：《中国金融百科全书》（上），经济管理出版社1991年版，第65页。

货币供应量是指某时点处于流通中的货币总量，它是社会总需求的基本来源。它的体制适应性较强，能够适应任何经济和金融制度。它与货币政策目标也具有较稳定的相关关系，对基本目标的实现具有决定性的影响。它也具有较好的敏感性，几乎所有的政策工具都能够影响货币供应量。它还具有较好的独立性和可测性，可以时刻获得货币供应量的各方面信息。按照存款派生理论，货币供应量是中央银行的基础货币量与货币乘数之积，调节控制基础货币量或调节控制货币乘数的大小，就能够调节控制货币供应量。

二、货币政策工具使用权

货币政策工具是货币政策的实施手段，"是货币当局为实现货币政策最终目标而采取的措施或手段"[1]。货币政策的实施机制是通过货币政策工具调节控制中介目标，通过中介目标的变化影响基本目标，最终实现货币政策基本目标。在此过程中，由于中央银行或货币当局享有法定货币的发行权、收益权和调控权，法律也必须赋予其货币政策的实施权，即政策工具的具体使用权，以依法调节控制货币供应量。

（一）基础货币政策工具

基础货币亦称货币基数或高能货币，它在总量上是由中央银行控制的，能够引起普通金融机构系统以此为基础创造出更多货币的货币，是货币供应的最初来源或原始增量。基础货币不同于法定货币，它在数量上等于中央银行法定货币供应增量与存款货币供应增量之和。由于中央银行的法定货币供应量取决于社会使用现钞货币的习惯，不可能在短期内发生较大的变化。因此，基础货币量调节控制的核心是中央银行存款货币的供应增量。在目前的金融制度体系中，能够直接影响基础货币量的主要是中央银行的再贷款政策、再贴现政策、公开市场政策和基准利率政策，它们是中央银行的基础货币政策工具。[2]

再贷款是指中央银行向普通金融机构发放的贷款，它是中央银行的重要业务，也是调节与控制基础货币总量的重要工具。中央银行再贷款政策制度，是规定中央银行再贷款的对象、种类，再贷款的审批权和管理权，以及再贷款利率的调整权限的制度。通常，按照再贷款政策制度的规定，中央银行再贷款的主要对象是各类商业银行及其他吸收存款的普通金融机构。中央银行再贷款的种类主要包括年度贷款、季节性贷款、日拆性贷款和其他再贷款。再贷款工具的使用，主要取决于中央银行的独立状况。独立性强的中央银行使用再贷款政策工具的限制较少，独立性差的中央银行使用再贷款政策工具的限制较多。但是，无论其决策

---

[1]　陈耀先、张耀主编：《中央银行知识辞典》，中国经济出版社1992年版，第44页。

[2]　参见《人民银行法》第23条第2~5款，以及相关法律、法规的规定。

权力大小，再贷款政策都是调节与控制基础货币投放量，以及市场利息率的重要货币政策工具。中央银行可以通过再贷款规模和利率的变动实现货币政策。

再贴现是中央银行以在对商业银行或其他金融机构贴现业务中所取得的未到期票据再次进行贴现的业务。它是中央银行的重要业务，也是调节与控制社会基础货币总量的重要工具。通常，再贴现政策工具包括再贴现利率、再贴现票据和再贴现规模。再贴现利率是普通金融机构以未到期票据向中央银行融通资金的成本率，它直接决定着普通金融机构的资金融通规模和资金贷放利率，从而影响基础货币的投放规模和市场利率。中央银行还可以通过规定再贴现的票据种类实施再贴现政策，它能够调整再贴现规模和利率，从而调控基础货币投放量和市场利息率。此外，中央银行还可以通过再贴现规模调整再贴现政策。

中央银行的公开市场业务，是在公开市场上买进或卖出证券、外汇和其他金融资产，借以调控货币政策中介目标的行为。在国债市场较发达的条件下，国债的发行量往往比较大，它在证券市场上的流通量也比较大，且流动性好、价格稳定，同时它本身也具有重要的经济调节与控制功能。中央银行仅以国债为对象，就足以能够实现调节、控制基础货币量、股权收益率和市场利率的目的。利用这种政策工具，中央银行就能够主动地控制基础货币的投放规模；具有良好的准确性和可控性，可以不受外界其他因素的干扰。并且，由于它是纯粹的间接调控，可以避免形成震荡性冲击。但是，中央银行公开市场业务的规模和市场也有严格限制，它的交易规模通常被控制在金融调控需要的范围之内，不允许中央银行任意扩大其所持有各种证券的数量，也不允许直接认购和承销国家债券。

基准利率是指在整个社会的利率体系中，起主导作用的基础利率。市场利息率是货币政策目标的重要中介目标，它主要包括三种基本形式：一是中央银行与普通金融机构之间的存款和放款利息率；二是普通金融机构与其他经济主体之间的存款和放款利息率；三是金融市场的利息率。在这三种利息率中，中央银行与普通金融机构之间的利息率是最基本的利息率，它在整个利息率体系中居于主导地位，是整个社会利息率的核心，对其他两种利息率起着重要的调节控制作用。中央银行通过基准利率的变化，能够影响到基础货币的投放量和需求量，进而影响到经济运行和经济增长，决定货币政策目标的实现程度。

（二）货币乘数政策工具

货币乘数是指"货币供给的扩张倍数"[1]，或称基础货币的扩张倍数，它主要取决于法定存款准备率、超额存款准备率和现钞货币漏损率。在信用货币制度

---

〔1〕 黄达、刘鸿儒、张肖主编：《中国金融百科全书》（上），经济管理出版社 1991 年版，第 35 页。

条件下，货币乘数的调控工具包括：法定存款准备金、超额存款准备金和选择性调控工具。[1] 法定存款准备金是普通银行吸收存款后，必须按法定比率和方式等向中央银行缴存的存款准备金。它是强有力的货币政策工具，会对货币乘数水平形成强烈的影响。完整的法定存款准备金制度主要包括：法定准备率、准备内容和准备提取要求。法定存款准备率的调整包括四项内容：一是对不同期限的存款规定不同准备率；二是对不同规模和经营环境规定不同的准备率；三是规定存款准备率的调整幅度；四是规定准备金中不同种类货币之间的比率。

超额存款准备金是普通银行吸收存款后，除缴存法定准备金外还必须按照规定的储存比率和方式等储存的准备金。完整的超额存款准备金主要包括：法定超额存款准备金和自定超额存款准备金。法定超额存款准备金，是普通银行吸收存款后，除缴存法定存款准备金外自身必须储存的准备金。自定超额存款准备金是普通银行自行规定的，自身必须储存的超额准备金。超额存款准备金制度同法定存款准备金制度一样，也是调控货币乘数的重要工具。在存款准备率提高时，它能够降低货币乘数水平；在存款准备率降低时，能提高货币乘数水平。从而起到调节控制货币量和市场利息率的作用。[2]

货币政策的选择性工具，是指在特定条件下可以选择使用的货币政策工具。这些选择性货币政策工具主要包括，直接信用控制、间接信用控制，以及消费信用控制、证券信用控制和不动产信用控制等。直接信用控制是中央银行对普通银行创造信用业务进行各种直接干预，控制其资产业务规模。间接信用控制是中央银行通过它的各种间接影响，调节控制普通银行的信用创造能力。消费信用控制，是对不动产以外的各种耐用消费品的消费融资进行控制。证券信用控制是对有关证券交易贷款进行控制。不动产信用控制，是中央银行对普通银行的不动产信用业务进行控制。这些控制手段也能够影响货币乘数、进而影响货币供应量。但是，由于这些政策工具适应性比较差，只能在特定的条件下选择使用。

【司法案例】

案情：古巴革命胜利后，于 1961 年颁布法令（包含其他的一些条款）宣布，所有在古巴境外的古巴货币（通货）无效并作废。这一法令主要针对的是因不满古巴革命而移民到美国的古巴公民，这些人持有数量比较大的古巴货币资产，该法令引起了在古巴境外持有古巴货币公民的不满，要求对其因此而受到的财产损失予以补偿。

---

〔1〕　参见《中国人民银行法》第 23、32 条，以及相关法律、法规的规定。
〔2〕　参见《商业银行法》第 32 条，《中国人民银行关于加强金融机构备付金管理的通知》等的规定。

朝鲜于 2009 年 11 月 30 日宣布一周内实施货币更换，按照 100：1 的兑换率，将旧币换成新币，更换货币的时间从 11 月 30 日至 12 月 6 日。开始规定每个家庭最高兑换限额为 10 万旧朝元，超过的部分作废。实行这一币制改革的目的之一在于惩治腐败、打击非法经营。按照正常的收入水平，每个朝鲜家庭肯定不会有超过 10 万旧朝元的剩余货币，超过的部分是来自于非法收入。但是，这一决定引起了朝鲜社会的较大反应，后来不得不增加到 15 万旧朝元，并最终控制在 50 万旧朝元。最后，又改为只要能说明原因，允许以全额兑换的形式存入银行，基本上承认了持有旧朝元的合法性。

1912 年德国某出租人与承租人之间签订了一份长期租赁契约，约定出租人以某固定价格向承租人供应取暖用的蒸汽。契约履行一段时间后，德国马克大幅度贬值，已经跌落到 1914 年水平的万亿分之一，蒸汽成本大幅度上涨。因此，供应蒸汽的一方认为，除非调整价格，否则无法供应蒸汽。使用蒸汽的一方认为，按照"契约必须信守"和"马克等于马克"的原则，供应方必须按照契约签订时规定的价格供应蒸汽。于是，1920 年蒸汽供应方向法院提起诉讼，要求修改合同或宣布该合同因失去了等价性而无效。

结果： 在古巴的案例中，美国外国求偿清算委员会在一系列的相关判例中主张，货币持有人被剥夺了财产，而古巴政府通过解除相应的债务而变得富有，要求古巴对因此受到损失的公民进行赔偿。在朝鲜的案例中，改革导致社会对本国货币失去信心，出现使用外币和物物交换的现象，并罢免了计划财政部长朴南基，以追究其对货币改革失败的责任。

在德国蒸汽供应案中，德国最高法院推翻了所谓"马克等于马克"的原则，认为此时如果仍然坚持"1 马克等于 1 马克"的唯名论，要求债务人按照原约定履行债务显失公平。在这种长期合同中，货币大幅度贬值或升值已经使其价格与给付之间失去了等价性和交易得以实施的基础。即使债务人已清偿了债务，仍负有追加清偿的义务。此后，在 1922 年对"维戈尼诉斯平纳雷案"的判决中，据此确立了"情势变更"的原则。

评析： 从国内法的角度看，如果不与其他国内法相冲突，国家有权宣布其主权货币作废。只是这会导致对其国内居民货币财产权的剥夺，国家通常不会颁布这种法令，这样做可能导致整个社会财产利益的混乱，破坏经济的正常稳定运行。同时，宣布主权货币作废会违反"国家没有权力剥夺外国人财产"的国际法规则，必须给相关外国人以相应的补偿。我国《宪法》规定：公民的合法的财产不受侵犯，国家为了公共利益的需要，可依照法律规定实行征收或征用并给予补偿。除非修改《宪法》，否则应无权宣布货币作废。

在货币贬值案中，由于国家享有货币调控权，有权在合理范围内调节控制货币的购买力水平。同时，还必须区分是法定贬值还是市场化贬值。如果是法定贬值，即国家以法律的形式明确宣布货币贬值，应该给因此受到损害的社会公众以补偿；否则，就是依法剥夺了社会公众的财产。如果是市场化贬值，国家通过调节控制货币供应量，以市场化的手段导致货币贬值，这在效果上同法定贬值是一致的。但是，由于采取的是市场化操作的手段，国家一般不予以补偿。当然，这也需要衡量贬值幅度的大小，如果贬值幅度较大则应该给以补偿。只是在世界历史上，还几乎没有国家因货币贬值而补偿社会公众的先例。

从民商法的角度讲，个体之间因货币贬值而导致合同的另外一方受到损失，也应该考虑合同的解除或修改的问题。通常，如果是法定贬值该国的民商主体必须给外国主体以适当的补偿，这种补偿可以采取解除合同的方式，也可以采取修改合同的方式。如果是市场化贬值则需要考虑贬值的幅度，小幅度的贬值可以理解为是市场化因素，不得因此解除或修改合同；如果是大幅度贬值，则应认为属于"情势变更"，可以解除或修改合同。

第七章

国有财产客体法

【学习目的和要求】

国有财产客体法是规范国有财产这一法学客体的财产权体系，国有财产既有财产客体上的特殊性，也具有财产权上的特殊性，必须制定特殊的法律对其进行规范。从财产客体的角度来看，有些财产客体只能由国家控制，如自然资源等；从财产权利的角度看，国家财产权缺乏直接的利益主体，只能委托某国家机关间接地享有和行使，必须规定有严格的国家财产权享有和行使规范，以防止国家财产权受到非法侵害；从财产利益的角度来看，它只能属于整体经济利益，只能是经济法上的财产法。

通过本章的学习要求学生：

● 重点掌握：自然资源财产权；企业国有财产权；国家税收财产权。

● 一般了解：国家财政财产权；国家机关财产权；事业单位财产权。

● 深入思考：国家享有财产权的法理依据；财产法的体系与结构。

【核心概念】

资源财产权　企业财产权　机关财产权　事业财产权　税收财产权

【引导案例】

从世界范围内来看，任何国家都必须拥有国有财产，它是国家机构正常运行的基础。同时，随着社会和经济不断整体化，整体经济利益的内容也在不断增加，国家的经济职能不断得到加强。国家实现其经济职能不仅可以通过对某行业、企业进行补贴和资助进行，还可以通过直接向企业投资进行，甚至可以通过直接创办特殊的国有企业进行。目前各国都存在大量的国有企业，这里仅列举几个市场经济发达国家的基本情况。

英国的国有企业

英国国有企业的出现，在思想上起源于19世纪。19世纪60年代边沁等一些思想家提出了"积极的政府"这一功利主义思想。到了20世纪以后，有影响的政治活动家们都接受了国有企业，认为它们是维护公共利益的社会和政治措施的一部分。但是，最直接导致国有企业产生的还是两个方面的因素：一是技术发展为工业革命铺平了道路，工业革命需要大量的金融投资和其他创新，所有这些不是私人所有者能够轻易达到的。因此，来自许多政治活动家方面的压力迫使政府接管了这些产业，以提高效率并推动这些产业的发展。二是某些产业面临着20世纪30年代世界经济大衰退所带来的特殊困难，于是人们提出通过国家所有制复兴这些产业。当代国有企业的出现，则是为了满足公共服务的需要。

英国最早的国有企业可以溯源到1908年，那时自由党政府建立了伦敦港湾局，以便对伦敦船坞进行统一管理。港湾局占有和经营船坞，并负责河流保护。1926年保守党政府建立了中央发电局，以实现发电的标准化和国家对电力的全面控制。同年，由于广播作为通信手段的重要性和为避免商业化经营，作为国有企业的英国广播公司（BBC）接管了广播业。1933年政府成立了伦敦客运局，以实现伦敦区内的公路与铁路旅客运输的一体化。1933年由于航空业声誉的重要性和需要大量补贴，政府建立了英国海外航空公司。第二次世界大战以后设立的国有企业多与立法相关，1946年颁布了《煤炭国有化法案》，次年成立了国家煤炭局，负责管理英国的所有矿山；按照《民航法案》成立了国有的英国欧洲航空公司和英国南美洲航空公司；按照《英格兰银行法案》，将英格兰银行收归国有。1947年通过了"运输法案"和"电力国有化"议案，实现了铁路、河道和电力企业的国有化。1948年颁布的《天然气法案》，将天然气行业国有化，1972年该法案修改时设立了统一的英国天然气公司。1969年按照《邮政法》，邮政局成了国有企业。通过这些法律英国将银行、煤炭、铁路、邮政、电力、通讯、造船等诸多部门与行业收归国有，几乎拥有100%的产权。

到20世纪70年代初期英国经济出现停滞，平均经济增长速度放缓，通货膨胀率上升；到1979年各行业的恶性罢工达到高潮，经济濒临较大的危机。1979年以撒切尔夫人为首的保守党上台执政，摒弃了多年来奉行的凯恩斯主义，接受和采纳新自由主义经济学理论，开始推行国有企业的私有化，先后出售了英国石油公司、宇航公司、联合港口公司和国际航空无线电公司的股票，将上述公司变成公众持股公司。最终，英国出售了50多个行业、60%的国有企业，剩余的国有企业产值仅占全国的2%左右。随着私有化浪潮的结束，人们开始冷静地看待国有企业问题，国有企业虽然存在着许多缺点，如垄断经营、没有进取心、效率低下等。但是，在自然垄断、关系国计民生的重要行业、经营风险较大的行业、需要巨额投资的高科技行业，以及提供公共服务的行业还是不可替代的。

美国的国有企业

美国设立国有企业最初是为了特定需要，以及应对战争和经济衰退。1904年美国获得了法国新巴拿马运河公司和巴拿马铁路公司；1921年根据纽约州和新泽西州为发展和经营两州港口区内的铁路总站、运输和其他设施达成的协议，成立了纽约和新泽西港口管理局。第一次世界大战中，联邦政府组建了一批政府公司来创办和经营商船队、建筑、租卖房屋、买卖食糖和谷物以及其他商业活动，战争结束后即被取消。20 世纪 30 年代的大萧条中，为应对危机创办了大量国有企业，如复兴金融公司、住宅所有者贷款公司、联邦农场抵押公司和地区性的农业信贷公司等，这些公司后来也都被取消了。第二次世界大战中政府也设立了许多新的公司，如保卫住宅企业、保卫农场公司、金属储备公司、战争损害赔偿金公司、小型战时农场公司、橡胶储备公司、美国商务公司等。这些国有企业许多都是临时性的，但它们使国家创办企业得到了认可，也积累了最初的经验。

第二次世界大战后，随着国家对公共事务管理要求的不断增加，特别是公共服务设施的大量兴建，以及受到政府预算的约束，国有企业得到了极大的发展。目前，在美国联邦、地区、州、县、市各级政权都设立有大量的国有企业。这些企业建筑并管理桥梁、隧道、堤坝、机场、公共建筑、住宅、体育场、市中心和工业区，提供诸如供水、供气、电力、运输、保险等一系列范围广泛的服务，以及为商业和工业提供各种形式的资金支持。美国的国有企业有着各种各样的名称，诸如管理局、政府公司、混合所有制公司、政府赞助的企业、特别基金管理机构、基金会、银行、管理总署或总局、管理委员会、处理专门事务委员会、代理机构等。它们的收入与支出都直接或间接与国家财政相关。

法国的国有企业

法国的经济体制不同于英国和美国，它实行公私"混合经济"体制，国有经济在经济总量中的份额占到 20% ~ 25%。法国的经济国有化主要开始于第二次世界大战以后，为了尽快恢复被战争破坏的基础设施，戴高乐政府采取了大规模的国有化运动。首先，将与德国有密切关系的雷诺公司、电影公司、法国报业公司、法国染料公司收归国有；对电力、煤炭、运输等企业实行统一管理；在化学、汽车、石油、核能、信息等领域建立大型国有企业；在金融领域对法兰西银行、里昂信贷银行、兴业银行、巴黎国民银行，以及 34 家保险公司实行国有化，使国有企业数量增加到 100 多家。1981 年密特朗总统上台后，开始了新一轮的国有化运动，将五大工业集团（即通用电气公司、佩西奈—尤吉内—库尔曼集团、罗纳—普郎克集团、圣戈班—蓬阿—穆松集团和汤姆逊—布兰特集团），两大金融公司（即巴黎—荷兰金融公司和苏伊士金融公司），以及 36 家在国家信贷委员会注册的商业银行全部收归国有；国家控股的企业有，达索飞机公司、马特拉军火公司、北方炼铁联合公司和洛林炼钢公司等。它使大批国有企业进入了工艺先进、技术尖端、战略地位重要的工业部门，如电子、航空航天、信息、新材料等，使国有企业在经济中的地位明显加强。

法国的国有企业在整个国家经济中的地位主要有三大特点：一是比重大，国家控制的企业数量超过 2000 家，职工人数占非农业就业人口的 25% 以上，占国民经济的比重在欧盟仅次于希腊和葡萄牙；二是涉及的领域广，法国的国有企业不仅包括垄断性的公共服务部门，还涉及许多竞争性行业，在这些行业中同非国有企业共同竞争；三是在大部分行业中都属于"龙头型"企业集团，具有产业发展的引领性作用。并且，法国的国有企业对国家经济的发展发挥了重要作用。首先，它是国家对经济运行进行调节控制的重要基础和直接手段，通过对国有企业进行借贷和投资等手段，可以保持经济的稳定增长。其次，推动了国家外向型经济的发展，在法国的出口总额中30%左右是国有企业的出口，如在航空和造船业中超过70%，在有色金属和钢铁行业中超过60%，在基础化学行业中超过50%，在铁路运输器材、电气设备和电子产品中超过30%的出口都来自国有企业。同时，法国的国有企业也有利于解决地区经济发展的不平衡和社会稳定问题，有助于缓和社会矛盾。

【案例导学】

国有企业是当代社会的普遍现象，尽管各国国有企业在数量上差异比较大，采取的基本发展策略也不完全相同，不同政治、经济时期各国对国有企业的态度也不完全一致。但是，从整个世界的长期发展趋势来看，国有企业还在不断地增长。这是由于，随着经济发展水平的不断提高和人类对自然、技术的控制能力不断增强，世界经济一体化程度的不断加深，以及社会公共服务水平的不断提高，整体经济利益在不断向广度和深度发展。在这些领域中，国有企业以其强大的经济实力、技术水平、抗风险能力和国家的外在约束力，具有普通企业难以匹敌的优势，特别是在公共服务领域它几乎是难以替代的选择。

国有企业的资本是国家的财产，是国有财产权在产业经营领域的具体表现。事实上，国家直接享有财产权的财产不仅包括国有企业的资本，还包括事业单位的国家投资、国家机关的国家投资，以及国家的税收财产和其他依法征收的财产。此外，还包括最终归属于国家的各种自然资源，如土地资源、矿产资源、森林资源、水产资源、海洋资源、空间资源等，它们是经济活动的直接或间接基础，是国家经济发展和人民生活水平提高的最终保障。它们的国家财产权既是整体经济利益的体现，也是维护整体经济利益的需要。

第一节　自然资源财产法

一、国有财产的属性

财产是一个特定的法学范畴，按照财产法的原理，法学意义上的财产必须具备特定的客观条件和主观条件。就财产的客观条件来看，"要成为财产必须具备效用性、稀缺性和可控性三个基本条件"。就财产的主观条件来看,"它还必须同时具备权义性、法定性和本源性三项条件"。按照这一标准我们可以将财产分为四种基本类型,即物质财产、知识财产、货币财产和正在形成的虚拟财产。[1] 国有财产主要是其中的物质财产。

(一) 国有财产的性质

国有财产是指国家享有其财产权的财产,国家享有某客体财产权的原因主要包括以下几个方面:一是某些财产在国际法意义上只能直接归属于国家。在国际法上,特定的领土、领海和领空归属于某个特定的国家,是这个国家的主权。同这些客体相关的财产只能直接归属于国家,不可能存在其他的直接归属。二是在某些财产上存在着巨大的整体经济利益,必须将其财产权规定为国家财产权,如矿产资源、水利资源、地下文物等。三是国家职能机关要实现其职能,必须占有一定数量的财产,必须享有一定的财产权。四是某些特定的公共服务和产业经营由国家完成具有更高的合理性,这些单位的财产也应全部或部分是国有财产。五是某些财产它的客体可控性比较差,难以为某私主体直接控制,如果对其界定私有产权,维护成本会非常高,这些财产也应界定为国有财产。"只有当确定产权的收益超过成本时,社会才会在确定某一资源的产权上花费所需的成本。"[2]

按照我国《宪法》的规定,除集体所有的森林和山岭、草原、荒地、滩涂外,矿藏、水流、森林、山岭、草原、荒地、滩涂等自然资源,都属于国家所有;农村和城市郊区的土地属于集体所有,城市的土地属于国家所有。[3] 最终归属于国家的资源并不一定都能够界定为财产,许多资源需要国家承担保护义务,它只能给社会带来难以直接控制的利益。对此,法律只能要求私主体合理利用,并不得对该资源造成破坏性影响。财产必须能够给主体带来利益,当对某客体的义务大于利益时,就不会有私主体将其作为财产来看待。有些财产的客体是与领土、领海、领空等国家要素直接相关的,它也难以设定私人的最终归属权,它的最终归属权只能属于国家。当然,国家应鼓励对国有财产的合理利用,为界定利用人的财产权利,还应在最终归属权下设定合理利用权、承包权、承租权、占有权、使用权和收益权等具体财产权利,它们共同构成国有财产权的内容。"它已不再被视为物或作为某种客体而存在,而已经变成了单纯的法律关系的集

---

〔1〕 刘少军:《法边际均衡论——经济法哲学》,中国政法大学出版社 2007 年版,第 177、179、186 页。

〔2〕 [美] 罗伯特·考特、托马斯·尤伦著,张军等译:《法和经济学》,上海三联书店、上海人民出版社 1999 年版,第 180 页。

〔3〕 参见我国《宪法》第 9、10 条,以及相关法律、法规的规定。

束——权利、特权和义务免除。"[1]

（二）国有财产的内容

国家享有财产权的客体有许多种类，具体来讲可以将其分为国家固有财产和国有普通财产。在国家固有财产中，又可以具体分为可确权财产和不可确权财产；在国有普通财产中，又可以具体分为国家归属财产和国家权利财产。国家固有财产是指财产客体只能由国家控制，并且财产的最终归属权也只能属于国家的财产。这些是与国家的本质直接相关的财产，如国家领土资源、国家领海资源和国家领空资源等，这些资源直接带来的是国家的整体经济利益。并且，是与外国相关资源相对应的，它的客体最终只能归属于国家，不可能最终归属于某私人主体。其中，不可确权财产是指基本上不具有现实的可控制性，难以进一步确定具体归属主体的财产，如渔业资源、水利资源等。这些财产只有永远是国有财产，社会公众只能有合理利用权。可确权财产是指具有现实的可控制性，比较方便进一步确定具体归属主体的财产，如土地资源、矿产资源等。为更好地利用这些财产，国家可以进一步依法设定其开发权、占有权、使用权、承包权、租赁权、收益权等权利。

国有普通财产是指财产客体是经过人类劳动取得的成果，同国家的本质属性没有直接联系的财产。这些财产既可以成为私人的财产，也可以成为国家的财产，没有财产性质本身的限制，如建筑物、构筑物等不动产，以及机械、设备、材料、商品等动产。其中，国家归属财产是指国家依法直接控制其财产客体，同时享有其最终归属权的财产。这些财产主要是指国家机关、事业单位、国有企业直接控制的实体财产，它们是这些单位行使日常职能的基础。国家权利财产是指国家不能直接控制财产客体，但享有该财产的某些财产权的财产。这些财产往往不具有实际的使用功能，只具有权力控制功能。如企业的国有股权、国家税收财产权、国家规费财产权等，它们是国家行使财产权的基础。国家依法享有这些财产权，主要是为了解决普通公众行为的外部性问题。"在外部性存在的场合，……财产法的许多重要的经济内容之一，就是在产权不可分时努力引导这个成本内部化。"[2]

二、国有自然资源法

自然资源是指自然界中存在的，在一定经济、技术条件下可以被人类利用的物质要素和能量，包括土地、森林、草原、水源、矿藏、生物、阳光、大气等。

---

〔1〕〔美〕科宾："对股票交换的评论"，载《耶鲁法律论评》1942年第31期。
〔2〕〔美〕罗伯特·考特、托马斯·尤伦著，张军等译：《法和经济学》，上海三联书店、上海人民出版社1999年版，第276、277页。

由于自然资源与领土、领海和领空等国家主权具有直接的联系，它在各国通常都最终归属于国家，形成国有自然资源。国家拥有自然资源的目的，最终是为了给国民带来利益。同时，又必须保证自然资源的开发利用是科学的、合理的和可持续的。因此，必须制定国有自然资源法，规定国有自然资源中的相关权利，并对其开发利用和管理保护行为进行必要的规范。

（一）自然资源的立法

自然资源的种类繁多，按照不同的标准可以进行不同的分类。按照自然资源的存在状态，可以将其分为土地资源、森林资源、草原资源、水利资源、水产资源、海洋资源、滩涂资源、动物资源、植物资源、气候资源、矿产资源、煤炭资源、石油资源等。按照自然资源的分布结构，可以将其分为地上资源和地下资源。地上资源是指土地表面上的资源，如土地资源、森林资源等；地下资源是指土地农业耕作层以下的资源，如矿产资源、煤炭资源等。按照自然资源可以利用的状况，可以将其分为可再生资源和不可再生资源。可再生资源是指通过繁衍、恢复、更新等，可以循环使用或可多次使用的资源，如土地资源、森林资源、水产资源、植物资源等；不可再生资源是指经过自然长期演化形成的，使用后即不可重新生成、不能多次重复使用的资源，如矿产资源、煤炭资源等。

我国目前已经颁布的自然资源法主要包括，土地管理法、水法、森林法、草原法、矿产资源法、煤炭法、专属经济区和大陆架法、海域使用管理法等。其中，土地管理法是为了保护、开发土地资源，合理利用土地，切实保护耕地而制定的法；水法是为了合理开发、利用、节约和保护水资源，防治水害，实现水资源的可持续利用而制定的法；森林法是为了保护、培育和合理利用森林资源，加快国土绿化，发挥森林蓄水保土、调节气候、改善环境和提供林产品的作用而制定的法；草原法是为了保护、建设和合理利用草原，改善生态环境，维护生物多样性，发展现代畜牧业，促进经济和社会的可持续发展而制定的法；矿产资源法是为了发展矿业，加强矿产资源的勘查、开发利用和保护工作而制定的法；煤炭法是为了合理开发利用和保护煤炭资源，规范煤炭生产、经营活动，促进和保障煤炭行业的发展而制定的法；专属经济区和大陆架法是为了保障对专属经济区和大陆架行使主权权利和管辖权，维护国家海洋权益而制定的法；海域使用管理法是为了加强海域使用管理，维护国家海域所有权和海域使用权人的合法权益，促进海域的合理开发和可持续利用而制定的法。[1]

---

[1] 参见《土地管理法》、《水法》、《森林法》、《草原法》、《矿产资源法》、《煤炭法》、《专属经济区和大陆架法》、《海域使用管理法》，以及相关法律、法规的具体规定。

（二）自然资源的权利

自然资源的绝大部分都具有财产属性，都可以在其客体上设定财产权。总体来讲，自然资源的国家财产权利主要包括：最终归属权、整体规划权、开发许可权、利用收费权和保护监督权。最终归属权是指国家对自然资源享有最终的财产归属权，这一权利的依据是自然资源的国家主权，虽然部分自然资源如土地、草原等规定了集体组织的直接归属权，但它的最终归属权仍然属于国家；否则，国家就不可能对其享有其他权利。整体规划权是指国家对自然资源的开发利用享有整体上的规划权，任何个体必须按照国家规划开发利用自然资源。开发许可权是指自然资源的开发利用，必须取得国家的开发许可；否则，不得开发利用自然资源。利用收费权是指开发利用自然资源需要向国家缴纳合理的费用，费用的标准应是国家管理和保护资源的成本，并同时考虑到开发利用公平性的需要。保护监督权是指国家享有对自然资源保护的监督权力，非法开发利用、破坏自然资源应依法承担责任。

自然资源的财产权不仅包括国家权利也应包括个体权利，个体权利才是开发利用自然资源的真正动力，才能为社会提供物质财富。总体来讲，自然资源的个体财产权利主要包括：合理利用权、资源探查权、资源开采权、资源使用权和资源收益权。合理利用权是指社会公众有权合理利用国家自然资源，并据以取得相关利益。资源探查权是指经过许可社会公众有权探查地下或水下的矿产、石油等自然资源，并享有探查资料的财产权。资源开采权是指经过许可社会公众有权开采自然资源，并享有开采物的财产权。资源使用权是指经过许可或转让，取得权利的主体有权使用该自然资源，并以此为自己获取利益。资源收益权是指依法享有探查资料财产权、资源开采财产权、资源商品财产权的主体，有权按照法定的范围和程序将该财产权转让给他人，以获得财产权转让收益。[1]

第二节　国有单位财产法

一、机关国有财产规范

国有单位是指国家享有全部或部分财产权的单位，包括国家机关、国有事业单位和国有企业单位。其中，国家机关包括：立法机关、行政机关、监管机关、检察机关和司法机关，它们构成国家的五种基本权力。按照我国《宪法》和相

---

〔1〕　参见《土地管理法》、《水法》、《森林法》、《草原法》、《矿产资源法》、《煤炭法》、《专属经济区和大陆架法》、《海域使用管理法》，以及相关法律、法规中关于自然资源权利的具体规定。

关法律的规定，立法机关是国家最高权力机关，其他机关都是执行机关。其中，行政机关执行的是日常行政事务，监管机关执行的是经济监督管理，检察机关执行的是法律执行监督，司法机关执行的是纠纷审判。[1] 这些机关要正常运行必须具有一定的财产基础，由此必然形成国家机关的国有财产，也就要求制定相应的规范调整国家机关的财产取得、财产使用和财产监管行为。

（一）机关国有财产的范围

国家机关是掌握国家权力的机关，为防止其利用国家权力获取不正当利益，各国法律通常都严格控制国家机关直接对社会公众收取费用。但是，在国家机关直接为社会公众提供相关服务的情况下，也允许其收取相应的工本费、材料费和人工费，形成国家机关直接从社会公众中获取的收入，如监管费收入、诉讼费收入和其他规定费用收入等。这些收入有严格的收费标准，机关自身不能决定费用标准的高低。并且，这些收入其自身不能直接使用，必须全额上缴国家财政部门，作为国家财政收入的来源。国家机关可供自身使用的收入主要来自于财政拨款，以及财政法规允许其自主使用的其他收入。国家机关的支出主要包括财产性支出和经费性支出，财产性支出形成其直接控制的财产，经费性支出是其开展业务活动的资金支出，以及转拨给所属财政预算单位的业务经费。

国家机关的国有财产是指其享有财产权的各种财产，具体包括用国家财政性资金形成的财产、国家调拨给单位的财产、单位按照国家规定组织收入形成的财产，以及接受捐赠和其他依法确认归属国家的财产，它的表现形式为固定财产、在建工程、流动财产和无形财产。其中，固定财产是指使用期限超过 1 年（不含本数），单位价值在规定标准以上，并且在使用过程中基本保持原有物质形态的财产；在建工程是指已经发生必要支出，但尚未交付使用的建设工程；流动财产是指可以在 1 年以内（含本数）变现或消耗的财产，包括库存现金、银行存款、零余额账户用款额度、财政应返还额度、应收及预付款项、存货等；无形财产是指不具有实物形态，而能够为使用者提供某种权利的非货币性财产。[2]

（二）机关国有财产的监管

国家机关国有财产的监管是对其国有财产客体和权利的监督管理，包括财产配置、财产使用、财产处置、财产评估、产权界定、产权纠纷调处、产权登记、

---

[1] 参见《宪法》第 2、57、58、62、63、67、85、123、131、132 条，《国务院组织法》、《人民法院组织法》、《人民检察院组织法》，以及《银行业监督管理法》、《证券法》、《保险法》等相关法律、法规的具体规定。

[2] 参见《预算法》、《会计法》、《行政单位会计制度》，以及相关法律、法规等的规定。这里《行政单位会计制度》中的行政单位包括所有国家机关，如立法机关、行政机关、监管机关、检察机关、审判机关等。

财产清查、财产统计报告和财产监督检查等。它的监管权利可以概括为，财产归属权由国家享有，各级政权分级享有监管权，具体单位享有占有权和使用权。各级政权财政部门，具体负责同级政权国有财产的监督管理业务。它的主要职责包括：具体执行国家有关国有财产监管的法律、法规和政策；根据国家有关规定，制定国有财产监管的规章制度，并对执行情况进行监督检查；会同有关部门研究制定本级机关的财产配置标准，负责资产配置事项的审批，按规定进行资产处置和产权变动事项的审批，负责组织产权界定、产权纠纷调处、财产统计报告、财产评估、财产清查等工作；负责本级机关财产出租、出借的审批等业务工作。

国家机关的具体单位享有本单位国有财产的占有权、使用权和管理权，但不享有该国有财产的处置权和收益权，单位处置国有财产必须取得享有处置权部门的批准，处置国有财产的收益也不属于本单位的收益。具体来讲，机关单位的国有财产管理职责包括：根据国家有关法律、法规的规定，制定本单位国有财产管理的具体办法并组织实施；负责本单位国有财产的账卡管理、清查登记、统计报告及日常监督检查等工作；负责本单位国有财产的采购、验收、维修和保养等日常管理工作，保障国有财产的安全完整；办理本单位国有财产配置、处置、出租、出借等事项的报批手续；接受财政部门的指导和监督，报告本单位国有财产管理情况。国家审计机关，负责机关单位国有财产管理情况的审计。[1]

二、事业国有财产规范

事业单位是当代社会的特有主体，是为了社会公共利益的目的，在传统民商主体、国家机关之外，主要由国有财产设立的，从事教育事业、科技事业、文化事业和卫生事业等公共服务业务的社会服务性组织，如学校、研究院、杂志社、电视台、医院等。它们既不同于民商主体也不同于国家机关，它们从事公共服务活动但不以营利为目的；它们享有国家一定的垄断性资源但可以依法收取服务费用；它们多以财政资金创办但主要以服务收费进行经营。按照它们经营性质的不同，可以将其分为纯粹事业化经营和企业化经营两种模式。采取企业化经营的，其国有财产视同企业国有财产进行监管。[2]

（一）事业国有财产的范围

事业单位虽然不享有国家行政权力，执行的也不是公共管理职责。但是，它

---

〔1〕 参见《预算法》、《会计法》、《审计法》、《行政机关国有资产管理暂行办法》等的规定。这里的行政机关包括所有国家机关，如立法机关、行政机关、监管机关、检察机关、审判机关等。

〔2〕 参见《事业单位登记管理暂行条例》、《事业单位国有资产管理暂行办法》等的规定；以民间资金设立的事业单位，它的财产权最终归属于设立时的出资人，它的财产管理参照国家出资的事业单位执行。

享有许多国家授予的特殊职能，它的业务活动既具有公益性又具有一定的垄断性，它的日常业务经费主要来自其对外提供服务的收费。因此，法律对其收费项目和标准有严格的限制，以防止其脱离公益服务的轨道。事业单位的收入主要包括：财政拨付的创办收入、财政拨付的日常经费补助收入、公益事业收费收入、上级机构拨付的补助收入、附属单位上缴的业务收入，以及开展经济活动取得的经营收入和其他收入，如投资收益、利息收入、捐赠收入等。事业单位的收入本身就是国有财产，它支出形成的财产也属于国有财产。

事业单位的支出主要包括：开展专业业务和辅助业务发生的日常支出，完成特定事业项目发生的项目支出，开展非独立核算经营活动发生的支出，用财政补助收入之外的收入对附属单位补助发生的支出，按照财政部门和主管部门的规定上缴上级单位的支出，以及其他支出，如利息支出、捐赠支出等。在事业单位的各项支出中，除上缴上级单位、拨付给下级单位的支出，以及各项消费性支出外，都会形成本单位的财产。事业单位的财产主要包括：固定财产、在建工程、流动财产、无形财产和对外投资等。凡是利用国有财产设立的事业单位，它最终形成的财产都属于国有财产，都必须纳入国有财产监管。[1]

（二）事业国有财产的监管

事业单位国有财产的监管，是对其国有财产客体和权利的监督管理。事业单位国有财产是指事业单位占有和使用的，依法确认其财产权归属于国家的，能以货币计量的各种经济资源的总称。具体包括：国家拨付给事业单位的财产，事业单位按照国家规定运用国有财产组织收入形成的财产，以及接受捐赠和其他依法确认财产权归属于国家的财产。以国有财产设立的事业单位，它的财产最终归属权属于国家，各级政权分别享有监管权，具体单位享有占有权、使用权和管理权。各级政权财政部门，具体负责同级政权事业单位国有财产的监督管理业务。它的主要职责包括：制定事业单位国有财产监管的规章制度，并组织实施和监督检查；制定本级事业单位实物财产配置标准和相关的费用标准，组织本级事业单位国有财产的产权登记、产权界定、产权纠纷调处、资产评估监管、资产清查和统计报告等基础监管工作；审批财产购置、处置和对外投资、出租、出借、担保等事项。

国有事业单位的业务监管部门，负责本部门所属事业单位的国有财产监管制度实施的监督管理。它的主要职责是：制定本部门事业单位国有财产监管的实施办法，并负责组织实施和监督检查；组织国有财产的清查、登记、统计、汇总及

---

[1] 参见《预算法》、《会计法》、《审计法》、《事业单位会计准则》、《事业单位财务规则》等的规定。

日常监督检查工作；审核国有财产对外投资、出租、出借和担保等事项，审核或者审批有关资产购置、处置事项。国有事业单位享有本单位国有财产的占有权、使用权和管理权，但不享有处置权，单位处置国有财产必须得到相关部门的审批。它的主要职责包括：根据有关规定制定本单位国有财产管理的具体办法，并组织实施；负责本单位国有财产的日常管理，办理财产配置、处置、投资、出租、出借和担保等事项的审批手续；负责国有财产的保值增值，并按照规定及时、足额地缴纳国有财产收益。国家审计机关，负责事业单位国有财产管理情况的审计。[1]

三、企业国有财产规范

企业国有财产是指国家对企业投资形成的资本性国有财产，它包括国有独资企业、国有独资公司，以及国有资本控股公司、国有资本参股公司的国有财产。国家对企业进行投资的目的，是适当控制关系国家安全和国民经济发展的重要行业和关键领域，优化国家经济布局和产业结构，提高重要产业的技术水平，为社会公众提供基础性公共服务，维护整体经济利益。企业国有财产是国家的财产，国家投资的企业也是普通的社会主体，必须按照市场经济的基本规则进行经营，由代表国家的企业国有财产监管机关监管其运行。

（一）企业国有财产的范围

企业国有财产的范围，取决于国家投资设立企业的类型。对于国家投资设立的独资企业和独资公司来讲，它们的全部财产都是国有财产，它们的全部收入都是国有财产收入，它们的全部支出都是国有财产支出，它们的全部利润都属于国有财产，它们对外享有的股权、债权等财产权也都是国有财产。这些财产主要包括固定财产、在建工程、流动财产、无形财产和对外投资等。对于国有资本控股公司和国有资本参股公司来讲，国有财产只表现为国家持有的股份，国家享有的财产权只是股权。具体来讲，企业国有财产的收入主要包括国家从出资企业分得的利润，企业国有财产转让收入，国家出资企业的清算收入，以及其他国有企业的资本收入。国家的支出，主要是对企业的各种投资支出。

企业国有财产是国家财产投资形成的财产，国家财产在性质上属于不同级别的政权组织依法拥有，或者是向该社会范围内的全体公众征收的资金。因此，企业国有财产的最终归属权应属于该社会范围内的全体社会公众，它的直接归属权应属于代表全体社会公众的不同级别的立法机关。由于各级立法机关不能直接从事企业国有资产的经营管理，它必须设立专业的企业国有资产监管机关执行出资

---

[1]　参见《预算法》、《会计法》、《审计法》、《事业单位国有资产管理暂行办法》等的规定。

人的职责，我国执行出资人职责的机构是各级国有资产监督管理委员会。它的主要职责包括：对国家出资企业履行出资人职责，维护投资人权益；依照法定程序对所出资企业负责人进行任免、考核，并根据考核结果对其进行奖惩；通过统计、稽核等方式，对企业国有资产的保值增值情况进行监管；依照法律规定和投资人权利，向企业选派董事会、监事会成员，以及企业高级管理人员；负责向各级立法机关报告企业国有资产经济管理情况，接受立法机关对其工作的考核与监督。[1]

（二）企业国有财产的监管

企业国有财产监管的具体责任主体，是各级政权企业国有资产监管机关。它们的监督管理权来源于出资人的权利，这些权利主要包括，企业经营管理者的选择与考核权，以及对经营中重大事项的监管权。监管机关企业经营管理者的选择权主要包括：任免国有独资企业的经理、副经理、财务负责人和其他高级管理人员，任免国有独资公司的董事长、副董事长、董事、监事会主席和监事，向国有资本控股公司、国有资本参股公司的股东会、股东大会提出董事、监事人选。未经监管机关同意，国有独资企业、国有独资公司的董事和高级管理人员不得在其他企业兼职；未经股东会、股东大会同意，国有资本控股公司、国有资本参股公司的董事、高级管理人员不得在经营同类业务的其他企业兼职；未经监管机关同意，国有独资公司的董事长不得兼任经理；未经股东会、股东大会同意，国有资本控股公司的董事长不得兼任经理，董事、高级管理人员不得兼任监事。

监管机关企业重大经营事项的监管权主要包括：日常经营重大事项、企业变更组织形式、同关联方进行交易、企业资产评估，以及国有财产转让等。在企业日常经营重大事项的监管中，国有独资企业或公司的合并、分立，增加或减少注册资本，发行债券、分配利润，以及解散、申请破产，必须由监管机关决定后方可实施。在企业组织形式变更监管中，国有独资企业、国有独资公司或国有资本控股公司变更组织形式，需要经监管机关批准。在关联交易监管中，任何关联交易都不得损害国家财产利益，国有独资企业、国有独资公司的重大关联交易必须经监管机关批准。在企业资产评估监管中，凡可能损害国家财产利益的重要资产评估，都应向监管机关报告评估情况。在国有财产转让监管中，企业的国有财产转让必须遵循等价有偿和公开、公平、公正的原则，并必须经监管机关同意。国家审计机关，负责企业国有资产监管机关监管情况和国有企业国有财产经营情况的审计。[2]

---

〔1〕　参见《预算法》、《企业国有资产法》、《企业国有资产监督管理暂行条例》等的规定。

〔2〕　参见《企业国有资产法》、《企业国有资产监督管理暂行条例》、《国有资产评估管理办法》、《企业国有产权转让管理暂行办法》、《企业国有产权无偿划转管理暂行办法》等的规定。

第三节　国家财政收支法

一、财政预算规范

国有单位的收入与支出，构成了一个国家基本的财产收支；国有单位的财产，构成了国家直接控制的财产；国家财产收入支出的监管体系就是国家财政体系。"国家是在政治上组织起来的社会，为维持这个社会组织的公共消费，必须向社会筹集它所需要的消费资金，这样就形成了该国家范围内的财政分配关系。并且，随着社会和国家职能的不断发展，财政分配关系也在不断发展，逐渐在公共消费分配关系的基础上形成了整体经济分配关系。"[1] 事实上，无论是公共消费还是整体经济分配关系，维护的都是整体经济利益。

（一）财政预算的类型

国家财产收入与支出的监管，首先是国家预算的监管。国家预算是依照法定程序、内容和要求编制的国家财政收入与支出的计划，是国家有计划地集中和分配资金，调整社会整体经济关系的基本手段，它是实现各国家单位实际收入与支出的前提。"预算确定在既定年度内，政府项目的预计支出和来自税收体系的预期收益。"[2] 国家预算是一个复杂的财政收支计划体系，按照不同的标准可以将其分为许多种类型。按照预算包括的社会范围和内部结构关系，可以将其分为中央预算与地方预算，以及汇总预算和单位预算。按照预算的编制形式，即各收支项目的划分和制约关系，可以将其分为单式预算和复式预算。[3]

中央预算是指经法定程序编制和批准的，中央政权本年度各财政项目的收入与支出计划，它具体包括中央政权各部门及其直属单位的收入与支出预算，直接的下级地方财政向中央财政上解的预算收入，以及中央财政对直接的下级地方财政返还或补助的预算支出和其他支出。地方预算是指经法定程序编制和批准的，各级地方政权本年度各财政项目的收入与支出计划，它具体包括地方政权各部门及其直属单位的收入与支出预算，下级政权向上级上解的预算收入，以及上级政权对下级返还或给予补助的预算支出。汇总预算是指各级政权汇总本级预算，以及各直接下级预算编成的预算。单位预算是指各级政权直属机关，及其所属各机关、事业、企业的预算，它们是各级政权本级预算的基本构成单位。

---

〔1〕　刘少军等：《经济本体法论——经济法律思想体系研究》，中国商业出版社 2000 年版，第 787 页。
〔2〕　［美］萨缪尔森、诺德豪斯著，萧琛主译：《经济学》，人民邮电出版社 2004 年版，第 587 页。
〔3〕　参见《预算法》、《预算法实施条例》、《企业国有资产法》、《社会保险法》等的规定。

单式预算是指某级政权的全部财政收入与支出项目，不分经济和社会属性全部列在同一个预算表格中，各收入和支出项目之间没有明确制约关系的预算形式。复式预算是指必须对不同属性的预算收支进行严格划分，按照预算收支的不同属性分别编制成两个或两个以上预算表格，各预算表格之间的预算收支存在明确制约关系的预算形式。我国目前的国家预算属于复式预算，具体包括公共消费预算、资本经营预算、社会保障预算和国家基金预算。其中，公共消费预算是指国家公共消费性收支的预算，即关于国家机关、事业单位等收入与支出方面的预算。资本经营预算是指企业国有资本经营性收支的预算，即关于企业国有财产收入与支出的预算。社会保障预算是指社会保障基金收支的预算，它的预算收入包括预算内和预算外收入，预算内收入是财政拨付的保障资金，预算外收入是社会筹集的保障资金。国家基金预算是指由国家设立的各种公共基金的收入与支出预算。

（二）财政预算的监管

财政预算的监管包括预算编制的监管和预算执行的监管。预算编制主要包括预算草案编制、预算草案报告、预算草案批准和预算草案备案四个基本步骤，它的核心是严格按照预算编制的原则进行编审，不符合预算原则的预算草案立法机关不予以批准。预算原则主要包括公开原则、适度原则、平衡原则、真实原则和弹性原则。预算公开原则是指各级预算的编制必须公开透明，方便纳税人和利益相关人在合理范围内查阅，以便通过立法机关提出修改意见。预算适度原则是指各项预算收支应与国家的经济发展水平相适应，不得脱离经济发展的客观实际。预算平衡原则是指预算的收入与支出应保持基本平衡，不得出现长期的赤字或结余。预算真实原则是指预算内容必须真实可靠，不得隐匿收入或虚列支出。预算弹性原则是指应充分考虑执行中的不可预测情况，为执行和调整预留一定空间。

预算的执行主要包括收入的执行、支出的执行、预算的调整和财政决算。其中，预算收入执行的监管是指按照预算中所列收入项目监督管理收入的入库，它具体包括收入缴库的监管、库款划解的监管和库款退库的监管三方面。预算支出执行的监管是指按照预算中所列项目监督管理支出的出库，它的基本原则是按级别支出、按程序支出和按进度支出，它的支出方式包括全额支出、分类支出和定期支出。预算调整的监管是指监督管理预算执行中，因特殊情况需要增加支出或减少收入的情况。预算调整应当编制预算调整方案，并经本级政权立法机关审查批准后方能调整，否则不得予以调整。预算执行期限结束后，财政部门必须组织编制财政决算，财政决算是按照法定程序编制和批准的预算执行情况的总结，它是根据预算的执行结果编制的，决算批准后一个财政周期即告结束。[1]

二、财政收入规范

在国家财政收支的监管过程中，国家机关、事业单位、国有企业和全体社会公众的财政收入和财政支出是同时进行的，监管机关必须保证不断有收入入库，才能保证将其拨付给各使用单位用于其支出。监管机关组织财政收入的过程，也就是普通社会主体将其财产缴纳给财政部门的过程。因此，这一过程必须依法进行，既不能非法逃避财政收入的征缴，也不能非法剥夺社会公众的财产。从目前各国的基本情况来看，财政收入的主要来源是各项税收收入。此外，还包括企业国有资本收入和专项收入等其他收入。

（一）税收收入规范

税收财产权是国家以维护整体利益、满足各种公共消费性支出需要为依据，享有的强制地、固定地、无偿地征收纳税人财产的特殊财产权，它是财产权体系的重要组成部分。[2] 完整的税收财产关系由征税人、纳税人、课税对象、税目、计税依据、税率、纳税环节、纳税期限、纳税地点和税收优惠等构成，它是一项税法成立必须具备的基本要素。税收和调整税收财产关系的税法有许多种类，按照不同的标准可以进行不同的划分。按照课税对象的性质可以将其分为流转税法、所得税法、财产税法和行为税法。其中，流转税法主要包括增值税法、营业税法、消费税法、关税法等；所得税法主要包括企业所得税法和个人所得税法等；财产税法主要包括资源税法、土地税法、房产税法和车船税法等；行为税法主要包括契税法、印花税法等。按照税法的内容可以将其分为实体税法和程序税法，实体税法是指上述各单行税法，程序税法则是指税收征收管理方面的税法。[3]

税法是一种涉及整体经济利益的法，不可能完全依靠纳税人的自觉纳税来实现国家财政收入，必须设立专门的监管机关对纳税行为进行监督管理，我国的税

---

〔1〕　参见《宪法》、《预算法》、《预算法实施条例》、《企业国有资产法》，以及各项税法等的规定。

〔2〕　许多学者认为在税收过程中，国家和纳税人之间是债权人和债务人的关系（如德国学者阿尔伯特·亨泽尔、日本学者北野弘久、中国学者刘剑文等，详见［日］北野弘久著，陈刚、杨建广等译：《税法学原理》，中国检察出版社2001年版）。这实质是对财产法的一种误解，债权债务关系是一种特殊的财产行为关系，而税收财产权是国家的法定财产权，是一种法定财产关系。否则，至少无法区分税收财产权与国债财产权。并且，试图以债权债务关系解释国家应承担的义务，也不符合各国税收财产权的历史（详见刘少军、翟继光：《税法学》，中国政法大学出版社2008年版）。

〔3〕　参见《税收征收管理法》、《企业所得税法》、《个人所得税法》、《车船税法》、《增值税暂行条例》、《营业税暂行条例》、《消费税暂行条例》、《进出口关税条例》、《资源税暂行条例》、《土地增值税暂行条例》、《耕地占用税暂行条例》、《房产税暂行条例》、《契税暂行条例》、《印花税暂行条例》等的规定。

务监管机关主要是国家财政机关、税务机关和海关。税务监管的主要内容包括税务登记、账务监管、纳税申报、征收监管和税务稽查。税务登记是指纳税人必须向税务监管机关办理书面登记手续；账务监管是指纳税人必须按照规定设置账簿，并依据合法的凭证进行账务登记；纳税申报是指凡必须办理申报手续的纳税人，必须在规定期限内就其应缴纳税款的情况进行书面说明；征收监管是指监管机关在纳税期限内，对纳税主体和扣缴义务人缴纳税款行为的监管；税务稽查是指监管机关对纳税义务和代理义务履行情况进行监督检查。通过这些监管行为可以保证各项税收，按照中央税、地方税和中央与地方共享税的收入划分规定，分别缴纳进中央和各级地方财政金库，以用于预算规定的各项财政支出。[1]

（二）其他收入规范

税收收入是主要的财税收入，是公共预算的基本收入。除税收收入外，财政可以依法取得的收入还包括公产收入、专项收入、规费收入、罚没收入和国债收入等。公产收入是指各种国有财产的收入，包括自然资源使用收入、企业国有财产收入，以及国家机关和事业单位处分国有财产的收入。其中，最核心的是企业国有财产收入，它是资本经营预算的主要收入来源。企业国有财产收入主要包括：国家从其投资的国有企业中取得的作为投资人的收入，如上缴的利润、股息红利等收入；企业国有财产转让收入，如企业的整体转让收入、国有股份转让收入、其他财产转让收入等；国有出资企业的清算收入，如依法解散的企业分配给国家的剩余财产收入等；以及其他因国家对企业投资而取得的收入。

专项收入是指财政部门依法征收的专门项目的收入，这些收入通常是有特定的使用项目和特殊的收费项目，如排污费收入、教育费收入、捐赠收入等。规费收入是指国家机关为居民或团体等提供服务或实施监管过程中收取的手续费和工本费，如工商登记费收入、商标注册费收入、公证费收入等。罚没收入是指国家机关在执法过程中，依据法律责任的规定违法犯罪主体需要向国家缴纳的罚款和依法没收的财产。专项收入、规费收入和罚没收入都不是主要的财政收入，取得这些收入的国家机关必须将其上缴财政部门，不得直接用于机关自身的支出。"坐支"财政收入是违法行为，它会导致国家机关或机关工作人员的腐败，甚至会导致国家机关为了自身利益违法向社会公众收费的现象。

国债收入是指财政部门通过发行国家债券筹集资金所形成的收入。国债是一个复杂的财政收入体系，按照不同的标准，可以将其分成不同的类型。按照举借债务的对象不同，可以将其分为国内债务，如对国内公众发行的债券；以及国际

---

〔1〕　参见《税收征收管理法》、《税收征收管理法实施细则》、《会计法》、《审计法》、《预算法》等的规定。

债务，如向外国政府的借款等。按照偿还期限不同，可以将其分为定期国债和不定期国债。按发行主体不同，可以分为国家债务和地方债务。按照发行性质的不同，可以分为自由国债和强制国债。按照使用目的不同，可以分为赤字国债、建设国债和特种国债。按照流通性能的不同，可以分为流通国债和非流通国债。国债收入不仅是弥补国家财政支出少于收入的差额，或称财政赤字的手段，同时也是调节社会需求总量和结构的重要手段，发生债务收入并不一定是出现收入困难。但是，从长期来看，必须保持财政收支的基本平衡；否则，容易发生债务危机。

三、财政支出规范

财政支出既是指财政收入的支出过程，也是指支出的特定数额的资金。作为支出过程它是财政部门按照批准的国家预算，从财政金库中将资金支付到具体项目的过程。财政支出与财政收入是相对应的，没有收入支出就没有资金来源。因此，财政支出必须按照预算收支数额、项目用款计划和用款进度，配合财政收入的执行情况综合地进行；否则，就会导致预算执行的混乱。财政支出按照预算的分类主要包括公共消费支出、资本投资支出、社会保障支出和国家基金支出等。其中，主要的是公共消费支出和资本投资支出。

（一）公共消费支出规范

公共消费支出是指公共消费预算中安排的支出，即对国家机关、事业单位等方面的支出，以及国防支出、补贴支出和其他支出。公共消费支出规范主要是关于支出项目、支出数额和支出方式等方面的规范。其中，支出项目规范是规定能够在国家预算中支出的具体公共消费项目，它主要包括日常业务经费、日常人员经费、设备购置经费和工程建设经费等，没有列入预算的项目不得利用财政资金支出。支出数额规范是规定国家预算中各支出项目的数额标准的规范，国家机关、事业单位等的办公条件、设备配置，以及业务经费、人员经费等都有严格的标准，财政支出应严格按照这些标准控制执行。

财政支出方式规范是规定对某项支出可以采取的具体支出形式，它应该结合资金的使用特点具体确定，主要包括划拨资金方式、限额拨款方式和集中采购方式。划拨资金方式是首先由用款单位提出预算资金划拨申请，财政部门按照申请命令中央银行从财政金库向用款单位拨付预算资金的支出方式。限额拨款方式是财政部门按照用款申请，通过银行系统将预算用款额度下达到用款单位开户银行，用款单位在额度内使用款项，银行按照额度内的实际支出数额向财政部门办理结算的支出方式。集中采购方式是财政公共消费采购监管机关按照各预算单位的实际业务消费需要，代替各预算单位集中向社会采购公共消费物资交付给各预算单位使用，或者在采购后自行支出采购款项的支出方式。[1]

（二）资本投资支出规范

资本投资支出是指资本经营预算中安排的对企业的投资支出，包括国家直接投资建设重要工程、设立国有企业，国家以间接方式投资于某企业建设的重要工程，以及国家购买企业资本等具体支出方式，它是当代国家维护整体经济利益的重要形式。资本投资支出规范主要是关于投资范围、投资决策和投资责任等方面的规范。国家投资以整体经济利益为目标，主要是为了弥补普通主体的投资缺陷。因此，国家投资的范围主要包括三个方面：一是非竞争性和非排他性的公共服务领域，如江河治理、重大科研项目等；二是带有显著外部收益、能够创造社会公平的准公共服务领域，如公路铁路、城市道路、公有住房、环境保护等；三是自然垄断性行业，如电力、电信、供水、污水处理、垃圾处理、广播电视等。

国家投资决策与企业投资决策不同，企业投资决策主要是进行内部财务评价，只考虑企业的内部成本和内部收益；国家投资决策主要是进行外部性评价，主要考虑投资的外部成本和外部效果。投资的外部效果，"通常人们原则上将其区分为技术外部效果、价格外部效果和无形外部效果"。如技术推广效果、技术培训效果、经济增长效果、环境质量效果、价格降低效果、城乡景观效果、充分就业效果等。外部性评价中的工资、价格等指标也不是财务指标，而是影子工资和影子价格等外部性评价指标。影子价格是指"较能反映资源社会价值的价格"，影子工资则是劳动者的"新增基础设施和公共服务设施等的边际消耗"[2]。它是站在国家的角度进行的评价和决策，而不是站在企业的角度进行的评价和决策，如果外部性评价的结果达不到规定标准，则不得作为国家投资项目。如果项目没经过认真评价就进行投资，或者投资后不能取得预期效果，投资决策人必须承担相应的法律责任。

（三）财政集中采购规范

财政集中采购是指各级国家机关、事业单位等，使用财政性资金采购集中采购目录以内的或限额标准以上的货物、工程和服务等的集中性采购行为。财政集中采购不是商业性采购行为、不以营利为目的，它是为了严格执行财政预算、节约财政支出而实施的一种重要的财政支出制度。财政集中采购规范的内容主要包括采购主体、采购范围、采购方式和采购程序。采购主体是指利用财政性资金采

---

[1] 参见《预算法》、《政府采购法》、《预算法实施条例》、《财政预算资金拨付管理暂行办法》、《行政事业单位预算收支管理办法》、《预算外资金管理实施办法》，以及《会计法》、《审计法》等的规定。

[2] 刘少军：《投资管理学》，中国财政经济出版社1992年版，第142～156页。

购货物、工程和服务的主体，它具体包括财政部门和预算单位。财政部门作为采购主体，是指财政部门首先将财政支出直接采购实物，以实物形式向各预算单位支付资金。预算单位作为采购主体，是指财政部门首先将资金拨付给国家机关、事业单位和国有企业等单位，由各单位按照规定进行集中采购。

财政集中采购的范围，包括财政部门法定范围和预算单位自定范围两种形式。财政部门法定范围是指法规对集中采购的范围有明确规定，法定范围内的消费品或投资品必须采取集中采购的方式。通常，法定集中采购的是各预算单位普遍需要的物资。预算单位自定范围是指在法定采购范围之外的可以由预算单位自行采购，也可以委托财政集中采购机关进行采购的方式。通常，自定采购的主要是预算单位特殊需要的物资。集中采购的方式，是指集中采购所采取的具体方法，它包括招标投标方式和非招标投标方式，非招标投标方式具体包括竞争性谈判、单一来源采购和询价三种形式。招标投标方式是集中采购的基本方式，非招标投标方式为集中采购的特殊方式，正常的采购都必须采取招标投标方式，只有不适于或不能采取招标投标方式的，才可以根据具体情况采取其他采购方式。同时，无论采取何种采购方式，都必须严格按照法定的程序进行，不得违反程序或从中谋取私利。[1]

【司法案例】

案情：1997 年 5 月，河南省南阳市检察院民事行政检察处接到居民举报，称方城县独树镇工商所将价值 6 万余元的门面房，以 2 万元的价格卖给了私人汤某，随即指示方城县检察院调查此案。通过调查确认，该工商所确实低价转让了国有资产。但是，在房屋买卖过程中，没有发现国家工作人员的职务犯罪线索。检察院认为，国家机关在处分国有财产时，既没有依法进行评估，又没有经过国有资产监管部门批准，从而导致了国有财产的流失，应认定这样的买卖合同无效。同年 7 月，方城县检察院以工商管理局和汤某为被告，向法院提起诉讼，要求确认二被告之间的买卖协议无效。

2002 年 3 月，山西省河津市检察院发现，市中医院于 1996 年 6 月未经市国有资产管理局同意和评估，擅自将 24 间约 300 平方米的办公用房及附属设施，以 20.5 万元的价格转让出售给王某个人所有，违反了国家有关国有资产评估管理办法的规定，致使国有资产流失，应属于无效的交易行为。同年 4 月，河津市检察院代表国家以原告的身份向法院提起诉讼，请求法院判决该国有资产转让行

---

〔1〕 参见《政府采购法》、《政府采购法实施条例》、《招标投标法》等的具体规定。

为无效。

2002 年 5 月底，有居民向浙江省浦江县检察院举报，浦江县良种场擅自处置浦阳街道北小门巷 48 号的 13 间旧房，被私人以畸低的拍卖底价 62 万元买走，要求检察机关监督。同年 6 月，为维护国家利益不受非法侵犯和社会经济秩序不受非法扰乱，浦江县检察院以检察长郭某为法定代表人，民事行政科傅某、于某为委托代理人，根据《民事诉讼法》关于起诉条件的规定，向浦江县法院提起诉讼，请求法院判决该房地产买卖无效，并依法追究被告人该良种场、拍卖公司和购房人的法律责任。

判决： 在方城县国有资产买卖案中，法院受理后、经过审理，赞同检察机关的意见，确认该买卖合同违反国家强制性法律规定，依法判决该买卖合同无效，支持了检察机关的起诉。这是我国改革开放以来的第一件经济公诉案件。

在河津市国有资产买卖案中，法院受理后，经过调查、评议等庭审程序，支持了原告市检察院的诉讼请求，判决被告河津市中医院和被告王某之间的房产买卖协议无效。

在浦江县国有资产买卖案中，法院认为，依据我国《宪法》、《民法通则》等的规定，禁止任何组织或个人用任何手段侵占或破坏国家财产。检察院依据《检察院组织法》的规定，有权对侵害国家财产的行为行使检察权，应视为与本案诉讼标的有直接的、特殊的利害关系，检察院代表国家利益以原告身份提起诉讼符合相关法律的原则性规定，故决定受理。2002 年 11 月，对此案作出判决，确认该房地产买卖无效。

评析： 在我国，检察机关为了保护国家财产利益提起诉讼的案件还有许多，有些案件法院予以受理，有些案件法院以原告人身份不符合《民事诉讼法》的规定而没有受理。因此，在我国法学界引起了较大的争议。从传统"民事诉讼法"的角度来看，民事诉讼受理的是个体与个体之间的诉讼，并要求当事人之间必须具有直接的利害关系。我国《检察院组织法》也没有直接规定，检察院有按照民事程序提起民事诉讼的权力。但是，从法理上来讲，检察院享有法律监督权，它代表的是社会整体利益，对任何违反整体利益的违法行为都有权依法进行监督。因此，检察院在相关机关怠于履行职责或履行职责不当，给整体经济利益造成损失时，应有权提起整体经济利益诉讼，只是我国当时的法律没有明确的规定。

从目前世界各主要国家来看，传统的民事诉讼、行政诉讼和刑事诉讼体系早已经被突破，大多数国家不仅有代表整体经济利益的补充公诉，还有代表整体经济利益的直接公诉。在美国，许多机构都能够代表整体经济利益提起经济公诉，这些公诉权包括涉及联邦利益的案件，征税或追缴税款的案件，政府征用土地的案件，采用欺诈手段骗取抚恤金、养老金案件，政府确认土地所有权的案件，违反托拉斯法的案件和"国民银行法"的案件等。在《英国皇家检察官准则》中，也将"公共利益检验"作为提起公诉的条件。许多国家法律都明确规定经济监管机关享有直接起诉被监管对象的权力，经济公诉权已经是当代世界各国普遍存在的诉讼权力，许多国家还规定有明确的经济公诉程序、证明责任原则、案件归责原则和特殊的责任程度计量标准。因此，经济诉讼法是一个已经事实上存在的法学体系。

第八章
市场准入行为法

【学习目的和要求】

行为法是主体的行为规范，经济法中的行为法是指监管行为法，市场准入行为法是市场监管主体对被监管对象实施的市场进入行为的准许规范。市场行为既是民商法行为也是经济法行为，市场的进入是民商法行为，市场的准入则是经济法行为。经济法不仅规定进入市场的准许法定标准，还对这一标准的实施进行监督管理。市场准入行为法就是关于市场进入标准和进入准许监管的法，它是经济行为法的起点，是保障市场经营行为秩序的前提，也是维护整体市场经济利益的前提。

通过本章的学习要求学生：

● 重点掌握：主体准入监管的内容；客体准入监管的内容；媒体准入监管的内容。

● 一般了解：市场准入监管的程序；市场准入监管的主体；市场准入监管的意义。

● 深入思考：市场进入的民商法权利；市场准入的经济法权力。

【核心概念】

主体准入监管　客体准入监管　媒体准入监管　准入监管程序

【引导案例】

在世界各类市场中，商品市场和金融市场无疑是最令人瞩目的。在各类商品市场中，商品期货市场无疑又是最受社会关注的。根据美国期货业协会（FIA）对全球84家衍生品交易所的统计，2013年全球期货与期权共计成交216.44亿单。其中，期货合约共成交122.18亿单，期权合约共成交94.26亿张。在全球期货和期权成交量前30家衍生品交易所当中，芝加哥交易所集团排名第一，美国洲际交易所集团排名第二，欧洲期货交易所集团排名第三。在单个交易所排名中，我国上海期货交易所排名第一，纽约商品交易所排名第二，美国洲际交易所排名第三，我国大连商品交易所排名第四，欧洲洲际交易所排名第五。

美国芝加哥交易所集团

2006年10月17日，美国芝加哥城内的芝加哥商业交易所与芝加哥期货交易所正式合并，成立芝加哥交易所集团。它是目前世界最大的交易所组织，总市值为250亿美元。芝加哥交易所集团包括四个交易所，即芝加哥商品交易所、芝加哥期货交易所、纽约商业交易所和纽约商品交易所。芝加哥交易所集团的第一个成员是 1848 年设立的芝加哥期货交易所，它也是世界第一个期货交易所；第二个成员是 1872 年成立的纽约黄油及奶酪交易所，1882 年改组成为纽约商业交易所；第三个成员是 1898 年成立的芝加哥奶油与蛋类交易所，1919 年改组成为芝加哥商品交易所。2002 芝加哥商品交易所上市，是美国首个从私人会员组织变为上市机构的交易所；2005 年芝加哥期货交易所从私人会员组织变为上市的交易所；2006 年纽约商业交易所和纽约商品交易所，也从私人会员组织变为上市的交易所；2008 年纽约商业交易所和纽约商品交易所并入芝加哥交易所集团，成为目前的芝加哥交易所集团。在该集团交易的期货和期权类产品主要包括，农产品商品类、能源期货类、股指期货类、外汇期货类和金属期货类产品。

美国洲际交易所集团

2000 年世界主要能源公司和金融机构组建美国洲际交易所集团，2001 年通过收购伦敦国际石油交易所进入期货市场，2007 年收购纽约期货交易所和温尼伯商品交易所，逐步发展成为美国的网上期货交易平台，同时提供能源、商品及其衍生产品的柜台买卖服务。2005 年在纽约证券交易所完成首次股票公开发售，成为标准普尔 500 股票价格指数的成分股之一。目前，它拥有 14 家证券及期货交易所和 5 家交易结算所，包括纽约证券交易所、洲际交易所、泛欧交易所、伦敦国际金融期货交易所、荷兰阿姆斯特丹证券交易所、法国巴黎证券交易所、比利时布鲁塞尔证券交易所、葡萄牙里斯本证券交易所、加拿大期货交易所、伦敦国际石油交易所、欧洲清算所、美国清算所等。美国洲际交易所集团总部位于美国乔治亚州的亚特兰大市，它的电子平台提供原油、天然气、电力、碳排放量等期货合约交易，原料方面包括可可、咖啡、棉花、乙醇、柳橙汁、纸浆和糖等交易。此外，汇率和指数期货及期权等也在它的业务范围内。其中，美元指数期货在美国洲际交易所上市交易，被全球交易者、分析师和经济学家认为是货币的基准。

欧洲期货交易所集团

1998 年德国期货交易所和瑞士交易所合并，成立欧洲期货交易所集团，从 1991 年到 1997 年完成了交易所的整合工作，把交易、证券和期货三方面与交易所软件公司的系统支持，以及交易所清算股份公司统一在一个领导体系之中，从而形成了一个全球性交易体系。该集团在瑞士注册，总部设于苏黎世，主机设在法兰克福。交易所集团由德意志期货交易所、欧洲期货交易所苏黎世股份公司、欧洲期货交易所法兰克福股份公司、欧洲期货公司清算股份公司组成。它将多个国家的产品在同一平台上向所有的会员提供交易，交易的产品包括流动性较高的大部分国际性产品。

我国的商品期货交易所

我国的商品期货交易所发展比较晚，交易的方式相对简单，受监管机关和法律的管制也比较严格，但交易规模较大，都是世界上知名的商品交易所。我国目前经监管机关批准设立的商品期货交易所主要有三家，即上海期货交易所、大连商品交易所和郑州商品交易所。上海期货交易所成立于 1990 年 11 月 26 日，是新中国建立以来中国大陆建立的第一家期货交易所，目前上市交易的主要产品有铜、铝、锌、天然橡胶、燃料油等。大连商品交易所成立于 1993 年 2 月 28 日，是中国最大的农产品期货交易所，目前主要的交易品种有玉米、黄大豆、豆粕、豆油、啤酒大麦等。郑州商品交易所成立于 1990 年 10 月 12 日，在现货远期交易成功运行两年以后，于 1993 年正式进行期货交易，目前主要的交易品种有小麦、棉花、白糖、绿豆等。

【案例导学】

在目前世界市场上，最基本的商品交易方式主要有两种，即现货交易和期货交易。现货交易的目的主要是为了直接的生产消费或生活消费，期货交易的主要目的是为了预防价格变动风险、指示未来商品价格的变化趋势。随着市场交易越来越复杂，期货交易又衍化出许多交易方式，如期权交易、指数交易、信用交易等，并在此基础上又衍化出许多种衍生品组合交易，从法学的角度来看它们都是标准化的格式合同的概括性转让。

在传统的民商法看来，市场是实现主体自由意志的地方，只需要有合同法就可以了。不可否认，合同法是市场交易的基础。但是，随着人们对市场缺陷认识的不断深入，已经不再有人仅满足于合同法调整的市场，于是出现了一系列的市场立法，并对传统法律的价值追求也进行了较多的修改。其中，最明显的变化就是建立起了市场准入行为法体系，它要求商品和服务的提供主体、进入市场交易的商品和服务，以及为市场提供中介服务的媒介主体都必须达到法定的基本品质；否则，不允许其成为市场要素。市场准入行为法是保证各市场要素品质的前提，也是维护良好的市场秩序，实现整体市场经济利益的前提。

第一节　主体准入行为法

一、市场主体的类型

市场行为是卖出与买入双方或在媒介方的中介服务下，实现对商品或服务交易的过程。因此，市场主体包括交易主体和媒介主体，市场客体是指被交易的商品或服务。市场准入行为法是确定交易主体、媒介主体、市场客体进入市场的准许标准和准许程序的法，实质上也就是市场准入行为的监管法。这里所称的市场主体准入行为法是指交易主体的准入行为法，且主要是指市场客体卖出方的准入行为法。这是由于市场客体的买入方主要是市场行为中的权利主体或弱势主体，通常不应该为其设定准入标准。

（一）市场主体的行业分类

目前，各国基本上都实行分业经营，依法将产业分为工商产业和金融产业。据此，市场主体也可以分为工商企业和金融企业。此外，还有一个特殊的劳动力市场，在劳动力市场中除工商企业和金融企业外，还包括劳动力本身，它也是一方市场主体。工商企业是泛指从事工业、商业、农业、普通服务业等非金融业生产经营的市场主体。事实上，工商产业单位具体包括自然人、家庭和企业，企业具体包括公司企业、合伙企业和独资企业。自然人和家庭主要是个体工商业和农业的基本生产经营单位，企业主要是工业、商业、普通服务业的生产经营单位。在市场准入规范中，对居民个人和家庭通常没有严格要求，严格要求的主要是企业。工商产业经营的是"实体经济"，它们或为社会提供物质商品或提供直接与物质商品相关的服务，是任何一个国家经济体系中的基础性经济部门。[1]

金融产业是指从事货币流通与货币融通经营活动的市场主体，它具体包括银行业、信托业、证券业、保险业和其他金融产业。按照多数国家相关法律规定，工商产业与金融产业具有明确的法律界限。在独立企业法人的范围内，经营工商产业的不得同时经营金融产业，经营金融产业的不得同时经营工商产业，以"隔离工商企业的经营风险，减轻工商企业经营风险向金融企业传递，保障国家金融安全"[2]。在金融产业内部也存在分业经营与混业经营的问题，我国金融产业采取的是银行业、信托业、证券业、保险业分业经营的原则。金融产业与工商产业的界限不仅体现在经营范围上，还表现在对市场主体的具体要求上。虽然，经营金融产业的都是企业，也要遵守企业法的规范。但是，金融企业在市场准入标准上明显严格于工商企业，金融企业属于企业的特殊类型，有特殊的法学规范。[3]

劳动主体是另外一种特殊的市场主体，它既是劳动力市场上的交易客体，同时也是交易主体。并且，劳动主体是自然人，他们本身既是经济活动的手段也是目的，既是劳动力市场的卖出主体又是最终消费品市场的买入主体。在劳动力市

---

[1] 参见《公司法》、《合伙企业法》、《个人独资企业法》、《乡镇企业法》、《农民专业合作社法》等的规定。

[2] 刘少军：《金融法学》，中国政法大学出版社 2008 年版，第 26 页。

[3] 参见《人民银行法》、《商业银行法》、《银行业监督管理法》、《证券法》、《保险法》等的规定。

场上，劳动主体卖出的是自己一定时期的劳动而不是劳动力本身，主体是不可能作为市场客体出售的；在最终消费品市场上，任何商品和服务最终都是为了满足劳动主体的消费目的，除满足自然人的消费经济活动外不可能有其他目的。劳动主体既可以在工商企业从事生产经营活动，也可以在金融企业从事经营活动，还可以由自身作为产业单位从事生产经营活动。在劳动主体作为生产经营主体时，它既是劳动者也是生产经营者，既是劳动主体也是市场交易主体。

（二）市场主体的国籍分类

在世界经济一体化的背景下，任何主要主体都可能有跨国性生产经营活动。因此，按照市场主体的国籍，还可以将其分为本国主体和外国主体。本国主体是指具有本国法定身份的主体，对自然人来讲，本国身份主要是指其国籍；对法人、企业来讲，本国身份主要是指其注册登记地和登记机关为本国。本国主体是一国市场的主要主体，它不仅包括国内的工商主体、金融主体、劳动主体，还包括国内的其他主体。具有本国主体的身份，并不代表它的投资都来源于国内，也不代表其生产经营活动仅限于国内，它提供的商品和服务仅提供给国内市场，更不代表它仅受国内法的调整。身份和法律是按照地理区域划分的，市场主体的生产经营活动范围则是根据经济利益的需要在不同的区域内进行的。

外国主体是指虽然是本国的实际市场主体，却不具有本国的主体身份。对于自然人来讲，他虽然不具有本国国籍，却是东道国劳动力市场的主体即外国劳动主体；对法人或企业来讲，它虽然不在本国注册登记，却向东道国提供商品或服务，即外国工商业主体或金融业主体。外国主体与本国主体作为市场主体，既有一定的联系又有明显的区别。首先，无论是本国主体还是外国主体，在哪个法律区域实施市场行为就必须遵守该区域的法律，法律首先是属地性的，不考虑其是否具有本国身份。同时，在某些问题上法律对本国主体和外国主体又是有区别的，各国法律对外国主体都有一些特殊的规范。并且，作为外国主体它既需要遵守东道国的法律也需要遵守母国的法律，法律也是具有属人性质的。[1]

二、主体准入的标准

市场主体的准入标准是指法律对市场主体的品质要求，达到准入标准的准许进入市场成为市场主体，达不到准入标准的不得进入市场成为市场主体；不再符合市场品质要求的必须退出市场，不得再作为市场主体。因此，市场主体的准入标准应该包括市场进入标准和市场退出标准。市场进入标准和市场退出标准，既具有内在联系也具有明显的区别。它们都是关于主体品质的标准，目的都是要确

---

〔1〕　参见《国籍法》、《外商独资企业法》、《中外合资企业法》、《中外合作企业法》、《对外贸易法》、《企业所得税法》、《个人所得税法》，以及相关法律、法规等的规定。

定从事生产经营活动所必须具备的条件。但是，市场进入标准是主动接受的标准，市场退出标准是被动接受的标准。

（一）市场主体的进入标准

社会主体要求进入市场从事市场行为必须满足一些基本条件，这些条件对于企业主体和劳动主体来讲是有区别的。企业主体主要是生产经营条件，这些条件主要包括资本数额、营业场所、开业准备等。其中，企业资本是其创始性资金，它既是生产经营所需要的各种设施的资金来源，也是对外债务的财产担保，要成为市场主体必须具备一定的资本。并且，不同性质、不同行业的市场主体有不同数额的资本要求。企业的营业场所，是其生产经营空间。具备一定的营业场所是成为市场主体的又一基本条件。并且，不同性质、不同行业的市场主体有不同的营业场所要求。开业准备条件是企业正常运营的前提，它主要包括企业内部制度条件、从业人员条件、准入许可条件、注册登记条件、纳税登记条件等。

保障劳动者充分就业是维护整体经济利益的重要方面，国家法律通常不对劳动力进入市场设定许可条件。同时，企业使用何种品质的劳动者也应该是其自由，法律不应进行过多的干涉。但是，为了保护劳动者利益、保证生产经营活动的质量，法律也会对劳动主体设定一定的市场进入条件，这些条件主要包括年龄条件、身体条件、技能条件和信誉条件。其中，劳动主体的年龄条件要求，必须在法定劳动年龄区间才有资格成为劳动主体；劳动主体的身体条件要求，必须具有适合从事相应生产经营活动的身体状况才有资格成为劳动主体；劳动主体的技能条件要求，从事某些特殊的职业必须达到基本的劳动技能要求才能成为该岗位的劳动主体；劳动主体的信誉条件要求，某些特殊业务岗位必须达到法定的信誉标准，具有某些信誉问题的主体不得成为某些重要岗位的劳动主体。[1]

（二）市场主体的退出标准

市场主体的退出是指市场主体离开市场领域不再作为市场主体的行为，它包括主动退出和被动退出两个基本形式。主动退出主要包括企业解散、分立、合并等主动终止原市场主体的行为，以及劳动主体辞职、退休等主动离开原劳动岗位的行为；被动退出主要包括企业被依法撤销、破产等被迫终止原市场主体的行为，以及劳动主体被辞退、开除等被迫离开原劳动岗位的行为。在市场主体退出行为中，由于主动退出是主体的自愿行为，通常不需要法律的过多干预，因此劳动主体退出标准比较明确，不需要复杂的程序和规范。比较复杂的是企业的被动退出，主要是企业的撤销和破产。由于是被动退出，各相关主体的权利义务必须

---

〔1〕　参见《公司法》、《合伙企业法》、《个人独资企业法》、《乡镇企业法》、《商业银行法》、《证券法》、《保险法》、《劳动法》，以及相关法律、法规等的规定。

进行明确规范；由于企业与各相关主体都存在债权债务关系，还必须进行严格的清算。

企业的撤销是指严重违反企业市场行为规范，被核准其企业法人资格的监管机关依法采取强制措施，终止其经营活动、收回其市场主体资格证书，并按照法定程序予以解散的行为。在监管机关作出撤销某企业的决定后，应该组织清算组织对企业财产进行清算，并按照撤销前已经发生的债权债务关系和企业投资关系进行财产清理和分配。财产清理和分配完成后，该市场主体即退出市场。企业的破产是指因经营管理不善或其他原因，致使业务经营状况恶化、持续一定时间不能支付到期债务。并且，资产不足以清偿债务或明显缺乏清偿能力，法院根据当事人的申请依法作出破产裁定，对其财产进行清算、以清偿债务的市场退出行为。企业破产与撤销虽然法律性质不同，但它们的市场退出结果是相同的。[1]

三、准入的监管机关

市场主体的准入行为是主体的自发行为，如果某主体以自然状态进入市场不会影响市场的整体经济利益，法律就不需要为其设置准入标准，当然也就不存在准入监管的问题。如果某主体以自然状态进入市场极有可能影响市场的整体经济利益，破坏市场的整体经济效率、秩序和安全，就必须为其设置准入标准，并指定监管机关监管其市场进入和退出的行为。按照各国相关法律的规定，工商企业的准入监管机关有的是企业主体资格专业监管机关，有的则是由法院代理执行主体资格监管职能；金融企业的准入监管机关通常是双重的，它的主体资格监管与工商企业相同，它的业务经营许可则由金融监管机关负责监管；劳动主体的准入监管机关主要是国家的劳动监管机关和劳动主体权益保护监管机关。[2]

第二节　客体准入行为法

一、市场客体的类型

市场客体是市场供给与需求双方交易的对象，是能够体现特定经济利益或是可以借以获得经济利益的商品或服务。市场客体在市场运行中占有重要地位，没

---

[1] 参见《公司登记管理条例》、《企业法人登记条例》、《金融机构撤销条例》、《企业破产法》、《商业银行法》、《证券法》、《保险法》、《劳动法》，以及相关法律、法规等的规定。

[2] 参见《公司登记管理条例》、《企业法人登记条例》、《公司注册资本登记管理规定》、《工商行政管理机关行政处罚程序规定》、《金融机构撤销条例》、《企业破产法》、《人民银行法》、《商业银行法》、《银行业监督管理法》、《证券法》、《保险法》、《劳动法》、《社会保险法》，以及相关法律、法规的规定。

有合格的市场客体不仅会引起市场的混乱，影响市场各项功能的正常发挥，还会进一步影响到其他领域，甚至影响整个社会经济的正常运行，影响整体经济利益的充分实现。因此，必须建立市场客体准入规范，以保证市场客体的质量，维护市场的公平与秩序。市场客体种类繁多，有多少种需求就会有多少种客体，在法学上可以按照财产性质和行业性质等进行分类。

（一）市场客体的财产分类

市场的基本客体是各种类型的财产，按照财产法可以将其分为物质财产、知识财产和货币财产。"原生财产的典型代表形式是物质财产、知识财产和货币财产。"[1] 并且，当代社会还在逐渐形成"虚拟财产"[2]。由于货币只是市场客体交易的支付结算工具，不是市场交易的对象，虚拟财产目前还不是法定财产。因此，市场客体主要包括物质财产和知识财产。物质财产是《物权法》意义上的财产，它是在社会静止状态下依据明确的法律规定而被承认的法学意义上的财产，是财产的基础形式。法学意义上的财产与经济学意义上的财产是有明显区别的，经济学意义上的财产是现实生活中具有实际交易价值的市场客体，法学意义上的财产是经济学意义上的财产中被法律明确承认的财产。

知识财产是知识产权法意义上的财产，它是在社会静止状态下依据明确的法律规定而被承认的法学意义上的财产，它与物质财产的最大区别是不具有物质客体，它的主要类型包括专利权、商标权、商誉权和著作权等。物质财产、知识财产和货币财产是当代社会基础性或原生性的财产形式，作为市场客体的任何财产都是由这三种基础性或原生性财产衍化形成的，是这三种财产的不同组合。并且，市场主体在这三种财产权上附加的任何权利义务，都会使财产的类型发生变化，最终衍化成为处于市场行为中的各种财产客体。这些客体上的财产权是法定权利与约定权利的混合型权利，是处于运动状态中的财产。

（二）市场客体的行业分类

按照市场客体所处的行业，可以将其分为工商业客体和金融业客体。工商业客体是泛指农业、工业、普通服务业生产经营的市场客体。其中，农业客体主要是指农业产业单位生产出来的各种产品，包括种植业的产品、林业产品、畜牧业产品和渔业产品等。工业客体主要是指工业产业单位生产出来的各种产品，它是以农业产品和矿业产品为原材料，经过专门的工业加工而形成的产品，包括初级工业产品、高级工业产品、终端消费工业产品、再生产工业产品等。普通服务业

---

[1]　刘少军：《法边际均衡论——经济法哲学》，中国政法大学出版社 2007 年版，第 186 页。

[2]　虚拟财产是网络虚拟财产的简称，它是当代社会一类新出现的财产，主要包括虚拟商品、虚拟货币和虚拟账户等。目前各国对此还没有明确的独立立法，多数国家在判例中承认它是财产。

客体主要是指非金融服务产业单位经营的，以工业产品为基础直接为客户提供消费服务的产品，包括餐饮产品、运输产品、旅游产品等。[1]

金融业客体是指银行业、信托业、证券业、保险业和其他金融业经营的市场客体，它们都是由物质财产、知识财产和货币财产衍化而来的各种金融工具。其中，银行业市场客体主要是指银行业金融机构经营的各种金融工具，包括存款类财产、票据类财产、信用类财产、贷款类财产等。信托业市场客体主要是指金融信托业金融机构经营的各种金融工具，包括不动产信托财产、动产信托财产、货币信托财产、投资信托财产、基金信托财产等。证券业市场客体主要是指证券业金融机构经营的各种金融工具，包括股权证券、债权证券、基金证券、金融衍生品证券等。保险业市场客体主要是指保险业金融机构经营的各种金融工具，包括财产保险单、人寿保险单、保险理财工具等。此外，还包括各种经营特殊金融财产的金融公司等金融机构经营的金融工具。[2]

二、客体准入的标准

市场客体的准入标准是指法律对市场客体的品质要求，达到准入标准的准许进入市场成为市场客体，达不到准入标准的不得进入市场成为市场客体；不再符合市场品质要求的必须退出市场，不得再作为市场客体。因此，市场客体的准入标准应该包括市场进入标准和市场退出标准。市场进入标准和市场退出标准，既具有内在联系也具有明显的区别。它们都是关于客体品质的标准，目的都是确定在市场中作为交易对象所必须具备的条件。但是，市场进入标准是主动接受的标准，市场退出标准是被动接受的标准。

（一）市场客体的进入标准

作为客体的交易对象要进入市场必须满足一些基本条件，这些条件对于工商业产品和金融工具来讲是有区别的。工商业产品主要是产品质量和保障措施条件，这些条件主要包括产品质量标准和质量保障措施。产品质量标准要求市场客体能够满足安全性、适用性、功能性，以及可靠性、耐用性、维护性等要求。市场客体的具体标准分为国家标准、地方标准和行业标准。其中，国家标准是在整个国家范围内统一使用的标准，是客体所需达到的最基本标准；地方标准是在地方行政区域内的标准，它可以弥补国家标准和行业标准的空白；行业标准是相关产业内部同一类客体要达到的标准，是行业自律性标准。保障措施是指针对市场客体产生，或可能产生的损害所采取的救济方法。它要求市场主体必须制定完善

---

〔1〕 参见《农业法》、《畜牧法》、《渔业法》、《建筑法》、《煤炭法》、《电力法》、《旅游法》等的规定。
〔2〕 参见《人民银行法》、《商业银行法》、《票据法》、《信托法》、《证券法》、《保险法》等的规定。

的产品质量保障措施，一旦发现产品质量问题必须立即采取相应的措施予以补救。[1]

金融工具的质量要求，主要是金融工具的种类要求、风险要求和信息要求。首先，金融工具是实现货币流通与货币融通的工具，金融业是为实体经济服务的行业。如果金融工具的种类较少，不能满足实体经济正常发展的需要，就必须依法开发新的金融工具，以使应该发展的产业都有适当数量的资金供应；如果金融工具的种类过多，超过了实体经济正常发展的需要，就必须依法减少金融工具的数量，以使不应该发展的产业不会得到超量的资金供应。金融工具既不是越多越好，也不是越少越好。因此，金融的品质首先是金融工具的数量和品质。其次，金融工具必须有合理的投资风险水平，应使其风险水平与投资者的风险管理能力相适应，不得将金融工具发售给不适当的投资人。最后，各种金融工具必须有充分的信息披露，使投资人全面地了解它们的信息，并保证其真实、准确、完整。满足上述条件要求的就是比较合格的金融工具，就应该是准许其进入市场的金融工具。[2]

（二）市场客体的退出标准

市场客体的退出是指市场客体离开市场领域不再作为市场客体的行为，它主要包括自然退出和强制退出两种情况。其中，强制退出又可以分为工商业产品的强制退出和金融工具的强制退出。自然退出是指工商业市场客体因为消费者的使用，最终使其客体被消灭或消费功能被完全消耗，自然地退出市场领域；或者金融工具的投资期限届满，资金筹集主体将投资与收益全部退还给投资人，该金融工具自然作废的情况。市场客体的自然退出是大部分客体的基本市场退出方式，它是正常市场运行条件下的退出方式。但是，如果某些产品达不到进入市场的标准，必须强制其退出市场领域；有些市场客体有明确的使用安全界限，超过安全界限必须强制退出市场领域，如过期食品销毁、汽车强制报废等。[3]

金融市场是监管更加严格的市场，金融工具的强制退出主要有以下几种情况：一是金融工具的质量品质不符合市场交易标准的要求，被监管机关依法强制退出该市场。如股票发行公司经营不善，被要求强制退出该交易市场；债券发行主体不能按期发放利息，被要求强制退出该交易市场等。二是某种金融工具不符

---

[1]　参见《计量法》、《产品质量法》、《商品检验法》、《进出口动植物检疫法》、《食品安全法》，以及国家质量标准体系、地方质量标准体系、行业质量标准体系等的规定。

[2]　参见《商业银行法》、《票据法》、《信托法》、《证券法》、《证券投资基金法》、《保险法》等的规定。

[3]　参见《计量法》、《产品质量法》、《商品检验法》、《进出口动植物检疫法》、《食品安全法》，以及国家质量标准体系、地方质量标准体系、行业质量标准体系等的规定。

合金融市场健康发展的要求，被监管机关认定为非法的金融工具，不允许市场主体再发行这类金融工具，导致这类金融工具被强制退出市场，如商业银行曾经广泛发行的银行券等。三是发行主体被依法强制终止其主体资格，该主体对外发行的各种金融工具也会被强制退出金融市场。如破产企业对外发行的股票、债券，被依法撤销企业发行的金融工具等。[1]

三、准入的监管机关

市场客体的准入行为是主体的自发行为，如果某客体以自然状态进入市场不会影响市场的整体经济利益，法律就不需要为其设置准入标准，当然也就不存在准入监管的问题。如果某客体以自然状态进行市场极有可能影响市场的整体经济利益，给消费者造成使用、人身、健康、财产等方面的损害，法律就必须为其设置准入标准，并指定监管机关监管其市场进入和退出行为。按照各国相关法律的规定，普通工商业产品的准入监管机关主要是工商业监管机关、安全生产监管机关、特殊产业监管机关、质量检验检疫监管机关和食品药品监管机关等。各种金融工具的准入监管机关，主要是金融监管机关。

第三节　媒体准入行为法

一、市场媒体的类型

市场媒体是供给与需求双方交易的媒介或平台，它是"介于市场供给与需求主体之间，为实现市场客体的流通与融通服务的各种市场媒介主体"[2]。在市场经济发展的初期，市场交易行为主要发生在供给主体与需求主体之间，通常不需要有媒介主体的加入，即使存在媒介主体也只是简单的交易中介。随着经济的不断整体化，市场也不断向整体化发展，开始出现专业性的交易媒介或平台，同类客体的交易都集中在这一媒介或平台上进行，极大地提高了市场效率、市场竞争和市场公平。因此，市场媒体也就成为当代市场的重要主体。按照市场媒体的地位可以将其分为，市场交易的平台主体和市场交易的辅助主体。

（一）市场交易的平台主体

当代社会的市场客体交易主要是在各种交易平台上完成的，交易平台按照不同的标准可以进行不同的分类。按照它的组织形式可以分为封闭性交易平台和开

〔1〕　参见《人民银行法》、《商业银行法》、《票据法》、《信托法》、《银行业监督管理法》、《证券法》、
　　　《证券投资基金法》、《保险法》、《期货交易管理条例》，以及相关法律、法规等的规定。
〔2〕　刘少军等：《经济本体法论——经济法律思想体系研究》，中国商业出版社 2000 年版，第 286 页。

放性交易平台；按照它的存在形式可以分为实体性交易平台和虚拟性交易平台。封闭性交易平台是指在该平台上交易的市场客体、为交易提供专业服务的辅助主体等都有严格的特殊准入标准，只有经过该市场特殊准入许可的市场客体和辅助主体才能进入该市场，如商品交易所、证券交易所、期货交易所等。开放性交易平台是指在该平台上交易的市场客体、交易辅助主体等没有特殊的准入标准，只要达到法定的市场准入标准就可以进入该市场，如各种商品平台市场、集贸市场等。通常，封闭性的多为金融市场，开放性的多为商品市场。

实体性交易平台是指交易平台本身是一个具体物质存在，市场客体存在于平台之上或交由专业机构负责保管的交易市场，如交易所、拍卖行、集贸市场等。虚拟性交易平台是指交易平台本身不是一个具体的物质存在，存在于平台之上的市场客体也非客体本身的交易市场，如网络交易平台、网上商场等。实体性交易平台是市场媒体存在的传统形式，它可以向购买者提供现实的市场客体，方便其直接进行选择和判断客体的质量；但是，供给与需求双方必须亲临现场才能完成交易，适合价值比较高的市场客体。虚拟性交易平台是随着电子网络技术的发展而发展起来的市场媒体，多数市场行为都可以通过电子网络完成，供给与需求双方不需要亲临现场，适合价值比较低的市场客体。[1]

（二）市场交易辅助主体

传统的市场交易辅助主体，主要是指作为中介的行纪人和居间人。行纪行为是指"当事人约定一方接受他方的委托，以自己的名义为他方从事贸易活动，他方给付一定报酬"的行为；居间行为是指"居间人向委托人报告订立合同的机会或提供订立合同的媒介服务，委托人支付报酬"的行为。[2] 当代市场交易的辅助主体，主要是指专业性的经纪主体、信息主体、保管主体和清算主体等。专业经纪主体不同于行纪和居间主体，[3] 它是特指在交易所为交易主体提供交易委托代理服务，并同时承担履约担保责任的辅助主体，它们的交易清算关系与行纪或居间关系明显不同。[4] 并且，实践中它多特指证券公司、期货公司等专业辅助人。

信息主体是指为市场交易主体提供专业信息服务的辅助主体，它是当代市场体系下特有的主体，如专业的信息咨询公司、资产评估公司、资产评级公司等。

---

[1] 参见《证券法》、《期货交易管理条例》、《证券交易所管理办法》、《期货交易管理办法》、《网络交易管理办法》、《全国银行间债券市场债券交易管理办法》等的规定。

[2] 王卫国主编：《民法》，中国政法大学出版社 2012 年版，第 466、468 页；参见《合同法》第二十二章、第二十三章，第 414、424 条，以及相关法律、法规的规定。

[3] 但是，也有法规认为，经纪是行纪、居间、代理的统称，参见《经纪人管理办法》第 2 条的规定。

[4] 刘少军：《金融法学》，中国政法大学出版社 2008 年版，第 263 页。

保管主体和清算主体是指为市场交易主体提供专业交易客体保管服务和清算服务的辅助主体，它们既可以是同一主体也可以是不同主体，如证券登记结算公司、交易清算公司、期货交割公司等。这些主体不是市场交易平台，它并不为交易双方提供市场客体的交易场所，也不是市场客体的交易主体，仅为交易主体在交易平台的市场客体交易提供专业性的交易服务。并且，这种特殊服务所形成的法律关系也不同于传统的中介关系，它是传统中介主体专业化发展的结果，也是市场交易机制标准化、结构化、专业化、系统化的结果。[1]

二、媒体准入的标准

市场媒体的准入标准是指法律对市场媒体的品质要求，达到准入标准的准许进入市场成为市场媒体，达不到准入标准的不得进入市场成为市场媒体。同时，市场交易平台主体和专业辅助主体也都存在市场退出的问题，特别是辅助主体。但是，由于它们只提供媒介服务，没有像交易主体那样的经营风险，有些平台主体还属于国家专门设立的交易平台。因此，退出问题属于特殊情况下才存在的问题，这里不再专门讨论。这样，市场媒体的准入标准问题就是平台主体的准入标准和辅助主体的准入标准问题。

（一）平台主体的准入标准

市场交易平台主体是专业经营市场交易平台，为市场交易主体提供交易场所服务的市场媒介主体。为保证市场交易的安全、效率、公平和秩序，必须对交易平台的设立提出品质上的特定要求。总体来讲，这些要求主要包括三个方面：一是交易平台的设施要求；二是平台的交易服务要求；三是平台的交易规则要求。交易平台的设施是指实施市场客体交易的场所、设备、器具等必要条件，具备比较完善的市场设施是进行市场交易的前提。因此，法律、法规必须提出明确的交易平台设施标准，不达到这些标准不得设立市场交易平台。由于交易平台包括实体性平台、虚拟性平台、封闭性平台和开放性平台，它们的性质不同对市场设施的具体要求也不完全相同，但都必须能够满足正常实施交易行为的需要。

市场交易平台是一个完整的客体交易系统，它不仅要求有完善的交易设施，还必须有系统的交易服务和交易规则。平台的交易服务既可以由平台主体自身提供，也可以由专业的辅助主体来提供。通常，封闭性平台和实体性平台需要由专业的辅助主体提供，虚拟性平台和开放性平台多由平台自身提供，法律、法规对不同性质的平台也有不同的具体要求。市场交易平台是统一的市场体系，它必须

---

[1] 参见《证券法》、《期货交易管理条例》、《经纪人管理办法》、《证券登记结算管理办法》、《期货公司期货投资咨询业务试行办法》、《证券、期货投资咨询管理暂行办法》、《征信机构管理办法》等的规定。

有统一的市场交易规则，如市场客体准入规则、市场客体信息规则、交易主体报价规则、买卖双方成交规则、交易履行担保规则、客体清算交割规则、违约违规责任规则、交易纠纷裁判规则等，这些规则虽然在性质上是属于合同，但它对所有市场主体都有法律效力，是市场当事人之间的法。市场交易平台的性质不同，对规则的内容和严格程度的要求也不同；但是，具有符合要求的规则是前提条件。[1]

（二）辅助主体的准入标准

市场交易辅助主体是为市场交易主体，提供专业性交易辅助服务的媒介主体。为保证市场交易服务的质量，也必须对辅助主体提出特定的品质要求。总体来讲，这些要求主要包括四个方面：一是辅助主体的法律性质要求；二是辅助主体的担保能力要求；三是辅助主体的业务能力要求；四是利益冲突的限制性要求。市场辅助主体是为市场提供专业性服务的主体，不同重要程度的辅助主体法律对其性质有不同的要求。通常，对服务于普通商品市场的辅助主体往往没有严格的要求，对服务于专业市场特别是金融市场的辅助主体，如证券公司、期货公司、评级公司等则往往有非常严格的主体性质要求。同时，由于这些辅助主体还要对交易主体的交易履行承担担保责任，还有严格的担保能力要求。

市场辅助主体提供的是专业性辅助服务，为保证服务质量法律还对其业务能力往往有严格的要求，特别是服务于封闭性市场的辅助主体。这些要求主要包括，主体本身的业务资格要求、从业人员的业务资格要求，以及高级管理人员的业务资格要求等。同时，还对这些主体有严格的利益冲突限制要求，如信息咨询主体、资产评估主体、信用评级主体等，不得在客户利益与自身利益之间发生冲突，不得在评价结果与业务收益之间发生冲突，不得在客户利益与从业人员利益之间发生冲突等。否则，禁止其进入市场从事该项业务服务，或者不得对该客户提供业务服务，或者不得由该员工提供业务服务。[2]

三、准入的监管机关

市场媒体的准入行为是主体的自发行为，如果某媒体以自然状态进入市场不会影响市场的整体经济利益，法律就不需要为其设置准入标准，当然也就不存在准入监管的问题。如果某媒体以自然状态进入市场极有可能影响市场的整体经济

---

〔1〕 参见《证券法》、《期货交易管理条例》、《证券交易所管理办法》、《期货交易所管理办法》、《网络交易管理办法》、《全国银行间债券市场债券交易管理办法》等的规定。

〔2〕 参见《证券法》、《期货交易管理条例》、《经纪人管理办法》、《证券登记结算管理办法》、《期货公司期货投资咨询业务试行办法》、《证券、期货投资咨询管理暂行办法》、《征信机构管理办法》等的规定。

利益，给交易双方、交易平台和整个市场带来损害，法律就必须为其设置准入标准，并指定监管机关监管其市场进入行为。按照各国相关法律的规定，普通市场媒体的准入监管机关主要是国家工商业监管机关，金融市场媒体的准入监管机关主要是国家金融业监管机关，特别是其中的证券监管机关。此外，某些特殊的交易平台主体，如依法设立的交易所等；某些特殊的辅助主体，如登记结算主体、保障基金经营主体等；也往往承担许多监管机关授权的监管职能。

第四节 准入行为程序法

一、准入监管的审核

市场准入监管对保证市场主体、客体、媒体等要素的质量，预防市场风险、维护市场秩序，提高市场的公平与效率，保护各方主体、特别是弱势主体的利益具有重要意义。它虽然限制了达不到准入标准市场要素的利益，剥夺了它们进入市场的权利，却维护了市场的整体经济利益，也保障了全体社会成员的最终市场利益。但是，剥夺个体权利是一种非常严肃的行为，它不仅需要有充分的法学依据，还必须遵守严格的法律程序。按照各国相关法律的规定，市场要素的准入监管程序主要包括准入监管的审核和准入信息的公开。其中，准入监管的审核又可具体分为监管审核的类型和监管审核的内容。

（一）准入监管审核的类型

市场要素准入监管审核的类型，取决于要素自身的状况和不同时期对市场完美程度的追求和重点。按照各国法律的规定，市场准入监管审核的类型主要包括批准制、核准制、注册制、备案制和检查制。[1] 其中，批准制、核准制和注册制首先要求市场主体向监管机关提出准入申请，并提交符合要求的准入申请资料，以供监管机关进行审核。在批准制的条件下，监管机关审核后在规定期限内，有权无理由决定许可准入或不许可准入，申请人不享有对审批结果的抗辩权。这是在需要对市场要素准入进行严格管制的条件下采取的审核制度，它赋予监管机关绝对的准入许可权，容易导致监管腐败。

核准制是监管机关审核后，在规定期限内就市场要素是否达到准入标准提出明确的审核意见，达到标准的必须许可进入市场，达不到标准的则不允许进入市场。这是一种有明确准入标准的准入监管制度，它可以严格控制市场要素的质

---

[1] 参见《公司法》、《合伙企业法》、《个人独资企业法》、《产品质量法》、《商品检验法》、《计量法》、《人民银行法》、《银行业监督管理法》、《证券法》、《保险法》等的规定。

量，但也同时赋予了监管机关较大的监管权，适应于对市场要素有严格要求的领域。注册制是监管机关审核后，在规定期限内就市场要素情况的真实、准确、完整提出明确的审核意见，只要提供的市场要素信息达到审核质量的要求，就必须核准市场要素进入市场。注册制是一种比较市场化的监管制度，它不关心市场要素的质量，只关心其相关信息的质量，把该要素市场状况的决策权保留给各市场主体，适合不需要对市场要素质量进行标准化控制的情况。

备案制和检查制不需要向监管机关提出市场要素的准入申请，监管机关也不直接享有市场要素准入的事先监管权，准备进入市场的各要素可以直接进入市场。但是，备案制要求在某市场要素准备进入市场前，必须向监管机关提交该市场要素基本情况的备案材料，以便监管机关可以进行随时的监督和检查。检查制则是某市场要素进入市场前不需要向监管机关提供任何材料、可以直接进入市场，监管机关通过对各市场要素进行日常检查确定其是否达到准入标准，对达不到准入标准的市场客体，责令其在规定时间内退出市场。备案制和检查制没有准入申请程序，可以充分保障个体的市场进入权利，主要适用于多数情况下该市场要素基本上不会出现达不到准入标准的情况，以减少监管和被监管成本。

（二）准入监管审核的内容

市场要素准入监管审核的内容，取决于市场要素的类型。在各市场要素中，市场交易主体和媒介主体都是市场行为主体，它们的准入监管审核内容具有一致性；市场客体是主体交易的对象，它的准入监管审核内容明显区别于市场行为主体。在市场行为主体的准入监管审核中，审核的主要内容包括：市场行为主体的资本状况、内部治理结构状况、员工素质状况、生产经营条件状况、相关管理制度的完备状况等。对于需要经过特别许可才能够从事的生产经营活动，还必须取得相应专业监管机关的专业许可，以保证其具有正常实施相关市场行为的能力，至少不会对市场的整体经济利益构成破坏。

市场客体准入监管审核的内容主要包括，该客体是否属于法律许可进入市场流通的客体，客体的质量是否能够满足国家强制性准入标准的要求，客体交易或使用过程中是否能够满足投资人或消费者的需要，是否具有完善的安全保障和风险预防措施，是否有可能对投资人或消费者构成财产或身体上的危害，是否会对市场整体经济安全、秩序和效率构成不利影响等。同时，市场准入审核的内容也同审核的类型有直接的联系。通常，采取批准制、核准制的市场要素，审核的内容就比较多，审核的程度也比较严格；采取注册制的市场要素，准入审核的内容就相对较少，审核的程度也相对宽松；采取备案制和检查制的市场要素则不需要事先进行准入审核，只需要对其市场状况进行监督检查。[1]

二、准入信息的公开

市场要素准入监管的直接目的不仅在于确定其是否可以进入市场，还在于向市场提供该市场要素的基本信息，以便相关市场主体全面了解该市场要素的基本情况，为相关主体的市场交易行为提供决策依据。因此，无论采取何种监管审核制度，必须将监管审核的结果向社会公开披露。市场准入信息公开制度，就是规定信息公开的类型和公开规范的制度，以严格信息公开的内容和时限，以及公开的信息必须达到的法定标准。

（一）准入信息公开的类型

市场准入信息公开的类型，取决于市场准入审核的类型，以及市场要素在市场上的存续状况。按照各国相关法律的规定，市场准入信息公开的类型主要包括市场准入时的信息公开和市场准入后的信息公开。市场准入时的信息公开主要是对实行批准制、核准制和注册制的市场准入审核而言的，它是指在监管机关审核市场要素准入申请主体的申请材料，并确定其申请材料达到法定要求后，准许申请的市场要素进入市场时，就其申请材料向社会公开披露的行为。市场准入时的信息公开，对相关主体全面了解该市场要素的情况具有重要意义。但是，在现实生活中，多数市场行为主体和客体是要持续存在于市场之上的，相关主体不仅需要了解其准入时的情况，还需要不断地了解其进入市场后的相关情况。在此条件下，就存在市场要素准入后的持续信息公开问题。

市场准入后的信息公开主要是对实行备案制和检查制的市场准入审核，以及市场要素准入后的持续信息公开而言的。它是指在监管机关在对市场进行监督检查的过程中，所掌握的市场要素是否达到法定的准入标准，以及监管机关作出的监管决定情况进行信息公开；或者按照要求市场主体必须向监管机关报送持续信息公开材料，监管机关审核后将相关审核材料和审核结果进行信息公开的行为。在市场要素准入实行备案制或检查制的条件下，监管机关的准入监督不是事前监督而是事后监督，它不可能在准入时向社会提供市场准入信息，只能在进行检查的过程中，就检查情况信息向社会公开披露，以便社会了解该市场要素的品质和准入情况。当然，对市场要素品质的监督也不仅是监管机关的权力，社会公众也有权进行监督，发现问题可以及时向监管机关告知，以便监管机关采取相应的监

---

[1] 参见《公司法》、《合伙企业法》、《个人独资企业法》、《产品质量法》、《商品检验法》、《计量法》、《人民银行法》、《银行业监督管理法》、《证券法》、《保险法》等的规定。

管措施。[1]

(二) 准入信息公开的规范

市场准入信息的公开是一种剥夺个体隐私权、甚至商业秘密的行为，必须按照法律的授权和法定的标准进行，不得任意对市场要素的准入信息进行公开，也不得将不符合质量要求的市场要素信息对社会公开。如果公开的市场要素信息本身存在问题，信息公开主体必须为因此给相关主体带来的损失承担责任。市场准入信息的规范主要包括两个方面：一是准入信息公开时限和途径的规范；二是准入信息公开标准的规范。市场准入信息公开时限和途径规范要求，准入信息必须在规定时限内进行公开，必须以规定的途径进行公开；否则，超过时限就会严重影响信息的参考价值，甚至误导信息接受主体；如果不以规定的途径公开，准备了解该信息的主体可能没有办法了解或及时了解公开的信息。

市场准入信息公开的标准，是指公开的信息所应达到的法定质量要求。按照各国相关法规的规定，信息公开的标准主要包括真实、准确、完整、及时、公平、易懂。信息公开的真实、准确、完整标准，是对公开信息本身的质量要求，它要求公开的信息不得有虚假记载、不得有误导性陈述、不得有重大遗漏；否则，应视为该公开的信息没有达到规定的质量。信息公开的及时、公平、易懂标准，是对信息公开方式的要求，它要求公开的信息必须是规定期限之内的信息，它必须以合理的公开方式使社会公众能够公平地接收到该信息，它必须以容易使接受者理解的表达方式使普通知识水平的公众都能够准确解读该信息。从而既保证信息本身的质量，也保证符合标准的信息能够被公众合理地接受。[2]

【司法案例】

案情：2008 年中国发生了一起严重的奶制品污染事件，很多食用"石家庄三鹿集团"生产的奶粉的婴儿被发现患有肾结石。随后，国家质量监督机关在其奶粉中发现化工原料三聚氰胺。截至 2008 年 9 月 21 日，因食用婴幼儿奶粉而接受门诊治疗咨询，并且已经康复的婴幼儿总数累计达 39 965 人，正在住院的有 12 892 人，此前已治愈出院的有 1579 人，死亡 4 人。另外，截至 9 月 25 日，香港有 5 人、澳门有 1 人也被确诊患病。事件引起各国的高度关注和对乳制品安全的担忧，国家质量监督机关开始对我国生产的婴幼儿奶粉进行全面检查。检查结

---

[1] 参见《公司法》、《合伙企业法》、《个人独资企业法》、《产品质量法》、《商品检验法》、《计量法》、《人民银行法》、《银行业监督管理法》、《证券法》、《保险法》等的规定。

[2] 参见《公司法》、《产品质量法》、《商品检验法》、《人民银行法》、《商业银行法》、《信托法》、《银行业监督管理法》、《证券法》、《保险法》，以及相关法律、法规等的规定。

果显示，包括伊利、蒙牛、光明、圣元及雅士利在内的多个厂家生产的奶粉都检出三聚氰胺。2008 年 9 月 13 日，国务院启动特别重大食品安全事故响应机制处置三鹿奶粉污染事件。对患病婴幼儿实行免费救治，所需费用由财政承担。该事件重创了中国制造商品的信誉，多个国家禁止从中国进口乳制品。2008 年 9 月 24 日，国家质量监管机关表示，牛奶事件已得到控制，市场上新生产的奶制品检测中均未检出三聚氰胺。

"石家庄三鹿集团"公司的前身是 1956 年 2 月 16 日成立的"幸福乳业生产合作社"，经过几代人半个世纪的奋斗在同行业中取得了许多成绩。2005 年 8 月，"三鹿"品牌被世界品牌实验室评为中国 500 个最具价值品牌之一，2007 年被商务部评为最具市场竞争力品牌。"三鹿"商标被认定为"中国驰名商标"；产品畅销全国 31 个省、市、自治区。2006 年国际知名杂志《福布斯》评选的"中国顶尖企业百强"中，位居乳品行业第一位。经中国品牌资产评价中心评定，三鹿品牌价值达 149.07 亿元。2006 年 6 月 15 日，三鹿集团与全球最大的乳品制造商之一新西兰恒天然集团合资经营，新西兰恒天然公司是三鹿集团的最大海外股东。2008 年 1 月 8 日，在人民大会堂中共中央、国务院隆重举行国家科学技术奖励大会，中国乳业界 20 年来空缺的国家科技奖被三鹿集团打破，它的"新一代婴幼儿配方奶粉研究及其配套技术的创新与集成项目"获得国家科学技术进步奖。

2008 年 3 月以后，不断有消费者向三鹿集团、工商监管机关和质量监管机关举报，奶品质量存在问题，但均未引起重视。2008 年 8 月三鹿集团发现奶品质量存在问题，外方董事提出要公开进行产品召回。但是，由于考虑到公开进行产品召回会对公司声誉造成重大打击，于是决定仅以合格产品换回已发出的不合格产品。恰在这时，新西兰恒天然公司的董事出示了一份欧盟关于食品中含三聚氰胺控制标准的资料，该标准称根据体重来衡量，每公斤体重每天耐受三聚氰胺的量是 0.5 毫克。经推算后，三鹿集团领导人认为奶粉中每公斤三聚氰胺含量不超过 20 毫克，婴幼儿食用后不会出现问题。宣布对经检测三聚氰胺含量在每公斤 10 毫克以下的产品准予检测部门出具放行通知单，即准许销售出厂。2008 年 8 月 2 日~9 月 12 日，三鹿集团共生产含有三聚氰胺的婴幼儿奶粉 72 个批次，总量 904.24 吨；销售含有三聚氰胺的婴幼儿奶粉 69 个批次，总量 813.737 吨，销售金额 4756 万元。2008 年 9 月 12 日，三鹿集团被政府勒令停止生产和销售。石家庄市检察院就三鹿集团及董事长田某等生产、销售伪劣产品案，向石家庄市中级人民法院提起公诉。

判决：2009 年 1 月 22 日，石家庄市中级人民法院经审理后认为，被告石家庄市三鹿集团股份有限公司犯生产、销售伪劣产品罪，判处罚金 4937 万元。被告人原三鹿集团董事长田某犯生产、销售伪劣产品罪，判处无期徒刑，并处罚金2000 万元。被告人原三鹿集团高级管理人员王某犯生产、销售伪劣产品罪，判处有期徒刑 15 年。被告人原三鹿集团高级管理人员杭某犯生产、销售伪劣产品罪，判处有期徒刑 8 年。被告人原三鹿集团高级管理人员吴某犯生产、销售伪劣产品罪，判处有期徒刑 5 年。

三鹿集团停止生产和销售以后，截至 2008 年 10 月 31 日的财务审计和资产评估显示，公司资产总额为 15.61 亿元，总负债 17.62 亿元，净资产为负 2.01亿元，2008 年 12 月 19 日又支付 9.02 亿元用于支付患病婴幼儿的治疗和赔偿费用，净资产为负 11.03 亿元。2009 年 2 月 12 日，石家庄市中级人民法院发出裁定书，正式宣布石家庄市三鹿集团股份有限公司破产。它的资产被北京三元集团公司和河北三元食品公司以 6.165 亿元收购。

根据国家处理奶粉事件领导小组事故调查组调查，三鹿牌婴幼儿奶粉事件是一起重大食品安全事件。依据《国务院关于特大安全事故行政责任追究的规定》、《党政领导干部辞职暂行规定》等有关规定，鉴于河北省省委常委、石家庄市委书记吴某对三鹿牌奶粉事件负有领导责任，对事件未及时上报、处置不力负有直接责任，免去其现任职务；鉴于在多家奶制品企业部分产品含有三聚氰胺的事件中，国家质量监督检验检疫总局监管缺失，局长李某负有领导责任，同意接受其引咎辞去局长职务的请求；给予执法督查司司长王某撤销党内职务的处分和撤职的行政处分；给予食品生产监管司原副司长鲍某记大过的行政处分；给予工商行政管理总局食品流通监督管理司副司长卢某撤职的行政处分；给予消费者权益保护局局长孙某、食品药品监管局食品安全协调司司长孙某记过的行政处分。

评析：奶制品是直接涉及社会公众身体健康和生命安全的产品，发生本案的原因固然是多方面的，相关责任人也已经依法受到了处罚。但是，本案最直接的责任主体应该是监管主体，奶制品是有国家强制性质量标准的，我国奶制品市场多年来一直存在这方面问题，首先应该承担责任的就是产品质量监督管理机关及其领导人。如果他们能够严格履行监管职责，就不可能有添加了三聚氰胺的原奶进入三鹿集团，或者即使进入了三鹿集团也不会变成奶制品直接流入市场，使广大社会公众的身体健康和生命安全受到严重侵害，三鹿集团公司这个曾经具有比较辉煌生产经营业绩的大企业也不至于破产。甚至进一步导致我国整个奶制品产业的经营危机，许多国家为保护市场，限制、甚至禁止我国公民购买奶粉。

如果从更深的层次来看，导致监管机关监管不力的重要原因是监管机关的独立性不强。虽然我国的经济监管机关都具有一定的独立性，但毕竟没有完全摆脱行政机关的领导，而行政机关在当时的环境下又以经济增长作为主要的行政目标，在三鹿集团已经向行政领导汇报后，仍然不能采取严格的执法措施，以防止影响自己的政绩。行政领导的态度也使得监管机关不能严格执法，甚至对违法行为采取默许的态度。如果经济监管机关能够直接对立法机关负责，不受行政干预，并将行政机关也作为自己的监管对象，就能够保证其严格执法；否则，就会直接受到立法机关的处罚。实践证明，必须按照经济法的法理来设置经济监管机关，必须理顺经济法的立法与执法关系，才能保证经济法能够得到全面执行。

第九章
市场经营行为法

【学习目的和要求】

市场经营行为主要是民商法主体依据个体权利和自由意志从事市场活动的行为，在传统法学看来这种行为不需要进行规范，在传统法学体系中除合同法之外也基本上没有其他规范。但是，在整体经济条件下，个体或行政主体的市场经营行为同时也是整体经济行为，它也会对整体经济利益构成影响。因此，必须对市场经营行为进行必要的整体经济规范，市场经营行为法就是从整体经济利益的角度，规范民商主体和行政主体的市场经营行为，以及经济监管机关对市场经营行为进行监督管理的法。

通过本章的学习要求学生：

● 重点掌握：信息行为规范；价格行为规范；交易行为规范；竞争行为规范。

● 一般了解：消费者的基本权利；投资人的基本权利；劳动者的基本权利。

● 深入思考：市场经营行为的民商法权利；市场经营行为的经济法权利。

【核心概念】

信息行为监管　价格行为监管　交易行为监管　竞争行为监管

【引导案例】

在世界各类市场中，金融市场往往比商品市场更加令人瞩目。在2013年全球十大金融中心城市排名中，多年来稳定居于前10名的分别是：纽约、伦敦、香港、东京、新加坡、上海、巴黎、法兰克福、芝加哥、悉尼，前6位的排名最为稳定。按照证券交易量排名，世界6大证券交易所分别是：纽约泛欧证券交易所、纳斯达克证券交易所、日本证券交易所、上海证券交易所、伦敦证券交易所和深圳证券交易所。

纽约泛欧证券交易所集团：2006年纽约证券交易所集团和欧洲证券交易所集团合并，成立纽约泛欧证券交易所集团，总部设在纽约。目前，是世界最大的证券交易所集团，由纽约证券交易所、伦敦国际金融期货交易所、荷兰阿姆斯特丹证券交易所、法国巴黎证券交易所、比利时布鲁塞尔证券交易所、葡萄牙里斯本证券交易所、伦敦国际石油交易所等十多个成员组成，为全球投资者及上市公司提供多样化的金融产品和服务。其中，纽约证券交易所的历史可以追溯到1792年5月17日，当时24个证券经纪人在纽约华尔街68号外一棵梧桐树下签署了

《梧桐树协议》。1817年3月8日这个组织起草了一项章程，并把名字更改为纽约证券交易委员会，第一个总部是一间月租200美金，位于华尔街40号的房间。1863年更名为纽约证券交易所后才有了自己的交易场所，坐落于纽约市华尔街11号的交易大厦是1903年启用的。1934年依据美国《证券法》向证券交易委员会注册为一家全国性证券交易所，性质原为非营利非法人社团，1971年改为非营利法人社团。纽约证券交易所曾经是世界最古老，也是交易量最大的交易所，直到1996年它的交易量被纳斯达克超过。2005年纽约证券交易所收购全电子证券交易所成为营利性机构。

纳斯达克证券交易所：纳斯达克证券市场（NASDAQ）是1971年在华盛顿建立的全球第一个电子交易市场，它的全称为"全美证券商协会自动报价系统"（National Association of Securities Dealers Automated Quotation），由全美证券交易商协会（NASD）创立并负责管理，总部设在纽约。它最初是为了规范混乱的场外交易和为新兴产业、小企业提供融资平台而设立的市场，它的证券交易程序与其他市场不同，由一个单独指定的交易商或特定人负责一种股票的所有交易，并负责撮合买卖双方，在必要时为了保持交易的不断进行还要充当交易者的角色，称之为做市商制度。虽然，纳斯达克是一个电子化的证券交易市场，但它仍有个代表性的交易中心，该中心位于纽约时报广场旁的"康泰纳仕大楼"内，它是一个大型的摄影棚，利用高科技的投影屏幕提供各种交易信息。随着在纳斯达克上市公司的不断成长壮大，它在证券市场上的定位也在发生变化。2006年将股票市场分为三个层次，即纳斯达克全球精选市场、纳斯达克全球市场（即原来的纳斯达克全国市场）和纳斯达克资本市场（即原来的纳斯达克小型股市场），进一步优化了市场结构。

日本证券交易所集团：2013年7月16日，东京证券交易所和大阪证券交易所合并，成立日本交易所集团，合并后的上市公司数量、股票市场价值总额和交易数量都升至世界第三位。东京证券交易所设立于1878年5月15日，当时的名称为东京股票交易所（日文：东京株式取引所）。由于当时日本经济发展缓慢，证券交易不兴旺，证券交易所并没有取得较大发展。1943年6月，日本政府合并所有证券交易所，成立了半官方的日本证券交易所，但成立不到4年就解体了。第二次世界大战前，日本经济虽有一定的发展，但由于是一种战争经济体制，并带有浓厚的军国主义色彩，证券业务难以发展，第二次世界大战时曾暂停交易。1949年5月16日重新开业，并更名为东京证券交易所。随着战后日本经济的恢复和发展，东京证券交易所取得了较快的发展，逐渐成为世界第三大交易所。大阪证券交易所起源于江户时代的1652～1673年，它的前身曾是大阪的谷物交易所。1878年由大阪株式交易所转变为大阪证券交易所，合并前是日本三大证券交易所之一。

上海证券交易所：它是目前中国大陆两家证券交易所之一，位于上海市浦东新区，按照上市证券的价值总额排世界第5位左右，交易总量排世界第4位左右。上海证券交易所的前身为1891年设立的上海捐客公会，1904年更名为上海证券交易所。1920年由上海股票商业公会改组成立上海华商证券交易所。1937年抗日战争爆发后，该所奉命停业。1943年9月29日在日伪当局的压力下复业，1945年8月18日该所被重庆政府下令查封停业。1946年5月南京政府决定恢复其股票交易，1946年9月16日上海证券交易所正式开业，上市股票以华商工矿企业为主。1949年5月27日解放军进入上海，6月10日上午查封了上海证券交易所，该交易所自此关闭。1990年11月26日为适应市场经济的需要，由中国人民银行总行批准重新成立，同年12月19日正式营业。上海证券交易所是不以盈利为目的的社团法人，由中国证券监督管理委员会直接监管，上市公司以国内大企业为主。

伦敦证券交易所集团：英国伦敦是国际化的世界金融中心之一，它不仅是欧洲债券及外汇交易的中心，还受理超过2/3的国际股票承销业务。在这些业务办理过程中，伦敦证券交易所发挥着重要作用。伦敦证券交易所起源于1773年在伦敦柴思胡同乔纳森咖啡馆成立的交易所，1802年获得英国政府的正式批准，最初主要交易政府债券、公司债券和运河股票。这一时期英国其他地方也设有许多证券交易所，高峰时达到30余家。1967年各地的交易所合并成了7个区域性证券交易所，1973年伦敦证券交易所与设在格拉斯哥、利物浦、曼彻斯特、伯明翰和都柏林等地的交易所合并成大不列颠及爱尔兰证券交易所，各地证券交易所于80年代后期停止营业。1995年12月该交易所分为两个独立的部分，一部分归属爱尔兰共和国，归属于英国的部分即现在的伦敦证券交易所，它还拥有多伦多证券交易所、蒙特利尔证券交易所、蒙特利尔气候交易所等机构。目前，伦敦证券交易所的上市证券总价值排世界第4位左右，交易总量排世界第6位左右。

深圳证券交易所：它是目前中国大陆两家证券交易所之一，位于深圳市深南大道，按照上市证券的价值总额排世界第10位左右，交易总量排世界第5位左右。1980年8月26日全国人民代表大会批准《广东省经济特区条例》，深圳经济特区正式设立。1984年10月通过《关于经济体制改革的决定》，企业股份制开始试点，1988年11月深圳市成立资本市场领导小组，通过了《关于同意成立深圳证券交易所的批复》，1990年1月深圳证券交易所筹备小组正式成立，1990年12月1日深圳证券交易所开始试营业，1991年4月16日深圳证券交易所获中国人民银行批准成立。它是不以盈利为目的的社团法人，由中国证券监督管理委员会直接监管。上海和深圳两家证券交易所的设立，对我国企业、特别是国有企业的股份制改造发挥了重要作用。我国深圳交易所的基本功能定位是发展多层次的资本市场，支持中小企业发展，推进企业自主创新。2004年5月中小企业交易板块正式设立，2006年1月中关村科技园区非上市公司股份报价转让开始试点，2009年10月创业板正式启动，基本上确立了深圳证券交易所多层次资本市场体系的架构。

【案例导学】

　　市场是实现交易的场所，按照交易的对象不同可以分为商品劳务市场和金融市场，按照资金的使用期限金融市场可以分为货币市场和资本市场，按照交易组织的严密化程度可以分为普通市场和交易所市场，按照市场中的不同交易方式可以分为现货市场、期货市场、信用市场等。其中，现货市场中有传统交易、拍卖交易、招标投标交易等交易方式，期货市场中有远期合同交易、商品期货交易、证券期货交易、指数期货交易、期货权利交易等交易方式，在信用市场中有信用买入交易和信用卖出交易等。

　　市场交易方式的复杂化、专业化和联系广泛化，使市场经营行为的整体经济利益属性越来越得到强化，许多传统的民商法行为同时也转化为经济法行为，需要接受整体经济利益的评价，如果严重违反了整体经济利益就必须适度剥夺民商法主体的个体权利，以服从整体经济利益的需要。作为经济法的市场经营行为法，就是为了维护整体经济利益而确立的市场经营规范，它或者表现为合同法的特殊规范，或者表现为合同法之外的全新规范；或者表现为民商主体的市场行为约束规范，或者表现为新型主体的全新规范。目的在于通过这些规范约束市场主体的行为，使其符合市场整体经济利益的需要。这些规范概括起来包括市场信息行为、价格行为、交易行为、竞争行为和弱势主体保护规范。

第一节　市场信息行为法

一、信息行为的资格

　　市场交易是从发布信息开始的，卖出方首先需要对外公开其出售信息，才能吸引购买方与其达成买卖协议、实现客体的交易；或者买入方首先需要对外公开其购买信息，才能吸引出售方实现客体的交易。然而，当今社会的市场客体往往是比较复杂的，不同类型的客体需要提供不同的信息，才能根据这些信息作出决策，如商品服务信息、生产经营信息、财务会计信息、国家经济信息等。市场信息行为的核心问题是信息质量和信息公平问题，它是保证公平竞争的前提。为满足市场信息的基本要求，首先必须对信息行为主体的资格作出严格的限定，以防止不具备资格的主体任意实施信息行为。通常，市场信息行为的资格主要包括发布主体资格、经营主体资格和传播主体资格三方面。[1]

信息发布主体的资格，是对有权决定公开某市场信息的主体资格的要求。它主要包括三个方面：一是信息归属的资格要求；二是发布人资格的要求；三是信息发布的效力。信息归属资格要求信息发布人只能发布关于自身的市场信息，不得对外发布其他主体的市场信息；否则，就会构成信息发布侵权。发布人资格要求发布信息的主体必须满足特定的信息发布行为能力，它必须具备法定人格、必须具有相应的行为能力；否则，即使是自身的市场信息也不得对外公开，或者即使公开也不具备信息发布效力。信息发布的效力要求，如果信息发布人具有行为能力，且发布的信息非介绍性信息而是要约性信息，则该市场信息就构成要约行为，发布人就必须按照该要约对承诺人承担法律责任。

信息经营主体是指受信息发布主体委托，提供信息设计、制作、代理服务的主体。信息发行主体希望对外发布归属于自己的信息主要有两种方式：一是自己亲自设计、制作信息内容；二是委托专业信息经营主体代为设计、制作信息内容。在委托信息经营主体的条件下，为了保证信息发布的质量、维护信息市场秩序，必须对信息经营主体的资格有特定的要求。首先，信息经营主体必须具有市场主体资格；否则，就没有权力实施市场行为。其次，信息经营主体是特殊的市场主体，它必须具备实施这一特殊行为的专业能力，对特殊市场信息它还必须具备特定的经营主体资格；否则，它就没有权力实施信息经营行为。并且，如果其经营行为侵害了其他个体或整体的利益还需要承担法律责任。

信息传播主体是指接受信息发布主体或经营主体的委托，从事信息传播业务活动的市场主体。信息发布主体希望对外发布市场信息主要有两种基本方式：一是自己亲自对外发布信息；二是通过专业传播主体对外发布信息。利用报纸、杂志、广播、电视、网络等专业传播主体发布市场信息具有接受面广、传播及时等优点。信息传播主体是特殊的信息行为主体，必须有明确的主体资格要求。首先，它必须具有市场主体资格；否则，就没有权利实施市场行为。其次，信息传播主体必须具有信息传播资格，必须具有传播社会信息的权利能力和行为能力；否则，它就没有权利实施信息传播行为。如果是特殊市场信息，还需要有特殊的专业监管许可；否则，没有资格作为该信息的传播主体。

---

[1]　参见《广告法》、《会计法》、《合同法》、《反不正当竞争法》、《证券法》，以及《企业信息公示暂行条例》、《上市公司信息披露管理办法》等相关法律、法规的规定。

二、信息行为的规范

市场信息行为不仅有主体资格要求，为保证信息的质量和信息的公平性，保护整体经济利益和社会利益不受到侵害，还必须对各主体的信息行为设定行为规范。市场信息行为不是两个独立主体之间的行为，而是某信息主体对信息发布范围内全体社会公众的行为。虽然，发布市场信息是发布主体的权利，但这种权利的行使也是有明确边界的，它不能对整体经济利益和社会利益构成侵害，也不能对相关个体的利益构成侵害。这些信息行为规范主要包括信息内容规范、信息传媒规范和接受主体规范。[1]

信息内容规范是对市场信息内容的具体要求，包括表述规范、依据规范和限制规范。信息表达规范要求市场信息表达必须清楚严密，内容要真实、准确、完整，不得出现虚假信息、误导性信息或有重大遗漏的信息。信息依据规范要求市场信息中提供的数据等资料必须有可靠的依据，必须标明这些资料的来源。信息限制规范主要包括相关评价限制、特定客体限制、表现形式限制和审查核准限制。其中，相关评价限制是指不得对相关客体进行对比评价，以损害相对方利益、影响接受主体的判断；特定客体限制是指对某些特殊客体公开发布市场信息有严格限制，甚至禁止发布某客体的市场信息，如烟草、药品、食品等；表现形式限制是指信息表现形式应有利于公众身心健康、遵守社会公德和维护相关主体尊严，不得损害国家利益、社会利益和其他相关主体利益。审查核准限制是指对于需要经审查核准才能对外发布的市场信息，必须在审核核准后才能对外发布。

信息传媒规范是指对市场信息传播媒介的具体要求，包括公共设施传播限制、公共利益传播限制、特殊区域传播限制和特定媒介限制。其中，公共设施传播限制是指市场信息传播媒介不得影响公共设施正常功能的发挥，包括不得利用公共设施传播市场信息，设置市场信息传播装置，如广告牌等，不得影响公共设施功能。公共利益传播限制是指设置的传播装置不得妨碍社会公共秩序和公共利益，不得妨碍企业的生产经营和居民生活、不得损害市容市貌、不得危害公共安全和其他公共利益。特殊区域传播限制是指在某些特殊区域内不得设置市场信息传播媒介，如国家机关、文物保护单位和名胜风景区等，不得作为市场信息的传播媒介。特定媒介限制是指对按照规定只能在某传播媒介上发布的市场信息，必须在规定的媒介上发布，如规定的报刊杂志、网站等，以保证信息发布的公平性。

信息接受主体规范是指对信息接受主体利益的保护要求，包括全体公众保护

---

〔1〕　参见《广告法》、《会计法》、《反不正当竞争法》、《证券法》，以及相关法律、法规的规定。

规范、特殊群体保护规范和特殊信息公开规范。其中，全体公众保护规范要求市场信息不得侵害全体接受主体的正当权益，不得损害接受主体的身心健康，不得妨碍社会安定和危害人身、财产安全。特殊群体保护规范要求市场信息不得侵害某些特殊群体的正当权益，不得有民族、种族、性别、宗教等歧视性内容，不得损害未成年人和残疾人的身心健康和人身安全。特殊信息公开规范要求对可能给信息知晓人带来特殊利益的公共信息，必须以能够为公众知晓的方式同时向社会公开；在该信息未对社会公开之前，任何掌握该信息的主体不得为自己牟取特殊利益；否则，该行为就属于内幕交易行为，应承担相应的法律责任。

第二节　市场价格行为法

一、市场价格的类型

市场行为首先是信息行为，然后就应该是价格行为，以确定市场客体的交易价格。从民商法的角度看，价格行为是市场主体的自由意志行为，是可以由市场供求关系自动调节的。但是，在整体经济条件下，许多市场客体的价格直接关系到居民的基本权益，许多市场客体是国家向居民提供的公共福利；再加之事实上主体地位的不平等，完全由市场来自由调节客体价格是不能完全被当代社会的法学思想所接受的，必须对市场价格行为进行必要的规范。当代法学对市场价格行为的规范，首先是确定市场客体价格的分类。按照各国相关法律的规定，市场客体的价格具体分为自由价格、基准价格和法定价格。[1]

自由价格是指由市场主体自由协商和竞争形成的商品或服务价格，自由价格是市场价格行为的基本形式。通过自由价格可以灵活地调节商品或服务的供给与需求，并进而调节企业的生产经营活动，发挥市场基础的资源分配功能。市场经济的核心就是由市场来决定价格，由价格来决定社会资源的分配，由社会资源的分配来决定经济的运行和增长。因此，自由价格是市场经济的基本价格形成方式。但是，自由价格并不是没有任何约束的，它要求市场主体在确定价格时必须遵循公平、合法和诚实信用的原则。首先，市场主体在确定价格时必须保持供给

[1] 参见《价格法》、《反垄断法》、《反不正当竞争法》、《人民银行法》、《商业银行法》、《证券法》、《保险法》，以及《收费公路管理条例》、《国有土地上房屋征收与补偿条例》、《行政事业性收费标准管理暂行办法》、《中介服务收费管理办法》、《商业银行服务价格管理办法》、《资产评估收费管理办法》、《律师服务收费管理办法》、《物业服务收费管理办法》、《关于商品和服务实行明码标价的规定》、《政府制定价格成本监审办法》、《价格违法行为行政处罚规定》等法律、法规的规定。

方和需求方的利益相对公平，必须公平地对待所有的交易相对方主体。其次，市场主体在确定价格时必须遵守国家的相关法律、法规，任何自由都是有边界的，价格的自由也不得超越法律的边界。最后，市场主体在确定价格时必须诚实信用，不得以欺诈手段使相对方在不明真相的情况下接受其价格主张，给其造成经济上的损失。

基准价格是指享有市场价格监管权的监管机关，按照法定程序确定某类商品或服务的价格浮动基准和浮动幅度，市场主体有权在该价格基准和浮动幅度范围内，自主协商和竞争确定的客体价格。基准价格虽然部分地剥夺了市场主体的自由确定商品或服务价格的权利，但它对矫正市场缺陷、维护整体经济利益具有重要意义。通常，对于资源稀缺性、社会福利性、公共利益性等的商品或服务适宜采取基准价格。法定价格是指享有市场价格监管权的监管机关，按照法定程序确定的某类商品或服务的具体市场价格或收费标准。法定价格是当代社会市场客体价格的重要形式，在任何国家都存在法定价格。它虽然完全剥夺了市场主体确定商品或服务价格的权利，却是特殊领域或特殊情况下的必要措施。对于直接影响国家经济发展和居民基本生活的基础性商品或服务，对于完全自然垄断的商品或服务，以及重要的公用事业商品或服务，比较适宜采取法定价格的市场行为方式。并且，采取法定价格还可以减少市场主体的相关交易成本，提高商品或服务的流通效率。

二、市场价格的标准

市场价格标准是指市场主体或监管机关，确定商品或服务价格的基本准则或依据。市场价格并不是可以任意确定的，它具有其客观的价格准则或依据。在充分竞争性行业，商品或服务的价格标准是它的成本价格；在不充分竞争性行业，商品或服务的价格标准是它的供求均衡价格。按照劳动价值理论，商品或服务的价格是由它们的成本决定的，它等于固定资产成本、流动资产成本、劳动力成本加上适当水平的利润。"如果供给和需求互相平衡，则商品的市场价格相当于它们的自然价格，即相当于由生产它们所必需的劳动量来决定的它们的价值。"[1]它表现在充分竞争性行业，商品或服务的市场价格不是没有标准的，它的最低价格不可能低于成本，它的最高价格不可能高于正常水平的利润。

在不充分竞争性行业或非竞争性行业，商品或服务的市场价格则不完全取决于生产经营它们的成本，而是取决于供给方希望达到的价格水平以及需求方就该商品或服务的购买力能够达到的水平之间的边际均衡。该价格被称为均衡价格，

---

〔1〕　〔德〕马克思："工资、价格和利润"，载《马克思恩格斯全集》（第16卷），人民出版社1972年版，第142页。

它是指"愿意供给的数量和愿意需求的数量相等。竞争的均衡必须处于供给曲线和需求曲线的交点"[1]。均衡价格理论虽具有更强的解释力，它能够解释非劳动产品的市场价格，却不能清楚地表明价格的构成要素，对依法进行市场价格行为监管少有帮助。如果将二者结合，既考虑到供给与需求的因素，又考虑到劳动价值的因素，则能够比较好地解释任何情况下的价格。因此，对供求基本均衡的竞争性领域，应主要采取自由价格；对不能实现供求均衡的非竞争性领域或特殊时期，则需要按照价格的构成要素对其进行适当的控制，采取基准价格或法定价格，以防止因为严重的供求不均衡而使投机性市场主体获得巨额的利益，影响市场的公平与正义。

三、价格行为的规范

市场价格行为是一种对整体经济利益有较大影响的行为，必须在民商法的基础上进行经济法意义上的规范。价格行为的规范主要包括两个方面：一是对自由价格行为的规范；二是对基准价格和法定价格行为的规范。对自由价格行为的规范主要是禁止不正当的自由价格行为，这些行为主要包括价格操纵、价格歧视、价格欺诈和价格暴利等。其中，价格操纵是指单独或合谋，利用资金、商品、信息优势联合或连续买卖某商品，从价格变动中牟取非法利益的行为；价格歧视是利用自己的优势，在同等条件下对不同的主体采取不同的交易价格的行为；价格欺诈是指利用虚假或使人误解的标价形式或价格手段，欺骗、诱导消费者或其他经营者与其进行交易的行为；价格暴利是指利用非法手段或非正常市场状态，以高于正常收益水平的价格提供商品或服务，致使相对方受到不合理损失的行为。

基准价格和法定价格的规范，是对价格监管机关制定基准价格、价格波动幅度、规定价格水平等行为的规范。它的主要内容包括价格调查规范、价格听证规范、公告公示规范、价格调整规范和违法监管规范等。其中，价格调查规范要求监管机关在制定规则时，必须详细、深入地进行调查研究，不得盲目出台基准价格或法定价格规定；价格听证规范要求监管机关在制定价格规则时，必须召开听证会、充分听取各方面代表的价格意见，不得自行出台价格规范；公告公示规范要求监管机关必须对其实施的价格行为向全社会公告，必须对其实施价格行为的理由向社会公示，不得非公开实施价格行为；价格调整规范要求监管机关，对采取的价格措施必须根据市场情况的变化进行及时调整，不得在市场已经发生明显变化的情况下仍然采取不合实际的价格措施；违法监管规范要求监管机关必须积

---

〔1〕　〔美〕萨缪尔森著，高鸿业译：《经济学》（上册），商务印书馆1982年版，第91页。

极地、严格地按照监管程序和监管权力履行监管职责，不得非法监管或怠于监管。[1]

第三节 市场交易行为法

一、现货交易的规范

市场交易是民商法主体的行为，传统法学并不认为它需要特别的规范。但是，由于市场主体的实质性不平等，主体对市场客体质量的辨别能力有限，特别是大型的、有组织的交易场所的出现，以及交易市场系统性风险的形成，市场交易行为不仅是一种民商法行为，它同时也对整体经济利益发生重大影响，也是经济法行为。从总体上来讲，经济法对市场交易行为的规范主要包括现货交易、期货交易和信用交易的规范。[2] 现货交易是在交易合同成立后，根据双方确定的价格、交货与付款方式，在较短时间内完成交易、实现财产权利转让的市场客体交易方式。它是市场交易行为的基本方式，普通的现货交易主要受合同法调整，特殊的现货交易如拍卖、招标投标等则由专门的法进行规范。

（一）拍卖行为规范

拍卖交易行为是指由经过监管许可并注册登记的拍卖人组织实施的，由竞买人以公开竞价的形式确定交易价格，并将特定财产或财产权利转让给超过保留价格最高应价者的交易行为。拍卖交易行为是一种具有严格组织的交易行为，它要求必须由具有拍卖资格的拍卖企业来组织拍卖行为，拍卖人既不能是财产或财产权利转让的委托人，也不能是准备购买该市场客体的竞买人，它的主要责任是组织拍卖交易行为，提供拍卖品的审核、公告、展示、介绍、拍卖，以及协助办理财产权转移手续等服务，并按照规定或约定向委托人、买受人收取佣金。依法只能以拍卖方式转让的财产或财产权利，不得以其他方式转让。

在组织拍卖交易活动的过程中，拍卖人有义务审核委托人提交的关于拍卖品的文件、资料，同委托人签订委托拍卖合同。拍卖人认为需要的可以对拍卖品进行鉴定，并有义务向竞买人说明拍卖品的瑕疵。但是，如果拍卖人或委托人在拍卖前声明不能保证拍卖品的真伪和品质的，它们可以不承担瑕疵担保责任。拍卖

---

〔1〕 参见《价格法》、《反垄断法》、《反不正当竞争法》、《人民银行法》、《商业银行法》、《证券法》、《保险法》、《消费者权益保护法》，以及相关法律、法规等的规定。

〔2〕 参见《拍卖法》、《招标投标法》、《证券法》、《消费者权益保护法》、《劳动法》，以及《期货交易管理条例》、《网络交易管理办法》、《证券公司融资融券业务管理办法》等的规定。

过程应由具有行业协会承认资格的拍卖师主持，拍卖开始前拍卖师应宣布拍卖规则和注意事项，以及拍卖品是否有保留价格。无保留价格或应价达到保留价格时，最高应价的竞买人即为买受人；最高应价没有达到保留价格时，该应价不发生效力。拍卖成交后，买受人应当与拍卖人签署成交确认书。[1]

（二）招标投标规范

招标投标交易行为是指招标人按照法定程序对外公开它所要购买的商品和服务，以吸引希望向其提供该商品或服务的投标人按照要求向其提交投标文件，在经过技术、经济和法律专家进行综合评价后，确定该商品或服务的中标人的交易行为。招标投标是一种比拍卖更加复杂的交易行为，主要适用于大型商品或服务的交易，以及国家法定必须采取这种交易方式的交易行为。通常，大型基础设施、公用事业等关系到社会公共利益、公众安全的项目，全部或部分使用国有资金投资或国家融资的项目，使用国际组织或外国政府贷款、援助资金的项目，这些项目的勘察、设计、施工、监理和重要设备、材料采购等，以及其他以国有资金进行集中性采购的项目，必须依法采取招标投标的方式确定该商品或服务的提供主体。招标投标交易的具体程序包括招标、投标、开标、评标、中标等几个基本步骤。

招标是招标人就其要招标项目的基本情况做成招标书向社会公开，以吸引潜在的投标人前来投标的过程。按照招标是否确定范围可以将其分为公开招标和邀请招标。公开招标是指招标人以招标公告的方式，邀请不特定的法人或其他组织投标的招标；邀请招标是指招标人以投标邀请书的方式，邀请特定的法人或其他组织投标的招标，它仅适用于在技术、经济或法律上不适宜采取公开方式的招标，以尽量保证招标竞争的公平性；招标人设有标底的，标底必须保密。投标是指符合招标条件的供应主体，就招标项目的各项要求制作成投标书进行交易竞争的行为；投标人不得少于3人，否则必须重新招标；投标人不得串通、贿赂或低于成本投标，否则中标无效。开标是在招标人主持下，在规定的时间、地点向所有投标人拆封、宣读投标书的行为；投标书一旦公开即不得修改。评标是由招标人代表和有关技术、经济专家，综合评价投标书并向招标人推荐中标候选人的行为；评标必须公正，任何单位和个人不得非法干预或影响评标过程和结果。中标是招标人最终确定中标人的过程，中标人确定后应向所有投标人公布中标结果，并与中标人谈判签订交易合同。[2]

---

〔1〕 参见《拍卖法》、《拍卖法实施细则》、《委托评估、拍卖工作的若干规定》等的具体规定。

〔2〕 参见《招标投标法》、《招标投标法实施条例》，以及相关法律、法规的规定。

二、期货交易的规范

期货交易是指在现时点达成交易协议、成立交易合同、缴纳履约保证金，在未来某一确定的时间再进行交易财产的资金清算和财产交割，或者对因市场变化而形成的价格差额进行对冲清算的交易方式。标准化的期货交易是在交易所中进行的，为保证期货市场的整体经济效率、秩序和安全，法律规定有严格的交易程序、交易规则、经纪规则、担保规则、清算规则、交割规则和对冲规则，是一种高度组织化、专业化、系统化的市场交易行为。期货交易所既是交易媒介机构又是交易监管机构，依据国家监管机关的授权和交易所内部交易规则，对期货交易行为实施具体的监管。在多数情况下，期货交易并不是一种实质性的商品或服务的交易，它的主要作用在于指示未来价格、规避价格变动风险。[1]

（一）期货交易的类型

期货交易是一个复杂的交易体系，按照历史发展它可以分为远期合约、商品期货、证券期货、期货权利和指数期货等基本的交易方式。远期合约是指在现时点达成协议、立约成交，约定在未来某一确定的时间再以当初约定的数量和价格进行交易财产的资金清算和财产交割的一种交易方式。它是期货交易的原始状态，是买卖双方为了规避价格变动风险、有计划地进行生产经营活动而采取的一种市场客体交易方式。它通常需要进行交易客体的实际交割与结算，交易合约中约定的财产质量、数量、期限等也不是标准化的，签订合约方式主要采取谈判的方式而非竞价的方式，交易行为不是在交易所的统一组织下进行的，合约本身较少进行流通转让，法律对这种交易行为也基本上没有特别规范。

商品期货、证券期货、期货权利和指数期货都是在交易所中进行的标准化合约交易，它的所有交易行为都是严格按照法定的标准进行的，是一种不以财产或服务实际买卖为目的的交易行为。其中，商品期货和证券期货交易，是指按照期货交易所规定的标准化品种、质量、数量和期限等在现时点达成协议、立约成交、缴纳履约保证金，在合约到期时对冲价格差额或交割交易客体的交易方式；如果交易客体为商品称为商品期货，交易客体为证券称为证券期货。期货权利交易也称期权或选择权交易，它是以支付一定的权利购买资金为条件，买卖期货合约中商品或证券的期货买入权利或卖出权利的交易，它实质上买卖的是期货合约中买入方或卖出方的单方面权利，它在交易中的最大损失只是权利购买资金，是期货交易的进一步衍化形式。指数期货是指以某商品或证券价格指数为交易标的的期货交易，是期货交易的另外一种衍化形式，它已经与现实的商品或服务没有

---

〔1〕　参见《证券法》、《期货交易管理条例》、《期货交易所管理办法》、《期货公司管理办法》、《期货投资者保障基金管理暂行办法》、《期货从业人员管理办法》等的规定。

直接关系。

（二）期货交易的规则

期货交易的规则包括主体规则和交易规则。期货交易的主体规则包括期货交易所规则、期货经纪人规则和期货投资人规则。其中，期货交易所规则规定，任何期货交易都应当在依法设立的期货交易所或监管机关批准的其他交易场所内进行，非经监管机关批准不得从事期货交易。期货交易所是经监管机关依法批准设立的，专门组织期货的集中交易、集中清算、集中交割的，不以营利为目的的社团法人或公司法人。期货经纪人是指依法批准设立的，专业经营期货经纪业务的期货公司；任何期货投资人的期货交易都必须由期货经纪人以自己和投资人的双重名义实施，并提供相应的履约担保。期货投资人是指达到期货投资人适当性标准，并取得期货投资人资格的普通社会公众。

期货的交易规则主要包括：期货交易账户规则、保证金规则、委托规则、成交规则、结算规则和交割规则。其中，交易账户规则要求投资人进行期货投资必须向经纪人申请开设期货账户和保证金账户，用以登记和存管投资人持有的期货合约和履约保证金。保证金规则要求期货经纪人要向交易所交纳履约保证金，投资人要向经纪人交纳履约保证金，保证金属于信托资金、归属于保证金交纳人。委托规则要求期货投资人应通过经纪人向交易所的交易系统进行投资委托，由交易所按照成交规则完成投资人之间的期货交易。成交规则要求交易所应自动撮合买卖申报单，并以价格优先、时间优先的原则确定投资人成交。结算规则要求交易所与经纪人结算、经纪人与投资人结算，且都实行当日无负债结算制度，当经纪人或投资人结算保证金不足时，应及时追加或自行平仓；否则，将会强行平仓。交割规则要求期货交割应由交易所统一组织，在交易所指定的交割仓库进行。

三、信用交易的规范

信用交易是指投资人以信用方式取得投资资金或市场客体，购买某市场客体或将市场客体出售，在规定期限内再进行反向买卖，从中取得价格差额收益的交易行为。信用交易是现货交易和期货交易的发展形式，它实质上是现货交易与期货交易相结合形成的一种新的交易方式。在具体的交易方式上它应属于现货交易，是现时点的市场客体买卖；从整个的投资周期来看它属于期货交易，目的在于获取买入时点与卖出时点或卖出时点与买入时点之间的市场客体价格差额收益。当然，如果判断失误也必须承担投资损失。[1]

---

[1]　参见《证券法》、《期货交易管理条例》、《证券公司融资融券业务管理办法》等的规定。

（一）信用交易的类型

信用交易是一种重要的市场交易行为，虽然它通常不以最终取得市场客体为目的，却对指示市场价格变动趋势、规避市场价格风险、满足投资人的投资需要、繁荣商品和证券市场具有一定意义。信用交易可以分为许多种类型，按照信用交易的市场客体，可以将其分为商品信用交易和证券信用交易。在商品信用交易中，投资人买卖的对象是商品；在证券信用交易中，投资人买卖的对象是证券；通常，信用交易主要是指证券信用交易。按照信用交易实施的场所，可以将其分为普通市场和交易所市场的信用交易。由于信用交易关系比较复杂，正规的信用交易主要是指交易所信用交易，有的国家禁止其他信用交易。

按照提供信用的主体不同，可以将其分为非专业信用交易和专业信用交易。非专业信用交易是普通社会公众向投资人提供信用服务，这种信用服务在许多国家是明确禁止的；专业信用交易是由专业信用机构如证券公司向投资人提供的信用服务，它具有严格的信用交易规范，可以有效地防范信用风险和市场风险。按照信用交易的投资方向，可以将其分为信用买入交易和信用卖出交易。信用买入交易是指以借入的资金购买预计价格要上涨的市场客体，在借款期限内再将其卖出，它们之间的价格差额扣除借款利息后的余额即为投资收益；信用卖出交易是指在预计价格要下跌时，以借入的市场客体在现时点卖出，在借贷期限内再将其买入，它们之间的价格差额扣除借贷利息后的余额即为投资收益。

（二）信用交易的规则

信用交易是一种具有整体性系统风险的交易行为，各国都规定有比较严格的交易规则。并且，通常仅限于允许进行证券交易所内的投资人与证券公司之间的信用交易。信用交易的规则包括主体规则和交易规则。信用交易的主体规则包括交易所规则、出借主体规则和投资人规则。其中，交易所规则要求，只有经监管机关批准的符合相关条件的交易所才能组织信用交易业务，其他场所不得从事信用交易。出借主体规则要求，只有经监管机关批准的符合信用交易条件的金融机构，才能经营资金和市场客体出借业务；否则，属于非法经营。投资人规则要求，只有符合适当性标准要求的主体，才能取得信用交易投资人资格；不具有信用交易投资人资格，不得以信用交易方式进行投资。

信用交易的交易规则除基本交易规则外，还包括信用账户规则、保证金规则和信用规模规则。其中，信用账户规则要求提供信用的主体和接受信用的投资人，必须在符合条件的结算机构和商业银行开立专门的客体存管账户和资金存管账户，以保存和管理出借主体和投资人的借出与买入客体和借出借入资金，如融券证券账户、担保证券账户、融资资金账户、担保资金账户、证券交收账户、资金交收账户等。保证金规则要求投资人以信用交易方式取得的证券和资金，必须存入指定账户作为结算保证金，保证金不足的必须及时追加，否则出借主体有权处理担保资金和担保客体。信用规模规则要求，出借主体出借的证券规模和资金规模有严格的法定比例限制，不得超过规模借贷，以防止出现金融风险。

第四节 市场竞争行为法

一、市场竞争的原则

市场行为包括具体行为和抽象行为，市场的信息行为、价格行为和交易行为都属于具体行为，它们的行为规范是规定该行为的具体行为方式；市场竞争行为则属于抽象性市场行为，它的行为规范不可能规定应该采取的行为方式，而只能规定不得采取的行为方式。并且，为综合反映竞争行为规范的基本思路，指导执法过程中对行为合法与非法的正确判断，必须规定市场竞争行为的基本原则。竞争是市场的灵魂，是市场经济存在的基础；然而，过度竞争也会破坏正常的市场秩序，损害整体经济利益。因此，市场竞争行为法的核心是既禁止限制竞争行为，也禁止过度竞争行为。按照这个基本的法学思路，市场竞争行为法的原则主要应包括平等竞争、公平竞争、自由竞争、独立竞争和有效竞争。[1]

平等竞争原则是指各市场主体的竞争地位必须是平等的，不得存在法定地位不平等的现象；否则，如果某些市场主体享有市场特权，就无法进行正常的市场竞争。公平竞争原则是指各市场主体的竞争机会必须是公平的，对相同的主体采取相同的标准、不同的主体采取不同的标准；否则，没有公平的竞争机会也无法进行正常的竞争。自由竞争原则是指各市场主体的竞争意志必须是自由的，可以自由地选择竞争的方式和角度；否则，市场主体没有自主发挥的空间，也就达不到竞争的效果，不会因竞争而提高商品或服务的质量，促进社会全方位进步。独立竞争原则是指各市场主体必须独立地参与市场竞争，不得与他人联合或协同；否则，就会破坏竞争的环境，最终限制竞争。有效竞争原则是指主体间的竞争必须能够使市场达到最有效的状态，使收益大于成本、规模更加经济，"就是将规模经济和市场竞争活力有效地协调，从而形成一种有利于长期均衡的竞争状态"[2]。

二、限制竞争的规范

要建立一个完美的市场，保持市场竞争的平等、公平、自由、独立和有效，

---

〔1〕 参见《反垄断法》、《反不正当竞争法》，以及相关法律、法规的规定。

〔2〕 〔美〕J. W. 克拉克："论有效竞争的概念"，载《美国经济评论》1940 年 6 月。

首先必须对限制竞争的行为进行规范，防止出现某主体垄断市场的状况。市场竞争行为法中对于限制竞争行为的规范主要包括：横向垄断规范、纵向垄断规范、市场支配规范、经营集中规范和行政垄断规范。横向垄断规范是指禁止具有竞争关系的市场主体，达成排除或限制竞争的协议、决定或实施其他协同行为，具体包括通过协议、决定等固定或变更商品价格，限制商品的生产数量或销售数量，分割销售市场或原材料采购市场，限制购买新技术、新设备或限制开发新技术、新产品，以及联合抵制交易等限制竞争的行为。纵向垄断规范是指禁止市场经营主体与交易相对人，达成排除或限制竞争的协议、决定或实施其他协同行为，具体包括固定向第三人转售商品的价格、限定向第三人转售商品的最低价格等限制竞争的行为。当然，如果这种限制性协议、决定等不是为了限制竞争，也不能认定为非法行为。

市场支配规范是指能够控制商品价格、数量或其他交易条件，或者能够阻碍、影响其他经营者进入相关市场的市场主体，不得实施滥用市场支配地位限制竞争的行为。具体包括利用其市场支配地位，以不公平的高价销售或低价购买商品，没有正当理由低于成本价格销售商品，或者拒绝与相对人进行交易，或者限制相对人的交易行为，或者附加不合理交易条件，或者对不同相对人给以差别待遇等行为。经营集中规范是指占有支配地位的经营主体，实施合并、股权交易、资产交易或其他取得经营控制权的行为，必须报请监管机关批准；否则，不得实施控制权集中的行为，以防止因此限制市场竞争。行政垄断规范是指行政机关和法律、法规授权的具有管理公共事务职能的组织，不得滥用行政权力实施影响市场主体之间平等、公平、自由、独立地进行有效市场竞争的行为。[1]

三、过度竞争的规范

要建立一个有效竞争的市场，不仅需要禁止垄断行为，还必须禁止过度竞争行为，它们都会影响到市场竞争的有效性和合理性，影响整体经济利益的最大化。市场竞争行为法中对于过度竞争行为的规范主要包括：欺诈客户规范、商业贿赂规范、商业诽谤规范、商业秘密规范、恶意促销规范和商业倾销规范。欺诈客户规范是指禁止利用欺诈市场相对方主体的手段实施不正当竞争行为，如假冒或仿冒行为、虚假标示行为、虚假宣传行为等。商业贿赂规范是指禁止利用贿赂手段实施不正当竞争行为，如商业行贿行为、商业受贿行为、业务性赠与行为等。商业诽谤规范是指禁止利用诽谤市场竞争相对方的手段实施不正当竞争行为，如捏造或散布虚假事实行为、诋毁或贬低竞争对手行为等。

---

〔1〕　参见《反垄断法》、《反垄断法实施细则》，以及相关法律、法规的规定。

商业秘密规范是指禁止利用侵犯其他市场主体商业秘密的手段实施不正当竞争行为，商业秘密是指能够给市场主体带来商业利益的，为某个或某些市场主体享有的没有向社会公开的技术或经营信息。它是市场主体的无形财产，它的财产权是受法律保护的。侵犯商业秘密的行为主要包括，以不正当手段直接获取他人商业秘密行为，披露、泄露和使用他人商业秘密行为等。恶意促销规范是指禁止违背需求主体的真实需求意愿，实施不正当的增进市场客体销售数量的行为，包括欺骗性有奖销售行为、巨额奖励促销行为等。商业倾销规范是指禁止以低于市场客体正常标准的价格进行销售的不正当竞争行为，它的行为目的主要是为了排挤竞争相对人，它的行为特征是以低于成本的价格销售商品或提供服务。[1]

第五节　弱势主体保护法

一、消费者保护的规范

承认主体平等是民商法时代的追求，承认主体不平等是经济法时代的追求，承认主体平等是社会的进步，承认主体不平等、保护弱势主体是社会的再一次进步。市场弱势主体是指在市场信息、经济实力和谈判能力等方面处于弱势地位的主体，主要包括消费者、投资者和劳动者。为了防止经营者利用其优势地位侵害弱势主体的正当利益，必须赋予他们特殊的权利，要求经营者承担特殊的义务，以恢复因实际地位的差别而被打破的均衡。在此，消费者是指为生活消费需要而购买、使用商品或接受服务的主体，对消费者权益的特殊保护主要表现在，消费者的权利和经营者的义务两个方面。

按照各国的相关法律规定，消费者享有的市场权利主要包括：安全权、知情权、选择权、公平权、索赔权、结社权、教育权、尊重权和监督权。其中，安全权是指消费者在购买、使用商品和接受服务时，享有人身、财产安全不受到损害的权利；知情权是指消费者享有知悉其购买、使用的商品或接受的服务的真实情况的权利；选择权是指消费者享有自主选择商品或服务的权利，有权比较、鉴别和挑选经营者、商品或服务，以及决定是否购买或接受服务；公平权是指消费者享有公平交易的权利，有获得质量合格、价格合理、计量准确的交易条件和拒绝强制交易的权利；索赔权是指消费者因购买、使用商品或接受服务受到人身、财产损害时，享有依法获得赔偿的权利；结社权是指消费者享有依法成立维护自身

---

〔1〕　参见《反不正当竞争法》、《反不正当竞争法实施细则》，以及相关法律、法规的规定。

合法权益的社会组织的权利；教育权是指消费者享有获得有关消费和消费者权益保护方面的知识的权利；尊重权是指消费者享有人格尊严、民族风俗习惯得到尊重的权利，享有个人信息依法得到保护的权利；监督权是指消费者享有对商品、服务和权益保护状况的监督权利。

要保护消费者的正当权益，不仅需要规定消费者的权利还需要规定经营者的义务。按照各国的相关法律规定，经营者承担的市场义务主要包括：诚实守信义务、安全保护义务、真实标示义务、信息保护义务、凭据出具义务、缺陷处置义务和质量反证义务。其中，诚实守信义务要求经营者应守法、守约、守德、诚信经营，不得侵害消费者权益；安全保护义务要求经营者必须提供安全说明和警示，经营场所内要保障消费者人身、财产安全；真实标示义务要求经营者必须真实、全面地标示或回答，自身和商品或服务的名称、性质、价格等信息；信息保护义务要求经营者必须保护经营过程中获得的客户信息，不得非法利用；凭据出具义务要求经营者销售商品或提供服务必须向消费者提供合法有效的单据、凭证，不得拒绝提供或附加条件；缺陷处置义务要求经营者在发现商品或服务缺陷时，必须采取停止销售、警示、召回、无害化处理、销毁、停止生产或服务，或者采取修理、更换、退货等措施，保障消费过程的安全；质量反证义务要求耐用商品或装饰装修等服务的经营者，在与消费者发生质量争议时需要承担反证义务，如果不能证明就需要承担责任。[1]

二、投资者保护的规范

投资是与消费相对的概念，它是"指在一定时期内期望在未来能产生收益而将收入变换为资产的过程"[2]，"只要是以收入转化为资产为前提，以取得收益为目的的经济活动，我们都可以称之为投资"[3]。投资与消费在法学性质上具有明显的区别，消费是财产的消灭和耗费，投资是财产的价值转换；消费的基本前提是安全，投资的基本前提是风险；消费的结果是需求的满足，投资的结果是获得风险收益。它们在保护目标、保护内容、保护程度、侵害认定、归责原则和责任程度等方面都有明显的区别。[4] 但是，无论是以自然人形式存在的消费者还是投资者，他们在经营者面前通常都是弱势主体，他们的正当权益都可能受到经营者的侵害。因此，不仅要特殊保护消费者权益，还必须特殊保护投资者的权益。对投资者权益的特殊保护主要表现在投资者的权利和经营者的义务两个

〔1〕 参见《消费者权益保护法》、《产品质量法》、《计量法》，以及相关法律、法规的规定。

〔2〕 《简明不列颠百科全书》（第7卷），中国大百科全书出版社1986年版，第840页。

〔3〕 刘少军：《投资管理学》，中国财政经济出版社1992年版，第1页。

〔4〕 刘少军："金融消费者保护立法与监管"，载《当代金融家》2014年第3期。

方面。

按照各国相关法律的规定，投资者的市场权利主要包括：适当投资权、投资知情权、投资决策权、投资资产权和投资索赔权。其中，适当投资权是指只有适合承担某类风险的投资人，才享有进行该类投资的投资权。在投资市场上，投资品的种类是非常多的，不同类型的投资品具有不同程度的风险，只有投资风险与承担风险的能力相一致，投资者才有权进行投资，这是法律对投资者的特殊保护。投资知情权是指投资者享有知悉投资品可能面临的投资风险的权利，出售任何投资品都必须充分揭示风险。投资决策权是指投资者享有适当性投资的决策权，他人不得干扰、影响投资者进行独立的投资决策。投资资产权是指投资者享有投资资产的各项法定和约定权利，包括决策权、选举权、收益权等，经营者不得非法剥夺。投资索赔权是指投资者享有对投资资产权益侵害人的索赔权，该索赔权不仅包括对投资成本的索赔权或补偿权，还包括投资收益的索赔权或补偿权。

市场弱势主体的保护是一种倾斜保护，虽然投资者的权利会构成经营者的义务，但在倾斜保护中经营者还需要有特殊义务。按照各国法律的相关规定，这些义务主要包括：适当评价义务、风险揭示义务、有效管理义务和尽责反证义务。其中，适当评价义务要求在投资者购买风险较大的投资品时，经营者必须实质上对投资者进行适当性评价，达到不适当性标准的不允许投资；否则，该投资协议无效，损失应由经营者承担。风险提示义务要求经营者必须向投资者充分揭示投资风险，如果因没有揭示的风险导致投资者损失，经营者应承担相应的责任。有效管理义务要求经营者必须对投入的资金或财产进行谨慎尽职、合理有效的管理，因管理不善给投资人造成的损失应承担赔偿责任。尽责反证义务要求经营者在与投资者发生纠纷时，必须承担反证其已经尽到管理责任的义务，如果不能证明其已经尽到了谨慎尽职、合理有效的管理义务，就必须承担相应的财产责任。[1]

三、劳动者保护的规范

劳动者是劳动力市场上的特殊主体，在与用人单位的关系中也处于弱势地位。并且，它不仅涉及财产权问题还涉及人身权问题。因此，必须给以特殊的倾斜保护。按照各国相关法律的规定，劳动者享有的基本权利主要包括：就业择业权、合同解除权、休息休假权、安全卫生权、职业培训权、劳动收益权、保险福

---

〔1〕 参见《商业银行法》、《信托法》、《证券法》、《保险法》，以及《投资者适当性管理办法》、《商业银行个人理财业务管理暂行办法》、《商业银行开办代客境外理财业务管理暂行办法》、《证券公司客户资产管理业务试行办法》、《分红保险管理暂行办法》、《投资连结保险管理暂行办法》等的规定。

利权、参与管理权和争议救济权。

就业择业权是指劳动者不分民族、种族、性别和宗教信仰，均享有平等的就业和选择职业的权利；合同解除权是指劳动者享有与用人单位平等签订劳动合同，并享有合同解除权；休息休假权是指劳动者享有法定的休息、休假的权利，除非特殊情况用人单位不得强迫劳动者超过法定时间从事劳动；安全卫生权是指劳动者有权利要求在符合安全、卫生法定标准的条件下劳动，用人单位必须保证劳动安全、卫生条件；职业培训权是指劳动者有权利受到职业培训，不达到培训标准有权利拒绝该劳动；劳动收益权是指劳动者有权取得劳动收益，并不得低于法定最低工资标准；保险福利权是指劳动者有权利享受社会保险和相关福利待遇，用人单位应保证劳动者基本的福利条件；参与管理权是指劳动者有权依法参加工会组织，并有权利依法定形式参加单位管理；争议救济权是指劳动者在与单位发生纠纷时，有权利依法申请调解、仲裁或提起诉讼，也可以通过协商解决。

在劳动者依法享有上述特殊权利的同时，用人单位也必须承担特殊的义务，这些特殊的义务主要包括：合同存续义务、劳动环境义务、劳动保护义务、劳动报酬义务和费用负担义务。[1]

合同存续义务要求用人单位不得无正当理由解雇劳动者，特别是在劳动者患职业病或因工负伤，并被确认丧失或部分丧失劳动能力时；患病或负伤在规定的医疗期内；女职工在孕期、产期和哺乳期内，均不得解除劳动合同。劳动环境义务要求用人单位必须保证劳动者的劳动环境，对于违法指挥、强令冒险作业，劳动者有权拒绝执行，对危害生命安全和身体健康的环境，劳动者有权提出批评、检举和控告。劳动保护义务要求用人单位必须保护劳动者，禁止使用童工，对于未成年和女性劳动者必须给以特殊保护，从事相关劳动必须提供防护装备，对有职业危害的劳动应当定期进行健康检查。劳动报酬义务要求用人单位必须及时、足额地以货币支付劳动报酬，不得克扣或无故拖欠职工劳动报酬。费用负担义务要求用人单位必须依法为劳动者缴纳社会保险费、公积金等支出，不得拒绝支出，侵害劳动者利益。

【司法案例】

案情："中科创业"公司操纵证券市场案，涉案金额达 54 亿余元，被称为新中国证券市场第一大案。这一案件的调查与审判，对完善我国《证券法》、促进我国证券市场的健康发展发挥了重要作用。1999 年在中国证监会市场监管部和

---

[1] 参见《劳动法》、《劳动法实施细则》、《劳动合同法》、《劳动合同法实施条例》、《社会保险法》、《社会保险法实施细则》，以及《工资支付条例》、《工伤保险条例》等的规定。

深圳证券交易所的日常监管中，发现"中科创业"公司的股票价格异常波动，存在涉嫌操纵证券价格的行为，于是开始对"中科创业"操纵证券市场案进行立案调查。2000年12月，证监会初步查明"中科创业"操纵证券市场的事实，再加之犯罪嫌疑人已经有所察觉，便向公安机关移交了本案。2001年初，由公安部总体负责，联合北京市公安局、中国证监会、深圳证券管理办公室共同组成专案组，开始对案件进行进一步调查。2001年5月，北京市检察院第二分院也提前介入调查，2002年6月，在查清全面事实后向北京市第二中级人民法院提起公诉。

检察院在起诉书中主张，1998年11月至2001年1月间，吕某与朱某合谋操纵深圳康达尔（集团）股份有限公司的流通股票，双方签订了合作协议，并按约定比例共同持有该公司股票。在吕某的指使下，被告人丁某、董某、何某、李某、边某等人，在北京、上海、浙江等20余个省、自治区、直辖市，以单位或个人名义先后在120余家证券营业部，开设股东账户1500余个。并通过相关证券营业部等机构，以委托理财等方式向出资单位或个人融资人民币50余亿元。吕某利用其在海南成立的海南燕园投资管理有限公司等几家公司大量收购深圳康达尔股份有限公司的法人股票，并控制了该公司董事会。此后，吕某将深圳康达尔股份有限公司更名为深圳市中科创业投资股份有限公司，股票名称为"中科创业"。并且，通过发布开发高科技产品及企业重组等"利好"消息的方式，影响"中科创业"股票的交易价格。在操纵股票价格的过程中，丁某、庞某根据吕某的指示，在与朱某商定了"中科创业"股票交易的时间、价位、数量后，亲自或指令他人交易该股票。丁某、庞某、何某、李某、边某利用开设的多个证券交易账户和股东账户，集中资金优势、持股优势，联合、连续对"中科创业"股票进行不转移所有权的自买自卖等操纵行为。

吕某最高持有或控制"中科创业"股票达5600余万股，占该股票流通股总量的55.36%，严重影响了"中科创业"股票的交易价格和交易量。董某在担任上海华亚实业发展公司法定代表人期间，明知吕某意图操纵"中科创业"的股票，仍与其所在公司总经理李某及杭州华亚实业公司法定代表人何某商定，通过帮助吕某融资为各自所在公司获取利益，共为吕某融资人民币7.7亿余元。边某在明知吕某意图操纵"中科创业"股票的情况下，按照吕某的指令融资人民币1.5亿余元，并按照丁某、庞某的指令购买或转托管"中科创业"股票。

判决： 北京市第二中级人民法院审理后认为，被告人丁某、庞某、边某为获取不正当利益，被告单位上海华亚实业发展公司原法定代表人董某、原总经理李某为使该单位获取不正当利益，被告人何某为使所在单位获取不正当利益，明知吕某等人意图操纵"中科创业"的股票价格，仍采取多种方式帮助吕某融资，并按照吕某的指令指使他人或直接参与操纵"中科创业"股票价格。该行为严重影响了"中科创业"股票的交易价格和交易量，侵害了国家对证券交易的管理制度和其他投资者的合法权益、情节严重，其行为均已构成操纵证券交易价格罪，依法应予惩处。被告人董某、何某、李某系所在单位直接负责的主管人员，依法应承担相应的刑事责任。以操纵证券交易价格罪判处上海华亚实业发展公司罚金人民币 2300 万元；以操纵证券交易价格罪分别判处丁某、董某、何某、李某、边某、庞某等 6 人 4 年至 2 年零 2 个月有期徒刑，并对丁某、边某、庞某分别判处罚金 50 万元至 10 万元。吕某、朱某因负案在逃，且有其他更严重的犯罪情节，另案处理。

评析：操纵市场价格既是违反竞争法的行为，也是违反证券法的行为。它破坏了市场平等竞争、公平竞争、自由竞争、独立竞争和有效竞争的原则，使市场失去了正常的资源配置功能，不仅严重侵害了交易相对人的利益，也严重侵害了市场的整体经济利益，具有比较大的社会危害性。但是，由于我国当时的《证券法》并未规定操纵市场对交易相对人的责任，本案只从维护整体经济利益的角度进行了裁判，追究了被告人侵害整体经济利益的责任，大量受害的交易相对人并没有从维护个体权利的角度得到补偿。

在我国证券市场发展 20 余年的历史中，先后发生过"亿安科技"、"中科创业"、"德隆"等一系列比较大的操纵市场案件。仅从 2008 年至 2013 年，证监会就对 150 余起涉嫌操纵证券市场价格和交易量的案件开展了调查。其中，正式立案的有 80 余起，作出监管处罚决定的有 41 起。移送公安机关和检察机关的有 16 起，法院作出刑事判决的有 7 起，18 名当事人被判处了有期徒刑，并处罚金，追缴非法所得共计 2.6 亿余元。尽管我国现行《证券法》已经规定了对交易相对人的赔偿责任，但是，由于我国还没有形成完整的经济公益诉讼法律体系，交易相对人的损失还难以通过诉讼途径得到全部赔偿。因此，虽然我国的经济法基本框架已经形成，真正形成完整的经济法体系还有待于法律的进一步完善，特别是没有完善的经济诉讼法体系，当事人的合法权益难以得到最终的保护。

第十章

国际市场行为法

【学习目的和要求】

市场行为既是国内行为也是国际行为，在世界经济一体化、金融一体化的背景下，没有任何国家可能拒绝实施国际市场行为。我国目前已经是世界第一贸易大国，国内任何市场行为都与国际市场有着直接的联系。同时，为调整国际市场秩序、维护国际整体经济利益，各国不断成立各种国际市场行为组织，签订各种具有国际法效力的国际协议，我国已经加入了许多国际经济组织，它们的国际市场行为规范也是市场行为法的重要组成部分。因此，学习经济法也必须对这些规范有所了解。

通过本章的学习要求学生：

●重点掌握：国际贸易行为规范；国际货币行为规范；国际银行行为规范。

●一般了解：世界贸易组织；国际货币基金组织；巴塞尔银行监管委员会。

●深入思考：国际经济法与国内经济法的关系；国内经济法的域外效力。

【核心概念】

国际贸易行为监管　国际货币行为监管　国际银行行为监管

【引导案例】

随着世界经济一体化、金融一体化趋势的不断加强，整体经济利益开始不断由国内走向国际，形成国际整体经济利益，为维护这一整体利益就必须设立相应的国际经济组织，签订各成员国都必须遵守的国际协定，并负责监管这些协定的执行。在目前世界国际经济组织中，对国际市场行为影响力最大、具有比较严格的组织体系和法律体系、我国也是其主要成员国的，主要是世界贸易组织、国际货币基金组织和巴塞尔银行监管委员会。

世界贸易组织（World Trade Organization，WTO）

建立世界贸易组织的设想，是在 1944 年 7 月举行的布雷顿森林会议上提出的。当时设想在成立世界银行和国际货币基金组织的同时，成立一个国际性贸易组织，从而使它们成为第二次大战后世界经济的"货币、金融、贸易"三位一体的机构。1947 年联合国贸易及就业会议签署的《哈瓦那宪章》同意成立世贸组织，后来由于美国的反对，世界贸易组织未能成立。同年，美国发起拟订了关贸总协定，作为推行贸易自由化的临时契约。1986 年关贸总协定乌拉圭回合谈判启动后，欧洲经济共同体和加拿大于 1990 年分别正式提出成立世界贸易组织的议案，1994 年 4 月在摩洛哥马拉喀什举行的关贸总协定部长级会议上正式决定成立世界贸易组织，以取代成立于 1947 年的关贸总协定。1995 年 1 月 1 日，世界贸易组织正式成立。它是当代最重要的国际经济组织之一，成员国的贸易总额达到世界的 97%，总部设在瑞士日内瓦莱蒙湖畔。我国于 2001 年 12 月 11 日正式加入世界贸易组织。

世界贸易组织的目标是建立一个完整的，包括货物、服务、与贸易有关的投资及知识产权等内容的，更具活力、更持久的多边贸易体系。它的组织机构主要包括部长级会议、总理事会、专门委员会、秘书处和总干事等。部长级会议是最高决策权力机构，由所有成员国主管对外经济贸易的部长、副部长级官员或其全权代表组成，讨论和决定涉及其职能的所有重要问题。部长级会议下设总理事会、多个专门委员会和秘书处，负责组织日常会议和工作。总理事会由全体成员组成，行使部长级会议休会期间的职能，包括解决贸易争端和审议各成员贸易政策等。部长级会议下还设有专门委员会，处理特定的贸易及其他有关事宜。世界贸易组织秘书处负责其日常工作，秘书处由部长级会议任命的总干事领导，秘书处的工作人员由总干事指派，并按部长会议通过的规则决定他们的职责和服务条件，他们的主要职责是监督各成员国遵守规则的情况，帮助解决各成员国之间的贸易纠纷。

国际货币基金组织（International Monetary Fund，IMF）

根据 1944 年 7 月在布雷顿森林会议上签订的《国际货币基金协定》，1946 年 5 月国际货币基金组织正式成立，总部设在美国华盛顿。它的目标是促进国际货币合作，为国际货币问题的磋商和协作提供方法；稳定国际汇率，在成员国之间保持有秩序的汇价政策，避免竞争性的汇价贬值；协助成员国建立经常性贸易的多边支付制度，消除妨碍世界贸易的外汇管制；通过向成员国临时提供资金纠正其国际收支的失调，防止采取危害本国或国际繁荣的货币政策措施；缩短成员国之间国际收支不平衡的时间，减轻不平衡的程度等。我国是国际货币基金组织的创始国之一。1950 年我国就致电要求恢复合法席位，1971 年 10 月我国恢复了在联合国的合法席位后，为恢复在联合国序列下各专门机构的席位创造了条件。1980 年 4 月 17 日，国际货币基金组织执行董事会通过决议，恢复了我国的合法席位。目前，我国是国际货币基金组织的重要成员国，对国际货币秩序发挥着重要影响。

国际货币基金组织的机构主要由理事会、执行董事会、总裁和常设职能部门等组成。理事会是它的最高决策机构，由各成员国各派 1 名理事、1 名副理事组成，通常由该成员国的财政部长或中央银行行长担任。执行董事会是其负责处理日常业务工作的常设机构，由24名执行董事组成，包括指定和选派两种。指定董事由持有基金份额较多或地位较重要的8个国家各1名（包括美国、日本、德国、英国、法国、中国、俄国和沙特阿拉伯），选派董事由其他各成员国按选区轮流选派。总裁是它的最高行政长官，其下设副总裁协助工作。总裁负责管理基金组织的日常事务，由执行董事会推选，并兼任执行董事会主席。国际货币基金组织的投票权包括基本投票权和加权投票权，基本投票权各成员国均为250票，加权投票权按照缴纳基金的份额递增。成员国缴纳的基金份额是其资金来源，并按照缴纳的比例享有普通提款权和特别提款权。普通提款权相当于向基金组织的借款限额，成员国可以在限额内借款；特别提款权也可以在限额内使用，但因支出使其低于限额需要支付利息，如果因取得使其高于限额则可以获取利息，它们都是缓解成员国收支逆差的手段。

巴塞尔银行监管委员会（Basel Committee on Banking Supervision，BCBS）

巴塞尔银行监管委员会原称银行法规与监管事务委员会，是由美国、英国、法国、德国、意大利、日本、荷兰、加拿大、比利时、瑞典等10国中央银行于1974年底共同成立的，是国际清算银行的正式机构，它以各国中央银行和银行监管当局为代表，总部设在瑞士巴塞尔。1930年1月20日以摩根银行为首的一些美国的银行（纽约花旗银行、芝加哥花旗银行）和英国、法国、意大利、德国、比利时、日本等国的中央银行，在荷兰海牙会议上签订国际协议，决定成立国际清算银行。它创办的目的是为了处理第一次世界大战以后，德国的赔偿支付及其有关的清算等业务问题。第二次世界大战后，它成为经济合作与发展组织成员国之间的结算机构，该行的宗旨也逐渐转变为促进各国中央银行之间的合作，为国际金融业务提供便利，并接受委托或作为代理人办理国际清算业务等。我国于1984年开始与国际清算银行建立业务联系，中国人民银行于1996年11月正式加入国际清算银行。目前，中国共持有该行4285股的股本，中国人民银行行长为国际清算银行的董事。

巴塞尔银行监管委员会成立的最初目的是通过各成员国向委员会派驻代表，为各国金融监管者提供交流、共享信息和观点的平台，通过签署各种合作协议达到促进银行监管国际合作、降低银行运作风险和维护全球金融稳定的目的。2009年3月16日，巴塞尔银行监管委员会决定吸收澳大利亚、巴西、中国、印度、韩国、墨西哥和俄罗斯为该组织的新成员。我国银行监管机关一直积极参与该委员会有关监管制度的起草工作，并借鉴巴塞尔银行监管委员会发布的监管文件，完善我国银行的监管制度。巴塞尔银行监管委员会本身不具有法定跨国监管的权力，所作结论或监管标准与指导原则在法律上也没有强制效力。但是，由于该委员会成员的影响力，以及它们达成监管协议在成员国内的执行，完善与补充了单个国家对商业银行监管的不足，减轻了银行的破产风险，成为国际商业银行联合监管的最主要形式。

【案例导学】

随着经济实力的不断加强，以及介入国际经济事务的不断加深，我国逐渐由国际市场规则的学习者和旁观者，变成了国际市场规则的接受者和使用者，目前正在不断变成国际市场规则的主要制定者和决策者。国际经济机构不同于国内机构，国际经济规则也不同于国内经济规则，它不是通过全面的强制而得到实施的，而主要是通过成员国之间的相互协作而实施的，许多还是通过将其转化为成员国的国内法而得到具体实施的。

国际市场行为主要包括，国际贸易行为、国际货币行为和国际金融行为，这三类行为的国际规则基本上都是由世界贸易组织、国际货币基金组织和巴塞尔银行监管委员会制定的，我国目前是这三个国际组织的主要成员国，必须遵守这些国际组织的强制性协定，对于非强制性协定也应参照执行。并且，还会通过将其转化成国内法的方式使其具有国内强制力，以使我国企业能够按照国际规则实施国际市场行为，增强我国企业在国际市场上的竞争能力和主导能力，维护国际整体经济利益和国内整体经济利益。

第一节　国际贸易行为法

一、国际贸易监管主体

国际贸易是指两个或多个国家之间的市场客体交易，"国际贸易是跨出国界的交易。交易范围极为广泛，包括买卖消费品、消费劳务、工业原料及技术服务、生产物资及资本货物、期票、股票等形式的证券及黄金"[1]。传统的国际贸易既受出口国法律和政策的影响，也受进口国法律和政策的影响，没有国际的统一规则与合作，也没有对弱势国家的倾斜保护制度，是一种非常不稳定的贸易体系。随着世界经济不断走向一体化，国际贸易的品种和数量不断增加，迫切需要成立相关的国际组织、制订相关的贸易规则。

（一）国际监管主体

目前，世界各种国际贸易组织很多，监管职能也各不相同，多数属于区域性

---

〔1〕《简明不列颠百科全书》（第3卷），中国大百科全书出版社1985年版，第551页。

组织。真正具有世界贸易监管职能，且制定有比较严格的贸易规则，还设立有纠纷解决机制、对我国的国际贸易有比较大影响的是世界贸易组织。从法学的角度讲，影响国际贸易的主要有三个方面的问题：一是关税和非关税的国际贸易中的壁垒问题，它使国际贸易难以在世界范围内普遍互利互惠地进行；二是市场准入问题，各国通过自己的法律限制其他国家企业进入该国市场；三是国际贸易中的歧视问题，各国法律对本国企业和外国企业以及不同国家的企业都给以不同的待遇，严重影响国际贸易的公平性、影响国际整体经济利益。为解决这些问题，世界贸易组织通过成员国部长级会议，达成消除这些影响国际贸易正常进行的协定，并由其日常监管机构监督实施，以维护国际贸易秩序，促进各国共同利益的实现。[1]

世界贸易组织各项法律文件的核心思想，可以总结为法律目标和法律原则。它的法律目标是通过建立一个稳定、持久的国际贸易体系和国际贸易法律体系，保障成员国之间的贸易能够依法平等自由、互惠互利地进行，以维护国际市场整体经济利益。在这一基本目标的指导下，它的法律原则可以概括为：自由贸易原则、公平竞争原则、非歧视原则和透明度原则。自由贸易原则是指以共同规则为基础、以多边谈判为手段、以贸易救济和争端解决机制为保障、以过渡期方式体现对不同经济发展水平的国家实行差别待遇，实质性削减关税和减少其他贸易壁垒，最大限度地实现成员国之间的贸易自由化。公平竞争原则是指成员国有义务维护各成员国的商品、服务及其提供者在本国市场的公平竞争。非歧视原则是指成员国必须给其他成员国普遍的最惠国待遇，必须给各成员国的商品、服务及其提供者以国民待遇，不得存在不同成员国之间以及本国与外国之间的歧视。透明度原则是指成员国必须公布其制定和实施的贸易措施，以及这些措施的变化情况，并同时向世界贸易组织报告。

世界贸易组织不仅有严格的法律体系，同时还有比较完善的法律纠纷解决机制，这个机制主要由纠纷解决主体和纠纷解决程序构成。成员国之间贸易纠纷的解决机构是总理事会，它负责处理围绕国际贸易协定或协议等争端的解决。国际贸易纠纷的解决程序主要包括协商和解、专家组调查、纠纷裁决、上诉裁决和监督执行。首先，争端各方应采取协商的方式解决纠纷；如果协商不能解决可以要求成立专家组进行调查，并根据专家组的调查报告结果作出纠纷裁决；如果对裁决不服可以提起上诉，上诉机构可以维持、修正、撤销原裁决结论，并向争端解

---

〔1〕　世界贸易组织的法律框架，由《建立世界贸易组织的马拉喀什协议》及其四个附件组成。附件一包括《货物贸易多边协定》、《服务贸易总协定》和《与贸易有关的知识产权协定》；附件二为《关于争端解决规则与程序的谅解》；附件三为《贸易政策审议机制》；附件四是诸边协议。

决机构提交审议报告；一旦审议报告通过各方必须无条件接受和执行，并接受争端解决机构的监督；如果某方未能够按照通过的审议报告执行，相对方可以要求争端解决机构授权对其采取报复措施，中止协议项下的减让或其他义务。[1]

（二）国内监管主体

国际贸易组织的规则和裁决是通过成员国来具体实施的，为保证这些规则和裁决的具体实施，各成员国都必须设立相应的监管机关。同时，各成员国也必须根据国际贸易组织的规则和裁决，制定本国具体的国际贸易法律和相关规则。并且，这些本国的法律和规则都是以国际整体经济利益和本国整体经济利益为目标的，也需要有相应的监管机关监督其实施。因此，各成员国必须设立相应的监管机关。通常，各国并没有统一的国际贸易监管机关，这些职能都分散在各市场行为监管机关，由这些监管机关同时实施对世界贸易法律和规则执行的监管。按照市场行为的类型这些监管机关主要包括：市场的准入监管机关、信息监管机关、价格监管机关、交易监管机关和竞争监管机关等。[2]

二、国际贸易基本规范

按照国际贸易组织的法律和规则，国际贸易的核心规范是进出口关税规范、最惠国待遇规范和国民待遇规范。这些规范要受到世界贸易组织的严格审查和监督，在加入世界贸易组织时就必须对违反相关规范的国内法进行修改和完善，不得与世界贸易组织协定和规则相冲突。否则，就不可能获得成员国资格或受到相应的处罚。因此，在现实生活中，这些规范成员国都会严格执行，通常不会发生这方面的纠纷。可能发生纠纷的主要是规定不够明确或可以有调整余地的内容，可以将其概括为贸易基础规范和贸易特别规范。

（一）国际贸易基础规范

国际贸易基础规范是指一个国家对外贸易的基本规范，按照世界贸易组织协定的规定，这些规范首先必须符合协定的要求。当然，在满足协定要求的条件下，各国立法中还可以作出自己的具体规定，这些规定主要包括外贸经营规范、客体进出口规范和知识产权保护规范等。其中，外贸经营规范是指经营货物进出口或技术进出口贸易的主体，除法律、法规豁免登记的主体外，必须向监管机关登记备案；否则，海关禁止其贸易品进出关。并且，国家对特殊货物实行授权经营，没有列入授权目录的企业不得经营这些特殊货物的进出口业务；没有取得国家授权擅自进出口实行授权经营货物的，海关不予放行。

---

〔1〕 参见世界贸易组织《关于争端解决规则与程序的谅解》等相关文件的具体规定。
〔2〕 参见《对外贸易法》、《外资企业法》、《中外合资经营企业法》、《中外合作经营企业法》、《海关法》、《进出口关税条例》、《进出口动植物检疫法》，以及相关法律、法规等的规定。

客体进出口规范，主要是指限制或禁止某些市场客体进出口的规范，国家对这些货物实行配额或许可证等方式监管，对这些技术实行许可证监管。通常，受到限制或禁止的市场客体主要包括：为了维护国家安全、社会公共利益或公共道德，需要限制或禁止进口或出口的；为保护人的健康或安全，保护动物、植物的生命或健康，保护环境，需要限制或禁止进口或出口的；为实施与黄金或白银进出口有关的措施，需要限制或禁止进口或出口的；国内供应短缺或为有效保护可能用竭的自然资源，需要限制或禁止出口的；输往国家或地区的市场容量有限，需要限制出口的；出口经营秩序出现严重混乱，需要限制出口的；为建立或加快建立国内特定产业，需要限制进口的；对于任何形式的农业、牧业、渔业产品有必要限制进口的；为保障国家国际金融地位和国际收支平衡，需要限制进出口的等。在具体的操作中，应按照监管机关制定、调整并公布的货物、技术和服务目录进行监管。同时，监管机关还负责国际贸易中的知识产权保护和其他市场行为的执法监管。[1]

（二）国际贸易特别规范

国际贸易特别规范是指针对国际贸易中经常出现的特定行为所作出的规范，它主要包括禁止补贴规范和禁止倾销规范。其中，国际贸易中的补贴是指出口国（地区）政府或任何公共机构提供的，并为接受者带来利益的财政资助以及其他任何形式的收入或价格支持。它具体包括直接补贴、间接补贴，专向补贴和非专向补贴。其中，直接补贴是直接对出口商的补贴，间接补贴是间接给予的财政优惠或技术支持，专向补贴是给予特定产业、企业或地区的补贴，非专向补贴是普遍给予的补贴。对于这些形式的补贴，从法律的态度上来看可以将其具体分为禁止补贴、可诉补贴和不可诉补贴。其中，禁止补贴主要是指专向补贴和直接补贴，包括按照企业出口数额直接给予的补贴，或者对企业使用国产品代替进口品给予的补贴；可诉补贴是指存在着被起诉或被征收反补贴税的可能性，但必须满足一定条件，如果给其他成员国的贸易利益造成有害影响即可以被起诉的补贴；不可诉补贴是指各成员国普遍实施的，不受其他成员国指责或不因此被采取反补贴措施的补贴。

国际贸易中的倾销是指某个国家的商品，以低于正常价值的方式进入另外一个国家。倾销行为有三个基本构成要件：一是倾销商品对进口国的国内产业造成了实质性损害，或者存在实质性损害的威胁，或者对其建立相关产业造成实质性阻碍；二是这种实质性的损害、威胁或阻碍与倾销之间有直接的因果关系；三是

[1]　参见《对外贸易法》、《专利法》、《商标法》、《反垄断法》、《反不正当竞争法》、《海关法》、《进出口关税条例》、《进出口动植物检疫法》、《产品质量法》，以及相关法律、法规等的规定。

商品的价格明显低于正常价格，甚至低于正常的生产成本。因此，认定倾销的关键是确定商品的正常价值，如果某商品的出口价格低于其正常价值就构成倾销。同时，倾销还存在倾销幅度的问题，它是指进口商品价格低于其正常价值的幅度。确定商品的正常价值有两种主要方法：一是进口商品在出口国（地区）的国内市场有可比价格的，以该可比价格为正常价值；二是同类商品在出口国（地区）的国内市场没有销售，或该同类商品的价格不能据以进行公平比较的，以该商品出口到适当第三国（地区）的可比价格为正常价值，或以其原产国（地区）的生产成本加合理费用、利润为正常价值；如果存在其他情况，可以比照上面两种方法进行测算。

　　各国的反补贴和反倾销程序主要包括：申请立案、立案调查、初裁公告、终裁公告和实施制裁。申请立案是经当事人向监管机关书面申请，或者监管机关直接进行立案；立案调查是监管机关认为可能存在补贴或倾销行为，决定立案进行调查，并将该情况进行公告和通知利害关系人；初裁公告是监管机关经过调查，对补贴或倾销事实和损害作出初裁决定，并公告和通知利害关系人；终裁公告是在初裁的基础上进行深入的调查、核实，作出终裁决定并公告和通知利害关系人。监管机关作出裁定后，即可以采取制裁措施，包括临时措施、纠正承诺、惩罚课税和反规避措施等。其中，临时措施可以要求提供保证金、保函或担保等；纠正承诺是出口国与进口国之间达成纠正补贴或倾销行为的承诺；惩罚课税是监管机关作出终裁后，可以依法对相对方的商品征收反补贴或反倾销税；反规避措施是采取措施防止相对方采取表面上合法的手段，来减少或避免被课征反补贴或反倾销税。如果双方或其中一方有异议，也可以通过世界贸易组织的纠纷解决机制进行裁决。[1]

第二节　国际货币行为法

一、国际货币监管的主体

　　存在国际贸易就必然存在贸易收支，即必须以某种货币来清结国际贸易中的债权债务。因此，存在国际贸易问题就必然存在国际货币问题。在金属货币本位制度条件下，无论各国之间的货币制度如何，由于货币金属本身不存在本质的区别，都可以最终以黄金或白银来解决，不会产生比较严重的国际收支问题。但

---

[1]　参见《反补贴条例》、《反倾销条例》，以及世界贸易组织相关"协定"的规定。

是，在信用货币本位制度条件下，各国流通的都是主权货币，货币本身只是由主权国家依法拟制的价值符号，它的国际流通就会产生比较明显的问题，需要通过相应的国际组织进行协调。

（一）国际监管主体

主权货币的国际流通虽然也可以在国家之间进行双边的协调，或者在区域之间进行多边的协调。但是，要真正建立起主权货币的国际流通机制，还必须在各主要国家之间建立起一个世界性的国际组织，才能从根本上解决这一问题。目前，在世界范围内协调各主权货币国际流通的是国际货币基金组织。它的主要职责是制定成员国之间的汇率政策规范，以及经常项目支付和货币兑换方面的规范，并监督这些规范的执行；在必要时对发生国际收支困难的成员国提供紧急资金融通，以避免其他国家受到不良影响并发生连锁反应；为成员国提供有关国际货币合作与协商等的会议场所，促进国际的金融与货币领域的合作。

在国际货币流通中，存在的主要问题包括三个方面：一是各国为了自身利益会采取各种形式的外汇管制措施，如果各国都采取有利于自身的措施，就会使国际市场的整体经济利益受到影响，并最终使各国的利益也受到影响；二是各主权国家为了在国际市场竞争中取得自己的优势或为了自身的利益，会采取各种形式的汇率控制措施，影响各主权货币之间的正常、稳定的汇率秩序，导致国际市场的不合理或不稳定；三是某些国家可能会因各种原因出现国际收支困难，为保证国际市场的稳定、挽救某些国家的债务危机，应该有机构向其提供资金援助，以稳定国际贸易市场和金融市场。为解决这些国际货币流通中的问题，各国达成了《国际货币基金协定》，设立了负责协定执行的国际货币基金组织。

国际货币基金组织规范实施的保障手段主要包括两个方面：一是建立国际货币纠纷协调机制，为国际货币问题提供共同磋商和协作的平台与方法，避免出现国际货币争端；二是建立比较严格的违反协定责任制度，对违反协定的成员国进行处罚。处罚的主要措施包括：限制使用普通提款权、限制使用特别提款权、中止成员国的投票权和取消其成员国资格。如果成员国使用普通提款权的方式违反了基金组织的宗旨，会向该成员国发出报告限制其使用普通提款权；如果该成员国在规定期限内不给以答复，或答复不具有说服力，有权取消其使用普通提款权的资格。如果成员国不能按照规定使用其特别提款权，有权中止其部分，甚至全部特别提款权的使用权。如果成员国不履行协定义务，在处罚届满后仍不履行，经基金理事会批准可以中止其投票权；如果中止投票权期限届满后仍拒不履行协定义务，经基金理事会批准可以取消其国际货币基金组织成员国资格。[1]

（二）国内监管主体

国际货币基金组织的规则是通过成员国来具体实施的，为保证这些规则的具体实施，各成员国都必须设立相应的国内监管机关。同时，各成员国也必须根据国际货币基金组织的规则，制定本国货币的国际流通规则，以及其他主权货币在本国内的流通规则。并且，这些本国的法律和规则都是以国际整体经济利益和本国整体经济利益为目标的，也需要有相应的监管机关监督其实施。因此，各成员国必须设立相应的监管机关。通常，各成员国并没有统一的国际货币监管机关，它们是根据各国的具体情况来设置的。按照各国的货币监管职能，它们主要是中央银行或专业的国际货币流通监管机关。[2]

二、国际货币基本规范

国际货币流通的基本法律文件包括《国际货币基金协定》及其修正案和国际货币基金组织的决定等。在这些法律文件中，对国际货币体系的基本规则和权利义务作出了比较明确的规定。国际货币体系及其规范是处在不断变化之中的，总体来讲，1944 年以前采取的基本是以黄金等贵金属为基础的货币体系，1944 年至 1971 年采取的是以美元为基础的金汇兑货币体系，1971 年至今采取的是以主权货币为基础的浮动汇率体系。不同的国际货币体系会带来不同的国际货币问题，在当今的国际货币体系下，国际货币流通中的核心问题主要包括三个方面，即外汇管制问题、汇率制度问题和收支平衡问题。这些既是国际货币基金组织面临的核心问题，也是国际货币流通规范的基本内容。

（一）外汇管制规范

外汇管制是指某个国家为了平衡国际收支和维持外汇价格而实施的限制外汇交易、兑换和流动的制度。通常，它的具体措施包括强制结汇制度、特许售汇制度、外汇歧视制度、限制流通制度和限制出入境制度等。其中，强制结汇制度是指国内机构和居民取得的外汇收入，必须强制出售或存储于指定外汇银行的限制制度；特许售汇制度是指国内机构和居民需要使用外汇，必须通过非市场性许可才能按照规定比率兑换的限制制度；外汇歧视制度是指对不同国籍和不同性质的机构、居民，采取差别性外汇兑换或汇率的限制制度；限制流通制度是指限制或禁止外汇在国内市场流通，也不得将其作为普通财产设定质押权等财产权的限制制度；限制出入境制度是指限制或禁止外汇出入国境的制度。

严格的外汇管制制度会对国际贸易造成严重影响，使国际市场失去正常的市

---

〔1〕 参见《国际货币基金组织协定》，以及各相关《修正案》和《决议》等规范性文件。
〔2〕 参见《人民银行法》、《外汇管理条例》，以及相关法律、法规的规定。

场功能，最终也会影响到各国的市场利益。因此，必须对成员国的外汇管制进行规范，以尽可能维护国际市场的基本市场功能。按照国际货币基金组织的要求，成员国未经批准不得对经常性国际收支项目的外汇兑换、支付和清算实行限制，不得采用歧视性的差别汇率措施和复汇率制度；[1] 成员国之间在经常性交易中积存的本国货币，在对方为支付经常性交易而要求兑换时，应用外汇或本国货币换回；各成员国应当向基金组织提供规定的有关金融和经济信息。凡成员国接受这些义务的，该国货币将被视为是"可自由兑换货币"。如果暂时不能接受这些义务，在加入国际货币基金组织时可以选择接受过渡性义务，这类国家加入基金组织后仍然可以保留原外汇管制制度，但如果增加新的限制必须获得基金组织的批准。[2]

（二）汇率管理规范

汇率是某国货币与其他国家货币之间的兑换比率，在关税和非关税措施受到世界贸易组织严格管制的条件下，它对保护民族产业、提高本国商品和服务在国际市场上的竞争能力具有重要作用。如果提高本国货币与外国货币之间的兑换比率，虽然可以提高本国商品或服务在国际市场上的实际收入，却会降低其竞争能力；反之，虽然会降低其实际收入，却会提高其竞争能力。因此，成员国的汇率政策必须有利于促进汇率稳定，有利于实现有秩序的经济发展和价格的全面稳定，要有稳定的货币制度和汇率制度；避免通过操纵汇率和国际金融制度，妨碍国际收支的有效调整或取得不公平的竞争优势。

国际货币基金组织汇率管理规范的核心，是禁止操纵汇率和出现较大的汇率偏差。操纵汇率是指某个国家通过有目的、有意识地实施影响汇率水平的政策，造成本国货币的汇率严重偏离货币的真实币值，以取得在国际市场上有利的竞争优势的行为。汇率偏差是指某国的汇率偏离了货币的真实币值，长期不能反映其真实价值的情况；操纵汇率是手段，汇率偏差是汇率操纵的结果。国际法上的操纵汇率和汇率偏差与国内法上的货币调控权是一对矛盾的权力，货币调控权是国家货币主权，避免操纵汇率和出现汇率偏差是国际法上的义务，它们之间的界限是合理的幅度，超越了合理幅度的权力就违反了义务。[3]

---

〔1〕复汇率制度是指设置两个以上的汇率，对不同主体和不同情况使用不同汇率的汇率管制制度。

〔2〕参见《国际货币基金组织协定》，以及各相关《修正案》和《决议》等规范性文件，以及我国《人民银行法》、《外汇管理条例》等法律、法规的相关规定。

〔3〕参见《国际货币基金组织协定》，以及各相关《修正案》和《决议》等规范性文件，以及我国《人民银行法》、《外汇管理条例》、《完善人民币汇率形成机制改革的公告》等的规定。

（三）融资管理规范

融资管理规范是规定成员国与国际货币基金组织之间融通资金，以在成员国出现国际支付手段短缺时向其提供必要的资助或贷款，调节其国际收支不平衡的行为规范。它要求成员国在加入基金组织时，必须以国际储备和本国货币缴纳核定份额的资金，同时取得规定配额的融资权利。在成员国遇有国际收支失衡时，有权依照其配额提取或借贷相应的外汇资金，即普通提款权和特别提款权。其中，普通提款权是国际货币基金组织按照向基金缴纳资金的规定比例，分配给成员国的可以取得贷款的余额。它又可以分为储备贷款和信用贷款两部分，储备贷款部分成员国可无条件提取、不需支付利息；信用贷款部分不仅需要支付利息，还需要成员国提供使用和归还计划，并接受基金组织的严格监督。

特别提款权是国际货币基金组织创设的一种储备资产，是为弥补国际储备手段不足而创制的补充性国际储备工具。国际货币基金组织分配给某成员国的特别提款权数量，相当于它的储备资产数量，只要其使用目的符合基金要求就可以在基金组织内部不受限制地使用。既可以在发生国际收支逆差时，用来向基金组织指定的其他成员国换取外汇，也可以用于偿还基金组织的贷款。并且，当某成员国拥有的特别提款权数量超过分配的数额时，超过的部分还有权获得利息收益。特别提款权只是一种记账单位和货币定值单位，不是真正意义上的货币，不能在国际货币基金组织之外作为直接的货币使用，使用时必须首先兑换成其他国家的货币，然后才能用于国际贸易或非贸易的支付结算。[1]

第三节 国际银行行为法

一、国际银行监管主体

国际贸易中的货币问题所要解决的，是国际市场中流通的货币、货币之间的兑换比率，以及国际收支的平衡问题。这些问题的解决无疑对稳定国际市场、维护国际整体经济利益具有重要作用。但是，无论采取何种主权货币，无论货币之间的兑换比率如何，也无论如何解决国际收支的平衡问题，最终这些国际市场上的货币行为都必须由具体的银行来完成。因此，要建立完善的国际市场行为法体系，还必须制定国际银行行为法，以保证国际货币流通经营体系的稳定，防止出现银行系统危机，导致国际市场体系混乱。

---

[1] 参见《国际货币基金组织协定》，以及各相关《修正案》和《决议》等规范性文件的规定。

（一）国际监管主体

贸易主体之间的国内支付结算是在商业银行体系内完成的，各商业银行之间的清算是在中央银行体系内完成的，它构成一个国家完整的支付结算和清算体系。在国际贸易的背景下，则既涉及各国商业银行之间的结算，也涉及各国中央银行之间的清算。通常，各国际贸易主体之间的支付结算是由各国商业银行之间协作完成的，各国家之间或各国中央银行之间的支付结算则既可以在中央银行之间协作完成，也可以通过国际清算银行来完成；特别是对于某些国际组织而言，客观上需要国际清算银行来完成不同成员国之间的支付结算。同时，各国中央银行之间的多边协作，也需要有一个国际平台或机制。

随着国际贸易市场联系的不断密切，各国商业银行之间的往来也不断增加，某个国家的商业银行体系出现危机也会直接影响到其他国家，最终必然会引起世界性金融危机。在此条件下，非常有必要在国际清算银行的基础上，制定商业银行经营风险控制的国际性规则，并设立专门的监管机关对这些规则的实施进行监管。这样，在国际清算银行中设立银行监管委员会就成为历史的必然。它负责制定各成员国统一的商业银行监管标准与指导原则，这些规范性文件统称为"巴塞尔协议"，并通过与成员国的合作使这些规则得到实施。虽然这些规则不具有强制效力，但它对推动银行业的审慎监管具有重要意义。[1]

（二）国内监管主体

巴塞尔协议的规则是通过成员国来具体实施的，为保证这些规则的具体实施，各成员国都必须设立相应的监管机关。同时，各成员国也应该根据巴塞尔协议的规则，制定本国的商业银行审慎监管规则。并且，这些本国的规则都是以国际和本国的整体经济利益为目标的，也需要有相应的监管机关监督其实施。因此，各成员国必须设立相应的监管机关。通常，各成员国并没有统一的商业银行监管机关，它们是根据各国的具体情况来设置的。按照各国商业银行监管的情况，它们主要是中央银行或商业银行专业监管机关。[2]

二、国际银行基本规范

巴塞尔协议有一个不断完善的过程，最初的协议主要通过规定银行资本的组成、资产风险加权、资本充足率和过渡期等，确定统一的银行风险监管标准。此

---

[1] 参见《关于统一国际银行资本衡量和资本标准的协议》、《有效银行监管核心原则》、《资本协议关于市场风险的补充规定》、《流动性风险的计量标准和监测的国际框架》、《巴塞尔协议Ⅲ》等规范性文件的规定。

[2] 参见《商业银行法》、《银行业监督管理法》、《外资银行管理条例》、《商业银行资本管理办法》、《商业银行流动性风险管理办法》、《商业银行杠杆率监管指引》、《金融企业准备金计提管理办法》等的具体规定。

后，又在此基础上将监管的核心放在最低资本要求、资本充足率的监督和经营信息披露三个方面。最近，又进一步提高了资本充足率标准，增加了资本防护缓冲资金等。我国监管机关将其统一为资本充足率、准备金比率、资本杠杆率和流动性风险四项风险控制和审慎监管内容。[1]

（一）资本充足率规范

商业银行的资本既是其从事经营活动的基本资金来源，也是对存款人和其他财产权享有主体的财产担保，维持一定的资本充足水平是保证银行稳健经营的前提。商业银行的资本可以分为核心资本和补充资本，以及一级资本和二级资本。其中，核心资本主要包括商业银行的实收资本或普通股本、资本公积金、盈余公积金、一般风险准备、未分配利润和少数股东资本的可计入部分等。补充资本包括商业银行的重估储备、一般准备、优先股、可转换债券、混合资本债券和长期次级债务等。一级资本包括核心资本和其他一级资本，如其他一级资本工具及其溢价等。二级资本包括各种二级资本工具及其溢价，以及超额贷款损失准备金等。它们共同构成商业银行的资本体系，是商业银行业务经营的基础。

商业银行的资本充足率，是指资本与风险加权资产之间的比率，它可以具体分为一级资本充足率和核心一级资本充足率。商业银行的一级资本充足率，是指一级资本与风险加权资产之间的比率；商业银行的核心一级资本充足率，是指核心一级资本与风险加权资产之间的比率。其中，风险加权资产是指以不同类别的资产风险系数为权重，而计算出来的商业银行的全部资产总额。商业银行资本充足率，反映的是经营的风险程度或经营风险的保障程度。要保证商业银行能够稳健经营，就必须严格控制其资本充足率，使其不得低于法定标准的水平。同时，对不同重要程度的商业银行规定不同的控制标准。

（二）准备金比率规范

商业银行的风险准备金，是指为了保证其稳健经营、防止出现个体或系统性经营风险，对可能出现风险和损失的金融资产按照规定比例提取的弥补资金，它具体包括资产减值风险准备金和一般风险准备金。其中，商业银行的资产减值风险准备金，是指在对债权、股权等金融资产进行合理估计和判断的基础上，对预计未来价值可能低于账面价值的部分提取的，可以计入成本的损失弥补准备金。商业银行的一般风险准备金，是指在对资产的潜在风险进行合理估算的基础上，从净利润中计提的、弥补尚未识别风险的准备金。

商业银行需要提取准备金的资产主要包括发放贷款、为他人垫款、可出售资

---

[1] 参见"巴塞尔协议"的规范性文件，以及我国监管机关的配套性法规文件。

产、对外投资、同业存款、拆出资金、抵债资产、其他应收款项等。对于需要承担还款责任的外国贷款，如国际金融组织贷款、外国买方信贷、外国政府贷款等也需要提取准备金。商业银行准备金规范的核心是要控制准备金的提取比率，特别是贷款总准备金比率、贷款准备金比率和不良贷款准备金覆盖率。其中，商业银行的贷款总准备金比率，是指提取的与贷款损失相关的各项准备金与各项贷款余额之间的比率；商业银行的贷款准备金比率，是指提取的与贷款损失相关的资产减值准备金与各项贷款余额之间的比率；商业银行的不良贷款准备金覆盖率，是指提取的贷款损失准备金与不良贷款余额之间的比率。

（三）资本杠杆率规范

商业银行的资本杠杆率，是指其持有的合格一级资本与资产余额的比率。它反映的是商业银行资本与资产业务规模之间的关系，即银行以其享有最终归属权的财产支持了多大规模的业务经营。如果商业银行的资本杠杆率越低，则说明该银行的经营风险越大；如果商业银行的资本杠杆率越高，则说明该银行的经营风险越小。同时，经营风险又是与经营收益直接相关的，资本杠杆率越低，经营风险越大，资本收益率就越高；反之，资本杠杆率越低，经营风险越小，资本收益率就越低。因此，必须将资本杠杆率控制在合理水平。

如果商业银行的资本杠杆率低于最低监管要求，监管机关就可以采取相应的纠正措施，如要求商业银行限期补充一级资本，要求控制资产增长速度，要求降低资产规模等。如果商业银行没有能够在规定期限内达到监管标准，或者有其他严重危及其稳健运行、损害客户利益的行为，监管机关可以对其进行处罚。如责令其暂停部分业务、停止批准开办新业务，限制分配红利和其他收入，停止批准增设分支机构，责令控股股东转让股权或限制有关股东的权利，责令调整董事、高级管理人员或限制其权利等；以控制商业银行的经营风险水平，防止其出现经营风险和信用危机，甚至引起整个金融体系的系统性风险。

（四）流动性风险规范

商业银行的流动性风险，是指无法以合理成本及时获得充足资金，用于偿付到期债务、履行其他支付义务和满足正常业务开展的其他资金需求的风险。商业银行的流动性风险是重大风险，它可以直接导致银行的信用危机，如果持续不能支付到期债务则很可能引起破产，引发系统性金融风险。因此，商业银行必须建立健全流动性风险管理体系，对法人和集团、各附属机构、各分支机构、各业务链条上的流动性风险，进行有效识别、计量、监测和控制，确保流动性需求能够及时以合理资金成本得到满足。同时，监管机关也必须加强商业银行的流动性风险监管，发现问题及时予以纠正。

商业银行的流动性风险管理体系包括，有效的流动性风险管理治理结构，完善的流动性风险管理策略、政策和程序,有效的流动性风险识别、计量、监测和控制,以及完备的管理信息系统。首先,应当明确董事会及各专门委员会、监事会(监事)、高级管理人员的流动性风险管理职权和责任,应建立完善的考核和问责机制。其次,应当根据经营战略、业务特点、财务实力、融资能力、总体风险偏好和市场影响力等因素确定流动性风险的偏好,并据以确定风险管理的策略、政策和程序。再次,应当严格监测可能引发流动性风险的特定情景或事件,采用适当的预警指标,前瞻性地分析其对流动性风险的影响。最后,应当规定明确的流动性风险限额,如现金流缺口限额、负债集中度限额和融资限额等。

【司法案例】

案情: 2008 年 9 月 19 日,中国政府就美国在 2008 年 6 月到 8 月对中国标准钢管、矩形钢管、复合编织袋和非公路用轮胎采取的反补贴和反倾销措施,提起了世界贸易组织争端解决机制下的磋商请求。中国政府认为,美国商务部使用非市场经济地位方法来裁定反倾销中的正常价值,同时又对同样的产品裁定征收反补贴税,没有提供充分的法律依据。由于中美双方就本案磋商不成,从而进入专家组程序。2010 年 10 月 22 日,专家组公布其裁定,认为中国政府没有能够证明美国商务部的行为与《补贴与反补贴协定》不一致。

按照世界贸易组织《补贴与反补贴协定》的规定:如对任何产品征收反补贴税,则应对已被认定接受补贴和造成损害的所有此种进口产品,根据每一案件的情况在非歧视基础上收取适当金额的反补贴税。对任何进口产品征收的反补贴税不得超过认定存在的补贴金额,该金额以补贴出口产品的单位补贴计算。世界贸易组织的专家组认为:反补贴税征收在"适当数额"范围内,没有超出被认定的补贴数额的范围;按照非市场经济国家方法计算而征收的反倾销税,对同时征收的反补贴税数额是否"适当"没有影响;《补贴与反补贴协定》起草者并没有试图规定双重救济问题,它对潜在的同时征收反倾销税处于"遗忘"状态。因此,《补贴与反补贴协定》没有表明"双重救济"情况。

中国政府认为,专家组对《补贴与反补贴协定》和相关规定的解释是错误的。进口成员国有肯定性的法律义务确保其对同一产品不重复征收反补贴税和反倾销税,这一义务产生于征收反补贴税要符合"适当数额"的规定。因此,对专家组有关"双重救济"的裁定提出上诉,要求上诉机构认定专家组在解释《补贴与反补贴协定》时有错误;撤销专家组关于中国政府没有证明美国商务部的行为与其义务不一致的认定;要求确认美国商务部的行为与规定不一致,没有采取有效手段避免对同一补贴进行"双重救济"。

判决: 世界贸易组织上诉机构对《补贴与反补贴协定》的相关规定中的

"适当数额"作了解释性分析。认为反补贴税的目的是对造成损害的补贴行为予以抵消，如果对同一补贴行为征收的反补贴税和反倾销税金额总和超过了补贴金额，就并非"适当"。在确定反补贴税金额时，对已经抵消了该补贴行为的反倾销税情况予以考虑的做法才是适当的。如果出口补贴降低了产品的出口价格，但却不影响国内价格，就会抬高倾销的幅度，此时补贴和倾销为"同一情况"。如果国内补贴同时影响国内价格和出口价格，则不会影响到倾销幅度，不会对同一情况双重救济。在依据非市场经济体方法计算倾销幅度的情况下，可能会出现同时对同一产品适用反倾销税和反补贴税造成双重救济的情况。

世界贸易组织上诉机构认为，不能接受专家组所说的"遗忘"了任何潜在的同时征收反倾销税的观点，这种对《补贴与反补贴协定》和《反倾销协定》切割理解的解释方法难以符合世界贸易组织各协定之间的解释要协调一致的理念。成员国在依据某一协定采取行动时，应对根据其他协定已经采取的行动予以考虑。在核算反补贴税适当数额时，不能忽视已征收反倾销税对同一补贴的抵消作用。允许双重救济将构成对两协定中"适当"原则的规避。最终认定专家组在解释《补贴与反补贴协定》时有错误，当反补贴税已经代表了整个补贴数额时，再同时按同一补贴征收反倾销税，这种反补贴数额是难以"适当的"。因此，撤销专家组对《补贴与反补贴协定》的解释以及由此得出的结论。美国商务部应避免对同一产品同时采取征收反倾销税和反补贴税，使征税数额与损害数额不适当的做法。

评析：在国际市场上，国内法和国际诉讼并不一定是维护公平正义的手段，而往往是保护自己国家利益的手段。甚至许多国际法也不一定就是公平正义的，它往往是国际规则制定国为了自身利益而作出的规定。在本案发生时期，美国由于受金融危机的影响，国际收支出现了较大的逆差。为了自己国家的利益放弃其一直倡导的贸易自由化旗帜，开始推行贸易保护主义，频繁地对来自我国的产品发起反倾销和反补贴调查，对中国出口企业利益造成了比较大的损害。同时，也应该看到我国当时也确实存在一定的补贴问题。

随着我国经济实力的不断增强、国际地位的不断提高，以及对国际事务的不断熟悉，我们应该积极地参与国际经济事务，在制定国际市场规则时尽量争取同类主体的权力，维护本国的整体经济利益和国际整体经济利益，使我们在立法上取得平等的地位，至少不至于处在非常劣势的地位。同时，也应积极参与国际组织的业务管理，努力在执法过程中以认真、公正的态度对待所有的主体，特别是国际事务中的弱势主体，至少不至于由某些带有严重民族偏见的人把持国际事务。此外，还应善于运用国际纠纷解决机制维护国家权益，熟悉各种国际市场运行规则和纠纷解决程序，依法维护国家利益和民族利益。

第十一章

整体经济责任法

【学习目的和要求】

责任法是与本体法（主体法、客体法、行为法）相对应的法学体系，它们之间既具有内在的联系也有明显的区别，责任法既保障本体法的实施，也有自己独立的价值目标。既然本体法可以区分为民商法、行政法和经济法，责任法也必然可以分为民商责任法、行政责任法和经济责任法。经济责任法是以整体经济利益为基本价值目标的责任法体系，它无论在责任性质、归责原则还是在责任程度上，都与其他责任法有着明显的区别，学习经济责任法就是要明确它们之间的联系与区别。

通过本章的学习要求学生：

● 重点掌握：经济责任法的特征；经济责任的归责原则；经济责任的承担程度。

● 一般了解：责任的价值目标；经济责任法的目标；经济责任的决定因素。

● 深入思考：责任法与本体法的关系；经济责任法与其他责任法的关系。

【核心概念】

整体经济责任　经济责任目标　经济责任原则　经济责任程度

【引导案例】

在通常的司法条件下，责任的认定是在法院进行的，法院的基本职责就是确认诉讼当事人的违法事实，并根据该事实要求违法者承担相应的责任。我国法院最初设有专门的经济法庭，专业审理经济类案件。后来，开始按照诉讼法的类型设立法庭，如民事诉讼法庭、刑事诉讼法庭和行政诉讼法庭等。同时，也考虑到某类案件的数量和重要程度，如随着我国金融业的不断发展和纠纷的不断增加，开始设立了金融法庭；随着环境保护被不断强调，又设立了环境法庭等；随着知识产权案件数量的不断增加，以及这类案件专业性审理的需要开始设立知识产权法院。事实上，法庭的设立也是有其客观规律性的。

美国的法院系统

美国的法院划分为联邦和各州两大系统，名称和审级不尽相同，管辖权限错综复杂。联邦系统法院管辖的案件主要是：涉及联邦宪法、法律或国际条约的案件，一方当事人为联邦政府的案件，涉及外国政府代理人的案件，在公海上或国境内供对外贸易和州际贸易用的通航水域的案件，不同州之间、不同州的公民之间的争议，以及州政府向其他州公民提起的诉讼。联邦系统的法院包括：联邦地方法院、联邦上诉法院、联邦专门法院和美国最高法院。其中，联邦地方法院是审理普通案件的初审法院，设在各州的联邦地方法院只审理属于联邦管辖的案件，设在首都哥伦比亚特区和领地的联邦地方法院，则兼理联邦管辖和地方管辖的案件。联邦上诉法院分设在全国 11 个司法巡回区，受理本巡回区内对联邦地方法院判决不服的上诉案件，以及对联邦系统专门法院的判决和某些具有部分司法权的行政机构的裁决不服而上诉的案件。联邦专门法院包括美国税务法院、美国国际贸易法院、美国联邦赔偿法院、美国国外情报法院、美国破产法院等，专门审理相关专业范围内的案件。此外，美国联邦贸易委员会和国家劳工关系局等机构，在其管辖范围内也具有相当于联邦地方法院的裁判权力。美国最高法院是全国最高审级的法院，它的判例对全国有约束力，享有司法审查权，有权通过具体案例宣布联邦或各州的法律是否违反宪法。

美国各州系统的法院名称不一，通常分为基层法院、上诉法院和州最高法院三级，在各级法院之下还设有各种不列为审级的小型法院。其中，基层法院一般称州地方法院、州巡回法院、州高等法院或州普通诉讼法院等，是属于各州管辖的普通案件初审法院，有的州在基层法院之下还设有县法院、市法院和警察法院。也有在基层法院内设各种专门法庭或另设专门法院，不作为审级；对其判决不服，可申请基层法院重审，之后仍可以上诉。这类专门的法院主要包括家事法院、遗嘱验证法院、遗嘱处理法院、交通法院和小额索赔法院等。美国的大部分州都设有州上诉法院，作为中级上诉法院。美国各州的最高法院是州的最高审级法院，有的州称为最高审判法院或违法行为处理法院。

英国的法院系统

英国法院系统因袭历史传统，体系错综复杂。法院大部分也不是由固定配属的法官组成，而是由一定等级的法官组成法庭进行审判。英国法院的审级基本上划分为基层法院、最高法院和上议院三级，专门法院有军事法院和行政法院。英国的基层法院按照受理案件的性质设立，可以分为郡法院、治安法院和验尸法院。郡法院是审理民事案件的基层法院，对郡法院的判决不服，可以上诉至上诉法院。治安法院是审理刑事案件的基层法院，主要进行简易审判和起诉预审。简易审判是依简易程序审判简易罪或其他可依简易程序审判的可诉罪，简易罪大体相当于大陆法系中的违警罪，可诉罪相当于刑事罪。起诉预审是对可诉罪的控告进行预审，决定是否可正式起诉至刑事法院。有的治安法院也兼理某些轻微的民事案件，如有关婚姻、收养或扶养费的纠纷。验尸法院专门对死因不明、怀疑为暴力他杀或其他非自然死亡的尸体进行勘验，并完成初步侦查和预审任务；但它只有权将案件直接移送到刑事法院正式起诉，而没有对案件的审判权。

最高法院是刑事法院、高等法院和上诉法院的合称，它们并非独立的法院，也不是最高审级。刑事法院受理不服治安法院判决的上诉案件，也是可诉罪的初审法院。它是全国性法院，可管辖全国境内任何犯罪案件。对刑事法院的判决不服，可上诉至上诉法院刑事上诉庭。高等法院是由衡平法院等多种法院合并而成，下设王座庭、大法官庭和家事庭。王座庭主要任务是对重大民事案件进行初审，由海事合议庭、商事合议庭等专门法庭审理该类案件，并受理以报核的方式上诉的刑事案件。大法官庭负责审理有关房地产、委托、遗嘱、合伙和破产等民事纠纷。家事庭主要审理有关家庭、监护、婚姻等的重大纠纷及其上诉案件。对高等法院的判决不服的，可以上诉至上议院。上诉法院分两个上诉庭，即非刑事上诉庭和刑事上诉庭，非刑事上诉庭受理不服郡法院判决的上诉案件；刑事上诉庭审理不服刑事法院判决的上诉案件。对上诉法院的判决不服，还可再上诉至上议院。上议院为最高审级的法院，只审理内容涉及有普遍意义和重大法律问题的上诉案件，它的司法权由常设上诉议员来行使，他们不阅案卷、只听取律师陈述，其裁决以上议院决议的形式作出。

德国的法院系统

德国法院系统可以分为联邦法院系统和各州法院系统两个层次，按照管辖范围又可以分为宪法法院、普通法院和专业法院三种类型。并且，为了维护法制的统一，当某个法院系统作出的判决可能与其他法院系统的判决相冲突时，将通过召集联邦各最高法院联席会议的方式作出决定。在宪法法院体系内，德国设有联邦宪法法院和州宪法法院，两级宪法法院各自独立设置，没有隶属关系。在德国的16个州中有14个州设立了宪法法院。宪法法院主要管辖违反宪法的案件，以确保宪法的实施。其中，联邦宪法法院的地位超越其他各类宪法法院，是德国的最高司法机关和最具权威的宪法机构，不从属任何权力机关，具有"司法审查"、"行政权限裁决"和"弹劾案审判"等广泛的职权。各州的宪法法院仅管辖违反州宪法的案件；宪法法院审理案件实行一审终审制。

德国的普通法院分为四级，即地方法院、地区中级法院、州高等法院和联邦最高法院。地方法院是普通法院系统的最低审级，负责审理较轻的犯罪和较小的民事案件。这一级别的法院还具有一些日常法律功能，如管理公司登记等。地区中级法院是地方法院的上级法院，地区中级法院分为两部分，一部分负责审理较重的犯罪，另一部分审理较大的民事案件，大多数重大的民事、刑事案件都由地区中级法院一审。地区中级法院还是地方法院的上诉法院，地方法院一审的案件由地区中级法院终审。州高等法院主要审理对地方二审判决不服的再次上诉案，对反国家罪和恐怖活动案件行使初审管辖权，并受理州司法部指令管辖的案件。最高法院是民事、刑事案件的最高审级法院，主要受理不服判决的上诉案件。

　　德国的专业法院系统包括，行政法院、财税法院、劳动法院、社保法院、专利法院和纪律法院。行政法院分为联邦行政法院、州高等行政法院和地方行政法庭，实行三审终审制，主要审理行政机关侵犯公民合法权益的案件，实行复议前置的制度。行政案件原则上可以上诉，但上诉需要经过上一级法院的同意。财税法院分为联邦财税法院和州财税法院两级，主要是审理纳税人对征税不服，状告国家财政税务局的案件。这类案件可适用调解，只要双方经调解达成一致就可结案。劳动法院分为联邦劳动法院、州劳工法院和地方劳工法院，主要是审理雇主与雇工的劳动纠纷以及雇主和工会之间的纠纷。劳动法院受理案件时，规定争议双方必须有书面合同，否则由普通法院管辖。社保法院或称社会保险法院，分为联邦社会保险法院、州社会保险法院和地方社会保险法院，实行三审终审制，主要是审理社会保险、事故、退休金、医疗保险、失业金纠纷案件。社会保险法院审理案件不收费，不允许律师参与，主要是调解结案。专利法院设上诉法院和专利法院，主要审理专利授予、商标登记或注销等知识产权方面的案件。纪律法院分联邦纪律法院和州纪律法院两级，主要审理公职人员和其他职业人士，如律师、会计师、建筑师、医生等触犯纪律的案件。

　　法国的法院系统

　　法国的法院分为普通法院与行政法院两大系统，普通法院分为民事法院、刑事法院和特殊法院，包括初审法院、上诉法院和最高法院三个审级；行政法院也分为行政初审法院、行政上诉法院和最高行政法院三个审级。此外，还设有争议法院和特别高等法院。在法国的普通法院系统中，初审法院中的民事法院主要包括，街区法院、小审法院和大审法院。其中，街区法院主要审理小额诉讼、消费者权益诉讼和其他小型民事诉讼；小审法院主要审理标的额稍大的普通民事案件；大审法院主要审理标的额较大的普通民事案件，以及离婚案件、继承案件、不动产案件和民事身份案件等。初审法院中的刑事法院主要包括，近民法院、治安法院、轻罪法院和重罪法院。其中，近民法院主要审理轻微的违警案件；治安法院主要审理可能处以罚金的小型刑事案件；轻罪法院主要审理可能处以较轻监禁及其他刑罚的案件；重罪法院主要审理可能处以重罪的案件。初审法院中的特殊法院主要包括，劳资法院、社保法院、商事法院、农业法院等。其中，劳资法院主要审理劳动者与雇主之间的劳动纠纷案件；社保法院主要审理社会保险机构与投保人之间的纠纷案件；商事法院主要审理商业人员或企业之间的纠纷案件；农业法院主要审理农村土地所有人与经营者之间的纠纷案件。如果当事人对审判结果不满意，可以向上诉法院提起上诉，上诉法院将对案件重新审理。最高法院对上诉案件一般不自行改判，原则上只宣告撤销原判或维持原判；如撤销原判，则将案件发交同一审级的另一法院重新审理。

法国的行政法院由法国 18 世纪资产阶级革命后设立的行政监督和咨询机关演变而来，1799 年宪法正式赋予它以司法权。行政法院主要担负两项任务：一是就现行法律和行政法令向行政部门作出解释，提供建议和拟订草案，该任务属于行政职能；二是审理行政机关之间的纠纷和公民对行政机关的控告，该任务属于司法职能。此外，行政法院系统还设有一些专门行政法院或法庭，如审计法院和处理国家补助金纠纷的法庭等。在法国的法院体系中，除民事法院、刑事法院和特殊法院外，还包括争议法院和特别高等法院。其中，争议法院主要审理普通法院与行政法院两个系统之间关于管辖权的争议案件，以及对两个系统法院作出的相互冲突判决案件的重审。特别高等法院是独立于上述两个系统之外的特殊法院，专门负责审理总统的叛国犯罪，以及政府部长的刑事和危害国家安全犯罪。

【案例导学】

从世界各主要国家法院或法庭的设置情况来看，传统的民事法庭、刑事法庭和行政法庭仍然是最基本的法院或法庭。尽管各国的名称不完全一致，审级也不完全相同。但是，它们的基本管辖内容还是具有同质性的。同时，我们也必须注意到，随着社会的文化、政治、经济等的不断发展，社会政治、经济关系的越来越复杂，以及相关法律文件的不断制定和完善，为解决这些新型的纠纷，各国也都开始设立许多专业性法院或法庭，如产业法庭、财税法庭、劳动法庭、社会保险法庭等。许多法院或法庭虽然没有改变其原有名称，但其职能已经发生了很大的变化，如行政法院或法庭中的审计法庭、贸易法庭等。

这些新型法院或法庭的出现，实质上就是为了满足经济立法的不断增加和经济纠纷不断增长的需要，这是无法改变的客观事实。并且，随着社会经济整体化程度的不断加强，经济立法的不断丰富和完善，经济纠纷肯定会不断增多，并且案情会越来越复杂，许多暂时还能够寄存于传统法院或法庭的经济案件也必然会不断分化，最终形成新的专业经济法院或法庭。从规律性的角度来看，法院或法庭的设置主要取决于三个基本因素：一是案件专业领域的统一性；二是当事人责任性质的统一性；三是诉讼程序的统一性。在这三个基本因素中，案件的专业领域居于核心地位，只有以案件的领域为核心划分法庭或法院，才能保证当事人和法官能够正确地理解同类法律，最终得出正确的审判结论。相对而言，当事人的责任性质和诉讼程序通常不会有较大的复杂性，很少会因此产生裁判的缺陷。

第一节　经济责任法的性质

一、责任法的本质属性

法的责任是不履行具有效力的义务（职责）而必须承担的强制性不利后果，它是保证权利（权力）得以行使，保证本体法所维护的价值目标得以实现的基本条件。甚至奥斯丁认为责任是法的本质，"当一个人对另一个人发出以威胁为后盾的命令，强制他服从时，我们就发现了法律的本质，或者至少可以说是发现了'法律科学的关键'"[1]。"人的行为只有在实在法律规范对这一作为条件的行为，赋予作为后果的制裁时，才能被认为是不法行为。"[2] 虽然我们并不认为责任是法的本质，但它至少是法的三个基本构成要素，即本体法、责任法和程序法之一。虽然不能说没有责任就没有法，但它是保障法实施的重要手段，是法学规范区别于其他规范的重要标志。"施加这种压力是为了迫使他尽自己本分来维持文明社会，并阻止他从事反社会的行为，即不符合社会秩序假定的行为。"[3]

（一）承担责任的条件

法的责任可以从不同角度对其进行概括，有学者认为所谓责任者，"乃为义务人违反其义务时，所应受法律之处罚也"[4]。也有人认为责任是指"因某种行为而产生的受处罚的义务及对引起损害予以赔偿或用别的方法予以补偿的义务"[5]。还有人认为责任"是指人们对违法行为所应承担的那种带有强制性的法律上的责任"[6]。这些概念都从某个侧面反映了责任法的性质，指出了责任法的某方面属性。责任法的本质属性表现在许多方面。首先，是承担责任必须具备的条件，它主要包括能力条件、法定条件和约定条件。

责任是不履行具有法效力的义务（职责）的后果，无论责任形式如何，承担这一后果的只能是法的主体。然而，并不是任何主体都具有承担责任的实际能力，它是由主体具体的主观责任能力和客观责任能力决定的。主体的主观责任能力主要是指其认知能力，它是其能够理解法的要求，辨认自己行为的目的、性质

---

[1]　［英］哈特著，张文显等译：《法律的概念》，中国大百科全书出版社 2003 年版，第 7 页。

[2]　［奥］凯尔森著，沈宗灵译：《法与国家的一般理论》，中国大百科全书出版社 1996 年版，第 57 页。

[3]　［美］罗斯科·庞德著，沈宗灵、董世忠译：《通过法律的社会控制、法律的任务》，商务印书馆 1984 年版，第 9 页。

[4]　李肇伟：《法理学》，台湾中兴大学 1979 年版，第 306 页。

[5]　*Black's Law Dictionary*，fifth edition，West Publishing Co，1983，p. 1197.

[6]　沈宗灵主编：《法学基础理论》，北京大学出版社 1988 年版，第 429 页。

和后果，以及支配、控制自己行为的能力。因此，"人们往往就说不法行为对儿童或精神病患者是不可'归责的'"[1] 主体的客观责任能力是指其客观上具有的实际承担责任的能力，这主要是指个体利益主体的财产能力和整体利益主体的身体和行为能力。因为，个体利益主体具有完全的人身责任能力。

责任首先是一种违法责任，是不履行本体法规定的义务（职责）而应该承担的强制性不利后果。本体法规定的是理想的行为状态，一旦这种状态受到破坏或发生变动，就必须对其进行强制性校正，它的基本手段就是要求其承担相应的责任，并通过责任的承担使社会运行恢复到应有的状态。责任首先必须是法定责任，而不能是任意责任。它必须以不履行本体法所规定的义务（职责）为条件，以责任法要求其必须承担的责任为前提，以责任法所规定的责任类型和责任程度为依据。责任的法定性并不否认其灵活性，法定性是就普遍性而言的，灵活性是就特殊性而言的。由于法律规范制定时的认识问题，立法者的价值追求问题，以及社会关系的发展问题等，实证法并不一定是最适合社会需要的法，这时应允许执法者对其进行一定的校正。"规则删除纠纷中各种可能有关联的情况，而标准则给予事实的人——法官或陪审团——更多的裁量权，因为有更多的事实要发现、权衡和比较。"[2]

责任不仅可以由法的直接规定产生，还可以由当事人之间的有效约定产生。当事人之间自我约定的权利义务关系，也是一种受法律保护的关系，它可以在不侵害他人利益的条件下，充分满足主体的各种实际需要。这种形成权利义务关系的行为是任何法所不能取代的，是依靠任何整体的力量所难以达到的，它对主体需要的满足是最充分的。因此，法必须对这种关系给予保护，以充分实现法的价值目标。约定责任与法定责任是有明显区别的。首先，约定责任是当事人之间相互约定的，不同的约定会形成不同的责任内容；其次，约定责任的效力是具有不确定性的，它是否有效取决于约定本身是否合法，约定的权利义务是否公平合理，以及是否按照法定程序形成约定等。"我们再次通过契约自由的限制，来保护那些屈从于经济压力的人对抗具有更大经济特权对方当事人之不当得利。"[3]

（二）承担责任的类型

按照传统法学理论，责任的基本类型包括："刑事责任、民事责任、行政责

---

[1] ［奥］凯尔森著，沈宗灵译：《法与国家的一般理论》，中国大百科全书出版社 1996 年版，第 103 页。

[2] ［美］理查德·A. 波斯纳著，苏力译：《法理学问题》，中国政法大学出版社 1994 年版，第 57 页。

[3] ［美］罗斯科·庞德著，唐前宏等译：《普通法的精神》，法律出版社 2001 年版，第 131 页。

任和违宪责任。"[1] 其中，刑事责任主要包括："生命刑、自由刑、财产刑和资格刑。"[2] 民事责任主要包括：违约责任、侵权责任和特殊侵权责任。[3] 行政责任按照主体划分主要包括：行政主体责任、公务员责任和相对方责任;[4] 按照行政处罚的内容主要包括：精神罚、财产罚、行为罚和人身罚。[5] 这种划分实际上是受传统部门法划分的影响，认为不同的法律部门都有自己独立的责任类型。它不仅与法的逻辑不符，也与任何一个国家的现行法律不符。虽然，某个部门法的某类责任形式可能具有一定的特殊性，但它只是责任整体中的一种，既然部门法并不独立，也就不可能存在完全独立的部门法责任类型。因此，研究责任法必须从它与本体法的关系出发，必须从具体承担责任的对象出发。按照责任的承受对象可以从总体上将责任分为人身责任、财产责任和行为责任三种基本类型。

人身责任是指以主体的人格和身体，作为责任的承受对象的责任形式。主体是一切行为的实施者，是法所规范的基本对象，同时也是任何利益的享有者。因此，从本质上讲，任何责任都应该由主体的人身来承担。但是，人身责任也有其缺点。它只能使主体从自身后果的承担上控制其违法行为的实施，却不能使权益受到侵害的相对方获得应有的补偿。因此，人身责任虽然是最基本的责任形式，却不可能成为全部的责任形式。人身责任的具体形式可以是多种多样的，主要包括人格责任和身体责任。其中，人格责任可以分为警告、批评、公示、训诫、记过、降级、降职、撤职、罢免、开除、取消特殊行为资格，甚至剥夺政治权利等。身体责任可以分为拘留、管制、拘役、有期徒刑、无期徒刑和死刑等。"……民法和刑法之间的不同，仅具有相对的性质。……因而，不管在刑事制裁和民事制裁之间存在有什么不同，但这两种情况下的社会技术却基本上是一样的。"[6]

财产责任是指以主体所享有的客体利益，作为责任的承受对象的责任形式。财产是主体的重要利益，特别是当主体实施的是以财产为目的，或者是与财产相关的侵害行为时，以财产作为责任对象会对其行为产生决定性的影响。同时，从受侵害人的角度看，侵害人对其侵害结果的基本补偿方式应是财产，它能够使被破坏的财产关系得以恢复。财产责任的具体形式可以是多种多样的，总体上来讲

---

〔1〕 沈宗灵主编：《法理学》，北京大学出版社 2000 年版，第 409 页。
〔2〕 陈兴良：《刑法的价值构造》，中国人民大学出版社 2000 年版，第 374 页。
〔3〕 沈宗灵主编：《法理学》，北京大学出版社 2000 年版，第 411 页。
〔4〕 王成栋：《政府责任论》，中国政法大学出版社 1999 年版，第 29 页。
〔5〕 陈兴良：《刑法的价值构造》，中国人民大学出版社 2000 年版，第 374 页。
〔6〕 [奥] 凯尔森著，沈宗灵译：《法与国家的一般理论》，中国大百科全书出版社 1996 年版，第 55 页。

包括补偿性财产责任和惩罚性财产责任。补偿性财产责任包括：赔偿损失、支付违约金、退还货款、退还费用、补缴税费、追缴税费、退还税费、退还违法所得、返还财产、支付生活费用、支付医疗费用、支付相关费用和收回被侵占财产等；处罚性财产责任包括：支付罚金、加倍偿还、加倍赔偿、没收财产、没收非法所得、没收作案工具、没收侵权财产等。"这种基于概念的同一性，不是侵害行为特种性状的等同，而是侵害行为自在地存在的等同，即价值的等同。"[1]

行为责任是指以主体的行为，作为责任的承受对象的责任形式。主体的行为虽然不是其身体或财产，但它也是主体的一种重要利益。以行为作为责任的对象，不仅具有同违法行为的一致性，使受到侵害的利益得以恢复，还可以通过特定的行为限制其产生不履行义务的动机。行为责任总体来讲可以包括规范性行为责任和补偿性行为责任。规范性行为责任主要包括，修改不合法的规则、撤销不合法的规则、改变不合法的决议、改变不合法的决定、撤销不合法的协议或修改不公平的协议等；补偿性行为责任主要包括，停止侵害行为、排除妨碍、消除危险、消除影响、恢复原状、恢复名誉、修理、重做、更换、退货，以及其他能够补偿其侵害的行为。"促使我们追求安乐的力量类似重心力，它仅仅受限于它所遇到的阻力。这种力量的结果就是各种各样的人类行为的混合。"[2]

（三）责任的价值追求

责任法是一个具有自身相对独立价值追求的法学体系，研究责任法必须首先研究它的价值追求，它是为本体法设定责任法所要达到的最终目的。关于责任法的价值追求有许多种理论，有些学者认为责任法的价值追求包括道义责任、社会责任和规范责任；[3] 也有些学者认为责任法的价值追求包括报应论、预防论和一体论。[4] 这两种总结都各有其道理，但我们认为它又不够完善。责任法应该是一种综合的又是相对独立的法学理论，它与法的价值追求是直接相关的，是法的本质属性在责任法上的具体化。因此，责任法的本质属性，"应该是道义责任论、功利责任论与实证责任论的合理边际均衡"[5]。

道义责任论或称报应责任论，它是自然法理论在责任法上的继续和延伸。它是从法与道德的一元论、道德过错的主张和意志自由的假定出发，来研究责任法的本质属性，它又可以分为等害责任论、等价责任论和综合责任论。等害责任论

---

〔1〕 ［德］黑格尔著，范扬、张企泰译：《法哲学原理》，商务印书馆1961年版，第104页。

〔2〕 ［意］贝卡里亚著，黄风译：《论犯罪与刑罚》，中国大百科全书出版社2003年版，第66页。

〔3〕 张文显：《法哲学范畴研究》，中国政法大学出版社2001年版，第124页。

〔4〕 邱兴隆：《关于惩罚的哲学》，法律出版社2000年版，第1~9页。

〔5〕 刘少军：《法边际均衡论——经济法哲学》，中国政法大学出版社2007年版，第269页。

者认为，加害人所应承担的责任应与其所侵害的对象在客体上、内容上和程度上相一致，简单地说就是"以血还血、以牙还牙"。这种责任理论的不足是明显的，于是又形成了等价责任论。等价责任理论不再强调客体和内容上的一致性，而强调责任程度上的一致性，它"不是侵害行为特种性状的等同，而是侵害行为自在地存在的等同，即价值的等同"[1]。综合责任论则既注意到了个体责任也注意到了整体责任，是当代道义责任理论。但是，道义上的报复是有缺陷的，柏拉图认为，"没有聪明的人惩罚别人是因为他犯过的错误，而是为了他今后不再犯错误"[2]。

功利责任论或称预防责任论，是功利主义法学理论在责任法上的继续和延伸。功利责任论首先否定道义责任论，他们认为责任的目的不是惩罚，而是预防，它又可以分为威慑责任论、功利责任论和社会责任论。威慑责任论者认为责任的主要功能在于威慑，强调威吓对维护秩序的意义。"去奸之本，莫深如严刑"，"刑重而必得，则民不敢试"[3]。功利责任论则更强调违法利益与责任之间的均衡。"最有助于改过自新的惩罚将是那种通过最佳构设而使这动机无能为力的惩罚。"[4]社会责任论则更强调社会的纠错机制，强调加强道德约束，形成公民的守法习惯，以从违法动机上防止违法行为的出现。"社会控制的任务，就在于控制这种为了满足个人欲望的个人扩张性自我主张的趋向。"[5]

实证责任论或称规范责任论，它是实证主义法学理论在责任法上的继续和延伸。制定法是人类思想的精华，是人类法学智慧不断积累的结果。因此，应该严格按照法律的规定承担责任。但是，人类社会是不断进步的，社会关系状况是不断发展变化的，在现实社会生活中不断会有新的社会关系产生，原有的社会关系也会不断发生变化。"社会的需要和社会的意见常常是或多或少地走在法律前面，我们可能非常接近它们之间缺口的结合处，但永远存在的趋向是要把这个缺口重新打开来。"[6]另外，人类对社会关系的认识也是不可能完善的，我们会不断发现对责任关系更加完善的认识。并且，责任规范本身是抽象的和普遍的，我们不可能以有限之法、法无限之情，不可能绝对地按照抽象的法律文本去决定违法主体所应承担的具体责任。"如果不参照应受判断的生活关系之'本质'、意义，

---

〔1〕 [德] 黑格尔著，范扬、张企泰译：《法哲学原理》，商务印书馆1961年版，第104页。

〔2〕 西方法律思想编写组：《西方法律思想史资料选编》，北京大学出版社1982年版，第158页。

〔3〕 参见《商君书·开塞》、《商君书·赏刑》、《韩非子·奸劫弑臣》等我国古代法家的著作。

〔4〕 [英] 边沁著，时殷弘译：《道德与立法原理导论》，商务印书馆2000年版，第241页。

〔5〕 [美] 罗斯科·庞德著，沈宗灵、董世忠译：《通过法律的社会控制、法律的任务》，商务印书馆1984年版，第81页。

〔6〕 [英] 梅因著，沈景一译：《古代法》，商务印书馆1959年版，第15页。

几乎无法得到'法律的意义'。"[1]

从整个法学思想体系的角度看，责任法理论的目标只能是保障本体法的实现，离开了这个目标是不可能得出正确的责任法结论的。因此，责任法理论应该以功利责任论为基础，以预防和制止违法犯罪为基本目的，为实现本体法的价值目标服务。同时，也必须看到功利责任论的不足之处。违法犯罪是因人因地因时而异的，我们很难得出统一的结论；如果严格按照功利主义预防责任理论，必然导致责任程度越高越好的结论；并且，许多违法犯罪、特别是有关情感和过错的违法犯罪，预防责任论很难有说服力。因此，还必须辅之以道义责任理论，它是认定是否应承担责任和责任程度的重要依据。在现实的司法过程中，则应以实证责任理论为基本依据，首先考虑法律文件中关于主体责任的规定，再辅之以功利责任理论和道义责任理论。实现责任法的"功利理论、道义理论和实证理论的合理边际均衡，找到具体案件中责任的最佳边际均衡点"[2]。"对刑罚制度的任何在道德上讲得通的说明，都必然表现为对诸种性质各异且部分冲突的原理的一种折中。"[3]

二、经济责任法的特征

责任法与本体法是既有联系又有区别的，从区别的角度看，责任法与本体法有不同的价值追求。本体法是要明确社会关系的应有状态，是指出合法与违法之间的界限；责任法是要规定违法的归责原则，违法责任的性质、内容和程度，以预防违法行为的再次发生和恢复被破坏的社会秩序。同时，责任法也与本体法有内在的联系，本体法的价值目标不同，它的归责原则和责任性质、内容与程度，以及秩序恢复和违法预防的标准也不同。因此，民商责任法、行政责任法和经济责任法是有明显区别的，这些区别主要表现在它们的特征上，经济责任法是整体经济责任、主体监管责任和综合类型责任的责任法。

（一）整体经济责任

经济本体法以整体经济利益为其价值目标，主体的行为是否符合整体经济利益的要求是其判断合法与非法的标准，任何有利于整体经济利益的行为它都视为合法行为，都是应努力保护和适当鼓励与刺激的行为；任何不利于整体经济利益的行为它都视为违法行为，都是应限制或禁止的行为。"任何不会对整体经济利益构成影响的经济行为，经济本体法则既不予以限制或禁止也不予以鼓励或刺

---

〔1〕　[德] 卡尔·拉伦茨著，陈爱娥译：《法学方法论》，商务印书馆2003年版，第15页。

〔2〕　刘少军：《法边际均衡论——经济法哲学》，中国政法大学出版社2007年版，第279页。

〔3〕　H. L. A. Hart, *Punishment and Responsibility*, Oxford University Press, 1968, p. 1.

激，而应由其行为主体按照意思自治的原则自行确定其行为方向和具体方式。"[1] 只有违反经济本体法的行为，才需要承担法律责任，才涉及经济责任法。因此，本体法的价值目标是与责任法有直接联系的。

同经济本体法的价值目标相对应，民商本体法的价值目标是维护个体利益。任何侵害个体利益的行为它都视为是违法行为，都需要侵害主体承担法律责任，也才有民商责任法的问题。行政本体法的价值目标是维护整体行政利益，任何侵害整体行政利益的行为它都视为是违法行为，都需要侵害主体承担法律责任，也才有行政责任法的问题。责任法产生的基本依据，是主体的行为违反了本体法的价值目标，"法律发现这些利益迫切需要获得保障。它就把它们加以分类并或多或少地加以承认。……在承认了这些利益并确定范围后，它又写出了保障它的方法"[2]。因此，责任法必然是违反本体法价值目标的法。

（二）主体监管责任

本体法的价值目标不仅是合法与非法的判断标准，它还决定着主体的行为方式。民商法和行政法都是其核心主体主动实施民商行为或行政行为，经济法不是其核心主体主动实施经济行为，而是民商主体或行政主体主动实施经济行为；经济法的核心行为也不是经济行为，而是经济行为的监管行为，是经济监管主体主动实施的监督管理被监管对象的经济行为是否合法的行为。因此，经济违法责任应首先是监管主体的责任，是监管主体违法进行经济行为监管的责任。如果监管主体违法监管而不承担责任，就不可能保证经济本体法的正常实施。监管主体的违法行为主要包括监管不作为、监管失当和监管谋私等行为责任。其中，监管不作为包括怠于监管、拒不监管、不积极监管和不实质监管等行为；监管失当包括监管不适当和不合理等行为；监管谋私包括超越权力和滥用权力以谋取私利的行为。

经济违法责任不仅包括监管主体的责任，还包括被监管主体的责任，违反经济本体法的不仅包括监管主体还包括经济行为主体。在现实生活中，直接实施经济行为的包括民商法的核心主体，如企业和其他民商法的核心主体，以及行政法的核心主体，如行政机关和其他行政法的核心主体。民商法或行政法的核心主体只要实施了经济行为，就必须接受整体经济利益的评价。如果其行为违反了整体经济利益，监管机关就会追究其违反经济本体法的责任；如果其行为侵害了其他个人的利益或整体行政利益，则受侵害人也会追究其违反民商本体法或行政本体

〔1〕 刘少军等：《经济本体法论——经济法律思想体系研究》，中国商业出版社 2000 年版，第 9 页。
〔2〕 ［美］罗斯科·庞德著，沈宗灵、董世忠译：《通过法律的社会控制、法律的任务》，商务印书馆 1984 年版，第 36 页。

法的责任。主体的性质既是由地位决定的，也是由行为决定的。"行为只是因为它是由法律规范决定并且也只在这一范围内才是一个'法律'行为。"[1]

（三）综合类型责任

违法主体应承担的责任类型，主要取决于四个基本因素：一是主体的法学性质。主体的法学性质不同，修复被破坏社会关系的方式就不同，它能够承担的违法责任类型也就不同。二是主体行为的性质。主体行为的性质不同，破坏社会关系的领域就不同，使这一关系得以修复所需要的客体也就不同。三是主体违法的程度。不同程度的违法需要承担相应程度的责任，责任程度的高低直接影响着处罚的严厉程度，进而影响着责任的类型。四是主体的修复能力。对被破坏社会关系的修复有许多种方式，违法主体的不同修复能力也影响着可能采取的责任类型。其中，主体的法学性质、行为性质与法学体系具有明显的联系，主体的违法程度和修复能力同法学体系则没有直接联系。因此，违反不同本体法所应承担的责任类型，也既有共同性又有特殊性，不存在绝对同某类本体法对应的责任类型。

从经济责任的共性上来看，经济法主体、民商法主体和行政法主体，都可能实施不同程度的违法行为，都可能受到不同严厉程度的处罚，而责任法中处罚的严厉程度是具有共性的，难以进行明确的区分。同时，他们对被破坏社会关系的修复能力也各不相同，很难进行统一的强弱程度划分，这也会使其责任类型具有共性。并且，经济法主体的性质与民商法和行政法也具有共性，经济监管主体与行政机关都属于国家机关，被监管主体主要是民商法的主体，它们在能够承担的责任类型上具有共性。在决定经济责任类型的因素中，主要能够体现经济法特色的是其行为的性质，经济行为形成的社会关系主要在经济领域，经济行为的主要目标是财产权。因此，在经济责任类型中，财产责任应是经济责任的特殊性，在设定经济责任类型时应以财产责任为主。在不能使用财产责任的条件下，再使用其他责任类型。"从整体利益补偿的性质来看，只能采取财产和行为责任形式。"[2]

三、经济责任法的目标

责任法的目标是指它所要达到的最终目的，它是责任法价值追求的具体化。责任法与本体法的价值目标，既有联系也有区别。从区别的角度来讲，本体法与责任法各自有其具体的价值目标，本体法的具体目标是规定行为合法与非法的标准，为行为主体确定行为标准；责任法的具体目标是规定合理的责任，以保障本

---

[1] ［奥］凯尔森著，沈宗灵译：《法与国家的一般理论》，中国大百科全书出版社1996年版，第42页。

[2] 刘少军：《法边际均衡论——经济法哲学》，中国政法大学出版社2007年版，第289页。

体法的正常实施。从联系的角度来讲，它们的总体目标是一致的，民商本体法和责任法都是为了维护个体利益，行政本体法和责任法都是为了维护整体行政利益，经济本体法和责任法都是为了维护整体经济利益。因此，经济责任法的具体目标只能是恢复整体经济和预防未来对整体经济的侵害。

（一）恢复整体经济

整体经济利益是不具有个人感情色彩的特殊利益，不可能采取道义责任理论来设定经济责任，即以对侵害主体的报复作为设定责任的出发点。在这一点上，它与民商责任法和行政责任法具有明显的区别。民商法是个人感情色彩最浓厚的法，任何受侵害的民商主体都会有自发的等害或等价报复的愿望，虽然这种报复仅能解决情感问题。行政法虽然维护的是整体行政利益，但行政相对人往往也是自然人，他也会有比较强烈的报复愿望。只有经济法主体实施的是纯粹的经济行为，以经济利益最大化为其追求的目标，具有比较少的个人感情色彩。当某经济法主体的权益受到侵害时，他最强烈的愿望不是对加害人的报复，而是尽最大的可能恢复被破坏的整体经济，以实现其行为目标。

整体经济的恢复与个体经济不同，个体经济的恢复主要是财产问题，只要给予足够的财产补偿就能够恢复其原有的生产经营状况。而整体经济的恢复不仅需要财产的补偿，还需要考虑整体价值目标的恢复、整体法学体系的恢复、整体司法运行的恢复、整体经济运行状态的恢复，以及整体资产投入、劳动投入和技术投入状态的恢复等。这是由于，影响整体经济运行和增长状态，进而影响整体经济利益的因素是多方面的，尽管某种经济行为可能仅影响整体经济利益中的某个方面，但经济责任法必须考虑到各种可能影响整体经济利益的因素。任何影响整体经济利益的因素不能得到恢复，整体经济的运行和增长状态也难以回到被破坏前的状况。因此，经济责任法是一种综合责任法，整体经济利益的恢复是一种综合性恢复，任何遗漏都会导致不公正。"犯罪对公共利益的危害越大，促使人们犯罪的力量越强，制止人们犯罪的手段就应该越强有力，这就需要刑罚与犯罪的对称。"[1]

（二）预防未来侵害

经济责任法与民商责任法、行政责任法的区别，不仅表现在感情色彩上还表现在责任的未来效果上。民商责任是一种个体责任，只要被侵害的个体权利得到了恢复，或者实施了对加害人的报复，它的责任目标就已经实现了。并且，民商责任也只能实现到这种程度，如果超过了等害或等价报复的程度，能够使被害人

---

〔1〕　［意］贝卡利亚著，黄风译：《论犯罪与刑罚》，中国大百科全书出版社 2003 年版，第 65 页。

从中获益，就可能引起被害人对加害的诱导，从而引发新的加害行为，这就违背了民商责任法保护个体利益的初衷。并且，个体权利是主体可以放弃的权利，只要不违背整体利益可以自愿地进行权利之间的交易，如果对权利的保护超过了它的合理交易价值，也会影响交易的顺利进行，从而破坏公正的市场环境，影响整体经济利益的实现，这也是违反经济责任法的目标的。

整体权力是为维护整体利益而设定的权力，它不是权力实施个体自身的权利，而是社会一定范围内的全部个体委托给该主体的公共权力，它既是权力同时也是职责，是不可以放弃、不可以交易的。同时，整体行政利益和整体经济利益也是一种不可违背的利益，它与个体利益之间存在巨大的利益差额，同个体权利之间不具有性质上的同一性和数量上的等价性，甚至是任何个体利益都难以弥补的整体性利益。因此，行政责任法和经济责任法的责任效果目标，应该是通过对违法责任的处罚预防违法行为的再次发生。如果行政责任和经济责任不能预防违法行为的重复发生，该责任就没有实现其保障本体法实施的目的。因此，"处罚之值在任何情况下，皆须不小于足以超过罪过收益之值"[1]。

第二节　经济责任归责原则

一、责任归属的基本原则

责任的归属原则是某违法或违约责任归属的基本准则，即当主体或社会一定范围内的法定或约定权利（权力）受到侵害，或者某主体应履行的义务（职责）没有履行给对方或社会造成损失时，确定该事件责任归属于某主体的基本准则。"归责的概念指的是不法行为与制裁之间的特种关系"[2]，是指某一行为的法律后果应由哪个主体来承担。它是确定责任归属主体的基本方法，是任何责任法必须研究的内容，也是经济责任法必须研究的内容。按照它的适用范围可以将其分为适用于全部责任法的基本原则和适用于某类责任法的特殊原则。其中，基本原则主要包括因果关系原则、主观过错原则和客观损害原则。

（一）因果关系原则

原因与结果是反映事物或现象间普遍联系和相互作用的一对哲学范畴，任何事物或现象都是由其他事物或现象引起的，因果关系是整个世界普遍联系的一个

---

〔1〕 ［英］边沁著，时殷弘译：《道德与立法原理导论》，商务印书馆 2000 年版，第 225 页。

〔2〕 ［奥］凯尔森著，沈宗灵译：《法与国家的一般理论》，中国大百科全书出版社 1996 年版，第 104 页。

部分和环节。[1] 在责任法理论中，因果关系原则是指要确认某主体为责任主体，该主体的行为或相关事件必须是产生该损害结果的原因；否则，不能认定该主体为责任主体。法学与哲学中的因果关系，虽然具有共性但也有明显区别。法学中的因果关系不同于纯粹的自然属性之间的联系，它是主观因素与客观因素相结合中的因果关系，它对因果关系的判断不是纯粹客观的，比较明显地受法学价值目标的影响，有比较强烈的主观价值色彩。[2] 另外，法学中的因果关系不是现存的因果关系而是过去的因果关系，某行为或事件与某损害之间是否存在因果关系，通常不是靠目前实践的验证而靠法官的判断。同时，现实生活中因果关系是非常复杂的，法学中只能考虑主要的因果关系而不可能将任何因果关系都全部考虑。

正是由于现实生活中因果关系的复杂性，为了使法学责任问题能够得到比较迅速、明确和合理的解决，责任法理论对因果关系往往有许多种限定。英美学者围绕近因理论，相继提出了以通常足以导致损害发生者为标准的相当说和以直接损害结果为标准的直接结果说，以及以理智之人的预见力为标准的预见力说等学说。大陆法系国家的一些学者还提出了条件说、充分原因说、盖然性说等理论。此外，还有必然因果关系说和规则范围说，特别值得注意的是目前也有非因果关系说。非因果关系说认为即使没有明显的因果关系，在特定条件下具有一定相关关系的主体也应为对方的实际损害承担责任。因此，因果关系原则也不是绝对的；并且，因果关系自身是很难精确地确定责任归属的。

（二）主观过错原则

传统法学理论认为，主体承担责任不仅需要存在因果关系，同时行为主体还必然具有主观过错，主观过错是责任的另一重要归责原则。并且，通常不将因果关系作为一项原则，而是作为侵权责任的构成要件。"在大陆法系的法国，主张过错侵权责任的构成要件包括损害事实、因果关系和过错三个要件。在德国，主张行为的违法性、损害事实、因果关系以及过错四个要件。在美国，传统的侵权法也将因果关系作为侵权责任成立的要件。"[3] 主观过错原则是指主体承担责任的条件之一，是该主体对该侵害结果必须具有主观上的过失或错误。主体有过失或有错误是承担责任的条件，有过错即有责任、无过错即无责任。

主观过错原则是以行为主体为理性的自由意志主体为基本假设条件的，"对行为的责难，以理性的法则为基础，……换句话说，尽管有着行为的各种经验条

---

〔1〕《中国大百科全书》（哲学部分），中国大百科全书出版社光盘 1.2 版。

〔2〕 张文显：《法哲学范畴研究》，中国政法大学出版社 2001 年版，第 135 页。

〔3〕 王利明主编：《民法典·侵权责任法研究》，人民法院出版社 2003 年版，第 209 页。

件，理性是完全自由的，而行为就应该由这人的疏忽来负责"[1]。主体的行为是其自由意志或任意意志的结果，既然主体选择了侵害另一主体或社会利益的行为，既然这一行为不是其他主体强加的，他就必须为自身的行为承担责任，只要在行为过程中存在过失或过错。同时，过失或过错也有一个判断标准问题，它可以包括主观判断标准和客观判断标准两个方面。主观判断标准是以行为主体的主观意志状态为标准，包括主观上的故意和过失。客观判断标准是以行为主体的行为表现为标准，而不考虑行为人的主观意志状态。另外，过错的认定还存在证明关系问题，按照其证明关系不同可以将其具体分为证明过错责任和推定过错责任。

（三）客观损害原则

主观过错原则对在道义上控制主体的行为，使主体在主观上不实施侵害他人利益的行为具有重要意义，是个体社会的基本归责原则。但是，社会行为和社会关系是复杂多样的，特别是随着个体社会不断发展为整体社会，个体社会关系不断发展为整体社会关系，使法学责任归属原则适用的社会条件发生了很大变化。首先，个体行为不再能够完全由自身意志所认识和控制，即使在主观上没有过错的行为，也会带来许多种社会危害、影响社会整体利益。其次，社会主体之间的实际能力由基本平等转化为基本不平等，许多主体之间的行为是在信息不对称的条件下实施的，并不完全是主体真实意志的结果。即使强势主体实施了侵害弱势主体利益的行为，弱势主体自身也难以证明强势主体存在过错。最后，社会的整体化使任何主体对社会的义务（职责）不断增加，它是主体必须履行的、不能自由选择，只要不履行就是对社会利益的侵害。因此，需要以客观损害结果为责任归属原则。

客观损害原则也称无过错原则、严格责任原则等，它是一种只要发生受保护利益损害的客观事实，无论主体是否存在主观过错都必须承担损害责任的归责原则。它只强调责任主体与损害事实之间的因果关系，不强调责任主体主观上的态度，不以行为人主观上有过错为责任的构成要件。利益受侵害人在主张其权利（权力）时，对加害人主观上有无过错也不负证明责任，加害人也不能以没有过错为由而主张抗辩。用传统法学理论理解它是指"规定行为人的行为合法因此不能指责其有过错，但是他却要承担责任的规则"[2]。客观损害原则的出现并不仅仅是一种归责原则的变化，是社会由个体社会向整体社会转化的重要标志，也是传统法学理论不断走向破产的重要标志。"在双方都没有过错的情况下，根据社

---

〔1〕　［德］康德著，蓝公武译：《纯粹理性批评》，商务印书馆1957年版，第327页。

〔2〕　［德］冯·巴尔著，张新宝译：《欧洲比较侵权行为法》（上），法律出版社2001年版，第10页。

会正义要求来确定损失的最佳承担者。"[1]"侵权行为法调整的不只是一个衡量与被告的利益相对抗的原告利益的过程。社会利益被列入考虑的范围，而且通常受到更多的重视。"[2]

二、经济责任的归责原则

责任归属的基本原则是责任法的普遍归责原则，因果关系原则强调的是行为与损害的相关性；主观过错原则强调的是行为的主观状态，是自然法思想在归责原则上的体现；客观损害原则强调的是行为的客观状态，是功利法思想在归责原则上的体现。虽然，在具体应用过程中民商责任法更强调主观过错原则，但也应考虑客观损害；行政责任法和经济责任法更强调客观损害，但也不能不考虑主观状态。并且，经济责任法作为特殊的责任法，它还应在普遍原则的基础上有自己特殊的责任归属原则，这是由经济本体法的特殊性决定的，这些特殊归责原则主要包括整体经济侵害原则和收益费用比较原则。

（一）整体经济侵害原则

整体经济侵害原则是客观损害原则在经济责任法上的具体应用，它是指只要发生整体经济利益侵害的客观事实，无论经济行为主体是否存在主观上的过失或错误，都必须承担经济责任法上的责任。经济行为主体对整体经济利益的侵害可以分为两种基本情况：一是行为主体实施了违反整体经济利益的行为，但没有造成整体经济利益的实质性损害；二是行为主体实施了违反整体经济利益的行为，同时也实质性地造成了整体经济利益的损害，即经济责任的承担是以违法为标准还是以造成实际损害为标准。就理论意义上来讲，只要违法就应该承担违法责任，只要行为实质性违反了整体经济利益就应该承担责任，只是违法的程度不同所承担的责任类型也不同，有些责任可能并不是实质意义上的责任。"不管要加以防止的损害是什么，以尽可能小的代价防止之。"[3]"报复是对侵害的侵害。"[4]

如果行为主体实施了违法行为，却没有达到责任法规定的处罚起点，或者责任法中并没有规定相应的责任，或者没有给整体经济利益造成实质性损害，这时，监管机关只能对违法行为主体进行批评教育，或者进行监管警告、谈话等。它虽然不会给行为主体带来实际的损失，却也属于违法责任的一种承担方式，而不是不需要承担责任。并且，即使没有给整体经济利益造成实质性损害，却不等于没有侵害整体经济利益；如果经济责任法规定有明确的责任，行为主体也必须

---

[1]　[美]罗斯科·庞德著，唐前宏等译：《普通法的精神》，法律出版社2001年版，第133页。
[2]　[美]伯纳德·施瓦茨著，王军等译：《美国法律史》，中国政法大学出版社1990年版，第303页。
[3]　[英]边沁著，时殷弘译：《道德与立法原理导论》，商务印书馆2000年版，第225页。
[4]　[德]黑格尔著，范扬、张企泰译：《法哲学原理》，商务印书馆1961年版，第104页。

承担相应的责任。如果行为主体实施了违法行为，同时又造成了整体经济利益的实质性损害，即使经济责任法没有明确规定需要承担的具体责任，行为主体也至少应该承担整体经济利益损害的财产赔偿责任，或者同时承担其他非刑事责任。因为，刑事责任必须有明确的责任法规定才能承担，其他责任不一定需要有具体的责任规定。"任何一个司法官员都不得以热忱或公共福利为借口，增加对犯罪公民的既定刑罚。"[1]

(二) 收益成本比较原则

整体经济利益侵害原则解决的是经济责任归责原则质的问题，即是否应承担经济责任的问题，却没有能够解决经济责任量的问题，即应在何种状态下才对整体经济利益构成事实上的侵害，以及这种侵害造成了多大程度经济损害的问题。收益成本比较原则是整体经济侵害原则的进一步具体化，它是指只有在行为主体对整体经济利益的损害损失，高于他实施整体经济利益侵害行为所取得的收益的情况下，才能认定侵害主体应该承担经济法责任。任何利益都可以有整体利益和个体利益之分，它是法学价值追求的两个不同的角度。个体利益与整体利益有时在方向上是完全一致的，对个体利益的保护同时也是对整体利益的保护；但在许多情况下它们的方向是对立的，保护整体利益同时就是在损害个体利益。在此条件下，经济责任法就必须找出它们之间的利益均衡点，只有当个体利益的损失小于整体利益的收益时才能认为该违反整体利益的行为是违法的、是应该承担责任的。"实现这个任务的方法应当是'认识所涉及的利益、评价这些利益各自的分量，在正义天平上对它们进行衡量，以便根据某种社会标准去确保其间最为重要的利益的优先地位'。"[2]

经济法是维护整体经济利益的法，它的任何关于维护整体经济利益的规范可能都同时会侵害个体利益，从而形成民商法权利与经济法权力之间的对抗。在这种权利对抗中，决定对抗结果的不是片面地强调某一方利益的重要性，而是应权衡各方利益的分量。如果保护个体利益取得的收益高于或等于由此而导致的整体经济利益损失，个体违反整体经济利益的行为就应该是合法行为，即不得进行经济责任归责的行为；如果保护个体利益取得的收益低于由此而导致的整体经济利益损失，个体违反整体经济利益的行为就应该认定为非法行为，即必须要求该行为主体承担经济责任。经济法权力不仅会形成与民商法权利的对抗，还会形成与行政法权力的对抗，它们虽然维护的都是整体利益，但不同整体利益之间也是必

---

〔1〕 ［意］贝卡利亚著，黄风译：《论犯罪与刑罚》，中国大百科全书出版社 2003 年版，第 11 页。

〔2〕 ［美］E. 博登海默著，邓正来译：《法理学——法律哲学与法律方法》，中国政法大学出版社 2001 年版，第 145 页。

须进行权衡的，当维护整体行政利益的收益低于由此而导致的整体经济利益损失时，依据行政权力实施的违反整体经济利益的行为也应认定为非法行为。[1] 因此，经济责任法的归责原则不仅是性质上的判断，还必须是数量上的比较。法起源于对立利益的斗争，它的核心任务就是找到利益的边际均衡点，这个边际均衡点就是正义与非正义的界限。

第三节　经济责任承担程度

一、经济责任的决定因素

经济责任的归责原则是确定行为主体是否应承担责任的依据，要最终确定行为主体应承担的经济责任，还必须进一步确定应承担经济责任的程度。经济责任的承担程度包括承担责任的类型和数量限度两个方面。就监管主体而言，他承担监管责任的类型应主要是人身责任；就被监管主体而言，他承担违法责任的类型应首先是财产责任和行为责任，然后才是人身责任；这是由他们违法的性质决定的。经济责任的数量限度主要取决于违法行为收益、承担责任概率、整体经济损害和经济责任目标等因素。"犯罪具有质与量的一定范围，从而犯罪的否定，……也同样具有质与量的一定范围。"[2]

（一）违法行为收益

任何经济领域的违法行为都主要是为了收益，当然这里的收益并不仅限于财产收益。通常，经济监管主体的违法行为既可能为了财产收益也可能为了其他收益，被监管主体的违法行为则主要是为了财产收益。因此，在设定经济责任时，必须按照行为主体的违法目的和责任承担能力设计责任类型，以通过预期责任的承担使其放弃违法行为。如果行为主体的违法目的是获取财产利益，经济责任就应以财产责任为主，这既是迫使其放弃违法行为的需要，也是恢复被违法破坏的经济秩序的需要；如果行为主体的违法目的是获取人身利益和行为利益，经济责任就应以人身责任和财产责任为主，以使责任类型与违法主体的责任能力相适应。同时，还应考虑到不同责任类型之间的适当替代性。

---

〔1〕 当然，这里所指的收益和成本并不是指财产上的收益或成本，而是指社会收益和社会成本，它们的度量也是不能完全以财产数量进行度量的。此外，它们还具有重要程度上的区别。在此，可以参考经济学中的"机会成本"来理解这一问题，机会成本是作一个选择后所丧失的不作该选择而可能获得的最大利益。

〔2〕 〔德〕黑格尔著，范扬、张企泰译：《法哲学原理》，商务印书馆1961年版，第104页。

无论是何种违法行为，行为主体通常都是个体利益主体；并且，违法行为通常都是经过认真考虑的理性行为。要预防违法行为的出现，不仅经济责任的类型要与违法行为相对应，每种责任类型的承担程度还必须与违法收益之间存在对应关系，至少要保证不会使违法主体从性质或数量上获取超过违法责任的利益。否则，如果可以明确从违法行为中获益，经济责任法就会成为事实上鼓励违法犯罪行为的法，甚至违法犯罪行为就会成为一种公开的社会行为。因此，违法行为收益是经济责任的重要决定因素。它要求我们在设定经济责任时，必须充分考虑到行为主体的违法目的，实现其违法目的后可能获得的各种类型的收益，以及这些收益的性质和水平，并以预防为前提，以不低于违反犯罪收益为条件设定经济责任类型和程度。正如柏拉图指出的，"法律不应为了损害的原因而是为了使受惩罚者改善，或者使之比在没有惩罚的情况下更少为恶而施加惩罚"[1]。

（二）承担责任概率

承担经济责任的前提是实施了违反经济本体法的行为，它是为维护整体经济利益而设定责任的法。维护整体经济利益不同于保护个体利益，个体利益的保护是依靠权利主体主张自己权利被侵害的事实而实现的，整体经济利益的维护主要是通过监管主体的执法监督行为实现的。经济监管主体不是权利直接受侵害的主体，它不可能完全像维护自身权利一样维护整体经济利益，很可能出现监管不作为、监管失当和监管谋私等情况，使违反整体经济利益的行为难以被追究责任。并且，即使经济监管主体能够积极地实施监管行为，也会由于各种原因而导致不可能任何违反经济本体法的行为都得到及时的责任追究。这时，违法犯罪主体的实际收益就不是某次违法犯罪的收益，而是多次违法犯罪的收益。因此，在经济责任设定的过程中，就不能不考虑到违法犯罪行为被追究的概率。

概率是刻画事件发生可能性大小的数量指标，事件发生的可能性越大它的概率值就越高，事件发生的可能性越小它的概率值就越低，必然事件的概率值为壹，不可能事件的概率值为零[2]。经济责任的设定必须考虑违法犯罪行为被追究责任的概率问题，被追究责任的概率越高责任就应该越轻，被追究责任的概率越低责任就应该越重，应该被追究的责任程度等于正常责任程度与被追究责任概率之比。在具体的概率计算过程中，既应该考虑该社会一定范围一定时期内该类违法犯罪平均被追究责任的概率，也应该考虑到某具体违法犯罪主体违法犯罪被追究责任的概率。因为，选择实施违法犯罪行为的主体是按照社会平均被追究责任的概率，以及自身的情况来权衡其是否选择违法犯罪的。"刑罚的确定性越小，

〔1〕 刘少军：《法边际均衡论——经济法哲学》，中国政法大学出版社2007年版，第272页。

〔2〕 编写小组编：《概率论与数理统计》，人民教育出版社1980年版，第11页。

其严厉性就应该越大。……罪行越重，适用严厉之刑以减少其发生的理由就越充足。"[1]

（三）整体经济损害

衡量经济责任的程度，不仅需要从违法犯罪主体的角度考虑其收益水平，还应该从被侵害对象的角度考虑因该行为而实际受到的损害程度。从个体利益角度看，被违法犯罪侵害的程度包括直接利益损害、间接利益损害和预期利益损害。其中，直接利益损害是指被侵害对象因该违法犯罪行为直接受到的现实存在的利益损害，如财产的实际损失、身体的实际伤害等；间接利益损害是指被侵害对象因该违法犯罪行为间接受到的实际发生的损害，如受影响的财产损失、精神状况的损害等；预期利益损害是指被侵害对象因该违法犯罪行为受到的现实的机会丧失损害，如交易机会损害、未来财产收益损害等。此外，还应该考虑被侵害主体保护自己权利所需要支付的成本，如调查费用、鉴定费用、诉讼费用等，这些也是因侵害行为而导致的支出，也直接影响着侵害主体应承担责任的程度。

违反经济本体法的行为不仅会侵害个体利益，还同时会侵害整体经济利益。并且，该行为是否构成违法犯罪不是以个体利益为衡量标准的，而是以整体经济利益的侵害为衡量标准的。整体经济利益不同于个体利益，也不等于个体利益的总和。首先，整体经济利益是经济运行和增长状态变化的利益，是整体经济效率、整体经济秩序和整体经济安全的利益，它是从宏观的角度进行评价的利益，它也可以分为直接利益损害、间接利益损害和预期利益损害。其中，直接利益损害是指在其影响的范围内全体相关经济主体直接受到的全部实际损害，以及本行业运行和增长状态的实际改变损害；间接利益损害和预期损害既包括其影响范围内全体相关经济主体的间接损害和预期损害，也包括整体经济运行和增长状态间接损害和预期损害。通常，整体经济损害的总额要高于个体经济损害的总额，在经济领域个体之间的协作力量会远高于单个主体的力量，个体之间的协作损失也远高于单个主体的损失。此外，还应该考虑到经济监管的成本和司法成本等。"社会整体利益不仅存在于加害主体与受侵害主体之间的内部利益关系之中，还存在于它所影响的社会范围内的外部利益关系之中。"[2]"在成本和获益不能被全部内部化的地方（存在外部性的地方），公共决策是必需的。"[3]

---

〔1〕［英］边沁著，孙力等译：《立法理论——刑法典原理》，中国人民公安大学出版社1993年版，第70页。

〔2〕刘少军：《法边际均衡论——经济法哲学》，中国政法大学出版社2007年版，第289页。

〔3〕［德］柯武刚、史漫飞著，韩朝华译：《制度经济学》，商务印书馆2002年版，第356页。

（四）经济责任目标

违法行为收益、承担责任概率和整体经济损害，都是经济违法犯罪行为造成的损害事实，它们都会影响承担经济责任的程度。但是，最终对责任程度发挥决定作用的还是设定经济责任所要达到的目标，要实现的目标不同，设定责任的程度也就各异。有目标的行为是智慧生物的基本特征，法是我们创造出来用以调整社会关系的规范体系，是我们高度理性的目的行为。因此，它的行为结果必须符合目标的需要。责任法的基本目标是保障本体法的实施，是保证经济主体在实施个体经济行为时都不超越侵害整体经济利益的边界，不会对整体经济利益构成本体法不可容忍的影响。同时，要求已经超越了本体法容忍界限的行为主体必须退回到合法的行为界限之内，对被其破坏的整体经济修复到原有状态；并且，还必须向其他相关主体作出示范，使这些主体不再产生突破这一界限的欲望。

经济责任的目标决定了，针对某经济违法犯罪行为设定的责任与侵害之间既具有一致性又有差异性。从要求经济违法犯罪主体停止对整体经济利益的侵害行为而言，责任与侵害之间是具有一致性的，责任所直接针对的就是侵害行为。从要求经济违法犯罪主体修复被其破坏的整体经济利益而言，责任与侵害之间也是具有一致性的，责任的内容就是对侵害结果的修复。但是，从使其他相关主体不因侵害主体承担的责任而产生经济违法犯罪的欲望而言，责任与侵害之间就不一定具有一致性，侵害主体实施的可能是财产行为，责任法要求其承担的既可能是财产责任，也可能是行为责任或人身责任。只要侵害主体承担的责任达到了对相关主体的示范效果，使相关主体不再产生侵害的欲望就实现了责任目标。"刑罚的一般预防作用有三：恫吓；加强道德禁忌；鼓励习惯性的守法行为。"[1]

二、整体经济的责任程度

责任程度的决定因素对主体承担经济责任发挥着决定性影响，是经济责任法在规定侵害整体经济利益责任程度时必须考虑的因素。但是，它并不是责任主体需要承担经济责任的程度本身，要最终确定责任主体需要承担的经济责任程度，还必须在这些决定因素之间进行进一步研究，权衡每种决定因素在确定责任程度过程中所起到的作用，最终才能确定经济责任的承担程度，以及与之相对应的责任类型。按照经济责任程度研究的顺序可以将其分为经济责任适当程度、个体利益补偿程度和最终责任承担程度。

（一）经济责任适当程度

按照责任程度的决定因素，经济责任程度可以有三个基本标准，即违法犯罪

---

〔1〕 ［挪威］安德聂斯著，钟大能译：《刑罚与预防犯罪》，法律出版社1983年版，第5页。

收益标准、整体经济损害标准和预防未来侵害标准。其中，违法犯罪收益标准是责任承担程度的最低标准，如果实际的经济责任承担程度低于这个标准，设定经济责任就基本上失去了预防违法犯罪的目的，甚至成为鼓励违法犯罪的措施。整体经济损害标准是责任承担程度的恢复标准，如果实际的经济责任承担程度低于这个标准，被违法犯罪行为损害的整体经济利益就不能得到恢复。通常，整体经济恢复标准要高于违法犯罪收益标准。并且，对整体经济利益的损害程度也与加害主体的经济实力相关，多数情况下加害主体都有能力恢复被其破坏的整体经济利益。但是，如果造成整体经济的巨大破坏，加害主体通常不会具有责任承担能力，至少不会具有使被破坏的整体经济运行和增长状态得以恢复的财产能力。

经济责任法的基本目标是整体经济恢复和预防未来侵害，整体经济恢复目标是可能实现也可能无法实现的目标，我们只能将其作为责任程度的参考标准。预防未来侵害标准又可以分为威慑标准和功利标准。其中，威慑标准是责任程度远高于违法犯罪的收益，使责任程度具有严厉的威慑力，通常采取严厉的身体责任形式，迫使经济行为主体不敢实施违法行为。但是，这种责任程度标准也可能导致违法犯罪主体铤而走险，导致目的与结果的悖论。功利标准是指责任程度高于违法犯罪收益，并以足以使正常的理性行为主体不再产生违法犯罪欲望的责任程度。综合考虑上述各项责任程度标准，整体经济恢复标准和功利标准是通常可以被接受的责任程度标准。在具体确定经济责任程度时，应该以功利标准作为核心标准、以整体经济恢复标准作为参考标准，确定经济责任程度的适当水平。"最有助于改过自新的惩罚将是那种通过最佳构设而使这动机无能力的惩罚。"[1]

（二）个体利益补偿程度

经济责任是对侵害整体经济利益行为而设定的责任，但侵害整体经济利益的行为往往是与侵害个体利益的行为交织在一起的。事实上，所谓整体经济利益也就是一定范围内全体个体的利益总和，它虽然不是各个体利益的简单相加，却也是由各个体利益直接构成的。要求整体经济利益侵害主体承担经济责任，不能不考虑个体经济利益。并且，对整体经济利益的恢复，最直接的是恢复被违法主体侵害的各种个体利益。同时，相对于整体经济利益而言，个体利益是应该受到优先保护和得到补偿的利益，它直接关系到每个社会个体的经济生活情况。因此，虽然经济责任法不一定要求责任主体必须承担全部整体经济利益损失，但它也不能低于违法犯罪收益与全体个体利益损失两者中的较高者；否则，如果整体经济利益中的基础部分都不能得到恢复，这个责任程度是社会难以接受的。

---

[1]　［英］边沁著，时殷弘译：《道德与立法原理导论》，商务印书馆2000年版，第241页。

经济责任应补偿的个体利益是指个体的全部合法利益。它首先是指合法利益，是被民商法所承认并受民商法所保护的利益；不享有民商法上的个体权利，就不存在补偿的基础。其次，它应包括受保护的全部利益；从利益的受侵害状况来讲，它包括直接利益、间接利益和预期利益；从利益的构成内容来讲，它包括人身利益、财产利益和行为利益。因此，从利益加害主体承担责任的角度看，可能涉及人身责任、财产责任和行为责任，它的核心是财产责任，其次是行为责任，再次是人身责任。这是由于，经济行为主体对相关主体的侵害主要是财产上的侵害，即使是其他侵害在经济领域也可以用财产进行替代补偿，经济领域的侵害不具有强烈的道义或感情色彩。"刑法旨在报应……而民法却旨在赔偿。……在民事制裁场合下，必须转归被非法地损害了的国民。"[1]

（三）最终责任承担程度

通过上面的分析我们知道，经济责任的适当程度应该是以违法犯罪收益与个体利益损失中的较高者为最低标准，以威慑标准为最高标准，以功利标准为核心标准，以整体经济恢复为参考标准。这里的任何责任标准都有其存在的合理依据，都有其发挥作用的适宜场合。即使是威慑标准在整体经济出现较大混乱时也是有必要采用的，毕竟在经济领域会铤而走险的只是少数主体。同时，这里还存在法律规定标准和司法裁判标准的区别，法律规定标准是指在责任法律文件中明确规定的标准，司法裁判标准是法官根据具体情况在裁判中具体使用的标准。为使具体的经济责任适用更加精确，可以考虑在责任法律文件中规定得相对宽泛，以给法官的具体适用保留下足够的空间。"一门成熟的科学用精确的数字语言系统地阐述变量之间的关系。"[2]

在侵害整体经济利益同时又侵害个体利益的条件下，整体经济利益的恢复首先是个体利益的恢复，没有个体利益的恢复，整体经济利益的恢复就失去了基础。因此，整体经济利益加害主体首先必须向受侵害个体承担责任，补偿他们因此受到的全部损失。这些损失的补偿是整体经济责任的基础组成部分，也是整体经济利益恢复的基础，在此基础上才能对纯粹整体经济利益进行补偿。由于违反经济本体法侵害的不仅是具体的个体，还包括社会一定范围内的经济运行和增长状态，对于这种纯粹的整体经济利益损害，只能向国家财产收支监管机关承担责任。因此，加害主体承担的补偿个体利益损失之外的纯粹整体经济利益损失，最终只能上缴国家财政机关，作为国家财政机关的一种特殊收入，用于国家对经济

---

〔1〕　〔奥〕凯尔森著，沈宗灵译：《法与国家的一般理论》，中国大百科全书出版社1996年版，第54页。

〔2〕　〔美〕罗伯特·考特、托马斯·尤伦著，张军等译：《法和经济学》，上海三联书店、上海人民出版社1999年版，第473页。

运行和增长状态的调控，以从宏观上恢复被加害主体破坏的整体经济利益。

从理论上来讲，加害主体应该承担的最低责任标准应该是整体经济利益恢复标准。因此，加害主体在对个体利益补偿后，还必须以其全部经营性财产补偿整体经济损失，这是纯粹整体经济利益得以恢复的前提。但是，整体经济运行和增长状态的损失往往是巨大的，加害人以其全部经营性财产往往不能补偿这一损失。在此条件下，经济责任法只能辅之以功利责任标准，要求加害人继续承担与补偿差额相对应的人身责任和行为责任，以从预防同类加害行为再次发生的角度要求责任主体承担经济责任。并且，由于功利责任标准以财产责任能力为前提，以人身责任和行为责任为补充，是现实生活中完全能够实现的责任标准。因此，应以该标准作为责任程度的核心标准，以整体经济利益恢复标准作为参考标准。当然，任何责任程度都不可能杜绝经济违法犯罪行为，经济责任法所能够做到的只能是控制正常的理性违法犯罪行为，非正常的非理性违法犯罪行为是任何责任法都难以预防的。"正确的责任理论不是片面强调某方面的理由，而是二者最合理的边际均衡。"[1]

【司法案例】

案情： 1944 年 1 月 4 日，美国东海岸的曼哈顿港一派战时的繁忙景象。一艘名为安纳 C 号（Anna C）的驳船与另外 5 艘船被一条粗壮的缆绳连结在一起，并牢牢地固定在第 52 号码头的缆桩上。由于港口内非常拥挤，后半列船队又与另一列类似的驳船队缠绕在一起，缆绳的另一端固定在公共码头上。中午过后，有一艘与其他驳船连结在一起的驳船需要出港。但是，由于这艘驳船与其他驳船缠绕在一起，无法单独驶出港口。并且，这些驳船上又没有船员在场。于是，港口方的工作人员不得不亲自对两个驳船队之间的缆绳进行调整。但是，由于驳船之间的缆绳相互缠绕在一起，港口方工作人员无法把缆绳调整好，不得不用一艘卡罗号（Carroll）托轮先把两队驳船托住，然后再把缠绕在一起的缆绳剪断、重新整理好，分别固定在码头的缆桩和公共码头上。

经过一个小时的努力，港口方工作人员终于将缆绳整理好，需要出港的驳船驶出港口，卡罗号托轮放开用于托住两队驳船的缆绳、回港休息。无论是港口方还是托轮方工作人员均未再次检查所有驳船的缆绳是否重新缚紧绑牢、是否已经重新固定安全。不久，经过港口方重新固定过的安纳 C 号（Anna C）驳船的缆绳松开了，驳船随风向下风口方向漂去，撞上了下风中停泊在港中的一艘海军油

---

〔1〕　刘少军：《法边际均衡论——经济法哲学》，中国政法大学出版社 2007 年版，第 278 页。

轮。油轮的推进器穿透了驳船船体，驳船吃水线以下的船身出现了裂口。由于当时安纳 C 号（Anna C）驳船上空无一人，这个裂口没有被立即发现，最终导致驳船沉没，船上的货物全部毁损。于是，安纳 C 号（Anna C）驳船的船主将港口方和卡罗号（Carroll）托轮方起诉到法院的海事法庭，认为是由于港口方和卡罗号（Carroll）托轮方的过失导致了安纳 C 号（Anna C）驳船的沉没，要求他们赔偿因此造成的损失。港口方和托轮方认为，安纳 C 号（Anna C）的沉没是由于船上没有值守的船员造成的。如果驳船上留有值守的船员，即使发生碰撞也不会导致驳船沉没和全部货物损失。

判决：海事法庭的法官审理后认为，港口方和拖轮方在调整缆绳的工作中存在过失，应该向驳船的船主赔偿损失。至于驳船上没有值守的船员，法官认为，当船舶处于停泊状态且充分系牢于码头时，没有在船上保留值守船员不构成过失行为。并且，援引了 5 个先例（包括 3 个公开判例和 2 个未公开判例）证明自己的裁判。港口方和拖轮方不服，上诉到美国联邦上诉法院第二巡回庭，要求认定驳船船主的过失责任。

第二巡回法庭部分推翻了一审法院的责任认定，汉德法官（Learned Hand）起草了这一著名的判决。在判决中，汉德法官把本案中的事故责任分为"碰撞责任"与"沉船责任"。对于碰撞责任，由于即使驳船上保留有值守的船员，也无法有效阻拦具有管理权的港口方与拖轮方调整缆绳，进而无力阻止碰撞事故发生。因此，驳船的船主不应负两艘船的碰撞责任。但是，如果驳船的船主保留有值守的船员，至少可以及时地发现吃水线以下的船身裂口，并进行补漏或呼救，从而防止船舶沉没并保存货物，因此，驳船的船主未留值守船员，应对船舶的沉没负沉船责任。即港口方和托轮方需要负担船只碰撞所产生的直接责任，却不需要负担全部沉船及由沉船事故所发生的货物损失责任。

本案的判决并无特别之处，特别之处在于他的推理过程。汉德法官在判决书中指出：虽然每艘船脱离缆绳束缚的原因总是各有差异，但既然已经发生了碰撞，漂泊的船舶既然已经对利益相关人构成了巨大威胁，那么此时（乃至其他类似情况下）防止损害义务的成立，应取决于三个变量构成的函数：①事故发生的可能性；②事故损害的严重性；③采取充分预防措施的成本。如果简单地以方程式来表达，以 P 代表发生事故的可能（Probability），以 L 代表事故发生的损害（loss，injury），以 B 代表预防措施的成本（Burden）。则过失责任是否成立取决于 B 是否小于 L 与 P 之乘积，即是否 $B < PL$。

评析：汉德法官的上述推理实际上提出了一种新的责任归责原则，即通过比较损害结果与损害预防成本之间的关系确定损害责任的归属，如果损害结果高于预防成本则由损害方承担损害责任，如果损害结果低于预防成本则由受损害方自行承担责任。它的基本理论基础是，在社会活动中损害的发生是不可避免的，确定损害责任应以使社会成本最低为基本原则，社会成本最低的损害补偿方案才是社会应该选择的方案。

　　"合理性要求决策者对以下两方面给予同等的对待：一是他自己承担的加强预防的成本；二是其他人享受的、因预防措施的加强而使事故的发生率和严重性降低所带来的利益。如果他所承担的成本大于预防措施给别人带来的利益，那么他的行为就是不合理的，其预防是有过失的"[1]，他就不应该承担损害责任。如果他所承担的预防成本小于该预防措施给别人带来的利益，他就应该采取这样的预防措施，别人因此而受到的损失就是其应该赔偿的损失。因为只有这样，才能使社会整体成本最低、利益最大，才最有利于整个社会经济的发展。它是整体经济条件下，判断是否应承担责任的重要标准。

---

〔1〕　〔美〕罗伯特·考特、托马斯·尤伦著，张军等译：《法和经济学》，上海三联书店、上海人民出版社1999年版，第495页。

第十二章

整体经济程序法

【学习目的和要求】

程序法或称纠纷裁判程序法，是与本体法和责任法相对应的法学体系，它们之间既具有内在的联系也有明显的区别。程序法既保障本体法和责任法的实施也有自己独立的价值目标。既然本体法和责任法可以区分为民商法、行政法和经济法，程序法也必然可以分为民商程序法、行政程序法和经济程序法。经济程序法是以整体经济利益为基本价值目标的程序法体系，它无论在诉讼主体、证明责任还是在裁判执行上，都与其他程序法有着明显区别，学习经济程序法就是要明确它们之间的联系与区别。

通过本章的学习要求学生：

● 重点掌握：经济公诉的主体；经济诉讼的证明责任；经济裁判的执行主体。

● 一般了解：经济诉讼法的目标；证明责任分配理论；法庭设置的决定因素。

● 深入思考：程序法与本体法的关系；程序法与责任法的关系。

【核心概念】

整体经济程序　经济程序目标　证明责任分配　经济裁判执行

【引导案例】

在各国的诉讼类型中，按照诉讼的目的可以分为整体利益或公共利益诉讼和个体利益或私益诉讼，如果我们将以公共利益为最终目的的诉讼简称为公诉，将以个体利益为最终目的的诉讼简称为私诉，则公诉主要是指刑法和经济法上的诉讼，私诉主要是指民商法和行政法意义上的诉讼。传统的公诉机关主要是指检察机关，当代又开始不断出现经济监管机关提起公诉，甚至私人提起公诉的情况，它是当代诉讼法发展的必然趋势。

美国的公诉主体：（检察机关、监管机关、民商主体）

美国检察系统由联邦司法部中具有检察职能的部门和联邦地区检察署组成，它们的职能主要是调查、起诉违反联邦法律的行为，并在联邦政府作为当事人的民商事案件中代表联邦参加诉讼。联邦检察系统的首脑是联邦总检察长，他同时也是联邦司法部长。当联邦最高法院和联邦上诉法院审理案件时，由首席检察官作为联邦政府的律师或公诉人出庭参加诉讼。美国共有 94 个联邦司法管辖区，每个区设一个联邦检察官办公室，由一名联邦检察长和若干名助理检察官组成。

在一般案件中，他们自行决定侦查和起诉。在某些特别案件中，如涉及国家安全的案件和重大的政府官员腐败案件，要得到联邦检察长或主管刑事起诉工作的副总检察长的批准才能提起公诉。美国司法部是当今世界各国执法机构中规模最庞大的机构，下辖60多个厅、局、办公室和研究机构。其中，具有提起公诉职权的机构主要包括，反托拉斯局、民事局、民权局、税务局、环境和自然资源局等，它们都具有在同整体经济利益、美国政府利益和其他整体利益相关的案件中提起公诉的权力。其中，反托拉斯局有权提起反垄断公诉；民事局有权在合同或交易等纠纷中代表美国政府出庭，有权代表消费者提起消费者保护公诉；民权局有权提起侵犯人权的刑事公诉；税务局有权提起与纳税人之间的财产公诉和刑事公诉；环境和自然资源局有权提起环境保护公诉。

美国经济监管系统是非常发达的，比较重要的监管机关包括：美国联邦储备系统（FRS）、证券交易委员会（SEC）、美国货币监理署（OCC）、联邦存款保险公司（FDIC）、美国商品期货交易委员会（CFTC）、联邦贸易委员会（FTC）、联邦通讯委员会（FCC）、核能规制委员会（NRC）、联邦矿山委员会（FMC）、平等就业机会委员会（EEOC）、联邦能源规制委员会（FERC）、消费品安全委员会（CPSC）等。美国的经济监管机关通常都有直接向法院提起监管公诉的权力，就被监管对象的违法行为提起诉讼；它们在诉讼主体、诉讼程序中的差异，主要是由该机构产生的历史和组织架构等的差异决定的。美国联邦贸易委员会甚至可以就侵害消费者利益的行为直接起诉实施加害行为的企业。同时，美国的许多经济监管机关还具有准司法权，有权在其监管权力的范围内裁决被监管对象之间的纠纷。

美国不仅司法部和经济监管机关可以为维护整体经济利益直接向加害人提起公诉，普通美国公众也可以直接为维护整体经济利益而直接提起诉讼。1863年美国制定了《反欺骗政府法》，该法规定任何个人或公司发现有欺骗美国政府、索取财产的现象，都有权以美国的名义控告违法方，并在胜诉后取得部分罚金。1890年美国通过了《谢尔曼法》，1914年又制定了《克莱顿法》，该法也规定对垄断行为受害人、甚至任何个人和组织都有权直接提起诉讼，请求法院追究违法者的财产责任或刑事责任。此外，美国的环境法、消费者权益保护法等也都规定，普通公民有权对违法行为直接向法院提起以整体利益为目标的诉讼。并且，《美国区法院民事诉讼法规》还规定：在特定条件下，为保护别人的利益可以用美国的名义提起整体利益诉讼，包括民商领域、行政领域和经济领域的诉讼。

英国的公诉主体：（检察机关、监管机关、民商主体）

英国是世界上最早建立检察制度的国家之一，也是英美法系检察制度的发源地。早在1162年英国就设立了陪审团，专司向法院控告重大刑事案件。但是，直到上世纪末英国才真正建立起完善的检察制度。1985 年英国颁布《犯罪起诉法》设立了皇家检察署，成立了各级皇家检察机关，建立起一套统一、独立的检察系统，它代表着英国当代检察制度的最终形成。英国总检察长在诉讼方面的职权包括以下几个方面：在涉及公共利益的民事案件中代表国家出席法庭；对重大和疑难的刑事案件向刑事法院提起或撤回公诉；在涉及国家利益的重大的刑事诉讼案件中，以国家的名义对罪犯提起公诉；此外，英国总检察长可以参加涉及英国王室责任的民商、经济诉讼案件；在请求制止妨碍公共权利或排除公共损害行为的诉讼案件中，检察长是必须参加诉讼的起诉人；如果是以整体利益为目的的诉讼，个人、私人团体或组织经检察总长允许，都可以用他的名义提起诉讼。

英国在传统上是市场经济的发源地，强调市场对经济的自由调节，经济领域中维护整体经济利益的职能主要由行业协会行使。但是，随着经济整体化趋势的不断加强，再加之对国有产业的私有化，迫切需要设立独立或相对独立于政府的经济监管机关，实现对整体经济利益的专业监管。目前，英国的经济监管机关主要包括英格兰银行（BE）、金融服务监管局（FSA）、竞争委员会（CC）、公平交易办公室（OFT）、环境局（EA）、铁路管制局（ORR）、民用航空局（CAA）等。这些机构的职权来自于相关法律的授权，具体包括四个方面：一是收集被监管对象的经营信息，并提出经营的监管建议；二是作为被监管对象之间纠纷的仲裁或裁判者，享有准司法权；三是在具体的监管事务上享有准立法权，制定经营行为规范或行为标准；四是实施监管处罚或提起经济公诉，或对其裁决提起上诉。

英国以维护整体经济利益为目标的诉讼主体不像美国一样宽泛，通常不允许普通民商主体直接提起以维护整体经济利益为目的的诉讼，如果提起这类诉讼必须以检察总长的名义，或者以政府机关的名义，或者以监管机关的名义；英国的地方政府机关在没有检察长的同意，也没有告发人诉讼的情况下，能够以自己的名义提起与保护、促进本地区居民利益有关的诉讼；经济或社会监管机构的公职人员，也可以为维护整体经济或社会利益提起公诉。只有在特定条件下，才允许普通民商主体直接提起整体经济利益诉讼。

德国的公诉主体：（检察机关、监管机关、民商主体）

德国也是当代检察制度的发源地之一，它的检察机关分为联邦总检察院和州检察系统两个部分，分别受联邦司法部长和州司法部长领导，接受司法部长所作的关于案件的具体处理之外事项的指令。联邦总检察院不是州检察院的领导机关，二者不具有领导与被领导的关系，只是诉讼程序上的关系。德国联邦总检察院只负责处理涉及联邦整体利益的案件，绝大部分案件都由州检察系统承担。德国检察机关设置与普通法院设置相对应，每个州有一个与法院平行设置的检察院，案件管辖范围与相对应的法院一致。检察院相对独立于法院，不受法院管辖。德国法律规定检察机关有权作为社会整体利益的代表，对侵犯个体利益的案件提起或参与诉讼，检察官败诉时由国库补偿胜诉方的诉讼费用。同时，检察官也可以直接作为整体经济利益的代表，对整体经济利益的加害人提起诉讼。

德国的经济监管机关主要包括，德意志联邦银行（DB）、联邦金融监管局（BF）、联邦卡特尔局（BS）、联邦消费者保护和食品安全局（BVL）等，它们分别负责德国信贷、证券、保险等的金融监管，德国反垄断监管和消费者保护与食品安全等的监管。它们的具体职能主要包括：作为被监管对象之间纠纷的仲裁或裁判者，享有准司法权；在具体的监管事务上享有准立法权，制定经营行为规范或行为标准；实施监管处罚或提起经济公诉。

德国的民商主体有权对侵犯宪法保障的基本权利或其他权利的案件直接向法院提起诉讼；也可以采取团体诉讼的方式，为维护个体利益和整体利益直接向法院提起诉讼。德国的团体诉讼制度起源于1908年的《防止不正当竞争法》，后来扩展到环境法等领域。如在环境整体利益诉讼中，受害人团体有权提起维护公共环境的诉讼。

法国的公诉主体：（检察机关、监管机关、民商主体）

法国检察系统实行与法院系统合署办公体制，国家不设立与各级法院平行的检察院，而是由司法部向各级法院派驻检察官，检察官的等级和名称也与法院相对应。最高法院内设驻院检察总长1人，首席副检察总长1人，副检察总长若干人；上诉法院内设驻院检察长1人，副检察长若干人，总检察官助理若干人；大审法院内设驻院共和国检察官1人，副检察官及（或）首席检察官助理若干人，以及检察官助理若干人。法国检察官的职权比较广泛。在刑事诉讼中，不仅负责提起公诉而且可以直接参与诉讼的全过程。包括接受普通主体的告发和控告，指挥辖区范围内的司法警察进行侦查活动，将案件提交预审法官进行预审，对预审过程中采取的措施进行法律监督，运用公共力量保证判决的执行等。在非刑事诉讼中，检察官可以代表国家和公共利益参与诉讼活动，同时还有对经纪人、公证人、律师等职业人员以及户籍管理等人员的活动进行法律监督的职能。

法国的经济监管机关主要包括，法兰西银行（BF）、法国金融市场监管局（AMF）、证券交易所业务委员会（COB）、法国竞争管理局（CBF）等。它们分别负责法国货币、金融市场、证券市场和反垄断的监管，享有广泛的经济监管权力，包括规章的制定权、调查权、建议权、报告权和监管处罚权等。并且，在金融市场监管局内部设有相对独立的惩罚委员会，委员会由最高法院法官和金融与法律方面的专家组成，负责对被监管对象的非刑事惩罚作出裁判；证券交易所业务委员会则有权直接向法院提起诉讼；对于刑事案件则需要移交检察机关，法国所有的经济监管机构都没有直接提起刑事诉讼的权力。

在德国和法国以民商主体为起诉人的整体利益诉讼中,最初只能提起损害预防性诉讼,即要求被告停止侵害、排除妨碍、消除影响、恢复原状等作为或不作为请求,不得提出私益损害的赔偿请求。直到 2000 年后,德国、法国等欧洲国家规定,在特定类型的整体利益诉讼中,民商主体也可以请求损害赔偿。这是因为不作为之诉、撤销之诉等诉讼请求证明责任比较简单、容易操作,赔偿之诉在证明责任、赔偿的数额、赔偿金的归属与分配问题等方面相对比较复杂、存在较大的审理和制度设计的难度。

【案例导学】

从各国的当代诉讼制度可以看出,传统民商诉讼法、行政诉讼法和刑事诉讼法的格局已经被现实需要所突破,检察机关不仅需要负责提起刑事公诉,还必须为维护整体社会利益和整体经济利益提起相应的经济公诉。并且,经济监管机关也逐渐由仅能够进行监管处罚,向独立设立司法裁判机构或直接向法院提起经济公诉的方向转化;同时,传统的民商主体也可以为了自身利益和整体经济利益提起经济公诉,经济公诉已经成为各国的事实。

当然,检察机关提起经济公诉、监管机关提起经济公诉和民商主体提起经济公诉,以及在监管机关内部设立经济纠纷裁判机构,或在监管机关之外设立独立的经济纠纷裁判机构等都处在发展过程中,还没有形成完整系统的经济诉讼法体系,甚至有些国家还没有明确的经济诉讼制度。这说明经济程序法还是一个发展过程中的程序法体系,它的系统化、完善化还有待于这方面制度的进一步发展。但是,目前社会的发展方向是非常明确的,随着经济的不断整体化、随着整体经济矛盾的不断突出,随着经济监管机关的独立性进一步增强,最终必然存在一个完整的经济程序法体系,这是社会关系发展的客观要求。

第一节 经济程序法的性质

一、程序法的本质属性

程序法包括本体法中的程序和裁判法中的程序,本体法中的程序是确定本源性执法结果的步骤,裁判法中的程序是某主体违反本体法所应承担责任的确认程序。这里所称的程序仅指裁判法中的程序,它是同本体法和责任法相对应的另一法学体系。它的目标不是确立本体法规范或违反该规范的责任,而是以本体法和责任法为前提确认违反本体法应该承担的责任。正如边沁所言,"对程序法来说,其唯一正当的目标，或者说其力所能及的范围，就是极尽其能地有效执行实体法"[1]。但是，它并不是被动地执行本体法和责任法，它不仅要为它们的执行提供公正的程序，还是最终实现它们价值追求的现实手段，是弥补本体法和责任法缺陷、最终找到现实生活中真正发挥作用的法的过程。

（一）裁判程序的条件

程序法不仅是本体法和责任法的具体实施步骤，它同时还具有其自身的法学价值追求。事实上"规范并非借解释由原则中发现的，毋宁是借裁判的统合过程被创造出来的。只有判例法才能告诉我们，什么是真正的法"[2]。M. D. 贝尔斯也指出，"适当的程序时常会比同实际目标有关的实体原则更为重要"[3]。本体法、责任法和程序法，虽然作为法的基本组成部分是相互联系、相互补充的，但它们也是有本质区别的。作为一个相对独立的法学体系，程序法的基本构成条件主要包括主体条件、客体条件和行为条件。

程序法的主体是指在裁判活动中具有必不可少的独立地位，依法享有争讼权利（权力）同时承担争讼义务（职责）和结果的主体。按照裁判的基本结构关系，程序法主体主要包括原告主体、被告主体和裁判主体。其中，原告主体是指依法享有起诉权利（权力），并向裁判主体提起争讼的主体。通常，作为原告主体，他必须具备三个基本构成条件：他必须是享有起诉权的主体；他必须实际向裁判机关提出了争讼请求；他的争讼请求必须已经被裁判机关所受理。作为被告主体他也必须具备三个基本条件：他也必须具有主体资格；他必须是与原告请求保护的利益相关的主体；他必须是原告主体直接向其提出利益主张的主体。作为裁判主体他也必须具备三个基本条件：他必须具有主体资格；他必须享有法定的裁判权力；他必须享有本争讼的管辖权力。"法律乃是权利在法庭上得到承认的问题。"[4]

程序法客体主要包括三个方面：一是争讼主体之间的权利（权力）义务（职责）关系；二是争讼主体之间所发生的事实；三是责任主体的责任。程序法客体的核心是事实，它主要可以分为事件和行为。其中，事件是指能够导致一定法上的结果，又不以主体的意志为转移的客观事件；行为则是主体的有意识的活动，是一种目的旨在形成某种法上的结果的意思表示行为。程序法的结果是主体的责任，它是程序法的目标客体。主体所应该承担的责任是受本体法调整的，由

---

〔1〕 杨寅：《中国行政程序法治化》，中国政法大学出版社 2001 年版，第 38 页。

〔2〕 ［德］卡尔·拉伦茨著，陈爱娥译：《法学方法论》，商务印书馆 2003 年版，第 19 页。

〔3〕 杨寅：《中国行政程序法治化》，中国政法大学出版社 2001 年版，第 40 页。

〔4〕 ［美］德沃金著，李常青译：《法律帝国》，中国大百科全书出版社 1996 年版，第 356 页。

某种特定的事实引起的，由责任法确定的，并最终由程序法确认的某主体的责任。"法官的任务是针对实际发生，而非想象出来的案件事实作法律上的判断。因此，案件事实的形成及其法律判断，一方面取决于可能适用的法条之构成要件及包含其中的判断准则，另一方面则以……实际发生的事件为准。"[1]

程序法的行为是指具体的争讼活动，按照不同的标准可以分为不同种类。按照主体不同可以将其分为：裁判主体的行为、原告主体的行为、被告主体的行为和第三人的行为。其中，裁判主体的行为主要包括审理行为和裁判行为，以及与裁判相关的附随行为，如调查证据、传唤、拘留、逮捕行为等；原告与被告主体的行为主要包括申请、立证、陈述和主张行为等；第三人的行为主要包括报案、控告、举报、作证和鉴定行为等。根据行为与争讼程序之间的关系，可以将程序行为分为追诉行为、心证形成行为和程序形成行为。其中，追诉行为是指有告诉权的人依法提起争讼，追究被告责任的行为；心证形成行为是指直接作用于法官的心理，并使其形成关于案件事实认定及法律适用的心证的行为；程序形成行为是通过形成程序上的法关系来推动程序运作的行为。因此，有人将其概括为"在诉讼程序中能够按照意愿达到所期望之法律效果，并促使诉讼程序继续进行之意思表示"[2]。

（二）裁判程序的类型

程序法的直接目标是由权威的第三人确认主体的责任，它是权利（权力）的最终救济手段。"无救济即无权利"，它是主体享有的本体法权利（权力）的根本保障。裁判程序法按照不同的标准可以分为许多种类型，按照裁判主体不同可以将其分为调解程序法、仲裁程序法、复议程序法、监管程序法和诉讼程序法。其中，调解程序法是社区调解委员会通过说服、疏导等方法，促使居民之间在平等协商基础上自愿达成调解协议的程序法。仲裁程序法是仲裁委员会在公民、法人和其他组织之间发生合同和财产权益等纠纷时，在双方自愿的基础上依法达成仲裁协议的程序法。复议程序法是公民、法人或其他组织认为，某行政行为侵犯其合法权益，向行政机关提出申请、由其受理和作出复议决定的程序法。监管程序法是在经济监管机关内部设立相对独立的纠纷裁判机构，依法对其职权范围内的监管纠纷作出内部裁决的程序法。诉讼程序法是由依法设立的独立于其他机构的法院，在受理起诉方的诉讼之后，经过法定的审理程序，最终作出司法

---

〔1〕 ［德］卡尔·拉伦茨著，陈爱娥译：《法学方法论》，商务印书馆2003年版，第184页。
〔2〕 ［德］克劳斯·洛克信著，吴丽琪译：《德国刑事诉讼法》，台湾三民书局1998年版，第222页。

判决的程序法。[1]

诉讼程序法是最正式的、最严格的也是最终的纠纷裁判程序法，对任何其他程序法作出的裁决，除明确规定不得诉讼的以外（如商事仲裁），如果对裁决不服最终都可以通过诉讼程序来解决；除非纠纷解决效率特别规定必须首先选择其他裁判程序的外，任何纠纷都可以直接选择以诉讼程序解决。诉讼程序法按照诉讼主体和客体的不同，可以具体分为民商诉讼法、行政诉讼法、经济诉讼法、公益诉讼法和刑事诉讼法。其中，民商诉讼法是民商主体之间就人身权和财产权等纠纷向法院提起诉讼的程序法；行政诉讼法是行政相对人认为行政机关及其工作人员的行政行为侵犯其合法权益，而向法院提起诉讼的程序法；经济诉讼法是经济监管机关认为其监管对象的行为违法；或被监管对象认为监管机关的裁决违法，而向法院提起诉讼的程序法。公益诉讼法是民商主体或检察机关为了个体和整体利益，就侵害某个体和整体利益的非刑事责任提起诉讼的程序法；按照被侵害的整体利益性质不同，它可以将其分为行政公益诉讼法和经济公益诉讼法。刑事诉讼法是检察机关或某些特定的民商主体，就犯罪嫌疑人违反刑法的行为向法院提起诉讼的程序法。[2]

按照诉讼程序法中原被告主体与审判主体的关系，可以将其具体分为职权型程序、对抗型程序和混合型程序。其中，职权型程序也称纠问式程序，它的基本特征是整个诉讼活动以法官为中心，诉讼进程由法官推进；法官依职权主动调查证据，可以主动询问被告人、证人、鉴定人，并采取一切必要的证明方法；案件一旦受理就不能撤回，诉讼的终止以法院的判决为标志；法官根据理性和良心进行审判活动，必须发自内心地确信他所作出的判决。对抗型程序也称当事人式程序，它是弹劾主义和纠问主义的折中模式。它的基本特征是，审判程序必须依当事人的起诉才能启动，采取不告不理的原则；审判过程是原告与被告之间的对抗和辩论过程，法官不主动询问被告人、证人和鉴定人；事实不是由法官作出判断，而是由陪审团作出判断，法官只负责法律的适用。混合型程序是职权型程序与对抗型程序相互融合而形成的诉讼程序，是当代社会所普遍采用的一种诉讼程序。

（三）裁判的价值追求

在裁判的价值追求上存在着两种对立的法学理论，即唯实体论和唯程序论。

---

[1] 参见《人民调解法》、《仲裁法》、《劳动争议仲裁法》、《行政复议法》、《民事诉讼法》、《行政诉讼法》、《刑事诉讼法》、《人民法院组织法》、《人民检察院组织法》，以及相关法律、法规的规定。

[2] 参见《民事诉讼法》、《行政诉讼法》、《刑事诉讼法》、《人民法院组织法》、《人民检察院组织法》等的规定。

"西方自 19 世纪以来就诉讼程序价值形成了两类理论学说，即程序工具主义理论和程序本位主义理论。"其中，唯实体论者认为实体法与程序法之间是一种主从关系，实体法是内容和目的，程序法是形式和手段，程序法依附于实体法而存在。L. M. 弗里德曼指出，"程序仅仅是相对于一定目的的手段而已，实体法告诉我们程序的什么部分是重要的"[1]。唯程序论者认为，法院的审判只要按照公正的程序进行，就能够保证裁判结果的公正性。正当的诉讼程序和法官的公正观念远比任何严格的实体权利义务规范更为重要。程序法不是为了本体法和责任法而存在的，它自身有其内在的价值，以其内在价值作为评价的目标。"从历史上看，程序法是早于实体法而产生的，实体法反而是程序法不断被运用的结果之累加。"[2]

事实上实体法和程序法对诉讼都起作用，它们之间是具有内在联系的。至于是实体法至上还是程序法至上，则要取决于具体情况。当实体法有一个明确的价值追求时，能够实现这个追求的程序就是最公正合理的程序；当实体法没有明确的价值追求时，公正合理的诉讼程序本身就是正义。罗尔斯将前者称为完善的程序正义，将后者称为纯粹的程序正义。完善的程序正义有两个基本特征，"首先，对什么是公平的分配有一个独立的标准，一个脱离随后要进行的程序来确定并先于它的标准。其次，设计一种保证达到预期结果的程序……在纯粹程序正义中，不存在对正当结果的独立标准，而是存在一种正确的或公平的程序，这种程序若被人们恰当地遵守，其结果也会是正确的或公平的，无论它们可能会是一些什么样的结果"[3]。在现实生活中，程序法与实体法的最终价值追求是一致的，它在具体案件中的独立性取决于实体法规范的明确程度，以及其需要程序法进行弥补的程度。

二、经济程序法的目标

程序法的最低独立价值追求，是以公正的程序实现本体法和责任法的具体价值追求。但是，即使本体法和责任法的价值追求再明确、具体，实现这一价值追求的过程没有起码的公正性和合理性，也会给这一追求的实现留下难以弥补的遗憾。并且，裁判者不是圣人，没有公正合理的程序也难以保证能够得出使社会信服的结果。因此，虽然不一定要过高地肯定程序法的作用，但也绝对不能否认程序法的意义。"无论在哪里，综合……都是开启新型思维的钥匙，这种新的思维

---

〔1〕 樊崇义主编：《诉讼原理》，法律出版社 2003 年版，第 140、205 页。
〔2〕 汤维建："市场经济与民事诉讼法学的展望"，载《政治论坛》1997 年第 1 期。
〔3〕 ［美］约翰·罗尔斯著，何怀宏等译：《正义论》，中国社会科学出版社 2003 年版，第 86 页。

乃是我们正在进入的新时代的特色。'非此即彼'让位于'亦此亦彼'。"[1] 经济程序法的主要目标包括保护主体的诉讼权利和公正地确认经济责任。

（一）保护主体诉讼权利

经济程序法的首要目标，是保护被监管主体的诉讼权利。在经济领域中，经济监管主体是权力享有主体，它有权力随时指控被监管对象的行为违反经济法。并且，在多数情况下，经济监管主体所面临的不是像行政机关一样的紧急事态，不需要像行政法一样首先要求相对人无条件地执行行政命令，然后再对该行政命令中侵害其权益的行为提起行政复议或行政诉讼。同时，监管机关对被监管对象的指控并不一定是准确的，只有法院才有权力裁判某行为合法与违法，才有权力去寻找现实生活中的法。如果采取行政方式首先要求被监管对象无条件执行其监管处罚，必然形成执法权与裁判权的统一，甚至是立法权、执法权和裁判权的统一，使经济监管权难以受到约束，被监管对象的权利则无法保障。因此，在正常情况下，必须由独立的第三方作为裁判者，仅授予监管机关经济公诉权。"只有当程序本身符合所谓的'正当'程序的要求，它才能'正当化'依该程序所作的决定。"[2]

当然，强调确认被监管对象行为违法的基本方式是提起经济诉讼，并不排除对监管机关一些管理性权力的保留。但是，必须明确监管公诉权是监管机关实施处罚的基本方式，管理权的保留是监管权实施的例外方式。并且，保留管理权就必须同时赋予被管理对象监管处罚起诉权，它是经济诉讼的第二种方式，是被监管主体对监管权侵害其正当利益的起诉权，以对抗监管机关的管理权。同时，为了防止监管机关怠于监管、拒不监管、不积极监管和不实质监管等情况出现，还必须授予检察机关和民商主体补充经济公诉权。在监管机关监管不作为时，检察机关有权代替监管机关就被监管对象的违法行为提起补充经济诉讼；同时也授予民商主体以补充经济公诉权，针对既侵害其个体利益又同时侵害整体经济利益的行为，民商主体有权既为维护个体利益也为维护整体经济利益提起经济诉讼。享有实体性权利是非常重要的，如果没有诉权的保障，它很可能变成欺诈权利主体的工具。因此，保护监管主体、被监管主体和相关主体的经济诉讼权，是经济诉讼法的重要目标，是维护整体经济利益的重要手段。正如 K. C. 戴维斯指出的，"正义的实质在很大程度上是程序性的"[3]。

---

[1]　[美]哈罗德·J. 伯尔曼著，梁治平译：《法律与宗教》，三联书店1991年版，第134页。

[2]　[德]卡尔·拉伦茨著，陈爱娥译：《法学方法论》，商务印书馆2003年版，第82页。

[3]　杨寅：《中国行政程序法治化》，中国政法大学出版社2001年版，第64页。

（二）公正确认经济责任

经济诉讼权虽然非常重要，但它只是保障权利手段之一而不是全部诉讼工具，要实质性地保障整体经济利益的最终实现，要公正地确认违法主体的经济责任，还必须提供其他诉讼过程中的权利保障。这些权利主要包括，请求受理权、法庭陈述权、举证质证权，以及取证请求权、鉴定请求权、证明分配权、公开审判权、判决上诉权等，这些诉讼权利是保证经济责任获得公正认定的基础。其中，请求受理权是指经济起诉权享有主体有权请求法院受理起诉的案件，法院没有充分理由不得拒绝受理案件。法庭陈述权是指原告和被告双方都享有充分陈述其权利主张的权利，法院不得拒绝听取某方的法庭陈述。举证质证权是指原被告双方都有权举证证明自己主张的权利，法院不得阻止当事人举证质证。

取证请求权则是在当事人不方便或无能力取得某些证据的情况下，有权请求法院依据其取证权力向特定对象获取证据，法院不得拒绝履行在特定情况下代替当事人取证的义务。鉴定请求权是在特定条件下，当事人有权请求具有法定资质的鉴定机构鉴定某些证据的权利，法院不得拒绝当事人的合理鉴定请求。证明分配权是当事人在有法律明确规定的条件下，有权请求将证明责任分配给对方；在法律没有明确规定的情况下，有权请求法官根据具体情况确定对方当事人的证明责任。公开审判权是当事人有权要求法庭进行公开审判，有权要求将审判材料通过法定渠道对社会公开，以使审判活动能够接受社会的监督。判决上诉权是当事人在对法院作出的判决不服时，有权向上级法院提出上诉，作出判决的法院不得阻止当事人提起上诉，也不得因上诉而加重处罚。只有经济纠纷当事人充分享有这些程序法上的权利，才能保证诉讼结果的可接受性，也才能公正地确定应承担的经济责任。"一种公平的程序解释其结果的公平性只是在它被实际地执行的时候。"[1]

第二节　经济诉讼法的主体

一、经济诉讼裁判主体

诉讼主体包括起诉主体、应诉主体、裁判主体和相关主体，经济诉讼也同样由这些主体构成，它与非经济诉讼在主体结构上是一致的。但是，作为一种特殊的诉讼形式，它在具体的诉讼主体性质和诉讼主体具体权利上却有别于其他诉讼，这是由经济法的特殊主体关系决定的。就经济诉讼裁判主体来看，它的特殊

---

[1]　[美] 约翰·罗尔斯著，何怀宏等译：《正义论》，中国社会科学出版社 2003 年版，第 87 页。

性主要表现在诉讼法庭的设置和诉讼案件的管辖权两个方面。"法院是法律帝国的首都，法官是帝国的王侯。"[1]

（一）经济诉讼法庭

法庭的设置有三项基本原则：一是按照诉讼程序设置法庭，二是按照责任类型设置法庭，三是按照专业领域设置法庭。按照前两项原则设置法庭的优点是诉讼程序统一，可以相对保证案件审理的效率；缺点是人为分割了法学的专业领域，难以保证案件审理的质量。从各国的实践来看，主要采取以法学专业领域为核心、三项原则相结合的方式设置法庭。按照这三项原则各国的法庭主要有四种类型，即民商法庭、行政法庭、刑事法庭和专业法庭。其中，专业法庭主要包括海事法庭、军事法庭、经济法庭等，经济法庭又具体包括税务法庭、社保法庭、金融法庭、市场法庭等。按照经济法庭设置的场所可以将其分为设置在法院的经济法庭和设置在经济监管机关的经济法庭，它们既有联系又有区别。[2]

在法院设置经济法庭具有许多优点，它可以使原被告双方都能够感受到法院的庄严，可以使原被告双方都离开有自身影响的领域接受第三者的评判，可以接受具有较高法学素养的专业法官的审理，可以保证审判结果的公正性。但是，在法院设置经济法庭也有许多缺点，法官某领域的专业程度相对较低，难以从经济法学专业思维的角度评价被审理的问题，审判场所与经济监管或被监管场所分离、诉讼成本较高。因此，许多国家首先在监管机关内部设立经济监管法庭，该法庭属于法院与监管机关的联合裁判机构或独立裁判机构，审判人员由法官和该领域的专家组成。经济监管法庭可以保证裁判的专业水平，也可以提高裁判效率、节约诉讼成本。但是，经济监管法庭都是初审法庭，为了保证裁判最终结果的严肃性和公正性，监管法庭的裁决结果都可以向法院的经济法庭提起上诉，只有法院经济法庭的裁判结果才能是最终结果。法院享有最终裁判权，这是各国都坚持的法治原则；否则，法治就没有最终保障。"在法院适用之前，法规不是法，只是法的渊源。"[3]

当然，经济诉讼不仅包括监管主体提起的经济监管诉讼，还包括检察机关提起的补充经济诉讼，以及民商主体提起的补充经济诉讼。同时，经济诉讼中还可能包括民商法的问题，甚至许多还包括刑事责任的问题。因此，经济诉讼的法庭并不是绝对确定的，而是根据实际需要在基本确定的基础上可以进行灵活调整的。即可以在民商法庭审理民商案件的同时附带审理经济纠纷，也可以在刑事法

---

〔1〕［美］德沃金著，李常青译：《法律帝国》，中国大百科全书出版社1996年版，第361页。

〔2〕参见美国、英国、德国、法国等主要国家的法院或法庭设置的具体情况。

〔3〕［英］哈特著，张文显等译：《法律的概念》，中国大百科全书出版社2003年版，第136页。

庭审理刑事案件的同时附带审理经济纠纷。并且，经济法庭也只是对该类法庭的统称，在各国设立的经济专业法庭中，还往往具体分为许多个专业方向，不同具体的专业方向审理不同类型的经济案件。社会关系是复杂的，任何案件都不可能是纯粹的某类案件，都难以绝对地进行审理法庭的划分。在案件受理法庭的具体选择中，应以案件主要争议和审理的内容来确定。"法律不可能由任何原则或规则体系阐述得淋漓尽致，每种这样的体系都有自己控制的具体行为的领域。"[1]

（二）经济诉讼管辖

经济诉讼不仅涉及法庭设置的问题，还涉及案件的管辖权问题，不同案件在不同的法庭审理会对裁判结果有不同的影响。经济诉讼的案件管辖主要受三个基本因素的影响，即经济法庭的性质、当事人的范围和案件的责任性质。通常，考虑到案件审理的专业性、效率性和可靠性，初审经济案件应该首先在经济监管法庭进行审理，由经济监管法庭行使对初审案件的管辖权；如果对初审法院不信任或不服从初审法庭的判决，再直接或上诉到法院系统设立的经济法庭进行审理，由法院系统的经济法庭行使管辖权。

此外，确定管辖法院还应考虑到诉讼当事人的范围，它包括监管主体的监管权力范围、被监管对象分布的地域范围，以及补充经济公诉主体的权力范围。应该尽量保持案件审理法庭的级别，同监管主体的监管权力范围和被监管对象的分布地域范围，以及补充经济公诉主体的权力范围的一致性。这样，不仅使审判权力具有对应性，也方便进行案件的审理，并有利于审判结果的执行监督，以及对审判结果的强制执行。同时，案件的责任性质也是影响案件管辖的重要因素，对责任性质比较重、影响比较大的案件可以适当提高审级，对责任相对较轻、影响较小的案件也可以适当降低审级。[2]

二、经济诉讼起诉主体

经济诉讼的起诉主体或称原告主体，是诉讼程序的发动主体，也是依法享有整体经济利益维护权的主体。整体经济利益在法学性质上不同于整体行政利益或个体利益，不是任何主体都享有整体经济利益的维护权，从而也不是任何主体都享有经济案件的起诉权，有权成为经济诉讼的起诉主体。任何享有实体权利的主体不得没有对其权利实施救济的起诉权利，任何享有起诉权利的主体也不得违法滥用起诉权利。按照各国法律的一般规定，享有经济诉讼起诉权的主要包括基本经济公诉主体和补充经济公诉主体。

---

〔1〕　［美］德沃金著，李常青译：《法律帝国》，中国大百科全书出版社1996年版，第366页。
〔2〕　参见《民事诉讼法》、《行政诉讼法》、《刑事诉讼法》、《人民法院组织法》、《人民检察院组织法》等的规定。

（一）基本经济公诉主体

经济法的价值目标是维护整体经济利益，考虑到在正常条件下普通主体难以主要为了他人利益而保障经济法的实施，必须设立专门的经济监管机关监督相应经济法的实施。因此，各国的经济监管机关往往都是与相关经济立法同时产生的。没有经济监督机关的执法监督，经济法的实施就没有保障。但是，经济监管机关要实现其职能必须享有经济监管权，这是当代社会一种新型的法定权力。它的目的既不是为了自身利益的实现，也不是为了直接作为一方行为主体参与社会经济活动，而仅仅是为了监督经济法的实施。因此，基本的经济公诉权只能授予经济监管机关而不可能是其他机关，它是经济诉讼的基本公诉主体。"一种没有替天行道意念的人类力量，不足以挥起行刑的刀剑。"[1]

经济监管机关有权作为经济公诉的基本主体，不仅取决于其享有法定的经济公诉权，还取决于它具有行使经济公诉权的适当能力，它还享有经济监督权、经济检查权、经济调查权和经济侦查权。经济监督权是监管机关的基本权力，它有权对所有被监管对象的经济行为进行监督；经济检查权是监管机关有权对被监管对象的行为实施现场或非现场的检查；经济调查权是监管机关有权对有违法嫌疑的被监管对象实施违法事实的调查取证；经济侦查权是监管机关在行使调查权的过程中，有权强制检查被监管对象的经营场所、账册账户，甚至冻结、扣押被监管对象的财产，以达到查清案件事实的目的。经济监管机关的这些权力决定了，在正常条件下，它是经济违法犯罪的首先发现者和证据掌握者，由它作为基本的提起经济公诉的主体是最合适的。"任何人不能自己审理自己或与自己有利害关系的案件。"[2]

（二）补充经济公诉主体

经济监管机关虽然具有基本的经济公诉权，但也不能排除相关主体的经济公诉权。这主要是考虑到如果将经济公诉权仅授予经济监管机关，则会导致诉权的垄断，并会由此导致监管腐败。"权力导致腐败，绝对权力导致绝对腐败。"[3]同时，经济监管机关的行为也并不是没有任何可以指责的，如果缺少相关的制约，它同样也会出现监管问题，如监管不作为、作为失当和监管谋私等，这些行为同样是不能容忍的。为了弥补经济监管机关不作为或监管谋私而出现的经济诉讼真空，还必须依法赋予相关机构以补充经济公诉权，以便在经济监管机关不认真履行其职责时，行使补充整体经济利益监管权。通常，补充经济公诉主体主要

---

〔1〕 〔德〕拉德布鲁赫著，米健、朱林译：《法学导论》，中国大百科全书出版社2003年版，第87页。

〔2〕 〔英〕戴维·M. 沃克著，北京社会与发展研究所译：《牛津法律大辞典》，光明日报出版社1988年版，第628页。

〔3〕 〔英〕阿克顿著，侯健、范亚峰译：《自由与权力》，商务印书馆2001年版，第342页。

包括享有法律监督权的检察机关、普通民商主体和被监管主体。

检察机关享有补充经济公诉权的依据是其法律监督权，它享有全部法律实施的监督权，特别是维护整体利益法律的监督权。同时，检察机关还享有法律实施的全部公诉权，当然也包括经济公诉权，只是基本经济公诉权由经济监管机关优先行使，检察机关只需要行使补充经济公诉权。普通民商主体虽然不可能都会维护整体经济利益，但当某些个体利益与整体经济利益直接相联系时，普通民商主体也就依法享有了补充经济公诉权，在主张个体权利的同时主张了整体经济利益。此外，在经济监管机关直接行使经济管理权对被监管对象进行处罚的条件下，被监管对象也享有不服从处罚结果的起诉权或上诉权，这种权利的行使同样也能起到补充经济公诉权的作用。"当法律使人们免受某些统治者……某些官员、某些官僚无限制的自由裁量权统治时，法律就达到了最佳状态。"[1]

三、经济诉讼应诉主体

经济诉讼的应诉主体或称被告主体，是诉讼程序的接受主体，它通常是依法应履行整体经济利益维护义务的主体。整体经济利益是与整体行政利益和个体利益具有同等地位的社会利益，除某些基础性个体利益之外，其他社会利益都是需要接受整体经济利益评价的利益。在这些利益之间发生冲突时，都需要在不同法学体系之间进行权衡。因此，经济诉讼的应诉主体也不必然是整体经济利益的违反主体。并且，即使是违反了某些维护整体经济利益的经济法，也可以用个体权利或整体行政权力与之相抗衡。"每个人都拥有一种基于正义的不可侵犯性，这种不可侵犯性即使以社会整体利益之名也不能逾越。"[2]

（一）监管对象应诉主体

经济监管的主要对象是民商法主体或称经济行为主体，他们是为了个体利益而实施经济行为，这些经济行为既可能与整体经济利益相关，也可能与整体经济利益无关。在与整体经济利益无关的情形下，该经济行为就不受经济法调整；在与整体经济利益相关的情形下，该经济行为就要受到经济法的调整，经济监管机关就要对该行为实施监管，该民商法主体也就成了经济法中的被监管对象。但是，民商法主体实施的违反整体经济利益的行为，并不必然构成非法行为。如果民商法和经济法都对此作出了无矛盾的规定，就应该按照相关规定执行；如果作出了有矛盾的规定或没有直接规定，则只能通过经济诉讼来解决。

在经济监管机关或其他起诉主体与被监管对象的法庭对抗中，起诉主体主张的主要是整体经济利益，利用经济法的目标、原则或规范指控被监管对象侵害了

〔1〕　[美]伯纳德·施瓦茨著，徐炳译：《行政法》，群众出版社1986年版，第567页。

〔2〕　[美]约翰·罗尔斯著，何怀宏等译：《正义论》，中国社会科学出版社2003年版，第3页。

整体经济利益；被监管对象则主要利用民商法的目标、原则或规范主张自己实施该经济行为的权利。这种对抗既可能是目标、原则或规范之间相应的对抗，也可能是它们之间不相对应的错位的对抗。这种对抗的结果就取决于不同法构成要素之间的效力等级，以及同等效力等级要素之间的利益权衡。最终由法官作出关于合法与违法，以及违法责任承担程度的判决。当然，这种判决也不一定是非此即彼的。"不是逻辑优先，而是生活的价值居首！"[1]

（二）行政机关应诉主体

在传统法学思想中，同行政机关相对应的是行政相对人或称民商法主体。但是，在经济监管机关作为一极国家主体出现后，社会关系就不仅是平等主体与非平等主体内部或它们之间的关系，同时还包括行政机关与经济监管机关的关系。经济监管机关与行政机关，在主体性质上是有明显区别的。首先，行政机关是社会行为主体，是主动实施某种具体或抽象行政行为的主体；经济监管机关则不是社会行为主体，它不是经济关系的直接参加者而是监管者。其次，行政机关直接导致社会关系的变化，经济监管机关不会直接导致社会关系的变化，它不直接参与社会关系。最后，经济监管机关是行政机关的相对人，行政机关也是经济监管机关的被监管对象，行政机关也会实施违反整体经济利益的行为。行政机关享有的行政权"是对行政事务实施主动、直接、连续、具体管理的权力"[2]。

在行政机关与经济监管机关的地位上，由于目前各国的经济监管机关许多都设置在行政机关内部，虽然法律通常都明确规定了其独立性，还是往往会受到行政权力的影响。但是，从行政权与经济监管权的关系来看，它们是具有同等地位的法定权力，不存在权力效力的高低问题。同时，也必须明确，在行政机关对监管机关发布非监管权力上的行政命令时，监管机关也就成为行政相对人，它必须首先服从行政机关的命令；在监管机关对行政机关依法实施整体经济监管时，行政机关也就成了被监管对象。这是由于监管机关的监管权是法定权力，它有权依法监管任何实施整体经济行为的主体。在监管机关认为行政机关实施了违反整体经济利益的行为时，它就会成为被起诉的对象，行政机关也就变成了应诉主体。如果经济法庭判决行政机关的行为违法，它实施的行政行为就是无效行为，并必须承担相应的责任。"你们必须指派一个官员，他要有极锐利的目光去监督规则的遵守情况。"[3]

---

〔1〕 〔德〕阿图尔·考夫曼、温弗里德·哈斯默尔主编，郑永流译：《当代法哲学和法律理论导论》，法律出版社2002年版，第167页。

〔2〕 应松年、薛刚凌："论行政权"，载《政法论坛》2001年第4期。

〔3〕 〔古希腊〕柏拉图著，张智仁、何勤华译：《法律篇》，上海人民出版社2001年版，第152页。

第三节　经济诉讼证明责任

一、证明责任分配理论

法官能够正确地确认责任有两个基本前提，即法官知法和发现真实。在法官能够对法有正确认识的条件下，发现真实就成为诉讼法的核心。但是，真实情况是过去的事实它不可能再现，这样审判过程中依据的只能是能够满足法的判断的真实。在法治史上，就真实问题曾经历过神明裁判、法官臆断和证明责任三个发展阶段，在当代社会则必须采取证明责任的方式确定法上的事实。"就'事实问题'，法官系依据当事人的主张与举证而为判断，关于法律问题，法官则应依其本身的法律认知来决定。"[1] 证明责任是确定当事人的主张是否能够得到法官支持的关键，它具体包括提供证据的责任和说服责任。具体来讲，证明责任可以分为本证责任、反证责任、证明程度和分配标准四个方面。

（一）本证方的证明责任

本证方是指依法需要承担证明责任中说服责任的诉讼主体，证明责任是诉讼法的核心概念，它具有双重含义：一是指当事人在诉讼过程中，为了避免承担败诉的危险而向法院提供证据的必要性；二是指在辩论结束后，当事人因要件事实没有得到证明，而承担诉讼上的不利结果。[2] 证明责任最初是指提供证据的责任，19世纪末才将其作为提供证据的责任和说服责任的统一，并特别强调说服责任的诉讼法作用。在程序法中，法院的裁判包括两部分：一是对事实问题的裁判；二是对法律问题的裁判。"虽然所有案件事实的形成，最后都取向于其可能的法效果，然而，事实问题及法律问题彼此还是可以区分的。"[3] 证明责任主要起到对事实问题进行裁判的作用，只有对事实问题有了明确的认识，才能涉及法律问题的裁判。因此，证明责任是进行诉讼审判的基础。

证明责任不同于主张责任，后者是指当事人对自己没有主张的要件事实承担的诉讼上的不利结果。本证方仅对自己的主张承担提供证据的责任，只有当事人已主张的要件事实才是需要通过证据加以证明的对象，如果当事人没有提出某一要件事实的主张，则当事人从根本上就失去了提供证据并加以证明的对象，提供证据的责任也就无从谈起。另外，证明责任也不同于原告的证明责任或被告的证

---

〔1〕　[德] 卡尔·拉伦茨著，陈爱娥译：《法学方法论》，商务印书馆2003年版，第186～187页。

〔2〕　陈刚：《证明责任法研究》，中国人民大学出版社2000年版，第16页。

〔3〕　[德] 卡尔·拉伦茨著，陈爱娥译：《法学方法论》，商务印书馆2003年版，第188页。

明责任。证明责任是由诉讼法予以确认的，它并不必然由原告或被告承担，证明责任同当事人是原告主体还是被告主体没有必然联系，它只与某类案件诉讼法所规定的本证方主体有直接联系。承担说服责任的主体始终是本证方，相对方的反证只与证明程度有关，它所影响的只是法院的事实判断，并间接影响本证方的说服责任，但并不直接影响说服责任的承担主体。"生活关系是一个连续统一体，而我们正是从这一连续统一体中取出一部分来，对其进行法律观察。"[1]

（二）反证方的证明责任

反证方是指依法不需要承担证明责任中说服责任的诉讼主体，他是否需要承担提供证据的责任，应视诉讼法的规定或反证方自己的愿望，或者法官的指定来确定。在诉讼过程中，反证方处于与本证方相对的地位，如果本证方提供了足够的证据证明了要件事实，而反证方不从与本证方相对的角度提供证据，就会影响直至改变法官已经形成的对该要件事实的确信，本证方就完成了其说服责任，法院就会依据由此而形成的确信作出不利于反证方的裁判。这时，为了不使本证方能够说服法院，反证方就必须提出反证，证明本证方证明的要件事实不能成立，使本证方再次面临承担说服责任的风险。反证方承担的只是提供证据责任，只要本证方不能以其证据说服法院，反证方就不会得到不利的裁判。

本证方与反证方的划分，不是以证据提供责任为依据的，而是以说服责任为依据的，它与原告和被告没有本质性联系。本证方并不一定就是原告方，反证方也并不一定就是被告方。但是，原告方与被告方也具有一定的联系，原告必须要承担基本的提供证据责任，至少他必须证明其主张的与权利（权力）相关的事实存在；否则，就不可能形成原被告主体之间的诉讼。另外，证明责任规范与证明责任分配不同。证明责任规范是在要件事实处于真伪不明的情况下，指示法官进行裁判的规范，其价值在于防止法官以事实不清为由拒绝对案件进行裁判。证明责任分配则是在具体的案件中，确定由哪一方主体承担说服责任。"被陈述的案件事实，其与实际发生者究竟是否一致，面对这个问题的法官通常不能亲身感知事实，它必须凭借他人的感知来答复问题。"[2]

（三）证明责任程度标准

按照传统的诉讼法理论，由于成文法系是从实体法规则出发的，因此其证明责任对象是实体法的要件事实；由于判例法系是从引起纠纷的事实出发的，因此其证明责任对象是争点事实。对争点或要件事实证明的程度标准，成文法系和判例法系也有一定区别。对成文法系来讲是自由心证用尽，对判例法系来讲是说服

〔1〕〔德〕迪特尔·梅迪库斯著，邵建东译：《德国民法总论》，法律出版社2000年版，第51页。

〔2〕〔德〕卡尔·拉伦茨著，陈爱娥译：《法学方法论》，商务印书馆2003年版，第184页。

陪审团。自由心证是指法官在综合证据调查的结果和辩论的全部宗旨基础上，不受任何约束地只依据内心感觉所形成的判断来评价证据的证明力，它是成文法系法官认定要件事实的真实性时普遍采用的原则。但是，法官采用自由心证评价要件事实的真实性，并不意味着法官可以随心所欲地认定要件事实，他必须有充足的判断理由，并达到法定的证明程度标准的要求。"依照程序公正要求，诉讼中所再现的冲突事实必须符合法律的形式规定，并且受制于法律的评价。在此基础上所认定的法律上'真实'的事实，才是程序公正所依赖的冲突事实。"[1] 通常要求"达到排除所有的合理性怀疑程度的真实概然性"或"能够达到确信程度的真实概然性"[2]。同时，辅之以证据优越标准，以高度的真实概然性为原则，以优越的真实概然性为例外。

诉讼证明在本质上是对历史事实的认识，它是一种间接性认识、要件性认识和或然性认识。[3] 它首先是一种对过去事实的认识，因此我们只能通过证据来证明某事实的存在。其次，它是一种间接的认识，这主要表现在两个方面：一方面诉讼中的认识是法院的认识；另一方面法院作为裁判主体，只能通过原被告双方的举证、质证来认识要件或争点事实，通常不应主动获取要件或争点事实。再次，法官的认识是仅就要件或争点事实的认识，而不包括其他事实的认识。"……要描述的事实乃是过去的事实；而过去的事实是不能再受直接检验的。总之，我们不能简单地看它们是否符合已经独立地为人所知的现实，来检验历史陈述的正确性。"[4] 最后，它是一种或然性认识，法官所能够借助的只能是出现于自己视野之内的证据，他能够得到的只能是法律意义上的真实，而难以得到客观意义上的真实。"没有任何历史的论证曾经以精确科学所特有的那种强制性的力量证明了它的结论。"[5]

（四）证明责任分配标准

证明责任的核心是证明责任的分配，证明责任的不同分配直接影响着案件的审判结果。证明责任的分配标准主要取决于三个要素，即程序法的目标、法律要件的分类和主体的地位与能力。价值目标是法的灵魂，诉讼法也同样具有自己的价值目标，它既需要保障本体法和责任法的充分实施，又对实体法有校正和弥补的作用。按照诉讼法价值目标的要求：首先，证明责任的分配必须最有利于本体

〔1〕 ［日］谷口安平著，王亚新、刘荣军译：《程序的正义与诉讼》，中国政法大学出版社1996年版，第6页。

〔2〕 陈刚：《证明责任法研究》，中国人民大学出版社2000年版，第83页。

〔3〕 樊崇义主编：《诉讼原理》，法律出版社2003年版，第326～328页。

〔4〕 ［英］沃尔什著，何兆武、张文杰译：《历史哲学导论》，广西师范大学出版社2001年版，第11页。

〔5〕 ［英］柯林武德著，何兆武、张文杰译：《历史的观念》，商务印书馆1997年版，第363页。

法和责任法的实施，有利于法院查明案件的法律事实真相。其次，应根据本体法和责任法的关系状况，确定承担说服责任的主体。最后，在原被告双方都不具备较好的承担说服责任的条件下，为充分实现本体法和责任法的目标，法院也应承担一定的提供证据的责任，以有利于使案件的证明程度达到必要的标准。

法律要件分类理论是将实体法规范按照对立关系分为两大类：一是权利发生规范，它是指能够发生一定权利的规范；二是对立规范，它具体包括权利妨碍规范、权利消灭规范和权利限制规范，它们都是证明权利不存在的规范。D. B. 罗森贝克在此基础上提出了其著名的证明责任分配原则，即"主张权利存在的当事人应当对权利发生的法律要件存在之事实承担证明责任；否认权利存在的当事人应当对妨碍权利的法律要件、权利消灭的法律要件或权利限制的法律要件之存在的事实承担证明责任"[1]。但是，这种理论也有不完善之处，它在法官不能确定要件事实的存在或不存在时无法适用，这会使当事人无法获得裁决。另外，在既存在权利发生规范也存在对立规范，或从不同角度看属于不同规范的情况下，必然导致双方都必须承担证明责任，难以确定由何方来最终承担说服责任。

诉讼行为必须是实际平等主体之间的对抗，如果对抗双方不平等就不可能实现真正的对抗，也就没有诉讼的正义可言。正如 M. 坎贝莱特所指出的，"构成'审判制度的永恒的、不可更改的组成部分'的基本规则（原则），包括'由无偏见的法官审判'、'平等防御'、'程序公开等'，这些原则是对诉讼程序'最基本的最低限度的要求'，亦即程序公正的最低标准"[2]。但是，在实际的诉讼活动中，诉讼主体双方的实际地位事实上往往是不平等的，这种不平等主要包括两种基本情况：一是双方法律地位的不平等；二是双方实际地位的不平等。在此条件下，证明责任的分配就应该更倾向于更有能力获得证据的一方，或者具有更高法律地位或实际地位的一方。"显然，我们不能因为一种特殊结果是在遵循一个公平的程序中达到的就说它是正义的。……只有在一种正义的社会基本结构背景下，在一种正义的政治结构和经济和社会制度安排的背景下，我们才能说存在必要的正义程序。"[3]

二、经济证明责任分配

经济诉讼法是一种特殊的程序法，它既与普通诉讼法规则具有内在联系，也与普通诉讼法规则有着明显的区别，这些区别的核心表现在经济诉讼证明责任的分配规则上，它是证明责任分配的价值目标要素、法律要件分类要素和主体地位

---

〔1〕　陈刚：《证明责任法研究》，中国人民大学出版社 2000 年版，第 186 页。
〔2〕　樊崇义主编：《诉讼原理》，法律出版社 2003 年版，第 168～169 页。
〔3〕　［美］约翰·罗尔斯著，何怀宏等译：《正义论》，中国社会科学出版社 2003 年版，第 87 页。

与能力要素在经济诉讼中的具体应用，是这三个证明责任分配决定要素的边际均衡，法官在具体诉讼过程中需要确定的是这些要素之间的边际均衡点。"法证明责任理论的实质，是说服责任分配的边际均衡；法证明程度理论的实质，是法官确信与怀疑之间的边际均衡。"[1] 具体来讲，经济诉讼的证明责任分配主要包括本证方责任、反证方责任和证明责任程度三个方面。

（一）经济诉讼本证责任

经济诉讼包括监管公诉、检察公诉、民商公诉和处罚公诉，在不同的经济公诉中承担说服责任的本证方应该有不同的分配。在监管公诉中，主张整体经济利益存在并要求被监管对象承担违法责任的是监管主体。同时，监管机关作为国家机关在法律地位上明显优于被监管对象；它还享有监管检查权、调查权和侦查权，拥有庞大而专业的监管工作人员；此外，监管机关还是经济本体法和责任法的维护主体，保障经济本体法和责任法的实施是其工作职责，应该具有主动实现经济法目标的强烈愿望。因此，监管诉讼中的本证方只能是经济监管主体。它在经济诉讼过程中，应承担主张被监管对象违反经济法，并举证证明自己的主张，以说服法官确信其主张的事实客观存在的责任。否则，就必须承担判决其主张不成立，被监管对象没有违反整体经济利益，不承担相应法律责任的后果。

在检察公诉中，检察机关是整体经济利益的主张方，在法律地位和实际能力上都明显优于被监管对象，也具有保障经济法实施的职责。因此，它也必须是经济诉讼的本证方。在民商公诉中，民商主体是为了个体利益和整体经济利益提起诉讼的，是权利的主张方，但他在法律地位和实际能力上并不高于对方主体。因此，他作为主张权利的主体必须承担一定的本证责任；同时，他作为地位和能力不优于应诉方的主体，也不应该承担全部本证责任；否则，他很难证明自己的权利主张。在处罚公诉中，被监管对象是被处罚主体和权利主张主体，他作为权利主张主体必须承担基本的本证责任，至少需要证明权利受侵害的事实。同时，经济监管机关作为处罚主体和在地位、能力上的优势主体，应该承担主要的本证责任；如果监管机关不能证明其处罚的合法性，就必须承担对其不利的裁判结果。"证据优越不是从物理形态上指一方当事人提供的证据在量上或证人数量上比相对方多，而是指一方当事人提供的证据达到了比相对方提供的证据更有说服力的状态。"[2]

（二）经济诉讼反证责任

在经济诉讼中的反证方，是在诉讼中不承担说服责任的主体，他提出反证的

---

〔1〕 刘少军：《法边际均衡论——经济法哲学》，中国政法大学出版社 2007 年版，第 329 页。

〔2〕 〔美〕E.M. 摩根著，李学灯译：《证据法之基本问题》，台湾世界书局 1982 年版，第 48 页。

目的仅在于降低本证方所举证据的说服能力，以防止本证方说服法官确信他的主张。在监管公诉和检察公诉中，作为本证方的监管机关或检察机关旨在说服法官确信被监管对象已经违反经济法，并应承担相应的经济责任；作为反证方的被监管对象也有权利举证，证明他没有违反经济法不应该承担经济责任。如果反证方认为监管机关或检察机关的举证无法说服法官确信其主张，他也可以不进行反证，这并不会改变诉讼结果；只要本证方不能说服法官，他的主张就不会得到法官的支持，本证方没有反证也会败诉。如果反证方认为监管机关或检察机关的举证很可能说服法官确信其主张，他就必须进行举证反证本证方的主张不成立，以降低本证方举证对法官的说服力，达到本证方承担败诉后果的目的。

在民商公诉和处罚公诉中，由于民商主体或被处罚主体是权利主张主体，它必须承担本证方的责任。同时，由于民商公诉中的相对方主体和处罚公诉中的监管机关，在法律地位和实际能力上往往强于权利主张主体，它们也必须承担一定的本证责任，也属于部分意义上的本证方。并且，存在本证方就必然存在反证方。因此，他们是互为本证方和反证方，虽然他们的本证责任和反证责任比例不一定相同。在此条件下，何方主体需要承担说服责任，就取决于对证明责任在他们之间的分配比例，以及本证方就自己承担证明责任的举证证明情况。如果某本证方不能说服法官确信他承担证明责任的主张，他就会在这部分权利主张上承担败诉责任；如果某本证方能够说服法官确信他承担证明责任的主张，他主张的权利就会得到法官的支持。"程序法中证明责任的分配不是某个绝对的原则，而是程序法目标、法关系构成要件和主体地位与能力之间的一种合理的边际均衡，制定证明责任分配规范的核心要求，是找到三者之间最佳的边际均衡点。"[1] "平等创造了司法和构成了司法。"[2]

（三）经济诉讼证明程度

证明责任理论的终点是证明的程度标准，它的基本要求是使法院能够达到确信的程度。"尽其所知，凭着良心，努力发现客观真相，这是每一位陪审员的职责。"[3] 通过证明过程发现客观真实是一切审判程序所希望达到的目标，并且这一目标如果我们尽一切努力去追求也并不是没有实现的可能，至少在绝大多数案件中只要我们尽到了最大的努力，都是基本可以搞清楚客观事实的。但是，如果要将大多数案件都按照客观真实的标准进行证明，则需要非常大的努力，需要消

---

〔1〕刘少军：《法边际均衡论——经济法哲学》，中国政法大学出版社 2007 年版，第 333 页。

〔2〕[英] 皮埃尔·勒鲁著，王允道译：《论平等》，商务印书馆 1988 年版，第 66 页。

〔3〕[英] 卡尔·波普尔著，范景中、李本正译：《通过知识获得解放》，中国美术学院出版社 1996 年版，第 5 页。

耗大量的人力和财力。甚至许多标的较小的案件，证明费用要超过诉讼标的，这对于非身体责任的诉讼而言是不合理性的。因此，法学中的证明程度标准必须在责任形式与证明成本之间进行均衡，必须在它们之间找到一个合理的边际均衡点。这些"针对实际设置的法律问题留给法官的和针对可能预先设置的法律问题留给法学家的东西，不外乎是根据他自己对法律目的的理解去发现的裁判"[1]。

就监管公诉和检察公诉而言，由于它们的本证责任主要由监管机关和检察机关承担，并且经济责任的承担主体主要是普通民商主体，直接关系到普通社会公众的个体利益。因此，可以适当提高证明责任程度标准，至少应保证达到基本上确信的程度。对于民商公诉而言，由于主要的本证责任应由主张权利的民商主体承担，反证方主体的地位和能力通常也不优于本证方，可以适当降低证明责任程度标准，只要达到证据优越的程度就可以认为是合理的。对处罚公诉而言，由于主要的本证责任由监管机关承担，可以适当提高证明责任程度标准，至少应该达到基本上确信的程度。"精确性和准确性其本身并没有智力价值，我们决不应该追问超过问题本身所要求的精确性或准确性。"[2]

对于涉及刑事责任、特别是涉及生命责任的经济公诉而言，一方面由于对案件的调查和侦查都是由监管机关、检察机关或警察机关等进行的，它们具有强大的调查能力和侦查能力，享有社会公众难以达到的法律地位、法定权力和实际能力；另一方面，案件的裁判直接关系到被监管对象的人身自由、甚至是生命。因此，必须提高证明责任程度的标准，通常要求必须达到使法官或陪审团确信的程度，并且对案件事实的要求不是法律事实而是客观事实，以防止在事实不够确实、充分的条件下剥夺当事人的自由或生命。这是"由于对无辜被告施加刑事处罚的成本，远远地大于有罪人又一次定罪而得到的社会收益，……因而也就要对检方强加一个更重的说服责任，以此来更慎重的对其加以权衡"[3]。

第四节　经济裁判执行责任

一、经济裁判的生效

经济裁判的生效是指裁判结果已经具有法律效力，争讼当事人必须依法接受

---

〔1〕　[德] 拉德布鲁赫著，米健、朱林译：《法学导论》，中国大百科全书出版社 2003 年版，第 173 页。

〔2〕　[英] 卡尔·波普尔著，范景中、李本正译：《通过知识获得解放》，中国美术学院出版社 1996 年版，第 396 页。

〔3〕　[美] 理查德·A. 波斯纳著，武欣、凌斌译：《法律理论的前沿》，中国政法大学出版社 2003 年版，第 382 页。

裁判书中所确定的结果，履行裁判结果中规定的经济责任。在当代社会中，为了保证纠纷当事人能够方便、快捷、公正地解决经济纠纷，国家设立有多种类型和层次的裁判机构，不同类型不同层次裁判机构的裁判结果具有不同的法律效力。同时，为了保证最终裁判的公正性，国家还有条件地允许案件在不同裁判机构和不同层次的裁判机构之间进行转移。因此，必须明确不同裁判结果的法律效力，充分保障当事人的经济争讼权益。

（一）裁判生效的基本标准

按照各国的法律规定，裁判的类型主要包括调解裁决、仲裁裁决、复议裁决、监管裁判和诉讼判决。其中，调解裁决结果的具体表现形式是调解协议书，它自各方当事人签名、盖章，调解员签名并加盖调解委员会印章之日起生效；口头协议自各方当事人达成协议之日起生效。调解协议书经法院确认后，就具有最终的法律效力；没有经过法院确认的或法院确认其无效的，还可以向法院提起诉讼。仲裁裁决分为商事裁决和劳动裁决，商事裁决实行一裁终局制度，裁决依法生效后就具有最终的法律效力；劳动裁决实行司法救济制度，当事人对劳动仲裁结果不服的，有权再向法院提起诉讼。复议裁决分为选择性复议和无选择性复议，对于可选择性复议当事人可以直接提起诉讼，也可以对复议不服后再提起诉讼；对于无选择性复议，则必须在复议后才能提起诉讼。[1]

监管裁判包括两种情况：一是监管机关对认为违反整体经济利益的行为直接进行处罚，被监管对象对处罚不服的可以向法院提起诉讼；二是监管机关内部设有监管法庭，被监管对象对监管法庭判决不服的也可以向普通法院或专业法院提起诉讼。诉讼判决是指法院系统作出的判决，为保证判决质量各国都规定有明确的上诉制度，如果当事人对初审法院的判决不服，可以向上级法院提起上诉。对于法院判决，有的国家实行二审终审制度，有的国家实行三审终审制度，以及死刑复核制度。二审终审制度是指上诉法院作出的判决即为最终具有法律效力的终审判决，不得再提起上诉；三审终审制度是指对于上诉法院作出的判决不服的，还可以向上一审级的法院提起上诉，再上诉法院作出的判决才是终审判决；死刑复核制度是指对于死刑判决必须经过最高法院的复核，复核同意后才可执行死刑。[2]

（二）经济裁判的生效标准

经济裁判主要包括：监管调解裁决、监管处罚裁决、监管法庭裁判和法院法庭裁判。其中，监管调解裁决是指由经济监管机关设立经济纠纷调解机构作出的

---

〔1〕　参见《人民调解法》、《仲裁法》、《劳动争议仲裁法》和《行政复议法》等的规定。
〔2〕　参见《民事诉讼法》、《行政诉讼法》、《刑事诉讼法》，以及相关法律、法规的规定。

裁决，它主要是用来解决客户与企业之间的纠纷，它既有保护交易弱势主体的目的也有维护整体经济利益的目的；同时，也是为了方便、快捷地解决一些群体性的小型经济纠纷。监管调解的裁决结果具有法律效力，但对该裁决不服的有权向法院提起诉讼。监管处罚裁决是指经济监管机关对其享有管理权的违反整体经济利益的行为，经过调查取证后直接作出处罚决定的裁决。监管处罚裁决具有法律效力，但对处罚结果不服的有权向法院提起诉讼。

监管法庭裁决是指经济监管机关发现违反整体经济利益的行为后，应该首先向监管法庭提起诉讼，监管法庭在性质上属于初审法庭，它的判决结果具有法律效力。但是，如果当事人对监管法庭的判决不服有权向法院的经济法庭提起上诉，法院经济法庭的裁判结果才是具有最终法律效力的裁决结果。法院法庭裁判是指监管机关不设有监管法庭，发现违反整体经济利益的行为后监管机关应向法院提起诉讼，或者由普通的民商主体为个体利益和整体经济利益直接向法院提起诉讼，法院经济法庭作出的初审判决具有法律效力。但是，如果当事人对初审法院的裁判结果不服，可以提起上诉直至终审法院，终审法院的判决结果为最终结果。在享有诉讼或上诉权的裁判中，终审法院的判决结果才是最终生效的结果。[1]

二、经济裁判的执行

经济裁判的执行是指依据已经生效的裁判结果，要求责任承担主体实际履行裁判书中规定的责任的过程。经济裁判的执行是经济法的最终环节，全部经济法的直接意义就在于违法主体全面、及时地执行全部经济责任。如果经济裁判不能被执行，虽然不能说是法的全部失败，至少不可能实现创制它的全部目标，被破坏的整体经济利益就不可能或不可能得到全面恢复。同时，责任的执行还具有示范效应，如果裁判不能得到全部执行，经济责任法的预防未来违法的目标也不可能或不可能全部实现。因此，经济裁判的全面及时执行，对经济法目标的实现具有决定性影响，"预防犯罪比惩罚犯罪更高明"[2]。经济裁判的执行主要包括经济裁判的执行机关和经济裁判的执行方式两个方面。

（一）经济裁判的执行机关

经济裁判的执行机关，是指具体负责经济裁判执行监督与实施的机关。在正常条件下，经济裁判的执行应该是责任承担主体的自觉行为，任何民主国家的经济裁判制度都会给获得公正的裁判保留足够的空间，在这样一个广泛的空间中产生的生效裁判，通常会是比较公正合理的。并且，只要不涉及主体的自由和生

---

〔1〕　参见各国关于经济裁决机构的设置和经济裁决结果生效及效力的法律规定。

〔2〕　［意］贝卡利亚著，黄风译：《论犯罪与刑罚》，中国大百科全书出版社2003年版，第104页。

命，裁判结果中存在一些小的瑕疵是可以容忍的，司法裁判结果永远不可能达到最佳的边际均衡点，尽管努力达到这个极值点是裁判者的最高追求。正如英国大法官莱特·布鲁斯的名言，"真理，与一切美好事物一样，可能被人欠考虑地热爱，过分强烈地追求从而付出的代价可能太大"[1]。同时，人的认识能力毕竟是有限的，"我们不可能完全知道并充分评价所有的结果"[2]。司法判决的重要功能之一就是结束纠纷，尽管它可能不是最完美的，只要它是可以接受的就是应该被执行的。

当然，并不是任何裁判结果都能够得到责任主体的主动执行，这时就必须对执行进行监督并保障它的实施。经济裁判执行机关主要有两种基本设置：一是裁判机关监督执行，二是综合执法机关监督执行。裁判机关监督执行是指由作出经济纠纷裁判的机关来监督其裁判的执行，这是裁判执行监督的基本方式。首先，裁判机关对案件当事人的情况有比较完整的了解，它具有监督执行的有利条件。其次，裁判机关监督执行自己的裁判结果不会出现监督的阻力，有执行监督的主动性和客观性。再次，按照裁判机关的设置和裁判管辖权，它与责任承担主体处于相同的地域，具有裁判执行监督的方便条件。最后，对于监管机关作出的裁判，由于责任承担主体是被监管对象，能够保证具有比较好的执行力；对于法院作出的判决，由于其具有一定的强制手段，有能力对判决进行强制执行。并且，如果在执行过程中发生纠纷，裁判机关、特别是监管机关或法院还能够作出执行裁判。

综合执法机关监督执行是指由社会各相关执法机关共同监督裁判的执行，这主要是指有较复杂的执行情况和较严格执行职责的情况，如经济刑事责任的执行、责任主体处于境外的执行，以及责任主体拒绝主动执行等情况。这时，应由法院机关、监狱机关、警察机关、检察机关，以及经济监管机关、行政机关等执法机关共同组成综合性的执行机关，以某个执行机关为主，其他执行机关协助共同完成经济裁判的执行。此外，在经济裁判过程中，个体利益受到侵害的民商法主体，以及其他利益相关主体也可以辅助执行。在经济裁判的执行过程中，任何侵害整体经济利益的责任，经济监管机关都是执行监督的主要主体。这是由于它具有保障经济法实施的监督职责，这一职责不仅包括对该行为通过一定程序作出违法裁判，还包括被监管对象违法责任的具体执行；否则，监管机关就没有最终完成其职责。没有执行力的法就是一部空法，"上帝决不会将幸福赐给那些把他

---

〔1〕 胡锡庆主编：《诉讼法学专论》，中国法制出版社 2000 年版，第 330 页。
〔2〕 ［英］F. A. 冯·哈耶克著，邓正来译：《个人主义与经济秩序》，三联书店 2003 年版，第 26 页。

所规定的秩序和权利的永恒准则弃之如粪土的国家"[1]。"法律必须被信仰，否则它将形同虚设。"[2]

(二) 经济裁判的执行方式

经济裁判的执行方式是指依法承担责任的主体，执行裁判结果中规定的经济责任的具体形式，它可以分为自愿履行和强制执行两种基本方式。其中，自愿履行是指承担责任的主体在裁判结果生效后，在规定期限内积极地、全面地执行了裁判文件中规定的义务，恢复被破坏的整体经济利益的过程。自愿履行的具体履行方式主要包括责任主体自身的履行、第三人代为履行、达成履行协议等。对于人身责任必须由责任人亲自履行；对于行为责任有些必须由责任人亲自履行，如要求责任人改变原来的经济行为方式、修改非法的经济协议等；有些也可以由第三人代为履行，如以某种行为弥补对被侵害对象的损害等。对于财产责任则完全可以由第三人代为履行，这是由于财产本身并不具有特殊的责任人属性，无论是任何主体进行的补偿或赔偿，都能够达到恢复整体经济利益的效果。

强制执行是指承担责任的主体在裁判结果生效后，不积极主动或全面地履行裁判文件中规定的义务，由裁判执行机关强制其履行该义务的过程。强制执行的方式主要包括直接强制执行、间接强制执行和替代强制执行。其中，直接强制执行又包括对主体的强制执行和对客体的强制执行。对主体的直接强制执行是直接要求被执行的主体履行责任，如直接要求某责任主体履行某行为责任，将责任主体进行监禁等；对客体的直接强制执行是直接对需要被执行的客体采取强制执行措施，如冻结账户、查封财产、拍卖财产、财产移交等。间接强制执行是指不直接对被执行的对象采取强制措施，而是对负有直接责任的主体采取强制措施，如给予执行责任人以处罚、拘留、甚至判处其刑事责任等。替代强制执行是指在被执行人没有能力执行原责任的条件下，以其他等价替代的方式执行原责任。由于经济责任是违反整体经济利益的责任，如果采取替代强制执行的方式则不得依据当事人之间的约定，只能请求原裁判机关修改原裁判结果文件。整体经济利益不是个体利益不得进行自由处分，"一个高度发达的有机体的任何部分出了毛病，都会影响其他部分"[3]。

经济法之所以成为一个相对独立的法学体系，首先在于它有独立的法学价值目标，这个目标是同其他法学体系如民商法和行政法等的目标具有共同的起点、同等的地位和相同的重要程度。并且，随着社会经济的不断整体化，它的法学地

---

[1] [美] 聂崇信、吕德本、熊希龄译：《华盛顿选集》，商务印书馆1983年版，第257页。

[2] [美] 伯尔曼著，梁治平译：《法律与宗教》，中国政法大学出版社2003年版，第12页。

[3] [英] 马歇尔著，朱志泰译：《经济学原理》，商务印书馆1997年版，第257页。

位、重要程度和具体法律文件的丰富程度要远超过传统的民商法和行政法。其次，经济法有体现自己特征的基本原则，这些原则是与它包含的经济规范相对应的。最后，经济法有现实的本体法内容、责任法内容和程序法内容；在本体法中也有相对独立的主体法、客体法和行为法内容。因此，经济法作为一个相对独立的法学体系是不容置疑的。但是，我们也必须看到，经济法不可能取代民商法和行政法，它们的价值目标也是人类重要的价值追求，它们也有相对完善的法学体系。同时，我们也必须承认经济法的内容虽然已经明确，但还不够完善，它的不断完善还有待于时代的不断发展。虽然法律不能超越时代，法学家的思想却不能落后于时代，法学教育更需要超越时代，我们培养的不仅是现实的守候者更应该是未来的建构者！

【司法案例】

案情：强生（上海）医疗器材有限公司和强生（中国）医疗器材有限公司（以下合并简称为强生公司）在国内医疗器材市场中占有较高份额，北京锐邦涌和科贸有限公司（下称锐邦公司）曾经是强生公司在北京地区从事缝合器及缝线产品销售业务的经销商，双方之间有着长达15年的合作，经销合同每年签订一次。2008年1月，强生公司与锐邦公司签订经销合同，该合同规定锐邦公司有权在指定的相关区域销售其产品，并明确规定了产品的经销区域、经销指标和最低产品销售价格。2008年7月，强生公司以锐邦公司未经其许可擅自降低产品销售价格、非法获取非授权区域的缝线经销权为由，扣销了锐邦公司交存的保证金，中止并取消了锐邦公司在部分医院的经销权。同时，强生公司以锐邦公司于同年8月发出的订单未进行交货为由，停止向其供货，取消了锐邦公司的经销权。

锐邦公司认为，强生公司以直接限制竞争为目的，在经销合同中以合同条款限定锐邦公司向第三人转售产品的最低价格，对锐邦公司采取警告、中止或终止合同等方法，胁迫和威胁锐邦公司维持最低转售价格。强生公司的上述行为构成了《反垄断法》所禁止的限定最低转售价格行为，对锐邦公司造成了损害。强生公司则认为，当初之所以要在协议中限定价格，是为了防止以过低的价格销售损害产品的商誉。它与锐邦公司的纠纷只是普通合同纠纷，不能适用《反垄断法》。并且，锐邦公司作为经营者之一，也是协议的参与者和实施者，不是垄断损失的适格原告。锐邦公司认为强生公司是利用市场优势地位，强迫其接受纵向价格垄断条款，已经对它的利益构成损害。遂以强生公司的行为违反我国《反垄断法》为由，向上海市第一中级人民法院提起诉讼，请求依法判令其赔偿经济损失1400余万元。

判决：上海市第一中级法院审理后认为，本案原告与被告签订经销合同的确包含有限制锐邦公司向第三人转售的最低价格条款。但是，对于此类条款是否属于垄断协议，需考虑其是否具有排除、限制竞争的效果。本案要确定存在垄断行为的依据尚不充分，锐邦公司主张的损害均是双方在购销合同约定的违约责任，与价格限制条款本身并无直接关联，未能说明遭受了《反垄断法》意义上的损害。2012 年 5 月 18 日，法院判决强生公司没有实质性违反《反垄断法》，驳回锐邦公司的诉讼请求。锐邦公司不服向上海市高级法院提出上诉，请求法院认定强生公司的行为违反了《反垄断法》，并赔偿其损失。

上海市高级法院审理后认为，根据《反垄断法》对垄断协议的定义，纵向垄断协议应当以具有排除、限制竞争的效果为构成要件，垄断协议的参与者也可能是垄断协议的受害者。只要锐邦公司能够举证证明强生公司存在垄断行为，且该行为给自己造成了实际损失就应该支持其诉讼请求。最终于 2013 年 8 月 1 日上海市高级法院作出判决，认定强生公司在竞争不够充分的医用缝线市场上具有很强的控制地位，它与锐邦公司签订的《经销合同》及附件中规定的限制最低转售价格条款，在相关市场中产生了排除、限制竞争的实际效果，并不能明显、足够地促进竞争，构成纵向垄断协议。强生公司对锐邦公司的处罚以及停止供货的一系列行为，属于《反垄断法》禁止的行为，应当对此造成的损失承担赔偿责任，赔偿范围应限于锐邦公司因此而减少的正常利润，赔偿额为人民币 53 万元。

评析：本案是我国历史上第一起反垄断案中原告胜诉的案件，引起了国内外学界、业界的高度关注。同时，案件的审理历经了两级法院，审判时间前后长达 3 年之久，也恰好处在《反垄断法》颁布 5 周年之际。特别是一审法院与二审法院之间对法律理解的不同，如垄断协议的参与者是否为受害者，垄断协议的认定需要哪些构成要件，对垄断协议的受害者应如何赔偿，对相关受害者是否也应该给以赔偿，对于以维护个体利益同时又能够起到维护整体经济利益作用的诉讼应按什么程序审理等，不能不引起我们的许多思考。

该案件的审判过程及审判结果也说明，法律的成长是需要过程的。它不仅取决于立法机关能够制定出哪些法律，还取决于是否有丰富的司法实践。往往是在具体的司法实践中，法律规定才能够得到现实的理解；也只有经过大量的司法实践，对法律的理解才会越来越趋向于精准，才能越来越接近那个最佳的边际均衡点。中国是一个新兴的经济大国，虽然她有强劲的发展动力和较高的发展速度，但它的发展还有许多不尽如人意的地方。经济法是一个新兴的法学体系，它同中国一样具有非常快的发展速度，解决了实践中许多新的法律问题。但是，它也还有许多不完善之处。这既需要专家们对实践的不断总结，也需要学者们面向未来的理性思考，法学是在不断的实践中丰富和发展的。经济法学总论能够提供给读者的，既应该包括对实践的总结，也应该包括对未来的思考与展望。

图书在版编目（ＣＩＰ）数据

经济法学总论/刘少军，王一鹤著. —北京:中国政法大学出版社,2015.2

ISBN 978-7-5620-5751-2

Ⅰ．①经…　　Ⅱ.①刘…　②王…　Ⅲ.①经济法—法的理论—中国　　Ⅳ.①D922.290.1

中国版本图书馆CIP数据核字(2015)第023356号

出　版　者	中国政法大学出版社
地　　　址	北京市海淀区西土城路 25 号
邮　　　箱	fadapress@163.com
网　　　址	http://www.cuplpress.com（网络实名：中国政法大学出版社）
电　　　话	010-58908435(编辑部)　58908334(邮购部)
承　　　印	北京华正印刷有限公司
开　　　本	720mm×960mm　1/16
印　　　张	19
字　　　数	362 千字
版　　　次	2015 年 2 月第 1 版
印　　　次	2015 年 2 月第 1 次印刷
印　　　数	0001～3000
定　　　价	36.00 元